Häder
Umweltpolitische Instrumente und Neue Institutionenökonomik

GABLER EDITION WISSENSCHAFT

Michael Häder

Umweltpolitische Instrumente und Neue Institutionenökonomik

Mit einem Geleitwort
von Prof. Dr. Holger Bonus

Springer Fachmedien Wiesbaden GmbH

Die Deutsche Bibliothek - CIP-Einheitsaufnahme

Häder, Michael:
Umweltpolitische Instrumente und Neue Institutionenökonomik
/ Michael Häder. Mit einem Geleitw. von Holger Bonus.
- Wiesbaden : Dt. Univ.-Verl. ; Wiesbaden : Gabler, 1997
(Gabler Edition Wissenschaft)
Zugl.: Münster, Univ., Diss., 1997
ISBN 978-3-8244-6541-5   ISBN 978-3-663-09065-6 (eBook)
DOI 10.1007/978-3-663-09065-6

Gabler Verlag, Deutscher Universitäts-Verlag, Wiesbaden
© Springer Fachmedien Wiesbaden 1997
Ursprünglich erschienen bei Betriebswirtschaftlicher Verlag Dr. Th. Gabler GmbH, Wiesbaden 1997.
Lektorat: Ute Wrasmann / Brigitte Knöringer

Für Hille

Geleitwort

Die *Mainstream-Umweltökonomie* wurzelt in der neoklassischen Theorie. In Anlehnung an Arthur C. Pigou steht im Mittelpunkt dieses umweltökonomischen Lehrgebäudes das Ziel der Internalisierung externer Effekte, wie sie am besten über *Pigou-Steuern* und *Pigou-Subventionen* zu erreichen wäre.[1] Insofern steht die Umweltökonomie ganz in der *Pigou-Tradition*.

Die Neue Institutionenökonomik hat nun aber gezeigt, daß die neoklassische Sicht insofern wirklichkeitsfremd ist, als sie von den *Transaktionskosten* abstrahiert, also gewissermaßen die Reibungsverluste der Wirtschaft ignoriert. Deshalb geht sie in ihren Schlußfolgerungen oft fehl. Der Nobelpreisträger Ronald H. Coase hat in seinem lange Zeit mißdeuteten Beitrag „The Problem of Social Cost" demonstriert, daß externe Effekte (sofern pareto-relevant) ohne Transaktionskosten spontan internalisiert würden.[2] Innerhalb der Welt der Neoklassik und damit der Pigou-Tradition dürften sie also gar nicht in Erscheinung treten. Daraus folgt, daß tatsächlich vorhandene (pareto-relevante) Externalitäten die Folge von Transaktionskosten sind, weswegen ihre Internalisierung mit Hilfe von Steuern oder Subventionen ein dubioses Konzept ist. Querliegende Transaktionskosten werden durch solche Zahlungen ja nicht beseitigt, sondern eher noch erhöht. Indem sich die Pigou-Tradition vorschnell auf staatliche Eingriffe in Form von Steuern oder Subventionen festlegt, versperrt sie sich in vielen Fällen den Weg zur Lösung, der sich nur durch sorgfältige Inspektion der jeweiligen institutionellen Eigenheiten erschließt.[3] Die *Coase-Tradition* steht dem Konzept den Internalisierung externer Effekte deshalb reserviert gegenüber.

Michael Häder hat es sich zur Aufgabe gemacht, wichtige Konzepte der Neuen Institutionenökonomik für die Umweltökonomie fruchtbar zu machen. Ausgehend von der neoklassischen Analyse umweltökonomischer Probleme und einer Darstellung der von Coase vorgebrachten Kritik an diesem Modell untersucht er exemplarisch *Auflagen*, *Abgaben* und *Zertifikate* aus der Sicht zweier Teilgebiete der Neuen Institutionenökonomik: der *Transaktionskostentheorie* und der *Theorie des institutionellen Wandels*.

Im Rahmen seiner transaktionskostentheoretischen Analyse arbeitet Häder die spezifischen Investitionen durch Emittenten einerseits und den Staat andererseits heraus. Solche Investitionen haben *Quasirenten* im Gefolge, die es gegen opportunistische Enteignung zu schüt-

---

[1] Pigou, Arthur C., The Economics of Welfare, 4. Aufl. London 1932, insb. S. 192 ff.
[2] Coase, R. H., "The Problem of Social Cost". In: *Journal of Law and Economics*, Vol. 3 (1960), S. 1 - 44. Vgl. auch: Coase, R.H., The Firm, the Market and the Law, Chicago/London 1988, S. 14 f.
[3] Vgl. dazu Bonus, H., "Institutionen und institutionelle Ökonomik: Anwendungen für die Umweltpolitik", S. 26 - 41 in: *Zeitschrift für Angewandte Umweltforschung*, Sonderheft 8/1996 (Hrsg. Erik Gawel), *Institutionelle Probleme der Umweltpolitik*, hier: S. 35 f.

VIII

zen gilt. Innerhalb der Umweltökonomie ist dies eine im Verhältnis zur Neoklassik neue Sicht der Funktionsweise umweltpolitischer Instrumente. Auf diese Weise kann Häder die Vorteilhaftigkeit marktwirtschaftlicher Instrumente im Umweltschutz gegenüber ordnungs-rechtlichen Regelungen sehr plastisch herausarbeiten, während er aber zugleich einzelne, eng begrenzte Problemfelder identifiziert, in denen Auflagen zu präferieren sind. Im Lichte dieser Analyse ist die Dominanz des Ordnungsrechts in der praktischen Umweltpolitik schwer zu verstehen.

Zur Erklärung dieses Phänomens wendet Häder anschließend die Theorie des institutio-nel-len Wandels im Sinne des Nobelpreisträgers Douglass C. North an.[4] Er kann die Hin-wen-dung zum Ordnungsrecht und seine Manifestierung als *pfadabhängige Entwicklung* deuten, in der unvollkommene Märkte und ideologische Barrieren einer verstärkten Anwendung marktwirtschaftlicher Instrumente entgegenstehen.

Die Arbeit von Häder schließt eine wesentliche Lücke in der umweltökonomischen Litera-tur, da gerade die Rolle der Transaktionskosten in der institutionenökonomischen Würdi-gung von Umweltpolitik bisher weithin ausgespart blieb. Der vorliegenden Arbeit ist ein breiter Leserkreis zu wünschen, der nicht nur theoretisch orientierte Ökonomen umfassen sollte, sondern wegen ihrer Implikationen für die praktische Umweltpolitik auch Admini-stratoren, Politiker und Politikberater.

Prof. Dr. Holger Bonus

---

[4]   North, D. C., Institutions, Institutional Change and Economic Performance, Cambridge u.a. 1990, S. 73 - 104.

IX

Vorwort

Die vorliegende Arbeit entstand während meiner Zeit als wissenschaftlicher Mitarbeiter am Institut für Genossenschaftswesen in Münster. Sie wurde im Februar 1997 von der Wirtschaftswissenschaftlichen Fakultät der Westfälischen Wilhelms-Universität Münster als Dissertation angenommen.

Zu Ihrer Entstehung haben viele Personen in unterschiedlichster Weise beigetragen. Zum ersten gilt mein Dank meinem akademischen Lehrer und Doktorvater Herrn Prof. Dr. Holger Bonus, der bereits zu Studentenzeiten mein Interesse an der Umweltökonomie geweckt hat, und Herrn Prof. Dr. Hans-Jürgen Ewers für die Übernahme des Zweitgutachtens.

Zum zweiten geht ein herzlicher Dank an meine ehemaligen Kolleginnen und Kollegen am Institut für Genossenschaftswesen. Die freundschaftlich entspannte, liebenswerte Atmosphäre am Institut sowie die vielen fachlichen Diskussionen haben mir bei der Anfertigung dieser Arbeit sehr geholfen. Besonderer Dank gilt hier meinem Freund und ehemaligen Kollegen, Herrn Dipl.-Volkswirt Hendrik Niebaum, für ein stets offenes Ohr und seine zahlreichen konstruktiven Hinweise. Darüber hinaus bin ich Frau Dr. Anke Maselli, Frau Dipl.-Volkswirtin Regina Wiedemann, Herrn Dipl.-Volkswirt Rolf Greve, Herrn Dr. Jürgen Grüner, Herrn cand.rer.pol. Dirk Polster und nicht zuletzt Herrn Dr. Raimund Weiland für die Durchsicht des Manuskriptes und verschiedene, wichtige Anregungen zu Dank verpflichtet. Meiner Mutter und Herrn cand.rer.pol. Klaus Rahmen-Zureck danke ich vielmals für die orthographische und stilistische Durchsicht der Arbeit bzw. die Erledigung vieler EDV-technischer Arbeiten.

Zum dritten schließlich danke ich von Herzen meiner lieben Frau Hildegunde. Ohne ihre stete seelische Unterstützung und ihre Kunst, mich immer wieder aus dem Dschungel wissenschaftlicher Gedankengänge zu befreien, wären diese Zeilen wohl nie getippt worden. Vielen, vielen Dank dafür !

Michael Häder

Inhaltsverzeichnis

Abbildungsverzeichnis

Abkürzungsverzeichnis

Abb.	Abbildung
Abs.	Absatz
AbwAG	Abwasserabgabengesetz
AbwHerkV	Abwasserherkunftsverordnung
Anm. d. Verf.	Anmerkung des Verfassers
Aufl.	Auflage
Bd.	Band
BImSchG	Bundesimmissionsschutzgesetz
BImSchVwV	Bundesimmissionschutzverwaltungsverordnung
bzgl.	bezüglich
CAA	Clean Air Act
CO_2	Kohlendioxid
d. h.	das heißt
DM	Deutsche Mark
EPA	Environmental Protection Agency
ETP	Emissions Trading Program
f.	folgende
ff.	fortfolgende
GAU	Größter Atomarer Unfall
g/h	Gramm je Stunde
GK	Grenzkostenkurve
GmbH	Gesellschaft mit beschränkter Haftung
g/m^3	Gramm je Kubikmeter
Hrsg.	Herausgeber
incl.	inclusive
Jg.	Jahrgang
Kfz	Kraftfahrzeug
kg/h	Kilogramm je Stunde
m^3	Kubikmeter
m. E.	meines Erachtens
mg/h	Milligramm je Stunde
mg/m^3	Milligramm je Kubikmeter
Mio.	Millionen
NO_x	Stickoxid
Nr.	Nummer

o. V.	ohne Verfasser
PKW	Personenkraftwagen
RECLAIM	Regional Clean Air Incentives Markets
S.	Seite
SO_2	Schwefeldioxid
TA-Luft	Technische Anleitung Luft
TÜV	Technischer Überwachungsverein
Tz.	Textzeichen
u. a.	und andere
u. a. O.	und andere Orte
UNCED	United Nations Conference on Environment and Development
USA	Vereinigte Staaten von Amerika
u. s. w.	und so weiter
VDI	Verband Deutscher Ingenieure
VGK	Volkswirtschaftliche Grenzkostenkurve
Vgl.	Vergleiche
VOC	flüchtige Kohlenwasserstoffe
Vol.	Volume
VwV NW	Verwaltungsverordnung Nordrhein-Westfalen
WasSG	Wassersicherstellungsgesetz
WaStrG	Wasserstraßengesetz (des Bundes)
WHG	Wasserhaushaltsgesetz
z. B.	zum Beispiel

I. Einleitung

Die Bewältigung der Umweltproblematik ist zu einer der wichtigsten gesellschaftlichen Herausforderungen unserer Zeit geworden. Durch den Ausstoß von Schadstoffen werden die Umweltmedien Luft, Wasser und Boden, aber auch die Pflanzen- und Tierwelt in besorgniserregender Weise in Mitleidenschaft gezogen.

Die Ökonomie scheint auf den ersten Blick nicht viel zur Behebung der vielfältigen Belastungen der Öko- und Biosphäre beitragen zu können, sind es doch gerade die bei der Produktion und dem Konsum von Gütern entstehenden Emissionen, die Umweltprobleme hervorrufen. Die Sichtweise der Ökonomie als „Feind der Ökologie" ist jedoch vordergründig. Ökonomische Denkmuster können sehr wohl zum Schutze der Umwelt fruchtbar gemacht werden, da sie sich mit Fragen der effizienten Allokation von Ressourcen auseinandersetzen. Umweltgüter - wie saubere Luft und eine intakte Ozonschicht - sind dann als Ressourcen zu interpretieren, mit denen wirtschaftlich zu haushalten ist.

Grundlage des in der Literatur vorherrschenden Ansatzes zur Erklärung von Umweltproblemen aus ökonomischer Sicht ist die neoklassische Theorie. Die neoklassische Theorie ist im Gefolge des allgemeinen Durchbruchs der mathematischen Methoden in den Wissenschaften im 19. Jahrhundert entstanden. In Anlehnung an die formal-exakten Methoden der Physik und Mathematik wurde eine Theorie des wirtschaftlichen Geschehens geschaffen, die sich durch einen hohen Abstraktionsgrad auszeichnet:[1] Der Mensch handelt als nutzen- und gewinnmaximierendes Individuum und verfügt über vollständige Information über das wirtschaftliche Geschehen; alleiniges Koordinationsinstrument wirtschaftlicher Handlungen ist der Markt, und dieser funktioniert reibungslos, arbeitet also ohne Kosten.

Auf der Grundlage dieser (und weiterer) Annahmen hat ARTHUR CECIL PIGOU die Theorie externer Effekte entwickelt, mit der die Neoklassik die Existenz von Umweltproblemen aus ökonomischer Sicht modelliert und Strategien zu deren Lösung ableitet. Allerdings sind die Aussagen dieser Theorie auf vielfältige Kritik gestoßen, deren Ausfluß der Ruf nach einer neuen Methodenvielfalt, einem neuen umweltökonomischen Paradigma ist.[2]

Ein neues Paradigma mag die Annahmen der neoklassischen Theorie vollständig verwerfen oder aber die Revision einzelner Prämissen dieser Theorie vorsehen. Die Neue Institutionenökonomik versteht sich als eine Verallgemeinerung der neoklassischen Theorie und baut

---

1   Vgl. BRUNS (1995), S. 23 ff.

2   Vgl. beispielsweise COSTANZA (1989); SÖLLNER (1993), S. 454.

folglich in Teilen auf der Neoklassik auf. Neoklassische Grundhypothesen wie das Werturteil des methodologischen Individualismus und Methoden wie die Marginalanalyse werden auch in der Neuen Institutionenökonomik verwendet. Zudem wird gewürdigt, daß die neoklassische Theorie die herausragende Bedeutung von Knappheit und Wettbewerb für wirtschaftliche Fragen herausgearbeitet hat. Andere neoklassische Grundpfeiler - wie die Prämissen perfekter Rationalität der Individuen und die kostenfreie Nutzung von Märkten - werden hingegen abgewandelt.

Durch die partielle Änderung der Prämissen ist es der Neuen Institutionenökonomik möglich, Institutionen, die in der neoklassischen Analyse als gegeben angenommen und nicht weiter diskutiert wurden, einer eingehenden Analyse zu unterziehen. Eine Institution läßt sich allgemein als ein System von formalen und informellen Regeln und Normen definieren, das für den Fall von Zuwiderhandlungen mit Sanktionsmöglichkeiten ausgestattet ist.[3] Dieser Institutionenbegriff ist weit gefaßt und umfaßt Phänomene wie Unternehmungen und Märkte, das Rechtssystem und Geld, die Ehe und den Staat.

Ziel dieser Arbeit ist es, die Neue Institutionenökonomik auf die Umweltökonomik anzuwenden. Dabei werden nur Auflagen, Abgaben und Zertifikate aus dem Blickwinkel dieses Theorieansatzes betrachtet. Diese Beschränkung auf nur einige umweltpolitische Instrumente erfolgt, da es nicht Ziel dieser Arbeit ist, eine umfassende Analyse des weiten Instrumentenkataloges durchzuführen. Vielmehr steht im Mittelpunkt eine exemplarische Anwendung der Aussagen der Neuen Institutionenökonomik auf die Auswahl umweltpolitischer Instrumente. Die dabei gewonnenen Erkenntnisse können jedoch in einem nächsten, im Rahmen dieser Arbeit nicht unternommenen Schritt auf die Analyse anderer, hier nicht betrachteter Instrumente übertragen werden.

Bevor die Analyse umweltpolitischer Instrumente aus institutionenökonomischer Sicht erfolgt, wird in einem Teil II der Arbeit zunächst die umweltökonomische Theorie auf Grundlage des neoklassischen Analyserahmens vorgestellt. Diese Darstellung dient zum einen dazu, den Stand der neoklassischen Instrumentendiskussion als Basis der nachfolgenden institutionenökonomischen Analyse herauszuarbeiten. Zum anderen ist auch die neoklassisch orientierte Umweltökonomie einem Wandel unterlegen, der sich in einer Lockerung der Informationsannahme des Modells ausdrückt. Wie gezeigt wird, wird erst mit Änderung dieser Prämisse eine Analyse umweltpolitischer Instrumente im neoklassischen Theoriegebäude interessant.

---

3   Vgl. NORTH (1990), S. 3 und RICHTER (1990), S. 572.

In Teil III der Arbeit wird das umweltpolitische Instrumentarium aus Sicht der Neuen Institutionenökonomik betrachtet. Da dieser Theoriezweig verschiedene Spezialgebiete kennt, werden in einem Kapitel A zunächst die wichtigsten Theorieansätze vorgestellt. Dies sind die Property-Rights-Theorie, die Principal-Agent-Theorie und die Transaktionskostentheorie. Zudem wird die Theorie institutionellen Wandels nach DOUGLASS C. NORTH in ihren wesentlichen Zügen dargestellt, da sie - wie sich später zeigen wird - zur Erklärung der in der Praxis herrschenden Dominanz des Ordnungsrechts in der Umweltpolitik fruchtbar ist. Ein Überblick über die bisherige Anwendung der genannten Theorien auf umweltökonomische Fragestellungen legt nahe, die Analyse der Instrumente auf die Transaktionskostentheorie und die Theorie institutionellen Wandels zu beschränken: Während Property-Rights- und Principal-Agent-Theorie bereits in größerem Umfang für die Umweltökonomik fruchtbar gemacht wurden, stehen entsprechende Arbeiten für die beiden anderen Theorien noch weithin aus.

Demgemäß werden in Kapitel B die umweltpolitischen Instrumente aus Sicht der Transaktionskostentheorie untersucht. Im Mittelpunkt dieses Theorieansatzes stehen Investitionen der umweltpolitischen Akteure, die speziellen Verwendungsrichtungen gewidmet sind. Solche Investitionen haben den Vorteil, daß durch die Spezialisierung Produktivitätsfortschritte zu realisieren sind. Andererseits begeben sich diese Investoren in eine Abhängigkeit gegenüber Transaktionspartnern. Letztere können durch einen Abbruch der bestehenden Beziehung oder anderes opportunistisches Verhalten eine Entwertung der spezialisierten Investitionen des Gegenüber herbeiführen. Ist die Gefahr der Entwertung auf spezielle Verwendungen gerichteter Investitionen groß, werden potentielle Investoren vor solchen Engagements zurückschrecken. Auflagen, Abgaben und Zertifikate werden in diesem Kapitel auf ihre Eignung hin überprüft, spezialisierte Investitionen im Umweltschutz vor einer Entwertung zu schützen und damit zu deren Tätigung anzureizen.

Inhalt des Kapitels C ist eine Analyse der umweltpolitischen Instrumente aus Sicht der Theorie institutionellen Wandels. Aus dem Blickwinkel dieser Theorie ist die Existenz bestimmter Institutionen aus der Geschichte zu erklären. Demnach unterliegt der institutionelle Rahmen einer Gesellschaft einem meist evolutionären, unter bestimmten Bedingungen aber auch einem sprunghaften, revolutionären Wandel. Dieser Wandel muß dabei nicht in wirtschaftlichem Wachstum und Fortschritt münden, sondern kann auch zu Stagnation und Abschwung führen. Eine so verstandene Theorie institutionellen Wandels wurde von dem Wirtschaftshistoriker DOUGLASS C. NORTH entworfen. Sein Werk wird bei der Analyse zur Erklärung des gegenwärtig in der deutschen Umweltpolitik angewendeten Instrumentariums zugrunde gelegt. Die wesentlichen Ergebnisse der Untersuchung werden schließlich in einem Schlußwort (Teil IV) zusammengefaßt.

II. Die umweltökonomische Theorie auf Grundlage des neoklassischen Analyserahmens

A. Das neoklassische Grundmodell

1. Das Modell der paretianischen Wohlfahrtsökonomik

Wirtschaftliche Probleme haben ihren Ursprung in der Knappheit von Gütern. Dort wo Güter nicht knapp sind, sondern in solchen Mengen bestehen, daß sie die Bedürfnisse der Menschen nach ihnen übersteigen, bedarf es keiner weiteren ökonomischen Überlegungen: es herrscht hier ein paradiesischer Zustand, in dem ein jeder seine Bedürfnisse nach freiem Wunsch erfüllen kann, ohne jemand anderen in seinem Konsum zu beeinträchtigen.[1] Freie Güter, die in beliebiger Menge verfügbar sind, sind in unserer Welt allerdings sehr selten.[2] Vielmehr übersteigen die Bedürfnisse der Individuen in der Regel die Menge an verfügbaren Gütern und es ergeben sich Knappheitsprobleme. Für die Ökonomie stellt sich dann die Frage, wie diese Knappheit am besten bewältigt werden kann, wobei sie nicht den Ansatz wählt, eine Verminderung der menschlichen Bedürfnisse anzustreben. Sie konzentriert sich darauf, Aussagen darüber abzuleiten, wie bei gegebenen individuellen Präferenzen knappe Güter und Ressourcen möglichst nutzenstiftend eingesetzt werden.

Das Problem knapper Güter und Ressourcen äußert sich für jede Gesellschaft in drei Dimensionen.[3] Erstens stellt sich die Frage, wie ein gegebener Bestand an Produktionsmitteln möglichst effizient zur Produktion von Gütern eingesetzt werden kann. Eine Verschwendung von Ressourcen bei der Produktion bedeutet nämlich nichts anderes, als daß weniger Güter zum Konsum zur Verfügung stehen. Eine geringere Güterversorgung impliziert für

---

1   Dieser paradiesische Zustand herrscht natürlich allein unter der Annahme, daß die bei Produktion und Konsum anfallenden Abfälle die assimilative Kapazität der Umwelt nicht übersteigen und problemlos deponiert werden können.

2   Die Zahl freier Güter hat im Laufe der menschlichen Entwicklung sichtbar abgenommen. So standen im frühen Mittelalter die Wälder Mitteleuropas noch im Allmendebesitz der Dorfgemeinschaften. Jedem Dorfbewohner stand es frei, die Allmende nach Belieben zu nutzen. Die Wälder schienen von solcher Größe im Vergleich zu den Nutzungen der noch geringen Bevölkerungszahl, daß diese sich problemlos regenerieren können. Die Wälder Mitteleuropas wurden zu dieser Zeit für ein freies Gut gehalten. Tatsächlich entwickelten sich die Wälder mit zunehmender Bevölkerungsdichte aber zu einem knappen Gut: Die ansteigenden Nutzungsansprüche der Menschen überstiegen die Nutzungskapazitäten der Wälder. Vgl. ROSEN / WINDISCH (1992), S. 224 ff. Der freie Zugang zu den Allmende-Wäldern führte zu deren Übernutzung. Vgl. BONUS / HÄDER (1997). Heute beschränkt sich die Zahl freier Güter auf einige wenige. Als Beispiel sei Sand in der Sahara angeführt.

3   Vgl. hierzu sowie zum folgenden SOHMEN (1976), S. 3.

eine Gesellschaft aber eine Verschärfung des Knappheitsproblems. Eine effiziente Ressourcennutzung vermindert also die Diskrepanz zwischen verfügbarer Gütermenge und den menschlichen Bedürfnissen, indem die Güterproduktion aus den gegebenen Produktionsmitteln maximiert wird.

Zum zweiten ist die Struktur der Güterproduktion von Bedeutung. Man stelle sich eine Volkswirtschaft vor, in der sämtliche Faktoren zur Produktion von Automobilen verwendet werden. Diese mögen zwar effizient produziert worden sein. Trotzdem geht eine solche Produktionsstruktur an den Bedürfnissen der Individuen vorbei, die infolgedessen mit anderen Gütern, an denen dringender Bedarf besteht, extrem unterversorgt (in diesem Fall vollständig nicht versorgt) sind. Die Struktur der Güterproduktion sollte mithin so sein, daß sie den Bedürfnissen der Individuen bestmöglich entgegenkommt.

Als drittes gilt es, die produzierten Güter auf die Mitglieder der Gesellschaft zu verteilen. Sollte jedes Individuum gleichviel an Gütern erhalten, oder nach seinen Leistungen, der Dringlichkeit seiner Bedürfnisse oder einem anderen „Schlüssel" versorgt werden? So dringlich diese Dimension des Knappheitsproblems auch sein mag, so schwierig ist sie einer ökonomischen Analyse zugänglich.[4] Im folgenden soll deswegen das Distributionsproblem insofern vernachlässigt werden, als wir von einer gegebenen Ausgangsverteilung der Güter auf die Individuen einer Gesellschaft ausgehen. Diese gegebene Erstausstattung mit Gütern muß allerdings nicht optimal sein. Vielmehr ist es vorstellbar, daß freiwillige Tauschhandlungen zwischen den mit Gütern ausgestatteten Individuen zu einer Entschärfung des Knappheitsproblems beitragen. Auf diese Thematik wie auch die beiden anderen Fragen des Knappheitsproblems hat die ökonomische Theorie in ihrem Teilgebiet der Wohlfahrtsökonomik Antworten entwickelt.

Die Wohlfahrtsökonomik beschäftigt sich mit der Bestimmung von Kriterien, die anzeigen, wann knappe Ressourcen in einer Volkswirtschaft optimal eingesetzt werden. Es geht ihr also um die Ableitung von Bedingungen, die kennzeichnen, daß die drei Dimensionen des Knappheitsproblems unter Auslassung der Verteilungsfrage effizient gelöst werden.[5] Die Wohlfahrtsökonomik leitet ihre Aussagen dabei nicht wertfrei ab, sondern gründet sie auf verschiedene normative Grundpfeiler. Eine erste Säule bildet das Fundamentalprinzip der

---

4   Vgl. SOHMEN (1976), S. 3 f.

5   Die Wohlfahrtsökonomik, die sich als Teilbereich der ökonomischen Theorie mit der Bewältigung von Knappheitsproblemen auseinandersetzt, verhält sich in bezug auf Verteilungsfragen mithin neutral. Sie trifft keine Aussage zu vor- oder nachteilhaften Distributionsverfahren. Vgl. FRITSCH / WEIN / EWERS (1993), S. 30 f. BONUS zeigt auch analytisch die Verteilungsneutralität der Wohlfahrtstheorie auf. Vgl. BONUS (1994 b), S. 12 ff.

individuellen Bedürfnisbefriedigung, das von der Überzeugung ausgeht, daß allein Individuen Bedürfnisse empfinden und dementsprechend auch nur diese selbst darüber entscheiden können, ob ein bestimmter Zustand der Güterversorgung einem anderen vorzuziehen ist oder nicht. Eine soziale Wohlfahrtsfunktion, die das Maß des gesellschaftlichen Wohlstandes als Funktion aller sie bestimmenden Variablen angeben will, kann somit nur die Nutzenindizes der einzelnen Gesellschaftsmitglieder als erklärende Parameter enthalten.[6]

Ein zweites Werturteil äußert sich in der Auffassung, daß interpersonelle Nutzenvergleiche nicht möglich sind und auch die einzelnen Individuen ihr Nutzenniveau nicht quanititativ messen können, sondern allein verschiedene Zustände in ordinaler Weise zu ordnen wissen.[7] Infolgedessen sind die einzelnen Nutzenniveaus der Individuen einer Gesellschaft einem interindividuellen Vergleich nicht zugänglich: eine wirtschaftspolitische Maßnahme, die den Nutzen einiger Individuen gegenüber dem Status Quo hebt, den Nutzen anderer Gesellschaftsmitglieder aber senkt, ist dann aus wohlfahrtstheoretischer Sicht nicht zu beurteilen. Obwohl infolge dieser Annahme nur sehr eingeschränkte Aussagen über die gesellschaftliche Wünschbarkeit wirtschaftspolitischer Maßnahmen möglich sind, ist es sinnvoll, sich auf dieses Werturteil zurückzuziehen.[8] Versuche der interpersonellen Nutzenmessung scheitern nämlich an (bisher) unlösbaren Problemen.[9]

VILFREDO PARETO hat auf Grundlage der beiden obigen Werturteile ein Kriterium für die Beurteilung wirtschaftspolitischer Maßnahmen wie auch für die Kennzeichnung einer für die Gesellschaft optimalen Situation entwickelt: Ein Zustand ist gegenüber einem anderen zu präferieren, wenn durch ersteren wenigstens ein Individuum gegenüber dem anderen Zustand im Nutzen besser gestellt wird, während kein Individuum eine Nutzenverschlechterung hinzunehmen hat. Eine für die Gesellschaft pareto-optimale Situation ist dann erreicht, wenn es nicht mehr möglich ist, (durch eine wirtschaftspolitische Maßnahme) mindestens

---

6   Man spricht dann von einer „individualistischen" Wohlfahrtsfunktion. Vgl. SOHMEN (1976), S. 21; KÜLP / KNAPPE (1984), S. 3 ff. Andere Werturteile gehen davon aus, daß auch Kollektive Bedürfnisse empfinden können (organische Staatsauffassung) oder ein Individuum diktatorisch die Wohlfahrtsfunktion bestimmt. Vgl. SOHMEN (1976), S. 22.

7   Vgl. SOHMEN (1976), S. 26 ff.

8   Um ihre Aussagen zur Beurteilung wirtschaftspolitischer Maßnahmen auszuweiten, wurden in der Wohlfahrtsökonomik sogenannte Kompensationskriterien entwickelt, mit Hilfe derer auch solche Maßnahmen geordnet werden können, infolge derer sich einige Individuen im Nutzen besser stellen, andere hingegen im Nutzen schlechter stellen. Diese Kriterien sind jedoch allein soweit eine Hilfe, als wirtschaftspolitische Maßnahmen nur zu einer geringen Änderung der individuellen Erstausstattungen mit Gütern führen. Zu verschiedenen in der Literatur vorgeschlagenen Kompensationskriterien und ihrer Kritik vgl. SOHMEN (1976), S. 307 - 335 und BONUS (1994 b), S. 27 - 35.

9   Vgl. KÜLP / KNAPPE (1984), S. 4 ff.

ein Individuum im Nutzen besser zu stellen, ohne daß mindestens ein Gesellschaftsmitglied einen Nutzenverlust erfährt.[10]

PARETO hat für dieses relativ unverfängliche Wohlfahrtskriterium Bedingungen herausgearbeitet, die für private Güter[11] eine pareto-optimale Situation kennzeichnen. Es sind die Bedingungen der Produktionseffizienz, der Tauscheffizienz und der optimalen Zusammensetzung der Produktion.[12] Diese Charakteristika für ein Pareto-Optimum sollen hier weder weiter verbal erläutert noch graphisch illustriert oder analytisch abgeleitet werden.[13] Es ist allerdings wichtig festzuhalten, daß die obigen Optimalbedingungen noch keinerlei Aussagen da-rüber treffen, durch welche wirtschaftspolitischen Maßnahmen sie zu verwirklichen sind. PARETO zufolge liefert uns die paretianische Wohlfahrtsökonomik keinen Anhaltspunkt über die Vor- oder Nachteilhaftigkeit unterschiedlicher Konzepte zur Erreichung eines Pareto-Optimums:

„(...) alles in allem gibt uns die reine Ökonomie keine wirklich entscheidenden Kriterien an die Hand, um zwischen einer gesellschaftlichen Organisation, die auf Privateigentum basiert, und einer sozialistischen Organisation zu wählen."[14]

Dieser Einschätzung ist zu folgen, wenn dem Modell die Annahme fehlender Transaktionskosten zugrunde liegt. Die Null-Transaktionskostenhypothese bedeutet zum einen, daß jeder Akteur sämtliche individuellen Angebots- und Nachfragekurven in einer Volkswirtschaft kennt. Ein jeder ist über die Präferenzen der einzelnen Gesellschaftsmitglieder lückenlos informiert beziehungsweise kann sich diese Informationen kostenlos beschaffen. Sämtliche wirtschaftlichen Akteure besitzen somit „vollständige Information" über „den gegenwärtigen Zustand und alle möglichen zukünftigen Zustände in der Welt samt ihrer Eintrittswahr-

---

10   Vgl. SOHMEN (1976), S. 30 f.

11   Private Güter zeichnen sich dadurch aus, daß der Nutzen aus dem Gut exklusiv dem es konsumierenden Individuum zufällt. Vgl. BONUS (1980 b).

12   Vgl. beispielsweise SOHMEN (1976), S. 32 ff.; FRITSCH / WEIN / EWERS (1993), S. 16 ff.; BONUS (1994 b), S. 14 ff. Produktionseffizienz ist gegeben, wenn die Grenzrate der Substitution zwischen zwei (beliebigen) Faktoren in allen Güterproduktionen gleich ist. Tausch-effizienz zeichnet sich dadurch aus, daß die individuellen Grenzraten der Substitution im Konsum zwischen zwei (beliebigen) Gütern für alle Individuen identisch sind. Eine optimale Zusammensetzung der Produktion ist realisiert, wenn die für alle Individuen gleichen Grenzraten der Substitution zwischen zwei (beliebigen) Gütern gleich ist der Grenzrate der Transformation für diese beiden Güter. Die Grenzrate der Transformation gibt dabei an, um wieviel die Produktion des einen Gutes verringert werden muß, um die Produktion eines anderen Gutes um eine Einheit zu erhöhen.

13   Erläuterungen verbaler, graphischer und analytischer Art finden sich in allen einschlägigen Werken zur Wohlfahrtsökonomik. Vgl. beispielsweise SOHMEN (1976); KÜLP / KNAPPE (1984).

14   PARETO (1909), S. 364 in deutsch zitiert nach WAGENER (1979), S. 83.

9

scheinlichkeiten. "[15] Es ist dann für einen so vollständig infor-mierten staatlichen Planer kein Problem, die Güterproduktion, -zusammen-setzung und Allokation auf die einzelnen Individuen gerade so festzusetzen, daß sie den Bedingungen für ein Pareto-Optimum entsprechen. Zum anderen ist in einer Welt ohne Transaktionskosten die Aussprache und Überwachung der Einhaltung der Weisungen kostenlos. Der staatliche Planer kann also ohne Ressourcenverbrauch die wohlfahrtsmaximierenden Entscheidungen treffen. In einem solchen Modell fallen allein Kosten bei der Produktion von Gütern an, nicht aber Kosten bei der wirtschaftlichen Interaktion von Individuen.

Ebenso führt der Markt bei vollständiger Konkurrenz zum paretianischen Wohlfahrtsmaximum, indem jedes Individuum gemäß seinen Präferenzen Faktorleistungen anbietet und Güter nachfragt. In einer Welt ohne Transaktionskosten, in der die Nutzung von Märkten keine Kosten hervorruft, ergibt sich in der Summe aller individuellen Pläne eine Produktions- und Konsumstruktur, die die Anforderungen an ein Pareto-Optimum erfüllt, wie die neoklassische Gleichgewichtsanalyse zeigt.[16] Die neoklassische Wohlfahrtsökonomik ist mithin unter der Annahme der Abstraktion von Transaktionskosten indifferent gegenüber verschiedenen Koordinationsmechanismen.

In der Literatur wird hingegen oft allein die Bedeutung vollständiger Information der Individuen betont, um aufzuzeigen, daß in einem solchen Modellrahmen sämtliche Koordinationsmechanismen effizient sind. So auch VON HAYEK, wenn er schreibt:

„*If* we possess all the relevant information, *if* we can start out from a given system of preferences, and *if* we command the complete knowledge of available means, the problem which remains is purely one of logic. "[17]

Vollständige Information ist jedoch keine hinreichende Bedingung für die Irrelevanz des Modells gegenüber verschiedenen Formen der Koordination. Besitzen die Individuen zwar vollständige Vorraussicht über die Zustände in der Welt, ist aber die Nutzung von Koordinationsstrukturen nicht kostenlos, so besteht keine Indifferenz zwischen den verschiedenen Mechanismen zur Durchführung wirtschaftlicher Interaktion. Unterschiedliche Kosten der Aushandlung, Durchsetzung, Überwachung und Kontrolle von Vereinbarungen bei marktlicher Koordination und der Abwicklung in Unternehmen können sehr wohl Anlaß dazu geben, sich für eine bestimmte, weil effizientere Koordinationsform zu entscheiden. Um VON

---

15   RICHTER / BINDSEIL (1995), S. 133.

16   Vgl. SCHUMANN (1992), S. 36 f.

17   VON HAYEK (1945), S. 519 (Hervorhebungen im Original).

HAYEKs oben angeführtes Zitat im Sinne einer Irrelevanz des Modells gegenüber verschiedenen Formen der Organisation von Wirtschaft als zutreffend zu interpretieren, ist seine Annahme vollständiger Information somit in Sinne einer Null-Transaktionskosten-Welt zu deuten, in der sich die Individuen kostenlos Informationen beschaffen und sämtliche Verträge reibungsfrei aushandeln, abschließen und überwachen können.

Wie VON HAYEK weiter ausführt, ist die Annahme vollständiger Information aber nicht die Situation der Wirklichkeit. Kein Individuum besitzt vollständige Information über die Präferenzen sämtlicher Gesellschaftsmitglieder. Vielmehr ist die Realität dadurch gekennzeichnet, daß die ökonomisch relevanten Informationen dezentral über alle Individuen verteilt sind. Dementsprechend ist die Annahme vollständiger Information zu ersetzen durch die Prämisse dezentral verteilter, privater Information. Dann aber ergeben sich komparative Vorteile einer marktlich organisierten Wirtschaft gegenüber dem Modell staatlicher Planung. Wie die neoklassische Gleichgewichtsanalyse zeigt, erfüllt ein Modell vollständiger Konkurrenz auch bei Annahme allein privater Information über die individuellen Wirtschaftspläne die Marginalbedingungen für ein Pareto-Op-timum.[18] Dagegen ist es einem staatlichen Planer nicht möglich, jene Informationen zu erlangen und zu verarbeiten, die notwendig sind, um im Wege zentraler Weisungen einen effizienten Zustand zu verwirklichen.[19] Transaktionskosten in Form von Informationskosten, die der staatliche Planer zur Realisierung von Pareto-Effizienz zu tragen hätte, die im Markt hingegen nicht anfallen, geben den Ausschlag für die Vorteilhaftigkeit marktlicher Koordination.

Es bleibt festzuhalten, daß unter der Annahme fehlender Transaktionskosten Indifferenz zwischen dezentralen und zentralen Verfahren zur Erreichung eines Pareto-Optimums herrscht. Erst die Änderung dieser Prämisse dahingehend, daß die Existenz privater Information angenommen wird, zeigt die Vorteilhaftigkeit dezentraler Entscheidungsverfahren: bei Vorliegen eines Marktes mit vollständiger Konkurrenz stellt sich ein Pareto-Optimum als Ergebnis der dezentral aufgestellten, über den Markt koordinierten Wirtschaftspläne der einzelnen Akteure ein. Einem staatlichen Planer gelingt eine solche Koordination der Pläne nicht. Ihm fehlen die hierfür notwendigen Informationen, die der Markt gleich einer „invisible hand" zutage fördert.

---

18 Vgl. SCHUMANN (1992), S. 272 ff.
19 Vgl. VON HAYEK (1945), S. 524.

Die obigen Ausführungen zur Pareto-Effizienz von Märkten mit vollständiger Konkurrenz gelten jedoch allein für die Koordination von privaten Gütern. Existieren hingegen externe Effekte, so verfehlt das Konkurrenzgleichgewicht die Bedingungen für Pareto-Optimalität.[20]

2. Die Theorie externer Effekte

Unter den Begriff der „externen Effekte" werden im weiteren Sinne verschiedene Phänomene subsumiert.[21] Für die Problematik der Pareto-Ineffizienz des Modells der vollständigen Konkurrenz ist allerdings allein die Untergruppe der „technologischen externen Effekte" verantwortlich. Diese sind darüber definiert, daß wirtschaftliche Aktivitäten außermarktmäßig in die Nutzen- oder Produktionsfunktion von Dritten eingehen.[22] Der Urheber einer solchen Aktivität wird folglich nicht vollständig mit den Kosten oder Nutzen seines Tuns konfrontiert. Den außermarktmäßigen Teil seiner Aktivität berücksichtigt er nicht in seiner Wirtschaftsrechnung. Die Konsequenzen eines technologischen externen Effektes[23] für die Allokation von Gütern sollen im folgenden anhand einer Grafik illustriert werden:[24]

---

20 Das Phänomen ineffizienter Ressourcenallokation bei vollständiger Konkurrenz kann aus ökonomischer Sicht mit der Theorie externer Effekte als auch der Theorie öffentlicher Güter erklärt werden. Der letztere Erklärungsansatz kann - wie BONUS zeigt - in den ersteren überführt werden. Vgl. BONUS (1980 b) oder auch RENTZ, H. (1995), S. 35 ff. Aus diesem Grund wird im folgenden nur das „allgemeinere" Konzept der externen Effekte vorgestellt.

21 Hierunter fallen technologische, pekuniäre und psychologische externe Effekte. Vgl. FRITSCH / WEIN / EWERS (1993), S. 54 f.

22 Vgl. BUCHANAN / STUBBLEBINE (1962), S. 371 ff.; MISHAN (1971 b). Pekuniäre Externalitäten betreffen hingegen nicht direkt die Nutzen- oder Produktionsfunktion Dritter, sondern wirken über eine Veränderung der Nebenbedingungen nur indirekt ein. Vgl. BONUS (1994 b), S. 49. Psychologische Externalitäten sind Nutzeninterdependenzen zwischen Individuen, die auf Neid oder Gunst beruhen. Sie finden in der wohlfahrtsökonomischen Literatur nur am Rande eine Betrachtung. Vgl. hierzu SOHMEN (1976), der sie in seiner Terminologie vollständig unerwähnt läßt, BONUS (1994 b), S. 13, demzufolge sie in einer paretianischen Wohlfahrtsfunktion keine Berücksichtigung finden, und FRITSCH / WEIN / EWERS (1993), S. 115 ff., die sie als Grundlage für mögliche pareto-verbessernde Umverteilungsmaßnahmen diskutieren.

23 Der Vereinfachung halber wird im folgenden nur noch von „externen Effekten" gesprochen. Gemeint sind damit jedoch stets „technologische externe Effekte", wenn kein besonderer, anders lautender Hinweis erfolgt.

24 Insgesamt lassen sich vier Formen von technologischen Externalitäten unterscheiden. Es gibt reine Externalitäten im Konsum, wie z.B. das Rauchen, bei dem der Nutzen eines Individuums direkt abhängig ist von der Konsumaktivität eines anderen Individuums. Es gibt reine Produktionsexternalitäten, bei denen die Produktionsfunktion eines Unternehmens direkt beeinflußt ist von den Aktivitäten eines anderen Unternehmens. Hier ist als Beispiel ein Bauer zu nennen, dessen Felderdüngung zu Geruchsemissionen führt, die die Geschäfte eines nahegelegenen Biergartens berühren. Und es gibt Mischformen von Externalitäten, bei denen Produktionsaktivitäten auf Nutzenfunktionen beziehungsweise Konsumaktivitäten auf Produktionsfunktionen Einfluß haben. Vgl. WEIMANN (1995), S. 31. Im folgenden werden die Auswirkungen eines externen Effektes anhand einer Konsumexternalität erläutert. Die Analyseergebnisse sind

In Abbildung 1 wird auf der Abszisse sowohl nach links als auch nach rechts die physische Aktivität eines Akteurs 1 abgetragen. Da diese Aktivität annahmegemäß einen externen Effekt impliziert, indem sie Einfluß nimmt auf die Nutzenfunktion eines Akteurs 2, wird Akteur 1 auch als Aussender, Akteur 2 hingegen als Empfänger des externen Effektes bezeichnet. Im rechten Teil der Graphik ist das Kalkül des Aussenders des externen Effektes abgetragen. Seine marginale Zahlungsbereitschaftskurve N_1 nach der Aktivität ist annahmegemäß fallend, während die Grenzkosten der Durchführung der Aktivität steigen. Beim Aktivitätsniveau B verwirklicht der Aussender sein privates Optimum. Die Grenzkosten der Aktivität entsprechen hier genau der marginalen Zahlungsbereitschaft des Akteurs 1. Allerdings beachtet er nicht die Folgen des von ihm ausgesendeten externen Effektes bei Akteur 2. Dieser empfindet die Aktivität als nutzenmindernd, was in der Kurve N_2 im linken Teil der Graphik zum Ausdruck kommt. N_2 gibt die in Geld bewerteten marginalen Wohlfahrtsverluste wieder, die der Empfänger aufgrund der Aktivität des Akteurs 1 erleidet. Der marginale Kompensationswunsch von Akteur 2 steigt mit zunehmendem Aktivitätsniveau.

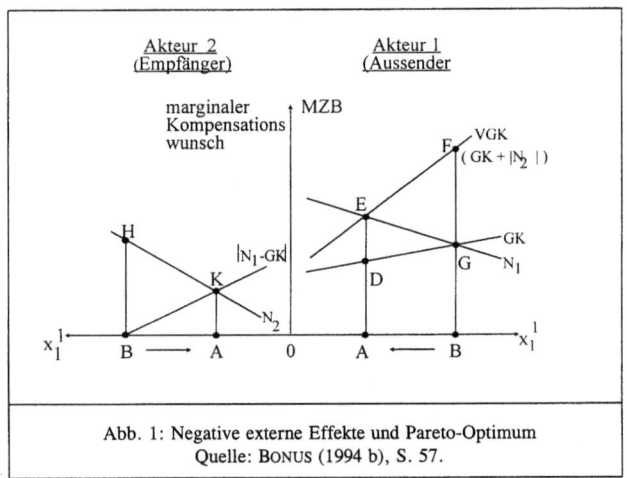

Abb. 1: Negative externe Effekte und Pareto-Optimum
Quelle: BONUS (1994 b), S. 57.

Worin zeigt sich nun die Pareto-Ineffizienz des Marktes bei Existenz externer Effekte? Akteur 1 strebt die Maximierung seines Nutzens unter Beachtung der ihm vom Markt vermittelten Preissignale an. Dieses Nutzenmaximum erreicht er für die Aktivität x_1^1, wenn er

---

jedoch ohne weiteres auf die Wirkungen einer Produktionsexternalität übertragbar. Vgl. BONUS (1994 b), S. 49.

diese im Umfang B ausführt. Das Marktgleichgewicht in B entspricht aber nicht einem pareto-optimalen Niveau, wie sich leicht zeigen läßt: angenommen, der Empfänger der Externalität tritt an den Aussender heran und bietet ihm ausgehend vom Aktivitätsniveau B Zahlungen für eine Verminderung der Aktivität an. Akteur 2 wäre in B bereit, maximal den
Betrag HB = FG für eine marginale Senkung des Aktivitätsniveaus zu zahlen, ohne daß er
damit in seinem Nutzen schlechter gestellt würde. Es bedarf aber nur einer gegen Null ge-
henden Zahlung an Akteur 1, um diesen soweit zu kompensieren, daß er mit marginaler
Verminderung des Aktivitätsniveaus keine Nutzenverluste erleidet. Somit ist es möglich,
durch eine marginale Einschränkung der Aktivität ausgehend von B (und entsprechende
Kompensation) eine pareto-bessere Situation zu verwirklichen. Die Hinwendung zu pareto-
superioren Aktivitätsniveaus kann darüber hinaus fortgesetzt werden bis zum Punkt A. Erst
in A ist es so, daß der (in Geld bewertete) Wohlfahrtsgewinn KA einer marginalen Aktivitätsminderung dem damit einhergehenden Wohlfahrtsverlust ED gleich ist. In dieser Situation ist es folglich nicht mehr möglich, durch Variation des Aktivitätsniveaus einen Beteiligten im Nutzen besser zu stellen, ohne daß nicht ein anderer im Nutzen schlechter gestellt
wird. Punkt A ist das pareto-optimale Aktivitätsniveau.

Der Koordinationsmechanismus Markt führt also zur Verwirklichung des (gleich-
gewichtigen) Aktivitätsniveaus B, während der pareto-optimale Umfang bei A liegt.[25] Der
Markt versagt mithin bei der Verfolgung eines wohlfahrtsoptimalen Zustandes. Die Markt-
preise spiegeln nicht die von externen Effekten ausgehenden Wohlfahrtswirkungen wieder.

3. Internalisierungsstrategien

3.1 Die Pigou-Lösung

Welche Möglichkeiten bieten sich, das Problem externer Effekte zu bewältigen und zu einem Pareto-Optimum zu gelangen? Eine erste, direkt auf den Überlegungen der paretianischen Wohlfahrtsökonomik aufbauende Strategie entwarf ARTHUR CECIL PIGOU: wenn der
Markt - wie von der Wohlfahrtstheorie gezeigt - bei Existenz externer Effekte versagt, dann
bedarf es eines Eingriffs seitens des Staates. Dieser sollte nach seinem Vorschlag den
Aussender eines externen Effektes je nach Art der Externalität mit einer Steuer oder einer

---

25 Im Beispiel liegt das pareto-optimale unterhalb des im Markt sich ergebenden Aktivitätsniveaus. Eine
solche Situation ist für den Fall negativer externer Effekte kennzeichnend. Im Fall positiver externer Effekte ist die Situation umgekehrt: das pareto-optimale Aktivitätsniveau liegt oberhalb desjenigen, das bei
marktlicher Koordination realisiert wird. Vgl. BONUS (1994 b), S. 52 ff.

14

Subvention konfrontieren.[26] Die Steuer beziehungsweise Subvention sollte dabei so bemessen sein, daß die an einer Externalität Beteiligten gerade dazu bewegt werden, ein Pareto-Optimum zu verwirklichen. Bei Annahme eines fixen Steuer- oder Subventionssatzes müßte dieser, um die Realisierung eines Pareto-Optimums zu gewährleisten, gerade so gewählt werden, daß er dem Umfang der externen Effekte im Pareto-Optimum entspricht. Die Funktionsweise der Pigou-Lösung soll an Abbildung 2 illustriert werden.

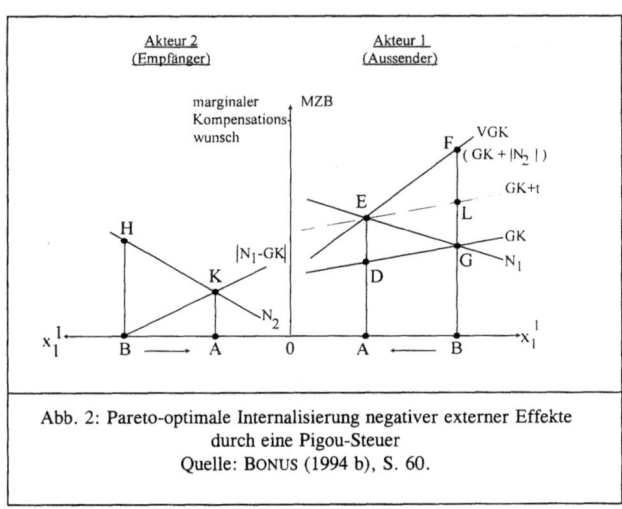

Abb. 2: Pareto-optimale Internalisierung negativer externer Effekte
durch eine Pigou-Steuer
Quelle: BONUS (1994 b), S. 60.

In dieser Graphik ist die Situation der Existenz eines negativen externen Effektes aus Abbildung 1 wieder aufgenommen. Akteur 1 beachtet den externen Effekt in seinem Kalkül nicht und realisiert das Aktivitätsniveau B. Die Tätigkeit wird aus volkswirtschaftlicher Sicht auf einem zu hohen Niveau ausgeführt. Pareto-optimal wäre die Realisierung des Aktivitätsniveaus A. Um die daraus folgende Fehlallokation von Gütern zu beheben, sollte nach PIGOU der Aussender des negativen externen Effektes mit einer Steuer belegt werden, die ihn dazu anreizt, sein Aktivitätsmaß auf A zu reduzieren. Dies könnte beispielsweise eine Steuer bewirken, die genau den jeweiligen marginalen Nutzenverlust des Akteurs 2 wiederspiegelt. Der Steuersatz müßte dann bei B mit einer Höhe von BH = FG beginnen, um schrittweise bis auf AK = ED bei Punkt A herabzusinken. Infolge der Steuer sieht sich Akteur 1 nun einer neuen Grenzkostenfunktion gegenüber, die der volkswirtschaftlichen Grenzkostenkurve entspricht. Nutzenmaximierend ist für ihn nun jenes Aktivitätsniveau, bei

26   Bei negativen externen Effekten sollte die Aktivität des Aussenders mit einer Steuer, bei positiven Externalitäten mit einer Subvention belegt werden. Vgl. PIGOU (1920), S.193 ff.

15

dem sich VGK-Kurve und Nachfragekurve schneiden. Dies ist im pareto-optimalen Niveau A der Fall.[27]

Soll der Steuersatz einen fixen Betrag t pro Aktivitätseinheit umfassen, so muß er im Umfang der im Pareto-Optimum verbleibenden externen Effekte[28] festgesetzt werden, also t = ED (= AK). Dies impliziert in Abbildung 2 eine Parallelverschiebung der Grenzkostenkurve um ED nach oben. Der Schnittpunkt der neuen Grenzkostenkurve (GK + t), der sich Akteur 1 gegenübersieht, mit der Nachfragekurve liegt wieder im pareto-optimalen Aktivitätsniveau A.

PIGOU zufolge ist das Problem externer Effekte somit einfach dadurch zu beheben, daß ein zentraler Planer den Aussender eines externen Effektes mit den sozialen Zusatzkosten seiner Aktivität im Pareto-Optimum belastet. Dieses Vorgehen mag auf den ersten Blick faszinieren und dazu verführen, die externe Effekte-Problematik als leicht lösbar anzusehen. Indes stellt sich die Frage, welchen Informationsanforderungen ein staatlicher Planer unterliegt, wenn er mit Hilfe von Pigou-Steuern und Subventionen pareto-optimale Situationen verwirklichen will. Um seinen Steuer-/Subventionssatz richtig zu bestimmen, muß er Auskunft über die pareto-irrelevanten externen Effekte besitzen. Er muß also wissen, welche sozialen Zusatzkosten der Aktivität im Pareto-Optimum noch verbleiben. Dies erfordert allerdings für den oben dargestellten Fall, daß er vollständige Information über die Präferenzen der beiden an der Externalität Beteiligten besitzt. Erst wenn er sowohl die Nachfragekurven beider Akteure als auch die Grenzkostenkurve von Akteur 1 kennt, ist es ihm möglich, den pareto-optimalen Steuersatz zu berechnen. Für den Zwei-Beteiligten-Fall bedarf es also eines „allwissenden staatlichen Planers", um Pareto-Optimalität zu erreichen.[29]

Nimmt man an, daß es viele Aussender einer Externalität gibt, die zugleich viele Akteure in ihrer Nutzenfunktion betreffen, so läßt sich zeigen, daß es zur Durchführung der Pigou-Lösung nicht mehr der sehr strengen Anforderung vollständiger Information über die individuellen Präferenzen für den staatlichen Planer bedarf. Für den Viele-Beteiligten-Fall läßt sich der rechte Teil aus Abbildung 2 wie folgt umdeuten: die Nachfragekurve N_1 gibt nun die gesamtwirtschaftliche Nachfrage nach der Aktivität x_1 an. Die Grenzkostenkurve (GK)

---

27 Diese wie auch die folgenden Ausführungen gelten allein bei marginalen Veränderungen. Bei nicht-marginalen Variationen des Aktivitätsniveaus x_1^1 können sich indes geänderte Preis- und Nachfrageverhältnisse ergeben, die zu anderen Pareto-Optima führen.

28 Die im Pareto-Optimum verbleibenden externen Effekte werden seit BUCHANAN / STUB-BLEBINE als pareto-irrelevante externe Effekte bezeichnet. Vgl. BUCHANAN / STUBBLEBINE (1962), S. 373 ff. Sie heißen „pareto-irrelevant", da sie auch im Pareto-Optimum Bestand haben und somit auch nach erfolgter Internalisierung externer Effekte nicht verschwinden.

29 Vgl. WEIMANN (1995), S. 188.

ist Ausdruck der horizontalen Aggregation der einzelwirtschaftlichen privaten Grenzkosten-
kurven. Die volkswirtschaftliche Grenzkostenkurve (VGK) ergibt sich als Summe aus
Grenzkostenkurve und den bei den Empfängern des (negativen) externen Effektes entstehenden vertikal aggregierten sozialen Zusatzkosten. Um nun den pareto-optimalen Steuersatz zu bestimmen, muß der zentrale Planer diese gesamtwirtschaftlichen Kurven (GK,
VGK, N_1) kennen. Er bedarf also zunächst nicht der Kenntnis der einzelwirtschaftlichen
Kalküle, sondern allein der Information über die aus den individuellen Präferenzen aggregierten Kurven. Die Informationserfordernisse beschränken sich mithin auf die gesamtwirtschaftlichen Angebots- und Nachfragekurven. Gleichwohl sind diese als Aggregation individueller Kalküle direkter Ausfluß aus diesen,[30] so daß sich die Informationsanforderungen
an einen staatlichen Planer letztlich nur insofern verringern, als er nur Kenntnis über die
durchschnittlichen Angebots- und Nachfragekurven, nicht aber die individuellen Präferenzen erlangen muß.[31]

Es bleibt festzuhalten, daß im Rahmen der wohlfahrtsökonomischen Analyse der Staat mit
Hilfe von Pigou-Steuern und -Subventionen in der Lage ist, das Pareto-Optimum zu erreichen, wenn er vollständige Information besitzt und die Nutzung der Koordinationsmechanismen kostenfrei möglich ist. In Fällen vieler an der Externalität Beteiligter verringern
sich die für den Staat zur Realisierung von Effizienz erforderlichen Informationsanforderungen ein wenig.

3.2 Die Lösung durch Richtlinien

Ein zweiter Weg zur Internalisierung externer Effekte besteht darin, daß den wirtschaftlichen Akteuren direkt vorgegeben wird, in welchem Umfang Aktivitäten mit externen Effekten ausgeführt werden dürfen.[32] Wiederum liegt der Lösungsansatz in einem staatlichen Eingriff in den Markt. Allerdings legt dieser nun direkt das Aktivitätsniveau des Aussenders
eines externen Effektes fest. In unserem Beispiel wird Akteur 1 vorgeschrieben, seine Aktivität x_1^1 im pareto-optimalen Umfang A auszuführen. Um dies tun zu können, bedarf der
Staat auch hier der vollständigen Information über die individuellen Präferenzen und der
Möglichkeit, Weisungen kostenfrei aussprechen und überwachen zu können. Dies ändert
sich auch nicht bei vielen an der Externalität Beteiligten. Während bei der Pigou-Steuer ein
jeder selbst die Vorteile der Aktivität gegen die Steuerzahlung abwägt, besteht ein solcher

---

30   Vgl. hierzu auch BONUS (1980 b), S. 57 ff., der diesen Zusammenhang über Input-Ouput-Matrizen for-
      malisiert.

31   Vgl. FEESS (1995), S. 45; OSTERKAMP (1984), S. 98 f.

32   Vgl. BONUS (1980 a), S. 45.

Regelmechanismus, der die Gesamtaktivität optimal auf die einzelnen Individuen aufteilt, für den Lösungsansatz mittels Richtlinien nicht. Das gesamtwirtschaftlich optimale Niveau der Aktivität ist vielmehr herunterzubrechen auf direkte Vorgaben für jeden einzelnen wirtschaftlichen Akteur. Infolgedessen bedarf es zur Durchführung dieser Strategie auch im Viele-Beteiligte-Fall eines Staates, der über die Präferenzen der Individuen vollständig informiert ist.

3.3 Das Coase-Theorem

RONALD H. COASE hat mit seinem 1960 erschienenen Artikel „The Problem of Social Cost" die ökonomische Analyse externer Effekte nachhaltig beeinflußt. Dabei wurde dieser Aufsatz über viele Jahre hinweg von Ökonomen in seinen Aussagen wie auch seiner Bedeutung mißverstanden. Im folgenden soll zunächst das im Mittelpunkt der Ausführungen des Artikels stehende Coase-Theorem so dargestellt werden, wie es lange Zeit in der Ökonomie rezipiert wurde. Daran anschließend erfolgt eine Neuinterpretation der COASE`schen Überlegungen, die diese im Zusammenhang mit seinem wissenschaftlichen Gesamtwerk sieht und darüber zu ganz anderen Aussagen gelangt.

3.3.1 Das Coase-Theorem in seiner ursprünglichen Rezeption[33]

Der ursprünglichen Rezeption nach entwirft COASE in dem nach ihm benannten Theorem eine weitere Strategie zur Internalisierung externer Effekte. Demzufolge genügt es zur Beseitigung von Marktversagen aufgrund externer Effekte, staatlicherseits eindeutige Rahmenbedingungen festzulegen, die die Rechtspositionen der an der Externalität Beteiligten regeln. Sind solche Positionen hinreichend bestimmt, so führen freiwillige Verhandlungen zwischen Aussender und Empfänger des externen Effektes zur Verwirklichung eines Pareto-Optimums.[34] Diese auch als Effizienzthese bezeichnete Aussage[35] wurde von COASE in einem Modell mit zwei Beteiligten und unter Abstraktion von Transaktionskosten formuliert.[36] Unter Transaktionskosten sind dabei sämtliche Kosten zu fassen, die mit dem Aufbau

---

33 In vielen umweltökonomischen Werken, die sich mit dem Coase-Theorem befassen, wird dessen herkömmliche Interpretation als die „ursprüngliche Fassung" tituliert. Vgl. hierzu beispielsweise WEIMANN (1995), S. 38 und FEESS (1995), S. 100. Diese Wortwahl erscheint jedoch sehr unglücklich, da COASE nicht unterstellt werden kann, daß die damit verbundene Interpretation seiner Aussagen die von ihm gewollten Absichten wiederspiegelt. Treffender ist es m.E., vom Coase-Theorem in seiner „ursprünglichen Rezeption" zu sprechen.

34 Vgl. COASE (1960), S. 6.

35 Vgl. ENDRES (1977), S. 639; CANSIER (1993), S. 37 oder auch FRITSCH / WEIN / EWERS (1993), S. 87.

36 Vgl. COASE (1960), S. 2 ff.

und der Nutzung von Koordinationsmechanismen (wie beispielsweise dem Markt) anfallen.[37] Die Null-Transaktionskostenannahme impliziert, daß wir uns in einer strikt neoklassischen Welt bewegen: sämtliche Eigentums- und Verfügungsrechte sind (seitens des Staates) vollständig und kostenfrei spezifiziert, das Rechtssystem funktioniert reibungslos, Verhandlungen zwischen den beiden Akteuren sind kostenlos und beide Akteure sind vollständig informiert.[38]

Das Coase-Theorem enthält neben der Effizienzthese als weiteres die Behauptung, daß ungeachtet der Art der Ausgestaltung der vollständig definierten Rechtspositionen nach Verhandlungsabschluß die Aktivität auf ein- und demselben pareto-optimalen Niveau ausgeübt wird.[39] Unabhängig davon, ob der Empfänger des externen Effektes Anspruch auf Ungestörtheit besitzt, ob das geltende Recht die Aussendung der Externalität schützt oder ob ein Mittelweg die Verteilung der Eigentumsrechte bestimmt, enden die Verhandlungen zwischen den zwei an der Externalität Beteiligten in einer pareto-optimalen Situation, bei der die Externalitäten ausströmende Aktivität in gleichem Umfang durchgeführt wird. Die Aussagen des Coase-Theorems in Form der Effizienz- und der Invarianzthese sollen im folgenden graphisch verdeutlicht werden.

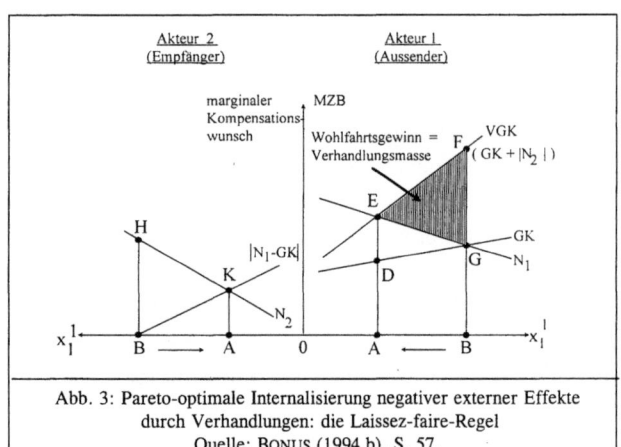

Abb. 3: Pareto-optimale Internalisierung negativer externer Effekte
durch Verhandlungen: die Laissez-faire-Regel
Quelle: BONUS (1994 b), S. 57.

---

37   Für den Markt bedeutet dies, daß „the pricing system works smoothly (strictly this means that the operation of a pricing system is without cost)." COASE (1960), S. 2.

38   Vgl. COASE (1991), S. 3 f.; RICHTER (1991), S. 398 ff.

39   Vgl. COASE (1960), S. 6 f. Diese Aussage wird auch als Invarianzthese bezeichnet. Vgl. ENDRES (1977), S. 639.

Dazu bedienen wir uns wieder des bereits bekannten Beispiels eines von Akteur 1 mit der Aktivität x_1^1 ausgehenden und von Akteur 2 empfangenen negativen externen Effektes. Zur Überprüfung der Aussagen des Coase-Theorems wird in Abbildung 3 unterstellt, daß der Aussender des externen Effektes das Recht zur Durchführung der Aktivität x_1^1 besitzt. Der Staat hat also die Verfügungsrechte eindeutig festgelegt und sich entschlossen, sie vollständig dem Aussender des externen Effektes zuzusprechen. Bei Existenz einer solchen „Laissez-faire-Regel" muß also der Empfänger der Externalität an den Aussender herantreten, um diesen zu einer Verringerung seines Aktivitätsniveaus zu bewegen. Vor Verhandlungsbeginn realisiert Akteur 1 den aus seiner Sicht optimalen Aktivitätsumfang B.

Aufgrund seiner Nachfragekurve N_2 ist Akteur 2 in Punkt B bereit, maximal einen Betrag in Höhe von BH = FG für eine marginale Verringerung der Aktivität x_1^1 an Akteur 1 zu bezahlen. Dieser Betrag liegt weit höher als die Kompensation N_1 - GK, die Akteur 1 zum Ausgleich seines Nutzenverlustes aus der marginalen Aktivitätsminderung mindestens einfordert. Beide Akteure haben somit Anreize zur Aufnahme freiwilliger Verhandlungen, da sie beide hierüber ihren Nutzen steigern können. Akteur 2 vermag Akteur 1 eine Verringerung seiner Aktivität bis zum dem pareto-optimalen Niveau A abzukaufen. In Punkt A entspricht die marginale Zahlungsbereitschaft des Empfängers des externen Effektes genau dem marginalen in Geld bewerteten Nutzenverlust des Aussenders. Der Verhandlungsprozeß kommt hier zum Stillstand, da es nicht mehr möglich ist, einen der Akteure im Nutzen besser zu stellen, ohne daß der andere schlechter gestellt wird. Unter Annahme einer Laissez-faire-Rechtsregel führen private Verhandlungen zwischen den an der Externalität Beteiligten somit zu einem Pareto-Optimum. Für diese Rechtsregel ist die Effizienzthese mithin bestätigt. Die Aktivität x_1^1 wird dabei auf dem Niveau A ausgeübt.[40] Wie sich der Wohlfahrtsgewinn EGF auf die beiden Akteure verteilt, ist abhängig von Verhandlungsgeschick und Macht der Beteiligten. Entschädigt Akteur 2 den Akteur 1 jeweils nur für dessen Nutzenverluste aus der Aktivitätsminderung in Höhe von EDG, so streicht Akteur 2 den gesamten Wohlfahrtsgewinn ein. Hingegen fällt Akteur 1 der gesamte Wohlfahrtsgewinn zu, wenn es ihm gelingt, Akteur 2 neben der Kompensation EDG auch die gesamte Rente EGF abzupressen. Ebenso ist eine Aufteilung der Rente zwischen beiden denkbar.

In Abbildung 4 ist nun der andere polare Fall der Rechtszuordnung angenommen. Gemäß „Verursacherregel" besitzt der Empfänger einer Externalität das Recht auf Ungestörtheit.

---

40 Der Punkt A wird natürlich allein unter der Annahme marginaler Aktivitätsniveauänderungen erreicht. Bei nicht-marginalen Änderungen kann es hingegen zu Preis- und Nachfrageänderungen kommen, die mit Beendigung des Verhandlungsprozesses zu einem anderen pareto-optimalen Aktivitätsniveau führen.

20

Nun muß der Aussender einer Externalität an diesen herantreten, um ihm das Recht auf die Störung abzukaufen. Wiederum besitzen beide Akteure Anreize zur Aufnahme von Verhandlungen. Ausgehend vom Aktivitätsniveau Null ist Akteur 1 bereit, den Preis JC für eine marginale Ausdehnung von x_1^1 zu zahlen. Demgegenüber ist der Grenzschaden N_2 bei Akteur 2 minimal. Im Verhandlungsprozeß vermag Akteur 1 dem Akteur 2 das Recht zur Aktivität bis zum Umfang A abzukaufen. Dort entsprechen sich marginale Zahlungsbereitschaft und Kompensationswunsch der beiden Akteure. Auch bei Annahme der Verursacherregel wird im Wege von freiwilligen Verhandlungen ein Pareto-Optimum erreicht und somit die Effizienzthese bestätigt. Zudem liegt das pareto-optimale Aktivitätsniveau wie auch schon im Laissez-faire-Fall beim Ausmaß A. Dies unterstreicht die Gültigkeit der Invarianzthese, wonach unabhängig von der zugrundegelegten Rechtsausgestaltung ein und dasselbe pareto-optimale Aktivitätsniveau verwirklicht wird.

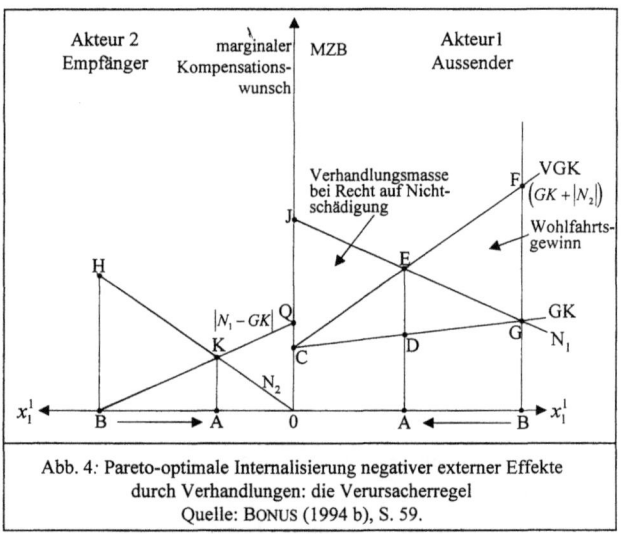

Abb. 4: Pareto-optimale Internalisierung negativer externer Effekte durch Verhandlungen: die Verursacherregel
Quelle: BONUS (1994 b), S. 59.

Die Invarianzthese sagt indes nicht aus, daß das realisierte Pareto-Optimum unabhängig von der gewählten Rechtstitelzuordnung ist. Wie für den Laissez-faire-Fall gezeigt, wird mit Übergang von Punkt B zu A kein Akteur im Nutzen schlechtergestellt. Ausgehend von Punkt 0 ist dies auch für die Verursacherregel der Fall. Nimmt man aber (wie beim Laissez-faire-Fall) an, daß vor Verhandlungsaufnahme das Aktivitätsniveau B herrschte, so wird Akteur 1 nun das „Recht des Faktischen"[41] entzogen. Im Rahmen der Verhandlungen erhält Akteur 2 nicht nur sicher den gesamten Wohlfahrtsgewinn EGF, sondern auch die bis dato Akteur 1 zukommende Rente EDG sowie den Entschädigungsbetrag CDE. Ist Akteur 2 zudem sehr verhandlungsstark, kann er Akteur 1 im Extremfall auch noch die Verhandlungsmasse JCE vollständig abpressen. Somit wird klar, daß die Art der Rechtstitelzuordnung sehr wohl Einfluß auf die Zahlungsströme und mithin auf die Frage hat, welches Pareto-Optimum verwirklicht wird.[42]

Das Coase-Theorem präsentiert - so die weit verbreitete Interpretation - mit der Verhandlungslösung einen neuen Ansatz zur Internalisierung externer Effekte.[43] Anstatt der Pigou-Tradition folgend bei Existenz eines externen Effektes direkt in den Markt einzugreifen, könnte der Staat sich auch auf die Aufgabe zurückziehen, geeignete rechtliche Regelungen zu schaffen, auf deren Grundlage freiwillige Verhandlungen zwischen den an der Externalität Beteiligten zur Verwirklichung eines Pareto-Optimums führen. Allerdings - so folgt die Kritik auf dem Fuße - sei die Coase-Lösung kaum von praktischer Bedeutung. Die Rahmenbedingungen des von COASE entwickelten Modells seien zu restriktiv und entsprächen nicht den realen Bedingungen, unter denen Externalitäten in der Wirklichkeit existieren.[44] Als ein Hauptpunkt der Kritik wird dabei die Annahme der Abwesenheit von Transaktionskosten im Coase-Theorem angeführt. Die Anwendung der Verhandlungslösung führe aber gerade zu immens hohen Transaktionskosten der Spezifikation, Durchsetzung und Überwachung von privaten Verfügungsrechten.[45] Darüber hinaus dürften Verhandlungen scheitern, wenn die damit einhergehenden Transaktionskosten die möglichen Nutzengewinne übersteigen. Gerade diese Problematik gewinne an Bedeutung, wenn - wie bei den meisten Umweltproblemen - viele wirtschaftliche Akteure von der Externalität betroffen sind.[46] So kommt man zu dem Ergebnis, daß

---

41 Vor der Rechtstitelzuordnung konnte sich der Aussender eines externen Effektes gegen den Empfänger insofern durchsetzen, als er seine Aktivität einfach ausübte und der Empfänger mangels Rechtsrahmen hiergegen nicht vorgehen konnte. Er schuf sich ein „Recht des Faktischen".

42 Vgl. auch MISHAN (1971 a), S. 68 ff. Darüber hinaus wird ersichtlich, daß mit Einführung der Verursacherregel keine direkte Pareto-Verbesserung erreicht wird, denn Akteur 1 wird gegenüber dem Zustand ohne Internalisierung des externen Effektes (Punkt B) im Nutzen schlechter gestellt. Gleichwohl kann Akteur 2 den Akteur 1 für dessen Nutzeneinbußen vollständig kompensieren und trotzdem selbst einen Nutzenzuwachs verbuchen. Insofern bietet die Verursacherregel eine potentielle Pareto-Verbesserung. Zum Konzept potentieller Pareto-Verbesserungen und seiner Kritik vgl z.B. SOHMEN (1976), S. 307 ff.; BONUS (1994 b), S. 27 ff.

43 Vgl. z.B. FRITSCH / WEIN / EWERS (1993), S. 85; CANSIER (1993), S. 36 ff; ENDRES (1994), S. 33.

44 Die Kritik am Coase-Theorem wird gut zusammengefaßt in ENDRES (1977).

45 Vgl. WEIMANN (1995), S. 41.

46 Vgl. ENDRES (1994), S. 50.

„The assumptions are so extreme and unrealistic that the efficiency result cannot be taken even as a useful approximation for policy"[47].

Folglich wird das Coase-Theorem zwar als theoretisch reizvolle, aber für die praktische Anwendung unbrauchbare instrumentelle Alternative angesehen.[48] Gleichwohl wird COASE ein anderes Verdienst zugestanden. In seinem Artikel von 1960 hat er auf die reziproke Natur externer Effekte hingewiesen:[49] ein externer Effekt entsteht erst dadurch, daß eine außermarktmäßige Aktivität ausgesendet und empfangen wird. Dementsprechend sind Aussender und Empfänger einer Externalität in symmetrischer Weise kostenverursachend. Gäbe es den Aussender des externen Effektes nicht, so wäre die Externalität nicht existent. Gäbe es hingegen den Empfänger der Externalität nicht, so käme es zu dem gleichen Ergebnis. Aus ökonomischer Sicht entsteht ein externer Effekt also erst aus der Nutzungskonkurrenz verschiedener wirtschaftlicher Akteure. Damit ist es aber recht engsichtig, nach alter PIGOU'scher Tradition stets den physischen Verursacher eines externen Effektes mit den Kosten der Internalisierung zu belegen. Aus ökonomischer Sicht ist es ebenso legitim, den Empfänger des externen Effektes zur Bestreitung der Kosten heranzuziehen.[50]

3.3.2 Das Coase-Theorem „richtig" interpretiert

Um das Coase-Theorem richtig zu verstehen, ist es notwendig, es in der Gesamtschau der Werke von RONALD H. COASE zu interpretieren. COASE hat 1991 den Nobelpreis für Wirtschaftswissenschaften erhalten, wobei im wesentlichen zwei Aufsätze zu dieser Ehrung führten. Der eine ist der bereits genannte Artikel „The Problem of Social Cost" von 1960.[51] Der andere ist bereits 1937 unter dem Titel „The Nature of the Firm" erschienen.[52] COASE kritisiert hier die neoklassische Theorie dahingehend, daß sie die Unternehmung auf eine vollständig spezifizierte Produktionsfunktion reduziere, die sich sämtliche Ressourcen über Märkte beschafft und den produzierten Output am Markt absetzt. Dieses Bild der Unternehmung stimme nicht mit der zu beobachtenden Wirklichkeit überein. So sei beispiels-

---

47 HAMILTON / SHESHINSKI / SLUTSKY (1989), S. 461.

48 Vgl. BAUMOL / OATES (1988), S. 11; FRITSCH / WEIN / EWERS (1993), S. 92.

49 Vgl. COASE (1960), S. 2.

50 BONUS zeigt auf, daß es gerade zur Lösung dringender globaler Umweltprobleme, wie der Erwärmung der Erdatmosphäre, angezeigt ist, sich von der engen Auslegung des Verursacherprinzips im Sinne PIGOUS zu lösen. Erst wenn die Industrieländer als Nutznießer einer weltweiten CO_2-Emissionsminderung bereit sind, für die Reduktion in den Entwicklungsländern zu zahlen, kann eine weltweite Vereinbarung Erfolg haben. Vgl. BONUS (1993 b), hier insbesondere S. 70 f.

51 Siehe COASE (1960).

52 Siehe COASE (1937).

weise festzustellen, daß eine Reihe von Inputs innerhalb von Unternehmungen hergestellt werden. Zudem stelle sich die Frage, warum es überhaupt eine Organisation wie die Unternehmung gibt, wenn die Koordination des Ressourceneinsatzes vollständig über Märkte abgewickelt werden kann.[53]

Er entwickelt sodann einen eigenen Ansatz, mit dem er die Existenz von Unternehmungen zu erklären versucht: Die Koordination von Ressourcen über Märkte wie auch innerhalb von Unternehmen verursacht Kosten. Diese „cost(s) of using the price mechanism"[54] sowie „the costs of organising an extra transaction with-in the firm"[55] entscheiden darüber, ob eine Ressource selbsterstellt oder am Markt eingekauft wird. In Anwendung der traditionellen Marginalanalyse wird eine Unternehmung so lange Ressourcen selbsterstellen, bis die mit zunehmender Integration ansteigenden Grenzkosten der Selbsterstellung gleich den als konstant angenommenen Grenzkosten der Abwicklung des Kaufs dieser Güter am Markt sind.[56] Die bei der Nutzung von Koordinationsmechanismen entstehenden Reibungsverluste bieten somit die Grundlage für die Erklärung dafür, daß Märkte, Unternehmungen, aber auch ganz andere Organisationsformen existieren.

Damit ist COASE kein anderer als der Entdecker der Transaktionskosten und liefert mit seinem Aufsatz von 1937 das Fundament für die Entwicklung der Neuen Institutionenökonomik.[57] Vor diesem Hintergrund erscheint es abstrus, daß derselbe Autor, der 1937 als erster Ökonom eine ökonomische Theorie unter Einbeziehung von Transaktionskosten verficht, dreiundzwanzig Jahre später ernsthafterweise eine Strategie zur Internalisierung externer Effekte vorschlägt, die sich in einer Welt ohne Transaktionskosten bewährt.[58] Vielmehr ist es naheliegend, daß er in „The Problem of Social Cost" das neoklassische Modell zum Ausgangspunkt nimmt, um zu zeigen, wie eigenartig die Ergebnisse des Modells sind: eine jede Internalisierungsstrategie ist in dieser fremdartigen Welt effizient.

Dies bedeutet aber nichts anderes, als daß unter neoklassischen Annahmen keine Analyse unterschiedlicher Koordinationsmechanismen möglich ist. Erst bei Berücksichtigung von Transaktionskosten wird eine Untersuchung verschiedener Internalisierungsansätze sinnvoll.

---

53 Vgl. COASE (1937), S. 333.

54 COASE (1937), S. 336.

55 COASE (1937), S. 340.

56 Vgl. COASE (1937), S. 341.

57 Vgl. BONUS (1995 a).

58 Gerade dies betont STREISSLER, indem er COASE vorwirft, das Instrument privater Verhandlungen als neue Internalisierungsstrategie zu propagieren, ohne auf die Relevanz der damit auftretenden Transaktionskosten zu achten. Vgl. STREISSLER (1992), S. 91.

COASE selbst unterstreicht, daß sein Artikel von 1960 mißverstanden wurde, wenn er schreibt:

„What I showed in „The Problem of Social Cost" was that, in the absence of transaction costs, it does not matter what the law is, since people can always negotiate without cost to acquire, subdivide, and combine rights whenever this would increase the value of production. In such a world the institutions which make up the economic system have neither substance nor purpose.(...) It would not seem worthwhile to spend much time investigating the properties of such a world. What my argument does suggest is the need to introduce positive transaction costs explicitly into economic analysis so that we can study the world that exists. This has not been the effect of my article."[59]

Somit war es nicht COASE' Absicht, mit der Verhandlungslösung eine neue Internalisierungsstrategie zu präsentieren, die in der umweltpolitischen Praxis ein nur sehr beschränktes Anwendungsfeld finden dürfte. Stattdessen wollte er zeigen, daß in einer transaktionskostenfreien Welt keine Schlußfolgerungen hinsichtlich der Vor- oder Nachteilhaftigkeit privater oder staatlicher Koordination externer Effekte getroffen werden können. Bei Annahme einer Null-Transaktionskostenwelt verwirklichen sowohl die einzelnen wirtschaftlichen Akteure im Wege dezentraler Verhandlungen als auch ein staatlicher Planer über zentrale Maßnahmen das Pareto-Optimum.[60] Zudem ist die Theorie externer Effekte in einer Modellwelt formuliert worden, in der es strenggenommen gar kein Problem externer Effekte geben kann: Da alle Individuen vollständig informiert und Verhandlungen zwischen ihnen kostenfrei möglich sind, werden Externalitäten spontan internalisiert.[61] Ein zentraler Eingriff im Sinne PIGOUs erübrigt sich mithin, da die betroffenen wirtschaftlichen Akteure im Moment des Auftretens eines externen Effektes diesen bereits zum Gegenstand einer marktlichen Tauschhandlung gemacht haben. Erst wenn die wirtschaftlichen Akteure nicht vollständig informiert sind, wenn es private Information gibt und Transaktionskosten bestehen, existiert auch das Problem externer Effekte.

---

59   COASE (1988), S. 14 f.

60   Vgl. auch COMMON (1989), S. 1301; WINDISCH (1981), S. 119.

61   Vgl. BONUS (1995 a). Genau dies ist die Aussage der Effizienzthese.

3.3.3 Das Coase-Theorem und private Information

COASE hat in seinem Zwei-Beteiligten-Modell die Annahme privater Information nicht explizit diskutiert.[62] Dies zu untersuchen ist aber vor dem Hintergrund interessant, daß bei privaten Gütern auch unter der Prämisse, daß die Individuen private Informationen bezüglich ihrer Präferenzen besitzen, ein dezentrales Entscheidungsverfahren wie der Markt zum Pareto-Optimum führt, während ein zentraler Planer an einer ineffizienten Koordination der Ressourcen scheitert.[63] Ebenso vermag eine zentrale Instanz für den Fall der Existenz externer Effekte und der Annahme privater Information nicht das Pareto-Optimum zu verwirklichen. Sowohl die Setzung eines Pigou-Steuer- oder Subventionssatzes als auch die Lösung durch Richtlinien mißlingen angesichts nicht darstellbarer Informationskosten.[64] Es fragt sich nun, ob es - wie bei privaten Gütern - für die dezentrale Marktentscheidung auch bei Bestehen von Externalitäten lediglich der Annahme privater Information über die individuellen Angebots- und Nachfragekurven bedarf, um ein Pareto-Optimum zu erreichen. Sind also marktliche Verfahren staatlichen Eingriffen bei Vorliegen externer Effekte überlegen, weil sie zur Erreichung von Pareto-Optimalität einer weniger strengen Informationsannahme bedürfen?

Die Ergebnisse von Verhandlungen bei privater Information sind im Rahmen der Spieltheorie eingehend untersucht worden. Diese beschäftigt sich mit der Interaktion zwischen zwei oder mehr Individuen, deren Verhalten zusammen das Ergebnis der Verhandlungen bestimmt.[65] Man unterscheidet dabei die Zweige der kooperativen und der nichtkooperativen Spieltheorie. Die kooperative Spieltheorie nimmt an, daß zwei Verhandlungspartner so lange miteinander kommunizieren, bis der Gesamtnutzen aus den Verhandlungen maximiert ist. Dies impliziert, daß mit Abschluß der Verhandlungen ein Pareto-Optimum verwirklicht wird. Eine solche, ex ante Effizienz annehmende Theorie ist natürlich unbrauchbar, wenn es um die Frage geht, ob im Wege von Verhandlungen zwischen zwei mit privater Information ausgestatteten Spielern wirklich das Erreichen eines Pareto-Optimums in Aussicht gestellt werden kann.[66] Um dieser Frage nachzugehen, ist es notwendig, ein

---

62 Vgl. auch FEESS (1995), S. 99. Gleichwohl hat COASE unter Kapitel VI „The Cost of Market Transactions Taken into Account" in einem allgemeineren Zusammenhang dargestellt, welche Folgen sich aus einer Berücksichtigung von Transaktionskosten für die Analyse alternativer Koordinationsmechanismen ergeben. Vgl. COASE (1960) S. 15 - 19. Wäre diesem Teil seines Artikels von 1960 mehr Aufmerksamkeit geschenkt worden, so hätte sich die langjährige Fehlinterpretation der COASE'schen Überlegungen als 'Internalisierung mittels Verhandlungen' vielleicht vermeiden lassen.

63 Vgl. die Ausführungen in Gliederungspunkt II.A.1.

64 Vgl. hierzu die Gliederungsabschnitte II.A.3.1 und II.A.3.2.

65 Vgl. DAMME (1987), S. 1.

66 Vgl. FARRELL (1987), S. 115; SIEDHOFF (1995), S. 69.

nicht-kooperatives Spiel zu formulieren. Nicht-Kooperation bedeutet, daß ein jeder Akteur unter Ausnutzung der ihm zur Verfügung stehenden strategischen Verhaltensmöglichkeiten seinen individuellen Nutzen zu maximieren sucht. Im Kalkül der Akteure finden die Nutzen anderer Akteure oder gar der Gesamtnutzen aus den Interaktionen keine Berücksichtigung.[67]

Die nicht-kooperative Spieltheorie zeigt auf, daß es bei allein privaten Informationen hinsichtlich der individuellen Kosten- und Nutzenkalküle der Akteure keinen Verhandlungsprozeß gibt, der zweifelsfrei zum Pareto-Optimum führt.[68] Der mathematisch aufwendige Nachweis hierfür wurde von MYERSON erbracht.[69] Hier soll allein anhand eines Beispiels illustriert werden, daß Verhandlungsgleichgewichte realisiert werden können, die nicht Effizienz implizieren.

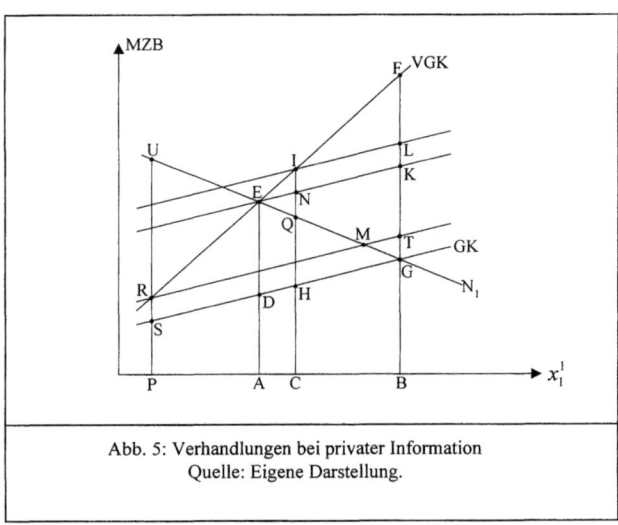

Abb. 5: Verhandlungen bei privater Information
Quelle: Eigene Darstellung.

In Abbildung 5 ist der bereits bekannte Fall eines von Akteur 1 ausgehenden auf Akteur 2 einwirkenden externen Effektes dargestellt. Wie bisher sind die Rechtstitel bezüglich der

---

67   Vgl. SAMUELSON (1985), S. 322.

68   Vgl. SIEDHOFF (1995), S. 73.

69   Vgl. MYERSON (1979).

27

Aktivität eindeutig spezifiziert und zugeteilt. Es gelte die Laissez-faire-Regel.[70] Allerdings sei nun private Information derart angenommen, daß die Beteiligten jeweils nur ihr eigenes Kosten-Nutzen-Kalkül kennen. Akteur 1 besitzt somit keine Informationen über die Präferenzen von Akteur 2 wie auch umgekehrt. Akteur 2 wird nun an Akteur 1 herantreten, um eine Verringerung der Aktivität x_1^1 zu erreichen. Da Akteur 2 annahmegemäß keine Informationen über den Verlauf der Grenzkosten- und der Nachfragekurve von Akteur 1 besitzt, weiß er nicht, mit welchem konstanten Kompensationssatz er den Aussender der Externalität dazu bewegen vermag, das pareto-optimale Aktivitätsniveau A zu realisieren. Allein wenn er bereit ist, gerade seinen Reservationsnutzen (VGK - GK) für jede Aktivitätseinheit zu zahlen, könnte er Akteur 2 sicher zu einer Verringerung seiner Tätigkeit bis auf das pareto-optimale Ausmaß A hin anreizen. Dies bedeutet jedoch, daß der gesamte Wohlfahrtsgewinn (EGF) aus der Internalisierung Akteur 1 zufällt, während Akteur 2 auf seinem alten Nutzenniveau verbleibt. Ein solches Verhandlungsangebot widerspricht natürlich der Annahme, Akteur 2 wolle seinen Nutzen maximieren und scheidet mithin als Verhandlungsstrategie aus.

Entscheidet sich Akteur 2 dafür, nur Angebote über konstante Kompensationsleistungen je Reduktionseinheit zu zahlen, so steht er vor dem bereits genannten Problem, daß er den optimalen Satz in Höhe der pareto-irrelevanten externen Effekte im Pareto-Optimum nicht kennt. Schlägt Akteur 2 beispielsweise eine konstante Kompensation RS je Reduktionseinheit bei Verminderung der Aktivität bis auf P vor, so wird Akteur 1 ablehnen, da er mit der Annahme einen Nutzenverlust gegenüber der Ausgangssituation in Höhe von URM - MGT erlitte. Unterbreitet Akteur 2 dann beispielsweise ein Angebot über fixe Zahlungen von IH je Einheit bis zu einem Aktivitätsumfang C, so könnte es sein, daß Akteur 1 annimmt, da dies für ihn einen Nutzenzuwachs gegenüber der Situation ohne Verhandlungen im Ausmaß IQGL bedeutet. Nach Annahme dieses Angebotes vermag Akteur 2 seinen Kontrahenten in Abbildung 5 aber nicht mehr zur Annahme eines anderen Angebotes mit geringerem Fixkompensationssatz zu bewegen. Ein (zufällig) in Höhe des pareto-optimalen Satzes ED vorgebrachtes Angebot würde Akteur 1 zum Beispiel zurückweisen, da ihn dies gegenüber der zuvor angenommenen Offerte um INKL - EQN schlechterstellte. Demgegenüber würde Akteur 2 keine weiteren Angebote mit höheren fixen Entgelten unterbreiten, da diese für

---

70   Für die Analyse ist dies allerdings nicht von Bedeutung. Auch bei Anwendung der Verursacherregel oder einer dritten, zwischen den polaren Fällen liegenden Rechtsausgestaltung besitzen die sich aus der Untersuchung ergebenden Folgerungen ihre Gültigkeit.

ihn gegenüber dem bereits akzeptierten Angebot ebenfalls Nutzenverluste implizierten.[71] Die Verhandlungen kommen in der Graphik also mit Angebot und Annahme eines festen Kompensationssatzes IH je Reduktionseinheit und Realisierung des Aktivitätsumfangs C zum Stillstand. Das Verhandlungsgleichgewicht stimmt nicht mit dem pareto-optimalen Aktivitätsniveau A überein.

Der Aussender des externen Effektes nutzt die Existenz privater Information also strategisch aus, indem er seinen wahren marginalen Kompensationswunsch für eine Aktivitätsreduktion verbirgt. Darüber hinaus besitzt er bei Geltung der Laissez-faire-Regel den Anreiz, vor Aufnahme der Verhandlungen sein Aktivitätsniveau über das ohne Beachtung des externen Effektes optimale Ausmaß B auszuweiten, um sodann vom Empfänger der Externalität höhere Kompensationen auszulösen.[72]

Diese Effizienzprobleme privater Verhandlungen potenzieren sich, wenn man vom „Zwei-Beteiligten-Modell" abweicht und unterstellt, daß viele Individuen den externen Effekt empfangen. In diesem Fall besitzt jeder Empfänger des externen Effektes Anreize zu einem Trittbrettfahrerverhalten. Er korrigiert seine geäußerte Zahlungsbereitschaft für eine Verminderung der störenden Aktivität nach unten in der Hoffnung, daß die anderen Betroffenen schon ihre wahre Zahlungsbereitschaft offenbaren und in Verhandlungen mit dem Aussender eine Verringerung des Aktivitätsniveaus erreichen, von der auch er selbst profitiert. Er kommt so in den Genuß der Aktivitätsreduktion, ohne hierfür selbst gezahlt zu haben. Verhält ein jeder Betroffene sich nach diesem individuell rationalen Kalkül, so führt das strategische Verhalten jedes einzelnen jedoch letztlich dazu, daß Verhandlungen vollends unterbleiben. Selbst wenn der einzelne sich gegen seinen unmittelbaren Vorteil verhielte und seine wahre Zahlungsbereitschaft für die Minderung der Störung offenbarte, so würde dies doch nichts nützen, da der Beitrag des einzelnen keine nennenswerte Änderung des Aktivitätsniveaus auszubedingen vermag. Nur wenn alle Betroffenen zugleich ihre Zahlungsbereitschaft wahrhaft äußerten, könnte dieses Gefangenendilemma überwunden werden.[73] Die Erzeugung solch gemeinwohlorientierten Verhaltens wird allerdings umso schwieriger, je größer die Gruppe und je gleichmäßiger die Präferenzen der einzelnen Individuen in der Gruppe sind.[74] Selbst wenn die Organisation der Gruppe zunächst gelingen sollte, so ist sie

---

71 Der Grenzfall eines Kompensationsangebotes in Höhe von FG und Beibehaltung des Aktivitätsniveaus B bedeutete beispielsweise für Akteur 2 einen Nutzenverlust in Höhe von ILF gegenüber der angenommenen Offerte.

72 Vgl. BONUS (1994 b), S. 58 f.; CANSIER (1993), S. 41. Diese Möglichkeit der Nutzung privater Information zu strategischem Verhalten besteht bei Geltung der Verursacherregel hingegen nicht.

73 Vgl. BONUS (1979 b), S. 77.

74 Vgl. OLSON (1968), S. 32 f.

doch permanent anfällig für individuelle Defektion und folgend einen Zusammenbruch der Kooperation. Dezentrale Verhandlungen versagen somit bei Annahme privater Information über die individuellen Nutzen und Kosten als ein Koordinationsinstrument zur Internalisierung externer Effekte.

4. Fazit: „Institutions don't matter!"

Die obige Analyse zeigt auf, daß in einem strikt neoklassischen Modell infolge der angenommenen Nichtexistenz von Transaktionskosten eine Untersuchung unterschiedlicher Koordinationsmechanismen zur Allokation privater Güter als auch zur Internalisierung externer Effekte unfruchtbar ist.[75] In einer Welt, in der ein jeder Akteur vollständig über individuelle Angebots- und Nachfragekurven informiert ist und die Nutzung von Koordinationsmechanismen keine Kosten verursacht, reduziert sich die Realisierung einer pareto-optimalen Allokation für einen staatlichen Planer darauf, einem jeden Individuum entsprechende Weisungen zu erteilen. Ebenso führt die dezentrale Koordination individueller Pläne über Märkte zu Pareto-Effizienz. In einem solchen Modellrahmen kann man mithin feststellen, daß „institutions don't matter!".[76]

Erst mit Einführung dezentraler, privater Information dahingehend, daß zwar vollständige Preisinformation auf allen Märkten herrscht, gleichwohl aber niemandem die individuellen Präferenzen der anderen Marktteilnehmer bekannt sind,[77] ist eine Analyse alternativer Koordinationsmechanismen im neoklassischen Modell sinnvoll. Es zeigt sich dann bei privaten Gütern die Vorteilhaftigkeit dezentraler Entscheidungsverfahren, die die Entscheidungsgewalt über die Verwendung der Güter dorthin vergeben, wo sich die Informationen zu deren effizienter Nutzung befinden. Demgegenüber muß ein staatlicher Planer scheitern, der zentral effiziente Allokationsentscheidungen treffen will. Hierzu müßte er sich nämlich Kenntnis über die individuellen Präferenzen verschaffen, d.h. die privaten Informationen zentral poolen, um darüber letztlich wieder vollständige Information über sämtliche individuellen Angebots- und Nachfragekurven zu besitzen.

Während private Information im Fall privater Güter gerade für dezentrale Entscheidungsmechanismen spricht, ist dies bei Vorliegen externer Effekte nicht der Fall. In Märkten für private Güter ist es für die Individuen rational, ihre privaten Informationen kundzutun, da sie allein über Preisgabe ihrer Zahlungsbereitschaften in den Genuß der Güter kommen.

---

75 Vgl. auch BLÜMEL (1987), S. 33; DE ALESSI (1990), S. 45.

76 Demgegenüber betont NORTH (1993), S. 11, „that when it is costly to transact institutions matter".

77 Vgl. SCHUMANN (1992), S. 240.

Hingegen lohnt sich bei externen Effekten die strategische Ausnutzung privater Information. Zahlungsbereitschaften werden nicht wahrheitsgemäß geäußert, sondern je nach Situation unter- oder übertrieben: der Aussender eines externen Effektes wird seinen Kompensationswunsch übertreiben, um möglichst hohe Bestechungsgelder seitens des Empfängers der Externalität zu beziehen. Der trittbrettfahrende Betroffene einer Externalität wird seine Zahlungsbereitschaft untertreiben, da er auch ohne Zahlung in den Genuß der Aktivitätsminderung kommt.

Somit verfehlen rein marktliche Koordinationsverfahren, wie Verhandlungen, bei privater Information das Effizienzziel.[78] Das bedeutet aber nicht, daß zentrale Steuerungsmechanismen automatisch vorzuziehen sind. Vielmehr wurde festgestellt, daß Pigou-Steuern beziehungsweise Subventionen als auch staatliche Richtlinien der Annahme vollständiger Information des staatlichen Planers bedürfen, um Pareto-Effizienz zu erreichen. Bei allein dezentral verstreuter Information scheitern auch diese Versuche der Internalisierung externer Effekte.

Mit Lockerung der Informationsannahme stellt sich also heraus, daß sämtliche Instrumente im paretianischen Sinne ineffizient sind.[79] Dieses Ergebnis ist zunächst ernüchternd, beläßt es doch im Dunkeln, welche Instrumentenwahl der Wirtschaftspolitiker aus ökonomischer Sicht treffen sollte. Daraus erwächst aber die Aufgabe nach einer komparativen Analyse der unterschiedlichen Koordinationsmechanismen. Es stellt sich die Frage, welches Instrument ein betrachtetes Problem auf relativ effizienteste Weise zu regeln vermag:

> „… the problem is one of choosing the appropriate social arrangement for dealing with the harmful effects. All solutions have costs and there is no reason to suppose that government regulation is called for simply because the problem is not well handled by the market or the firm. Satisfactory views on policy can only come from a patient study of how, in practice, the market, firms and governments handle the problem of harmful effects."[80]

COASE zufolge sollte die Vorteilhaftigkeit von Instrumenten also im Wege von Effizienzvergleichen von Fall zu Fall entschieden werden.[81] Dazu sei die wirklichkeitsferne Idealwelt

---

78 Vgl. WEIMANN (1995), S. 58.

79 Vgl. BLÜMEL (1987), S. 33.

80 COASE (1960), S. 18. COASE spricht - zum Ausdruck bringend, daß er die Theorie PIGOUs ablehnt,- nie von „externen Effekten", sondern stets von „harmful effects".

81 Vgl. auch COASE (1988), S. 28.

der Neoklassik zu verlassen und in einem realitätsnäheren Rahmen zu untersuchen, welche Effekte von betrachteten wirtschaftspolitischen Maßnahmen ausgehen.[1]

Diese Arbeit will nachfolgend einen Beitrag dazu leisten, wie unter Aufgabe der Annahme von Null-Transaktionskosten eine realitätsnähere Analyse umweltpolitischer Instrumente ermöglicht wird. Dazu sollen im folgenden Gliederungsabschnitt zunächst die Bemühungen der neoklassisch orientierten Umweltökonomie dargestellt werden, durch Modifizierungen ihres oben dargestellten Grundmodells ihre Annahmen an die in der Wirklichkeit herrschenden Bedingungen anzunähern.

B. Modifikationen des neoklassischen Grundmodells

1. Annahmeänderungen zur Erhöhung der Güte des Modells

Wie die Ausführungen in Kapitel II.A zeigen, ist eine Untersuchung alternativer Koordinationsmechanismen zur Internalisierung externer Effekte in einem rein neoklassischen Analyserahmen unfruchtbar. Aufgrund der Abstraktion von Transaktionskosten sind alle Instrumente zur Behebung der von externen Effekten verursachten Fehlallokationen gleichermaßen effizient. Mit Preisgabe der obigen Prämisse und der Einführung unvollständiger Information wird nun versucht, das Modell der neoklassischen Umweltökonomie realitätsnäher zu gestalten. Aus der Änderung dieser Annahme ergeben sich zwei wesentliche Modellmodifikationen: Eine erste betrifft die umweltpolitische Zielbildung in der Theorie und wird im nachfolgenden Gliederungspunkt 1.1 thematisiert. Eine zweite betrifft die Praktikabilität der auf der theoretischen Ebene abgeleiteten Ziele sowie die Instrumentenebene und ist Gegenstand des Gliederungspunktes 1.2.

1.1 Ökologische Rahmenwerte zur Sicherung des ökologischen Gleichgewichts

Aus neoklassischer Sicht ist es für eine Gesellschaft wohlfahrtsoptimal, wenn sie einen Zustand verwirklicht, der den Kriterien für ein (globales) Pareto-Optimum genügt. Eine solche Situation ist für private Güter durch das freie Zusammenspiel von Angebot und Nachfrage auf Märkten mit vollständiger Konkurrenz erreichbar. In dieser Sicht wird bei Existenz externer Effekte Pareto-Effizienz dann verwirklicht, wenn der Aussender der Externalität mit

---

[1]   Vgl. COASE (1960), S. 43.

den marginalen Nutzeneinbußen Dritter im Pareto-Optimum konfrontiert wird.[2] Das Pareto-Optimum leitet sich mithin allein aus den individuellen Präferenzen der Gesellschaftsmitglieder ab. Umweltgüter werden demnach aus neoklassischer Sicht in gesellschaftlich optimalem Umfang bereitgestellt, wenn die Kosten einer marginalen Ausdehnung an Umweltqualität gleich sind den damit einhergehenden Nutzen.[3] Solange die Grenzvermeidungskosten der Umweltbelastung über der Summe der individuell empfundenen Grenzschäden aus der Umweltbelastung liegen, ist es aufgrund wohlfahrtstheoretischer Überlegungen sinnvoll, die Verschmutzung auszudehnen. Demgegenüber ist die Belastung einzudämmen, wenn die marginalen Schäden des Umweltverbrauchs größer sind als dessen marginale Verhinderungskosten.

Diese in strikt anthropozentrischer Art und Weise vorgenommene Ableitung eines optimalen Umweltqualitätsniveaus ist in der Literatur auf vielfältige Kritik gestoßen. Grundtenor der Einwände ist der Hinweis darauf, daß ein allein auf den individuellen Präferenzen basierender Umweltschutz nicht notwendigerweise die Stabilität von Ökosystemen sicherstelle.[4] Die Wahrung ökologischer Mindestbedingungen für menschliches (und anderes) Leben sei aber vordringlichstes Ziel einer jeden Umweltpolitik und dürfe auch durch eine an den Präferenzen der Individuen orientierte Wirtschaftspolitik nicht unterlaufen werden. Daraus folgend wird eine Loslösung umweltpolitischer Ziele von der Nachfrage nach Umweltqualität gefordert, die in einer Meritorisierung des Gutes Umwelt mündet.[5]

Das Konzept meritorischer Güter geht zurück auf MUSGRAVE[6], der solche Güter als meritorisch charakterisiert, deren Nutzen die Individuen in ihren Konsum-entscheidungen falsch einschätzen. Sind die individuellen Präferenzen der Individuen dementsprechend „verzerrt", so obliegt dem Staat die Aufgabe, korrigierend in die Marktprozesse einzugreifen.[7] Als Ursachen für verzerrte Präferenzen werden verschiedene Argumente wie unvollständige oder falsche Information, Nicht- oder Irrationalität, verteilungspolitische Ziele sowie Gemein-

---

2 Vgl. hierzu die Ausführungen in Gliederungspunkt II.A.3.1.
3 Vgl. z.B. KEMPER (1989), S. 11 f.; SIEBERT (1992), S. 48 ff.; CROPPER / OATES (1992), S. 678 ff.
4 Vgl. BRUNS (1995), S. 71 ff.
5 Vgl. BONUS (1995 b), S. 302.
6 Vgl. MUSGRAVE (1959), S. 13 f.
7 Vgl. MUSGRAVE (1959), S. 14.

schaftsbedürfnisse und „übergeordnete Werte" angeführt.[8] In die Diskussion um die Meritorisierung von Umweltgütern finden verschiedene dieser Argumente Eingang.

Grundlegend ist der Einwand, die individuellen Nutzenfunktionen enthielten kein Argument, das eine dauerhaft umweltgerechte Entwicklung sicherstellt. Umweltgüter fänden demnach zwar insofern Eingang in die persönlichen Präferenzen, als sie dem Individuum Nutzen stiften. Dieses eigennutzorientierte Interesse an Umweltqualität garantiere aber nicht, daß die daraus resultierenden Handlungen Instabilitäten von Ökosystemen ausschließen.[9] Da das ökonomische System in keinem Zusammenhang mit den Funktionsbedingungen ökologischer Kreisläufe stehe, könne die Eingriffsintensität in natürliche Systeme nicht von den individuellen Präferenzen und damit ökonomischen Größen abhängig gemacht werden.[10] In den Termini der Wohlfahrtsökonomik ausgedrückt, lautet die Kritik, daß selbst bei Internalisierung externer Effekte das resultierende Umweltqualtitätsniveau in keiner Weise die Einhaltung von aus ökologischer Sicht gebotenen Mindeststandards sicherstelle.[11] Vertreter dieser These begründen ihren Ruf nach Meritorisierung von Umweltgütern also mit „übergeordneten ökologischen Belangen", die in einer rein anthropozentrischen Sichtweise des Problems keine Berücksichtigung finden.[12]

Auf einer anderen Ebene wird argumentiert, daß die gegenwärtige Generation bei ihrer Entscheidung über eine „optimale Umweltqualität" die Bedürfnisse zukünftiger Generationen nicht oder nicht hinreichend berücksichtigt. Aus individueller Sicht werde für den eigenen Zeithorizont und allenfalls noch für den Horizont der eigenen Kinder und Enkelkinder entschieden, nicht aber für eine größere (im Idealfall unendliche) Zahl noch folgender Generationen.[13] Der heute Entscheidende unterbewerte demnach zukünftige Präferenzen nach Umweltqualität, weil sie nicht ihn, sondern andere Individuen betreffen.[14] Damit bestünde die Gefahr, daß die gegenwärtige Generation ein Umweltbelastungsniveau wählt, das mit irreversiblen Schäden an der Natur für die Zukunft verbunden ist. Dem Staat komme dann die

---

8   Vgl. hierzu FRITSCH / WEIN / EWERS (1993), S. 251 f.; BRÜMMERHOFF (1992), S. 96; MUSGRAVE (1987); MUSGRAVE / MUSGRAVE / KULLMER (1994), S. 87 ff.; PRIDDAT (1992); RENNINGS (1994), S. 29 ff.

9   Vgl. COMMON / PERRINGS (1992), S. 31.

10   Vgl. MAIER-RIGAUD (1991 b), S. 153. Zu diesem Kritikpunkt vgl. auch die in der Literatur geführte, kurze Kontroverse zwischen MAIER-RIGAUD (1988), S. 64 ff., CANSIER (1989) und wiederum MAIER-RIGAUD (1991 a).

11   Vgl. BONUS (1972), S. 342 f.; BONUS (1994 c), S. 291 f.

12   Vgl. hierzu stellvertretend RENNINGS (1994), S. 29 f., der die Arbeiten der Ökologischen Ökonomie diesem Ansatz zuordnet, sowie BRUNS (1995), S. 68 f., 71 ff. und VON KNORRING (1995).

13   Vgl. RENNINGS (1994), S. 42 f.; KLAUS (1987), S. 266.

14   Vgl. HAMPICKE (1991), S. 136.

Aufgabe zu, als Interessenvertreter zukünftiger Generationen in den Umweltkonsum der Gegenwart korrigierend einzugreifen.[15] Begründung für den meritorischen Eingriff seitens des Staates ist also die Lösung eines intertemporalen Verteilungskonfliktes.

Die beiden bisher angeführten Argumentationsstränge für eine Meritorisierung von Umweltgütern liegen außerhalb des Geltungsbereiches der wohlfahrtsökonomischen Theorie. Da sich die neoklassische Wohlfahrtstheorie auf das Fundamentalprinzip der individuellen Bedürfnisbefriedigung stützt, sind Ansätze, die Eingriffe mit „übergeordneten ökologischen Belangen" begründen, nicht mit ihr vereinbar.[16] Ebenso befinden sich verteilungspolitische Argumente jenseits der paretianischen Theorie, die Verteilungen als gegeben akzeptiert und distributive Maßnahmen nicht zu beurteilen vermag.[17]

Aber auch ohne Rückgriff auf diese Argumentationsmuster können Eingriffe des Staates in die Konsumentensouveränität legitimiert werden. Hierzu wird auf den Umstand verwiesen, daß die Individuen falsch oder nur unvollständig über die ökologischen Folgewirkungen ihres Handelns informiert seien. Es wird angenommen, daß die Konsumenten zwar in ihren individuellen Nutzenfunktionen hinreichende Präferenzen für „stabile Öko-Systeme" besitzen. Infolgedessen würde bei vollständiger Information der Individuen auch in einer strikt anthropozentrischen Ableitung der optimalen Umweltqualität nach Angebot und Nachfrage ein ökologisches Existenzminimum gewahrt. Da die Individuen aber in der Realität nur unvollständige Information über ökologische Zusammenhänge besäßen, und dazu tendierten, mit großem „time-lag" auftretende Schäden geringer zu bewerten als bereits heute anstehende Umwelteinbußen[18], bestehe die Gefahr, daß die Individuen kurzsichtig handeln.[19] Zwar weisen neoklassisch argumentierende Ökonomen darauf hin, daß Informationsmängel allein nicht hinreichend für einen meritorisch begründeten Eingriff sind. So könnten Verfahren der Risikopoolung und der Aufklärung der Individuen zur Beseitigung von Informationsmängeln angewendet werden.[20] Da aber solche Mechanismen allenfalls mit Zeitverzug

---

15 Vgl. ENDRES (1976), S. 185; RENNINGS (1994), S. 43; BUCK (1983), S. 170.

16 Vgl. FRITSCH / WEIN / EWERS (1993), S. 252.

17 Vgl. FRITSCH / WEIN / EWERS (1993), S. 263 und RENNINGS (1994), S. 29. Zur Kritik an der Verteilungsneutralität der Wohlfahrtsökonomik insbesondere bei intergenerativen Problemen vgl. SÖLLNER (1993), S. 438 f.

18 PIGOU bezeichnet dieses Verhaltensphänomen als „defekte teleskopische Kapazität" des Menschen. Vgl. PIGOU (1920), S. 25.

19 Vgl. BONUS (1972), S. 342 f.; KEMPER (1989), S. 12; SÖLLNER (1993), S. 439 f.; BARTEL (1994 b), S. 20 f. Gleich gelagert ist das Problem der Suche nach der „richtigen" sozialen Diskontrate in Nutzen-Kosten-Analysen. Vgl. hierzu beispielsweise HANUSCH (1994), S. 100 ff. sowie die Diskussion zwischen HAMPICKE (1991) und STRÖBELE (1991).

20 Vgl. FRITSCH / WEIN / EWERS (1993), S. 185 ff., 193 ff., 206 ff.

Wirkung zeigten, zur Vermeidung langfristiger und insbesondere irreversibler Umweltschä-
den aber oftmals sehr rasch gehandelt werden müsse, sei auch in diesen Fällen ein staatlicher Eingriff in die individuellen Präferenzen zu rechtfertigen.[21]

BONUS weist darauf hin, daß die Meritorisierung von Umweltgütern allein dann erfolgen
darf, wenn die „pareto-optimale" Umweltqualität unterhalb des ökologisch\Geforderten
liegt.[22] Darüber hinausgehende, von den Präferenzen der Individuen losgelöste Umweltstandards sind nicht zu legitimieren. Sehr wohl aber kann es sein, daß die Individuen der Gesellschaft eine höhere als eine die ökologischen Mindestbedingungen sichernde Umweltqualität wünschen. Dann sollte Ziel der Wirtschaftspolitik nicht die Einhaltung der
formulierten Minimalqualität der Umwelt, sondern die gemäß den Präferenzen der Konsumenten nachgefragte Umweltqualität sein. Aus theoretischer Sicht sollte also der jeweils
stringentere Umweltstandard binden,[23] wie auch Abbildung 6 zeigt.

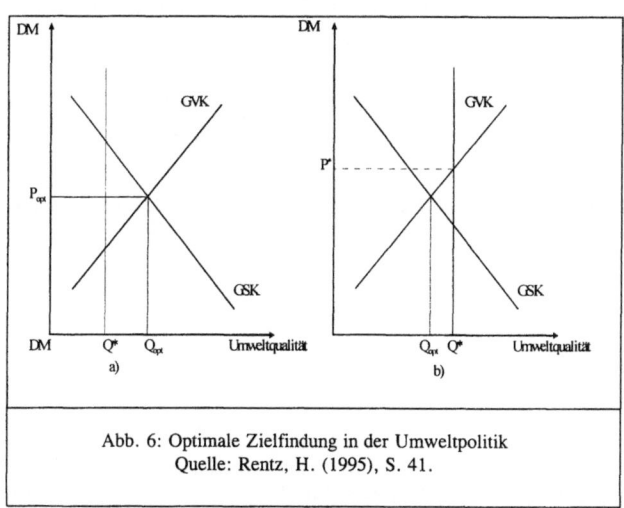

Abb. 6: Optimale Zielfindung in der Umweltpolitik
Quelle: Rentz, H. (1995), S. 41.

---

21 Vgl. ZIMMERMANN / HENKE (1994), S. 441 f. sowie RENTZ (1995), S. 40 f., der dringenden Handlungs-
    bedarf im Klimaschutz ableitet.

22 Vgl. BONUS (1972), S. 343; BONUS (1994 a), S. 16. Die Bestimmung von Randbedingungen, die die Wah-
    rung des ökologischen Gleichgewichts sicherstellen, ist in der Praxis jedoch schwierig. Vgl. Bonus (1996
    a), S. 40. Diese sind im Sinne einer maximal zulässigen Belastung der Umwelt nur dann eindeutig, wenn
    Schwelleneffekte auftreten. Bei linearen Schadensfunktionen kann die Ökologie hingegen kaum Aussagen
    über noch hinnehmbare Nutzungshöchstmengen treffen. Zudem stellen Begriffe wie „Gleichgewicht" oder
    „Stabilität" nicht in jedem Fall geeignete Referenzwerte für eine rationale Umweltpolitik dar. Vgl. hierzu
    EWERS / HASSEL (1996 b), S. 64.

23 Vgl. hierzu und zum folgenden BONUS (1977), S. 17 ff.; BONUS (1992 b), S. 149 f.; BONUS (1994 a), S.
    16 f.; KEMPER (1989), S. 13 ff.; RENTZ (1995), S. 41 f.

Hier ergibt sich im Schnittpunkt von Grenzschadenskostenkurve (GSK) und Grenz-vermeidungskostenkurve (GVK) die optimale Umweltqualität Q_{opt} aus rein an-thropozentrischer Sicht. In beiden Abbildungsteilen ist nun jener Umweltqualitätsstandard Q* eingezeichnet, für den die Mindestbedingungen zur Erhaltung der Ökosystem-Stabilität annahmegemäß gerade noch erfüllt sind. In Teil a) der Abbildung liegt die pareto-optimale Umweltqualität Q_{opt} oberhalb des aus ökologischer Sicht notwendigen Mindeststandards Q*. In einem solchen Fall sollte der Staat nicht die Verwirklichung des ökologischen Minimal-ziels verfolgen, sondern seinen Maßnahmen die von den Individuen gewünschte höhere Umweltqualität zugrundelegen. Mit Übergang von Q* zu Q_{opt} ist nämlich ein gesell-schaftlicher Wohlfahrtsgewinn in Höhe des Dreiecks ABC zu realisieren. Demgegenüber liegt in Teil b) der Abbildung die von den Gesellschaftsmitgliedern gewünschte Um-weltqualität Q_{opt} unterhalb der aus ökologischer Sicht hinnehmbaren Grenze Q*. Folglich kommt für diesen Fall dem Staat die Aufgabe zu, die bereitzustellende Umweltqualität von den individuellen Präferenzen abzukoppeln. Der jeweils stringentere Standard ist also Ziel einer „first-best" orientierten Umweltpolitik.[24]

Somit ist das neoklassische Grundmodell um einen ökologischen Rahmen zu ergänzen, der sicherstellt, daß das ökologische Gleichgewicht durch die Wirtschaftsaktivitäten der Gesell-schaftsmitglieder nicht gefährdet wird.[25] Gleich dem sozialen Rahmen wird das Konzept der Marktwirtschaft um ökologische Nebenbedingungen erweitert, die es einzuhalten gilt.[26]

---

24 In der umweltökonomischen Standardliteratur wird gemeinhin die Realisierung eines Pareto-Optimums als erstbeste umweltpolitische Lösung angesehen. Demgegenüber werden standardorientierte Lösungen allenfalls als zweitbeste Ansätze eingestuft. Vgl. zum Beispiel WEIMANN (1995), S. 176 ff., 208 ff.; BAUMOL / OATES (1988), S. 159 ff.; FEESS (1995), S. 18 f. Bedenkt man aber, daß pareto-optimale Lö-sungen unterhalb des ökologisch notwendigen Minimalausmaßes an Umweltqualität liegen können, so er-scheint es einsichtig, daß es nicht sinnvoll sein kann, solche Lösungen als „first-best" zu kennzeichnen. In diesen Fällen bildet die Realisierung des ökologischen Mindeststandards die erstbeste Politikvariante. Mithin ist jeweils der striktere Standard als der theoretisch optimale und damit erstbeste zu bezeichnen. Vgl. auch BONUS (1992 b), S. 145 ff.; BONUS (1994 c), S. 294.

25 Vgl. EWERS (1992), S. 16. EWERS kennzeichnet die Hinwendung zum Konzept eines ökologischen Rah-mens als zweite Phase der umweltökonomischen Theorie, die die erste Phase mit dem Ziel der pareto-optimalen Internalisierung externer Effekte ablöst. Als dritte und gegenwärtige Phase der Umweltökono-mie bezeichnet er und für die Fortentwicklung von Ansätzen, die ethische und ökologische Aspekte in die um-weltökonomische Zielbildung einzubinden suchen. Vgl. EWERS (1992), S. 15 f.

26 Zum Konzept der „öko-sozialen Marktwirtschaft" vgl. BINSWANGER / BONUS / TIMMER-MANN (1981), S. 122 ff.; BONUS (1979 a), S. 139 ff.; BONUS (1991), S. 37 f.; HANS-MEYER / SCHNEIDER (1990).

1.2 Die Einführung privater Information

Die Prämisse, daß die Individuen vollständig informiert sind, wird im Rahmen modifizierter neoklassischer Modelle jedoch nicht nur dahingehend geändert, daß diese nur unvollständiges Wissen über die ökologischen Folgen ihres Handelns besitzen. Darüber hinaus wird angenommen, daß die Individuen private Information bezüglich ihrer einzelwirtschaftlichen Angebots- und Nachfragekurven nach dem Gut Umweltqualität haben. Die Informationen über die individuellen Grenzschäden der Umweltverschmutzung wie auch die Kosten zur Vermeidung von Umweltbelastungen sind annahmegemäß dezentral über die Individuen verteilt. Wie im neoklassischen Grundmodell herrscht zwar vollständige Preisinformation, so daß Märkte reibungs- und damit kostenlos funktionieren, jedoch kennt nur ein jeder Marktteilnehmer selbst seine Präferenzen und Kostenstrukturen.[27]

Welche Auswirkungen hat nun diese Prämissenänderung auf die Analyse unterschiedlicher Instrumente zur Lösung von Umweltproblemen? Wie bereits unter Gliederungspunkt II.A gezeigt, sind sämtliche Koordinationsmechanismen bei dezentral unter den Individuen verteilter Information ineffizient in dem Sinne, daß sie das Pareto-Optimum nicht erreichen. Damit schließt sich aber das Pareto-Optimum als umweltpolitische Norm, an deren Erfüllung die verschiedenen Instrumente vergleichend gemessen werden könnten, aus. Denn ein Ziel, das sich in einer „Nirwana"[28]-Welt bewegt und schlichtweg unerreichbar ist, kann kaum die Grundlage für instrumentelle Effizienzvergleiche darstellen.[29]

In den Fällen, in denen ökologische Notwendigkeiten nahelegen, die Wahl der Umweltqualität von den Präferenzen der Individuen loszulösen, erübrigt sich die Suche nach einer alternativen umweltpolitischen Norm: eindeutiges und erstbestes Ziel der Umweltpolitik ist hier die Einhaltung der Standards, die die Aufrechterhaltung des ökologischen Gleichgewichts gewährleisten.[30] Demgemäß sind die instrumentellen Alternativen hinsichtlich ihrer Eigenschaften zu untersuchen, dieses Ziel effizient realisieren zu können.

In den Fällen, in denen das Pareto-Optimum den strikteren Umweltstandard impliziert und von daher aus theoretischer Sicht das „first-best"-Ziel der Umweltpolitik darstellt,[31] ergeben sich indes die Probleme seiner Realisierung. BAUMOL und OATES haben diese Schwierigkei-

---

27 Vgl. zum Beispiel NICHOLS (1984), S. 7 ff.

28 DEMSETZ (1969), S. 1.

29 Vgl. hierzu auch WEIMANN (1995), S. 223. ENDRES betont aber, daß die Erreichung des Pareto-Optimums als „unverzichtbarer Bestandteil umweltpolitischer Vision" zu würdigen ist. Vgl. ENDRES (1994), S. 30 ff.

30 Vgl. hierzu Gliederungspunkt II.B.1.1.

31 Vgl. ebenso Gliederungspunkt II.B.1.1.

ten einer pareto-effizienzorientierten Umweltpolitik für das Instrument Pigou-Steuer eingehend aufgezeigt:[32]

- Die Berechnung der marginalen sozialen Zusatzkosten einer umweltbelastenden Aktivität
  ist nahezu unmöglich, insbesondere wenn davon viele Individuen betroffen sind und
  intangible Werte wie die menschliche Gesundheit tangiert werden.

- Die pareto-effiziente Steuer ist nicht an den aktuellen Grenzschäden einer Aktivität, sondern an deren Grenzschäden im Pareto-Optimum zu bemessen. Zur Ermittlung eines
  konstanten Pigou-Steuersatzes sind somit die Grenzschäden im Pareto-Optimum zu ermitteln.

- Darüber hinaus ändern sich die im Pareto-Optimum verbleibenden marginalen sozialen
  Zusatzkosten einer Aktivität im Zeitablauf je nach dem, wie sich die gesamtwirtschaftli-
  che Grenzschadens- und die Grenzverhinderungskostenkurve entwickeln. Die Pigou-
  Steuer wäre mithin stetig neu zu bestimmen.[33]

- Zudem muß angezweifelt werden, daß eine Steuer im politischen Prozeß so rasch angepaßt werden kann, daß sie die obige Entwicklung einer Pigou-Steuer - so sie denn überhaupt ermittelt werden kann - mitzuvollziehen vermag.[34]

Der Pessimismus, mit Hilfe einer Steuer das Pareto-Optimum zu verwirklichen, läßt sich
ebenso auf Richtlinien und private Verhandlungen übertragen. Ein staatlicher Planer, der
die zur Implementierung einer Pigou-Steuer notwendigen Informationen nicht besitzt, muß
bei dem Versuch, das Pareto-Optimum im Wege direkter staatlicher Weisungen zu erreichen, ebenso scheitern. Die Informationsanforderungen einer optimalen Auflagenvergabe
liegen nämlich noch über denen für die Steuerlösung.[35] Der Ansatz, das Pareto-Optimum
über dezentrale Verhandlungen zwischen den von der Externalität Betroffenen zu realisieren, scheitert schließlich an dem Anreiz für jeden einzelnen, als Trittbrettfahrer eine
Kooperation „zu unterwandern" und den im Falle vieler Verhandlungspartner anfallenden,
immens hohen Transaktionskosten.[36]

---

32 Vgl. im folgenden BAUMOL / OATES (1971), S. 43 ff.

33 Vgl. KEMPER (1989), S. 31.

34 Vgl. auch BONUS (1990), S. 346 ff.

35 Vgl. Gliederungspunkt II.A.3.2.

36 Vgl. KEMPER (1989), S. 25 ff. oder auch Gliederungspunkt II.A.3.3.3.

BAUMOL und OATES ziehen daraus den Schluß, sich abzuwenden von „an optimal world that we have never experienced or even described in quantitative terms."[37] An die Stelle der vergeblichen Suche nach dem sozialen Optimum sollte ein praktikabler, standardorientierter Ansatz treten, der sich auf die Position „efficiency without optimality"[38] beschränkt. Der Staat sollte demnach einen Satz von minimalen Umweltstandards bestimmen, die eine für die Gesellschaft angemessene Lebensqualität sicherstellen.[39] Um den Präferenzen der Individuen möglichst weit entgegen zu kommen, sollten die Standards bei Bestehen eines solchen Wunsches verschärft und so eine Annäherung an das soziale Optimum erreicht werden.[40]

Mit diesem Schritt, der in die umweltökonomische Literatur weitgehend Eingang gefunden hat,[41] hat die umweltökonomische Theorie einen Wandel vollzogen, der im wesentlichen zwei Änderungen impliziert:[42]

(1) Die Lösung von Umweltproblemen kann nicht allein durch den Markt derart erfolgen, daß sich die Gesamtmenge der Umweltnutzung aus dem freien Spiel von Angebot und Nachfrage ergibt. Der Staat hat den klaren Auftrag, das Kontingent gesellschaftlicher Umweltnutzung zu regulieren.

(2) Das umweltpolitische Ziel des Staates kann mangels Praktikabilität in keinem Fall in der Realisierung des Pareto-Optimums bestehen, sondern muß sich auf die Erreichung von Umweltqualitätsstandards beschränken.

Das neoklassische Modell wird somit derart abgewandelt, daß nun dem Staat die Aufgabe obliegt, den Rahmen für die gesamte Umweltnutzung der Gesellschaft durch die Vorgabe von Umweltstandards abzustecken. Diese Standards haben auf jeden Fall die Stabilität des ökologischen Gleichgewichts zu sichern,[43] können aber auch schärfer formuliert werden,

---

37 BAUMOL / OATES (1971), S. 43.

38 BAUMOL / OATES (1988), S. 159.

39 Vgl. BAUMOL / OATES (1971), S. 44 f.

40 Vgl. BAUMOL / OATES (1971), S. 45.

41 Vgl. beispielsweise CROPPER / OATES (1992), S. 685 ff.; ENDRES (1994), S. 97 ff.; KEMPER (1989), S. 33 f.; WEIMANN (1995), S. 208.

42 Vgl. auch GAWEL (1994 b), S. 11.

43 Für diesen Fall ist der umweltpolitischen Zielbildung nicht vorzuwerfen, allein einen „second-best"-Ansatz zu verfolgen, demzufolge allein „efficiency without optimality" (BAUMOL / OATES (1988), S. 159) realisiert wird. Vgl. Gliederungspunkt II.B.1.1 oder auch BONUS (1994 c).

wenn die Individuen der Gesellschaft dies wünschen. Die sich anschließende Frage lautet dann, wie diese Standards auf kosteneffiziente Weise erreicht werden können, wobei

(3) die Informationen über individuelle Kostenstrukturen zur Emissionsvermeidung dezentral auf die einzelnen Wirtschaftsteilnehmer verteilt sind.

Im folgenden Gliederungspunkt werden hierzu die wichtigsten instrumentellen Alternativen kurz vorgestellt und daraufhin im Rahmen des modifizierten neoklassischen Grundmodells analysiert.

2. Instrumentenanalyse im modifizierten neoklassischen Modell

2.1 Zum Modellrahmen

Im folgenden ist das Ziel der Umweltpolitik das Erreichen einer bestimmten, vom politischen Sektor vorgegebenen und auf jeden Fall die ökologischen Randbedingungen einhaltenden Umweltqualität. Dabei wird angenommen, daß der Staat das angestrebte ökologische Ziel durch die Vorgabe eines Emissionsstandards eindeutig und sicher realisieren kann. Es wird mithin eine direkte und stabile Beziehung zwischen Emission und Umweltqualität unterstellt.[44] Zudem wird die isolierte Regulierung nur eines Schadstoffs betrachtet, das heißt von Problemen der Schadstoffinteraktion bei den Umwirkungen wie auch der Emissionsvermeidung wird abstrahiert.[45] Demgemäß lautet das umweltpolitische Ziel auf eine bestimmte maximale Emissionsmenge für einen betrachteten Schadstoff, die je Zeiteinheit in der betrachteten Region nicht überschritten werden soll.

Als Instrumente werden nur Auflagen, Abgaben und Zertifikate untersucht. Es ist nicht Ziel der Arbeit, eine umfassende Analyse umweltpolitischer Instrumente aus Sicht der Neoklassik und nachfolgend der Neuen Institutionenökonomik durchzuführen. Vielmehr sollen im Anschluß an die neoklassische Analyse exemplarisch einige Instrumente aus der Sicht aus-

---

44 Eine solch einfache Relation zwischen Schadstoffausstoß und Konzentration im Aufnahmemedium gilt in der Realität nur für den Typus der Globalschadstoffe wie beispielsweise CO_2. Für andere Schadstofftypen besteht dagegen ein komplizierterer Zusammenhang zwischen Emission und Immission. Vgl. hierzu KEMPER (1989), S. 65 ff.; WEIMANN (1993), S. 199 ff. Die im Rahmen der emissionsbezogenen Politik gewonnenen Erkenntnisse besitzen aber auch in einem unterschiedliche Diffusionsbeziehungen berücksichtigenden Modell ihre Gültigkeit. Vgl. ENDRES (1994), S. 98.

45 Vgl. ENDRES (1994), S. 98. Von Problemen der Schadstoffinteraktion wird hier abgesehen, da nur die grundlegende neoklassische Modellanalyse umweltpolitischer Instrumente dargestellt werden soll. Gleichwohl wird die Problematik in der neoklassisch orientierten Umweltökonomie diskutiert. Vgl. ENDRES (1985 a).

41

gewählter Bereiche der Neuen Institutionenökonomik betrachtet werden. Bei der Wahl der zu untersuchenden Instrumente liegt es nahe, sich mit Auflagen, Abgaben und Zertifikaten zu beschäftigen, die als die Grundtypen und wichtigsten instrumentellen Alternativen der Umweltpolitik angesehen werden.[46] Die aus der institutionenökonomischen Analyse der Instrumente gewonnenen Ergebnisse können jedoch auf andere Instrumente übertragen werden.

2.2 Das umweltpolitische Instrumentarium

2.2.1 Umweltauflagen

Der prominenteste und meist verbreitete Instrumententyp in der Umweltpolitik ist das Ordnungsrecht. In Form von Auflagen werden direkte umweltbezogene Verhaltensvorschriften für die einzelnen Emittenten erlassen. Verbote schreiben die vollständige Unterlassung einer Emissionstätigkeit vor, während Gebote angeben, bis zu welchem Umfang Schadstoffausstöße noch zulässig sind.

Die Anknüpfungspunkte für Umweltauflagen sind vielgestalt.[47] Ordnet man diese nach den verschiedenen umweltrelevanten Bemessungsgrundlagen, so kann man in Produkt-, Technologie- und Emissionsauflagen unterscheiden.[48]

Unter Produktauflagen fallen solche Verhaltensvorschriften, die direkt die mit hohen Umwelteinwirkungen verbundenen Produkte betreffen. Diese können im Inputbereich bestimmen, wann welche Roh- und Betriebsstoffe bis zu welcher Höchstgrenze im Produktionsprozeß verwendet werden dürfen. Darüber hinaus werden auch Normen eingesetzt, die Grenzwerte an Schadstoffen vorgeben, deren Menge in der Zusammensetzung oder Emission eines Produktes nicht überschritten werden dürfen. Im Outputbereich können Auflagen über die höchstzulässig zu produzierende Menge des betrachteten Gutes oder auch Kennzeichnungspflichten erlassen werden.

Bei Technologieauflagen nimmt der Staat direkt Einfluß auf die zu verwendende Produktionstechnologie, indem er die Installation eines bestimmten Verfahrens vorschreibt oder Verfahren mit einem Anwendungsverbot versieht. Über entsprechende Bauartnormen für

---

46 Vgl. KEMPER (1989), S. 63; ENDRES (1994), S. 97.

47 Vgl. die Übersicht bei WICKE (1993), S. 197 ff.

48 Vgl. hierzu KNÜPPEL (1989), S. 49 ff. Zu anderen Kategorisierungen siehe beispielsweise WICKE (1993), S. 197; SANDHÖVEL (1994), S. 140 ff.

die Errichtung von Produktionsanlagen sowie Betriebsnormen für die Gestaltung von Prozessen werden die Technologieauflagen umgesetzt. Bei deren Festsetzung spielt in der deutschen Umweltpolitik der „Stand der Technik" eine wichtige Rolle. So erhalten genehmigungsbedürftige Anlagen gemäß Bundesimmissionsschutzgesetz nur die Betriebsgenehmigung, wenn sie so errichtet und betrieben werden, daß sie die Maßnahmen zur Emissionsvermeidung nach dem „Stand der Technik" erfüllen.[49] Dieser „Stand der Technik" wird beispielsweise im BImSchG definiert[50] und von Technikern in Verwaltungsvorschriften (z.B. der Technischen Anleitung Luft) konkretisiert.[51]

Emissionsauflagen schließlich legen fest, welche Höchstmengen an Schadstoffen von einer Produktionsanlage ausgestoßen werden dürfen.[52] Diese Verhaltensvorschriften können dabei als Emissionsgrenzwerte oder als absolute oder prozentuale Reduzierungsverpflichtungen ausgesprochen werden.

Die Möglichkeiten des Emittenten, selbst Einfluß zu nehmen auf die Art und Weise der Erfüllung der ihm auferlegten Norm, unterscheiden sich je nach Wahl der Bemessungsgrundlage. Bei Technologieauflagen besitzt der betroffene Emittent so gut wie keinen Entscheidungsspielraum. Er hat das gemäß dem „Stand der Technik" maßgebliche Verfahren umzusetzen.[53] Werden Outputauflagen erlassen, so wird zwar in die Produktgestaltung eingegriffen oder sogar die maximale Produktionsmenge vorgeschrieben. Dem Emittenten bleibt aber die Wahl des Produktionsprozesses freigestellt. Inputauflagen determinieren indirekt die Wahl des Produktionsprozesses, wenn bestimmte Verfahren unter Beachtung der Vorschrift nicht betrieben werden können. Zudem nehmen sie Einfluß auf die Produktgestaltung, nicht aber auf die Produktionsmenge. Emissionsauflagen lassen den Emittenten den größten Handlungsspielraum zur Erfüllung der Norm. Anpassungen in der Produktgestaltung, der Produktmenge und der Wahl der Prozeßtechnologie einschließlich möglicher Emissionsrückhalte- und Wiederverwertungsverfahren stehen zur Auswahl.

---

49 Siehe § 5 Abs. 1 Nr. 2 BImSchG.

50 Siehe § 3 Abs. 6 BImSchG. Neben dem „Stand der Technik" kennt das deutsche Umweltrecht auch noch zwei andere Schlüsselformeln, nämlich die „Regeln der Technik" und den „Stand der Wissenschaft und Technik". Während die „Regeln der Technik" weniger stringent als der „Stand der Technik" sind, wird letzterer in seiner Schärfe vom „Stand der Wissenschaft und Technik" übertroffen. Vgl. WICKE (1993), S. 199 f.

51 Ebenso finden sich im Wasserhaushaltsgesetz (WHG) und im Atomgesetz (AtG) entsprechende Definitionen des „Standes der Technik" und seiner Varianten. Vgl. § 7 a WHG und § 7 Abs. 2 Ziff. 3 AtG.

52 Solche Emissionshöchstmengen werden als „Permits" vor allem in der US-amerikanischen Umweltpolitik angewendet. Vgl. BONUS (1995 b), S. 303.

53 Genügen verschiedene Technologien dem Stand der Technik, kann er allerdings zwischen diesen wählen.

2.2.2 Umweltabgaben

Umweltabgaben begrenzen nicht direkt - wie Umweltauflagen - die Emissions-tätigkeit, aber sie verteuern diese für den Emittenten und sollen ihn so zu einer Verminderung seines Schadstoffausstoßes anreizen.[54] Als Bemessungsgrundlagen für dieses Instrument sind wie oben die Anknüpfungspunkte Produkt, Technologie und Emission denkbar.[55]

Die Erhebung einer Produktabgabe kann sich dabei auf Inputgüter und/oder Outputgüter beziehen. Bei der Inputabgabe werden solche Roh- und Betriebsstoffe mit einem Abgabensatz je Mengeneinheit belastet, deren Einsatz aus ökologischer Sicht eingeschränkt werden soll. Der betroffene Emittent wird als Reaktion zur Vermeidung der Abgabenbelastung nach Substitutionsmöglichkeiten für die verteuerten Werkstoffe suchen. Möglichkeiten der Emissionsreduzierung über neue Schadstoffrückhaltetechnologien oder Recycling-Verfahren werden hingegen nicht ins unternehmerische Kalkül gezogen, da damit die Abgabenlast nicht vermindert werden kann.[56] Bei der Outputabgabe werden umweltbelastende Konsumgüter mit einer Abgabe belegt. Mögliche Anpassungsreaktionen ergeben sich nun für die Nachfrager, die den erhöhten Preisen dieser Güter durch eine Nachfrageverlagerung auf nicht belastete und damit billigere Substitute entgehen können. Auf der Angebotsseite finden allenfalls Produktionsmengenanpassungen aufgrund geänderter Nachfrage statt. Da Outputabgaben in Abhängigkeit von der Produktionsmenge (selten vom Produktionspreis) erhoben werden, ergeben sich keine Anreize, die Produktionsverfahren der betrachteten Güter umweltfreundlicher zu gestalten.[57]

Als weiterer Anknüpfungspunkt für eine Abgabe ist der Parameter Technologie denkbar. Die Abgabenlast sollte sich an den Umweltwirkungen eines Produktionsverfahrens orientie-

---

54 Damit wird der Begriff der Umweltabgabe für die hiesigen Zwecke auf Abgaben im Sinne der Konzeption von BAUMOL und OATES reduziert. Diese haben als Ziel, die Senkung umweltschädigenden Verhaltens auf das umweltpolitisch gewünschte Maß anzureizen. Davon abzuheben sind Abgaben mit vordringlicher Finanzierungsfunktion, insbesondere, wenn diese nicht an umweltrelevanten Tatbeständen anknüpfen. Zur Kategorisierung von Umweltabgaben sowie ihrer möglichen Ausgestaltung als Steuern, Gebühren, Beiträge oder Sonderabgaben vgl. beispielsweise BENKERT / BUNDE / HANSJÜRGENS (1990), S. 69 ff.; NA-GEL (1993), S. 74 ff.

55 In verschiedenen Kategorisierungen von Umweltabgaben werden zudem 'kombinierte Abgaben-/Auflagensysteme' angeführt. Dieser Abgabentyp wird hier nicht diskutiert, da er keinen instrumentellen Grundtyp, sondern eine Mischform zweier Grundtypen (nämlich Abgaben und Auflagen) darstellt. Zu kombinierten Abgaben-/Auflagensystemen vgl. WICKE (1993), S. 397 ff.; GAWEL (1991), S. 84 ff.

56 Vgl. ENDRES (1976), S. 153; KEMPER (1989), S. 39.

57 Vgl. ENDRES (1976), S. 152 f.; KNÜPPEL (1989), S. 46.

ren. Emittenten werden dann dazu angereizt, auf umweltfreundlichere und deswegen weniger abgabenpflichtige Technologien umzusteigen.[58]

Emissionsabgaben knüpfen direkt an den getätigten Emissionen eines Wirtschaftsakteurs an. Somit besteht ein unmittelbarer Bezug der Bemessungsgrundlage der Abgabe zum eigentlichen Regulierungsziel, nämlich der Einflußnahme auf die Emissionen. Folglich haben die Emittenten Anreize, über sämtliche Möglichkeiten der Reduktion der Abgabenbasis „Emissionsmenge" nachzudenken.

2.2.3 Umweltzertifikate

Bei Umweltzertifikaten wird die politisch gewünschte maximale Gesamtemissionsmenge für einen betrachteten Schadstoff in einzelne Emissionsrechte gestückelt. Diese Emissionsrechte werden an die Emittenten ausgegeben und berechtigen die jeweiligen Besitzer zu entsprechendem Schadstoffausstoß. Wichtiges Charakteristikum der Umweltlizenzen ist ihre Handelbarkeit, das heißt, das Recht zur Emission ist nicht an einen bestimmten Akteur gebunden, sondern ist von ihm auf andere Akteure transferierbar. Dies setzt auf seiten der Emittenten den Anreiz, die individuellen Emissionsvermeidungskosten mit dem Wert eines Zertifikates zu vergleichen und je nach Situation Emissionsrechte hinzuzukaufen oder abzugeben. Über Angebot und Nachfrage entsteht so ein Markt für Umweltlizenzen.[59]

Bezüglich der Erstausgabe von Umweltlizenzen werden in der Literatur verschiedene Verfahren diskutiert. Eine erste Möglichkeit besteht in der Versteigerung der Zertifikate durch eine staatliche Institution an die meistbietenden Nachfrager. Diese Variante ist jedoch mit schweren Mängeln behaftet, die sich zum einen in der Aufhebung des Besitzstandprinzips sowie einer erhöhten Unsicherheit bei der Investitions- und Produktionsplanung äußern. Denn kein Emittent kann sicher sein, die seiner bisherigen Betriebsgenehmigung entspre-

---

[58] Vgl. KNÜPPEL (1989), S. 47. KNÜPPEL merkt an dieser Stelle an, daß die Konzeption einer Technologieabgabe oftmals an der genauen Festlegung des Abgabentatbestandes scheitert. Fallen nur wenige Prozeßtechnologien unter die Bemessungsgrundlage, seien Ausweichreaktionen seitens der Emittenten auf nicht erfaßte, womöglich aber noch weitaus umweltbelastendere Verfahren möglich. Würde die Bemessungsgrundlage hingegen weit gefaßt, degenerierte das Instrument zu einer von allen zu zahlenden Abgabe, die unabhängig von den individuell getätigten Emissionen erhoben wird. Vgl. KNÜPPEL (1989), S. 48. Dieser Argumentation ist jedoch nicht zu folgen. Die Wahl des Produktionsverfahrens als Bemessungsgrundlage hindert nicht daran, die Höhe der Abgabe technologiespezifisch zu differenzieren. Neu entwickelte Technologien bedürfen dann zwar einer Erweiterung des Kataloges abgabenpflichtiger Verfahren. Ebenso machen Verfahrensinnovationen aber auch bei alternativen Instrumenten, die an der Technologie anknüpfen (Technologieauflagen, Technologiezertifikate), Anpassungen notwendig.

[59] Vgl. hierzu die Pionierarbeiten von DALES (1968 a) und (1968 b), S. 93 ff. sowie CROCKER (1966).

chende Menge an Emissionsrechten ersteigern und so weiterproduzieren zu können.[60] Zum anderen führt dieses Vorgehen über die Einnahmen aus der Versteigerung zu einem Ressourcentransfer von der Privatwirtschaft zum Staat.[61] Alternativ hierzu wurde der Vorschlag der freien Vergabe der Umweltlizenzen an die Alt-emittenten in Anlehnung an ihre Betriebsgenehmigung entwickelt.[62] Dieses in der englischsprachigen Literatur als „Grandfathering"[63] bezeichnete Verfahren besitzt den großen Vorteil, daß es nicht gegen bestehende Besitzstände verstößt.[64] Auch erfährt die Staatsquote keine Änderung.

Neben der Art der Erstvergabe stellt die Gültigkeitsdauer der Lizenzen ein weiteres wichtiges Ausstattungsmerkmal des Zertifikateinstrumentes dar. Für befristete - zum Beispiel für die Dauer eines Jahres oder in Anlehnung an die Abschreibungsdauer von Anlagen gültige - Emissionsrechte spricht ein verbesserter Marktzugang für Neuemittenten. Dieser Vorteil ist allerdings allein dann nutzbar, wenn die Neuausgabe im Zuge einer Versteigerung durchgeführt wird. Denn bei freier Vergabe der neu auszugebenden Verschmutzungsrechte wird nur die alte Verteilungsstruktur reproduziert. Gegen den Auktionsmodus wurden aber bereits verschiedene Argumente angeführt. Erinnert sei vor allem an die Bestandsunsicherheit bestehender Unternehmen.[65] Verbindet man hingegen eine freie Primärverteilung mit einer unbefristeten Laufzeit der Emissionsrechte, so vermeidet man das Problem der Bestandsunsicherheit dauerhaft. Mögliche Schwierigkeiten des Markteintritts für Neuemittenten ließen

---

60 Vgl. BINSWANGER / BONUS / TIMMERMANN (1981), S. 146 f. Die Aufhebung erteilter Betriebsgenehmigungen und der damit verbundenen Besitzstände wäre rechtlich möglicherweise nur gegen staatliche Kompensationszahlungen durchführbar. Vgl. KABELITZ (1984 b), S. 333.

61 Vgl. BONUS (1990), S. 348. Der erhöhte Staatsanteil könnte allerdings durch andere Maßnahmen wie kompensierende Steuersenkungen wieder verringert werden. Zudem wurden in der Literatur Auktionsverfahren entwickelt, die nicht mit Einnahmen für den Staat verbunden sind. Zu einem Literaturüberblick vgl. KEMPER (1989), S. 44 f., Anmerkung 5.

62 Vgl. TIETENBERG (1980 b), S. 399 f.; BINSWANGER (1981). Ein drittes, mögliches Erstvergabeverfahren besteht im Verkauf der Umweltlizenzen zum staatlichen Festpreis. Diese Ausgabevariante findet in der umweltpolitischen Diskussion jedoch nur wenig Beachtung, da sie neben den bei einer Versteigerung bestehenden Schwierigkeiten des fehlenden Bestandsschutzes sowie der staatlichen Einnahmeerzielung einen weiteren Nachteil darin besitzt, daß dem Staat der Knappheitspreis der Emissionsrechte nicht bekannt ist. Infolgedessen kann der zur erschöpfenden Ausgabe der Zertifikate notwendige Festpreis allein in einem aufwendigen 'trial-and-error'-Verfahren ermittelt werden. Vgl. KEMPER (1989), S. 45 f.

63 Vgl. TIETENBERG (1980 a), S. 487.

64 Vgl. BINSWANGER (1981), S. 91. Allerdings führt diese Vergabeart zu einer Begünstigung von Alt- gegenüber Neuemittenten. Während letztere sich Emissionsrechte am Markt beschaffen müssen, erhalten erstere sie kostenlos und erzielen so ein Renteneinkommen.

65 Vgl. BONUS (1996 b), S. 19 f. Weitere, direkt mit der Befristung von Lizenzen verbundene Nachteile werden diskutiert bei KABELITZ (1984 a), S. 318 f.

sich dadurch beseitigen, daß der Staat ein noch zuweisbares Kontingent an Verschmutzungsrechten für diese zurückhält.[66]

Eine politisch gewünschte Verschärfung des Umweltqualitätsstandards kann für unbegrenzt gültige Lizenzen über staatliche Rückkäufe und Zertifikatsabwertungen erfolgen.[67] Die Lizenzrückkäufe haben zur Folge, daß der Staat die Kosten der Umweltqualitätsverbesserung zu tragen hat.[68] Zertifikatsabwertungen belasten den Staat hingegen nicht. Die physischen Verursacher müssen selbst für die Kosten der Schadstoffvermeidung aufkommen. Um den Emittenten bei dieser Art der Verschärfung des ökologischen Rahmens aber Planungssicherheit zu geben, ist es sinnvoll, die Höhe zukünftiger Abwertungen und die Zeitpunkte der Durchführung schon bei der Erstausgabe auf den Zertifikaten zu vermerken.[69] Allerdings muß den staatlichen Behörden die Möglichkeit weiterer Abwertungen offen gehalten werden, wenn dies das ökologische Gleichgewicht erfordert.

Bezüglich der Bemessungsgrundlage von Zertifikatlösungen sind, wie bei Umweltauflagen und -abgaben, produkt-, technologie- und emissionsbezogene Ansätze zu unterscheiden. Bei Produktlizenzen muß der einzelne Emittent gemäß der verwendeten Menge des betrachteten umweltschädigenden Inputgutes beziehungsweise der produzierten Menge des umweltbelastenden Outputgutes Zertifikate besitzen. Technologiebezogene Lizenzen knüpfen an den Umweltwirkungen an, die von bestimmten Produktionsprozessen ausgehen. Umweltschädliche Verfahren sind in entsprechend größerem Umfang zertifikatpflichtig als umweltfreundliche Prozesse. Bei Emissionslizenzen obliegt dem Regelungsadressaten die Pflicht, entsprechend seinem Schadstoffausstoß Verschmutzungsrechte vorzuhalten.

Die Anreize zur Emissionsvermeidung gestalten sich je nach Wahl der Bemessungsgrundlage auch hier unterschiedlich: bei Konsumgüterzertifikaten beschränkt sich die Suche nach Ausweichreaktionen auf mögliche Substitutionsprodukte im Konsum. Bei Inputgüterlizenzen treten Anreize zur Änderung der Zusammensetzung von Produkten hinzu. Technologielizenzen regen die Suche nach umweltfreundlicheren Produktionsprozessen an. Emissionszertifikate bieten die breiteste Palette möglicher Ausweichreaktionen: Inputsubsti-

---

66   Vgl. SIEBERT (1981), S. 43. Allerdings darf durch die Zuweisung dieses Kontingentes nicht das ökologische Ziel überschritten werden.

67   Für befristete Zertifikate bietet sich dem Staat die Möglichkeit, bei Neuausgabe der Lizenzen den ökologischen Rahmen zu verschärfen, indem der Umfang der zu verteilenden Emissionsrechte entsprechend vermindert wird.

68   Vgl. TIETENBERG (1980 b), S. 399.

69   Vgl. KEMPER (1989), S. 54.

tution, Änderungen im Produktionsprozeß, Schadstoffrückhalte- und Recyclingverfahren sowie die Outputsubstitution stehen zur Verminderung des Zertifikatbedarfs zur Verfügung.

2.3 Die Beurteilung der Instrumente im modifizierten Grundmodell

In der umweltökonomischen Literatur werden eine Vielzahl von Kriterien zur Beurteilung von umweltpolitischen Instrumenten diskutiert.[70] Im folgenden sollen mit

* der ökologischen Treffsicherheit,
* der statischen ökonomischen Effizienz,
* der dynamischen ökonomischen Effizienz,
* den wettbewerbs- und strukturpolitischen Folgen

jedoch nur die wichtigsten innerhalb neoklassischer Argumentationen erfolgenden Prüfungsschritte betrachtet werden.[71]

2.3.1 Die ökologische Treffsicherheit

Mit dem Kriterium der ökologischen Treffsicherheit werden die unterschiedlichen Instrumente daraufhin überprüft, ob sie ein angestrebtes Umweltqualitätsniveau auch sicher erreichen. Für das hier gewählte einfache Modell ist dies bereits dann gesichert, wenn in einer Region je Zeiteinheit eine bestimmte Gesamtemissionsmenge durch die Summe der einzelwirtschaftlich emittierten Mengen nicht überschritten wird.[72]

Auflagen sind prinzipiell in der Lage, eine solche Einhaltung des ökologischen Ziels zu gewährleisten. Dazu muß die jeweils gewählte Bemessungsgrundlage aber in hinreichender Beziehung zur letztendlich realisierten Emission stehen. Dies ist gegeben, wenn beispielsweise einzelwirtschaftliche Emissionsauflagen erlassen werden, die absolute Mengenvorgaben oder Genehmigungen in Form maximaler Emissionsmassenströme enthalten.[73] Damit ist die maximale Schadstoffmenge eines Emittenten eindeutig bestimmt, so daß die Gesamte-

---

70   Zu einer Übersicht vgl. KNÜPPEL (1989), S. 76.

71   Diese von ENDRES (1985 b) eingeführten Prüfkriterien verwenden beispielsweise BARTEL (1994 a); CANSIER (1993); ENDRES (1994); FRITSCH / WEIN / EWERS (1993), S. 99 ff.; WEIMANN (1995).

72   Von der Notwendigkeit räumlich und zeitlich differenzierter Umweltqualitätsziele und dementsprechenden Anpassungen von Emissionsstandards wird hier also abstrahiert. Kommt es - wie bei CO_2 - auch nicht auf die zeitliche Verteilung der Emissionen an, kann sich die Zielvorgabe auf die Vorgabe einer einzuhaltenden Gesamtemission beschränken. Vgl. HEISTER / MICHAELIS u.a. (1990), S. 63 ff.

73   Emissionsmassenströme geben die Masse des Schadstoffausstoßes je Zeiteinheit an. Als Maßgrößen fungieren beispielsweise kg/h, g/h oder mg/h. Vgl. KEMPER (1989), S. 105.

missionsmenge über eine entsprechende Vergabe von Emissionsgeboten genau reguliert werden kann. Werden jedoch - wie in der Praxis bei Emissionsauflagen üblich - allein Konzentrationswerte gesteuert, so besitzen die Emittenten die Möglichkeit, über die Veränderung von Volumenströmen den Schadstoffausstoß zu variieren.[74] Ebenso ungenau hinsichtlich der ökologischen Zielerreichung sind Inputauflagen, die einen Grenzwert für den Schadstoffgehalt je Produktionseinheit bestimmen. Um treffsicher zu sein, müßte zudem die Produktionsmenge über eine Outputauflage entsprechend limitiert werden.[75] Technologieauflagen garantieren schließlich allein dann die Realisierung des Umweltziels, wenn über die Vorgabe eines anzuwendenden Produktionsverfahrens eindeutig die damit verbundene Emissionstätigkeit abgeschätzt werden kann.

Abgaben versuchen auf indirektem Wege über die Setzung von Preisen für die Umweltnutzung Einfluß auf die gesamtwirtschaftliche Emissionstätigkeit zu nehmen. Grundgedanke der Funktionsweise dieses Instruments ist die Annahme, daß mit zunehmender Höhe des Abgabensatzes die Gesamtemission zurückgeht, da die Regulierungsadressaten vermehrt die relativ preiswertere Emissionsvermeidung durchführen. Um das ökologische Ziel sicher zu erreichen, ist dann jener Abgabensatz je Emissions- oder Produkteinheit zu wählen, der gerade zu der gewünschten Gesamtemissionsmenge führt. Die Festlegung dieses Abgabensatzes ist jedoch schwierig, da die regulierende Behörde hierzu die aggregierte Grenzvermeidungskostenkurve der Emittenten kennen müßte. Angesichts der Tatsache, daß der Staat die Informationen hierüber kaum erlangen dürfte, bleibt ihm allein die Möglichkeit, diesen im Rahmen eines „trial-and-error"-Verfahrens zu ermitteln. Hierbei wird der Abgabensatz unter Beobachtung der sich ergebenden Gesamtemission so lange verändert, bis das Umweltqualitätsziel realisiert wird.[76] Scheint es schon schwierig, dieses Suchverfahren aufgrund des Festpreischarakters öffentlicher Abgaben im politischen Prozeß durchzusetzen, so verliert das Konzept vollständig an Überzeugungskraft, wenn man die bei dynamischer Problembetrachtung erforderlichen weiteren Abgabenanpassungen mit einbezieht. Aufgrund von Wirtschaftswachstum, Inflation und technischem Fortschritt ist die aggregierte Grenzvermeidungskostenkurve nämlich ständigen Schwankungen unterlegen, die zur genauen Er-

---

74 Konzentrationswerte geben die maximale Masse eines Schadstoffs je Volumeneinheit Trägermedium vor. So begrenzt die TA-Luft maximale Schadstoffmengen als g/m^3 oder mg/m^3 Abluft. Emittenten haben dann die Möglichkeit, über die Erhöhung des Durchsatzes an Abluft ihren Schadstoffausstoß zu erhöhen. Eine direkte Regulierung der Emissionsmenge gelingt dem Staat dann nicht mehr. Vgl. KEMPER (1989), S. 105.

75 Alternativ hierzu ist auch eine Inputauflage ökologisch treffsicher, die die Menge des betrachteten Schadstoffes als Inputfaktor absolut restringiert, wenn ein stabiles, proportionales Verhältnis zwischen Menge des Inputs und folgender Emission besteht.

76 Vgl. BAUMOL / OATES (1971), S . 45.

49

reichung des ökologischen Ziels eine fast stetige Anpassung des staatlichen Preissignals erforderlich machen. Somit sind Umweltabgaben nicht in der Lage, ein vorgegebenes Um-
weltziel sicher zu erreichen.[77]

Bei Emissionszertifikaten wird über die Stückelung der zur Erreichung des gewünschten
Umweltqualitätziels gerade noch tolerable Schadstoffmenge in fungible Emissionsrechte das
Ausmaß der Emissionen direkt gesteuert. Damit ist die Erreichung des angestrebten ökologischen Ziels ex ante gesichert, sofern die Zertifikate zum Ausstoß von absoluten Mengen
oder Massenströmen berechtigen, nicht aber sich auf erlaubte Konzentrationswerte beziehen.[78] Produktlizenzen sind nur dann ökologisch treffsicher, wenn zwischen dem zertifikat-
pflichtigen Tatbestand der Inputgutverwendung beziehungsweise der Produktion des Outputgutes und der resultierenden Emission ein stabiler, linearer Zusammenhang besteht.

Somit bleibt festzuhalten, daß Umweltauflagen und -zertifikate prinzipiell ökologisch treffsicher sein können, während dies für Umweltabgaben nicht gilt. Deren indirekter Len-
kungsansatz über die Festsetzung von Preisen führt dazu, daß die Emissionsmenge als frei
wählbarer Parameter der wirtschaftlichen Akteure stetig schwankt. Aber auch bei Auflagen
ergeben sich in der Praxis für viele Ausgestaltungsformen erhebliche Zweifel an ihrer ökologischen Zielgenauigkeit. Somit ist Lizenzen aus ökologischer Sicht der Vorrang gegenüber den Alternativen Auflage und Abgabe einzuräumen.[79]

2.3.2 Die statische ökonomische Effizienz

Hinsichtlich der statischen ökonomischen Effizienz werden die Instrumente dar-aufhin geprüft, ob sie ein ökologisches Ziel zu minimalen volkswirtschaftlichen Kosten erreichen
können. Gegenstand der herkömmlichen neoklassischen Analyse sind dabei allein die technologisch bedingten Maßnahmenkosten der Emissionsvermeidung:[80] Ein volkswirtschaftlich
effizienter Zustand der Emissionsvermeidung ist verwirklicht, wenn die Grenzverhinde-

---

77 Vgl. BONUS (1990), S. 346 ff.; CANSIER (1993), S. 178 ff.

78 Vgl. hierzu auch KABELITZ (1984 b), S. 295 f. BONUS merkt allerdings an, daß bei einer unbedachten
    Erstvergabe der Zertifikate an die Altemittenten in direkter Anlehnung an deren bisherige Emissionsaufla-
    gen die Gesamtemissionen in Deutschland zunehmen dürften. Dies liegt daran, daß die gemäß den bisheri-
    gen Auflagen erlaubten Massenströme von den Emittenten nicht vollständig ausgeschöpft werden. Mit
    Zuteilung dementsprechender Emissionsrechte würden die nicht benötigten Zertifikate aber in den Markt
    abgegeben und von den Käufern der Lizenzen zur Emission genutzt. Um dies zu unterbinden, ist mit Ein-
    führung von Lizenzen ein Übergang von Massenströmen auf insgesamt zulässige Emissionsmengen erfor-
    derlich. Vgl. BONUS (1990), S. 351.

79 Vgl. KEMPER (1989), S. 113 f.

80 Vgl. beispielsweise BAUMOL / OATES (1988), S. 163 ff.; CANSIER (1993), S. 170 ff.; ENDRES (1994), S.
    121 ff.; WEIMANN (1995), S. 242.

rungskosten des Schadstoffausstoßes für sämtliche Emittenten identisch sind.[81] Dann nämlich bestehen keine weiteren Kostendifferenzen in der marginalen Emissionsvermeidung
zwischen den verschiedenen Quellen, die durch eine Variation des Schadstoffausstoßes zwischen diesen zu einer Reduktion der gesamtwirtschaftlichen Kosten des Umweltschutzes
ausgenutzt werden können.

Die Informationen zur Durchführung eines effizienten Umweltschutzes sind dezentral über
die Individuen verteilt. So sind allein die jeweiligen Emittenten über die ihnen zur Verfügung stehenden einzelwirtschaftlichen Emissionsvermeidungsalternativen und Möglichkeiten
ihres kostengünstigen Einsatzes informiert. An die verschiedenen umweltpolitischen Instrumente stellt sich dann die Frage, ob sie diese Informationen für einen effizienten Umweltschutz fruchtbar machen können.

Für Auflagen kann festgestellt werden, daß sie am Ziel statischer ökonomischer Effizienz
scheitern. Um dies zu erreichen, müßte der Staat vollständig über die individuellen Grenzvermeidungskostenfunktionen informiert sein, um so einem jeden Emittenten gerade jenen
Umfang an Schadstoffausstoß zu erlauben, der (unter Einhaltung des ökologischen Ziels) zu
einer Gleichheit der individuellen Grenzvermeidungskosten führt. Diese Informationen besitzt der Staat aber nicht; sie sind vielmehr dezentral über alle Individuen verteilt. Eine
zentrale Poolung dieses Wissens kann jedoch angesichts fehlender Informationsaufnahme-
und -verarbeitungskapazitäten beim Staat nicht gelingen. Zudem sind die Emittenten ge-
neigt, bei Nachfrage ihre offenbarten Grenzvermeidungskostenfunktionen nach oben hin zu
verzerren, um darüber mehr Emissionsrechte zugeteilt zu bekommen. Somit scheitert die
ökonomische Effizienz des Auflageninstrumentes an den für den Staat unerfüllbaren Infor-
mationserfordernissen.[82] Allein für den Fall, daß das ökologische Ziel in der Nullemission
eines Schadstoffes besteht, gilt die Schlußfolgerung der informatorischen Ineffizienz von
Auflagen nicht. In einer solchen Situation ist das gesamtwirtschaftliche Nullemissionsziel
nämlich schlicht umzusetzen in einzelwirtschaftliche Nullemissionen. Der Staat muß sich

---

81 Vgl. ENDRES (1994), S. 121.

82 Vgl. CANSIER (1993), S. 210. Auflagen sind für bestimmte Ausgestaltungsformen nicht nur auf gesamtwirtschaftlicher, sondern sogar auf einzelwirtschaftlicher Ebene ökonomisch ineffizient. Dabei ist unter
einzelwirtschaftlicher Effizienz eines Instrumentes seine Eignung zu verstehen, den Emittenten zur Einhaltung der ihm vorgegebenen umweltpolitischen Norm zu geringstmöglichen Kosten zu veranlassen. Besteht
bei der Vorgabe einer Emissionsauflage für den Emittenten der Anreiz, nach der zur Erfüllung dieses Ge-
botes kostensparendsten Vermeidungsmethode zu suchen, so entfällt diese Möglichkeit, wenn die Auflage
auf die Anwendung einer bestimmten Technologie lautet. Vgl. ENDRES (1994), S. 119.

nicht um die Kenntnis individueller Grenzvermeidungskostenkurvenverläufe bemühen, sondern einfach Emissionsverbote aussprechen.[83]

Abgaben sind hingegen statisch ökonomisch effizient. Hier bleibt es jedem Emittenten
selbst überlassen, wie er auf die Abgabe reagiert. Er wird in seinem Kalkül den Abgabensatz mit seinen individuellen Grenzvermeidungskosten vergleichen und so lange vermeiden,
wie die Grenzvermeidungskosten der Emission unter dem Abgabensatz liegen. Erst bei
Gleichheit der marginalen Kosten der Emissionsreduktion und Höhe der Abgabe besteht
Indifferenz hinsichtlich der Alternativen. Emittenten mit hohen Grenzvermeidungskosten
emittieren dementsprechend viel, während Akteure mit geringen Grenzvermeidungskosten
wenig Schadstoffe ausstoßen. Es besteht somit ein individueller Anreiz, die dezentral verteilten Informationen für eine preiswerte Emissionsvermeidung zu nutzen, um Kosten zu
sparen. Im Ergebnis gleichen sich sämtliche individuellen Grenzvermeidungskosten dem
Abgabensatz und damit auch einander an, so daß das Kriterium für die gesamtwirtschaftlich
effiziente Erreichung eines ökologischen Ziels erfüllt wird.[84]

Der gleiche Anreiz zur Nutzung der privaten Informationen herrscht bei Zertifikaten. Ein
jeder Emittent vergleicht hier seine marginalen Vermeidungskosten mit dem Kurs des Zertifikates am Markt: Liegt dessen Preis unter den Kosten der Vermeidungsaktivität, so
schränkt er letztere ein und kauft sich stattdessen die entsprechenden Lizenzen. Ist die
Emissionsvermeidung billiger als das Halten von Zertifikaten, so weitet er seine Vermei-
dungsbemühungen aus und verkauft die Emissionsrechte. Im einzelwirtschaftlichen Optimum emittiert er gerade in jenem Umfang, daß die Grenzvermeidungskosten der Emission
dem Kurs für das Emissionszertifikat entsprechen. Auf diese Weise handeln sämtliche
Emittenten und gelangen so zu einer aus volkswirtschaftlicher Sicht effizienten Verteilung
der Emissionsrechte. Es wird allein dort emittiert, wo die Grenzvermeidungskosten über
dem Lizenzkurs liegen. Die marginalen Kosten der Vermeidung sind über sämtliche Emittenten gleich.[85]

Allerdings ist Grundvoraussetzung für diese Aussage, daß am Zertifikatsmarkt Preisneh-
merverhalten herrscht. Besitzen hingegen einzelne Akteure Marktmacht, so können diese
den Lizenzkurs beeinflussen und so die Effizienzbedingung stören.[86] Die Gefahr monopo-
listischer Strukturen besteht insbesondere auf Märkten mit nur wenigen Anbietern und

83   Vgl. WEIMANN (1995), S. 264.
84   Vgl. BAUMOL / OATES (1988), S. 163 ff.; ENDRES (1994), S. 123.
85   Vgl. ENDRES / STAIGER (1995), S. 81; WEIMANN (1995), S. 227 f.
86   Vgl. CANSIER (1993), S. 200 f.

Nachfragern. Solch geringe Teilnehmerzahlen sind nicht anzunehmen für weiträumige Zertifikatmärkte mit dementsprechend vielen Emittenten. Dagegen können „dünne Märkte" auftreten, wenn aufgrund der nur lokalen Immissionswirkung von bestimmten Schadstoffen die räumlichen Grenzen der Märkte eng gesteckt werden müssen.[87] Ein folglich nur kleiner Kreis potentieller Lizenznachfrager und -anbieter kann die Funktionsfähigkeit des Marktes in Frage stellen.[88]

Es bleibt festzuhalten, daß Abgaben und Zertifikate gegenüber Auflagen einen klaren gesamtwirtschaftlichen Kostenvorteil für die zur Erreichung eines ökologischen Ziels einzurichtenden Emissionsvermeidungsmaßnahmen besitzen.[89] Dabei ist die Effizienz von Lizenzmärkten allerdings noch von deren Funktionsfähigkeit abhängig.[90] Homogene Märkte sind hier umso wahrscheinlicher, je weiträumiger diese abgegrenzt werden können.

2.3.3 Die dynamische ökonomische Effizienz

Mit diesem Kriterium wird geprüft, inwieweit ein Instrument in der Lage ist, den umwelttechnischen Fortschritt zu forcieren. Unter umwelttechnischem Fortschritt werden dabei Weiterentwicklungen verstanden, die eine gegebene Emissionsreduktion zu geringeren Kosten oder weitergehende Emissionsminderungen zu gegebenen Kosten ermöglichen.[91] Ein umweltpolitisches Instrument gilt hierbei umso innovationsfördernder, je größer die mit ihm verbundenen Kosteneinsparungen bei Einführung einer neuen Technik sind.[92]

Die dynamischen Anreizwirkungen des Auflageninstrumentes sind allgemein als gering einzustufen. So ist es für Emittenten, die sich einer Emissionsauflage gegenübersehen, allein sinnvoll, nach kostengünstigeren Verfahren zur Einhaltung dieses Standards Ausschau zu halten. Darüber hinausgehende Bemühungen nach fortschrittlichen Verfahren, die auch eine über die staatliche Emissionsgenehmigung fortschreitende Emissionsminderung ermöglichen, werden nicht getätigt. Den hierbei entstehenden Kosten stünden keine Nutzen für den

---

87 Wirken Schadstoffe ungleichmäßig über den Raum, so kann es bei räumlich weiter Marktabgrenzung infolge des Emissionsrechtehandels zu solchen Änderungen der Emissionsstruktur kommen, daß lokal überhohe Konzentrationen, sogenannte 'hot spots' entstehen. Diese sind aus ökologischen Gründen natürlich durch dementsprechend enge Marktabgrenzungen zu unterbinden. Vgl. BONUS (1992 c), S. 12 f.

88 Vgl. WALTER (1989), S. 135; HAHN / NOLL (1982), S. 144 f.

89 Vgl. BONUS (1980 a), S. 46, 52.

90 Vgl. auch WEIMANN (1995), S. 242 f.

91 Vgl. CANSIER (1978), S. 146.

92 Vgl. WALTER (1989), S. 122; ENDRES (1994), S. 138.

53

Emittenten gegenüber.[93] Selbst die Suche nach kostengünstigeren Emissionsvermeidungsmaßnahmen zur Einhaltung der Auflage wird gehemmt, wenn diese sich am „Stand der Technik" orientiert. Diese Art der Technologieauflage knüpft die Vorschrift über die Anwendung eines bestimmten Emissionsminderungsverfahrens nämlich an den technischen Fortschritt. Entwickelt nun ein Emittent eine für einen Produktionsprozeß rentable umwelttechnische Neuerung, so kann es sein, daß der Staat dieses Verfahren zum „Stand der Technik" erhebt und damit überall verpflichtend vorschreibt. Dies zwingt dann den Emittenten, die Technologie auch in Produktionsprozessen einzusetzen, wo dies nicht vorteilhaft ist.[94] Resultat dieses Instrumenteneinsatzes ist dann das von BONUS geprägte Phänomen des „Schweigekartells der Oberingenieure":[95] Die durchaus vorhandenen Pläne für umweltfreundliche Produktionsverfahren verschwinden in den Schubladen der leitenden Ingenieure. Triebfeder des umwelttechnischen Fortschritts ist nicht länger die private Wirtschaft. Diese Aufgabe zu übernehmen, obliegt dann dem Staat, der dies aufgrund fehlender Sachkenntnis natürlich nur sehr unzureichend kann.

Abgaben wie auch Zertifikaten wird ein hohes Anreizpotential zur Entwicklung umwelttechnischen Fortschritts zugesprochen. Die Emittenten besitzen einen steten Antrieb zur Entwicklung und Einführung umweltschonender Neuerungen, da sie hierüber der Zahlung der Abgabe beziehungsweise der Haltung entsprechender Lizenzen ausweichen können. Der Anreiz zur Suche neuer umweltschützender Methoden beschränkt sich dabei nicht wie bei Emissionsauflagen auf die Erfüllung eines bestimmten Emissionsziels, sondern erstreckt sich auf mögliche Vermeidungsmaßnahmen bis zur Nullemission. In der Literatur wird jedoch darauf hingewiesen, daß in dynamischer Betrachtung der Anreiz zu umwelttechnischem Fortschritt bei Zertifikaten im Vergleich zu Abgaben sinkt. Dies sei darauf zurückzuführen, daß im Zeitablauf der Abgabensatz einen konstanten Anreiz zur Suche nach neuen umweltschonenden Verfahren setzt, während mit zunehmendem umwelttechnischen Fortschritt der Kurs für Zertifikate sinkt.[96] Allerdings werden hier zwei Instrumente zur Erreichung unterschiedlicher umweltpolitischer Ziele verglichen: Eine konstant gehaltene Abgabe führt im dynamischen Prozeß zu einer gesamtwirtschaftlich geringeren Emissionsmenge als die Zertifikatlösung, deren Gesamtschadstoffausstoß ex ante fixiert wurde. Ein fairer Vergleich beider Instrumente implizierte, daß die ausgegebenen Zertifikate gerade in dem Umfang aus dem Markt genommen werden, wie auch die infolge der konstanten

93   Vgl. ENDRES (1994), S. 131 f.
94   Vgl. ENDRES (1994), S. 133.
95   Vgl. BONUS (1984 b), S. 337.
96   Vgl. WALTER (1989), S. 125.

Abgabe sich ergebende Emissionsmenge sinkt. Dann aber entspricht der Zertifikatkurs genau dem fixen Abgabensatz und die von beiden Instrumenten ausgehenden Anreize zu umwelttechnischem Fortschritt sind gleich.[97]

2.3.4 Die wettbewerbs- und strukturpolitischen Wirkungen

Das Kriterium der wettbewerbs- und strukturpolitischen Folgen betrachtet die umweltpolitischen Instrumente hinsichtlich ihrer Auswirkungen auf den Wandel wirtschaftlicher Strukturen sowie den Wettbewerb zwischen den Unternehmen.

Diesbezüglich wird Auflagen ein schlechtes Zeugnis ausgestellt. So verhindern ökologisch konsequente Auflagen einen strukturellen Wandel, wenn die angestrebte Emissionsobergrenze erreicht ist. Dann nämlich werden keine weiteren Emissionsgenehmigungen mehr erteilt, und wirtschaftliche Expansionen und Neuansiedlungen müssen entfallen.[98] Zudem fördert das Ordnungsrecht den Weiterbetrieb bestehender schadstoffintensiver Anlagen, da Emissionsgenehmigungen anlagengebunden vergeben werden. Eine frühe Stillegung bedeutete den Verfall des knappen und somit wertvollen Emissionsrechtes. Auf diese Weise wird die bestehende Wirtschaftsstruktur konserviert und die Möglichkeit der Ausweitung von Wachstumsindustrien vereitelt.[99]

Dieser wettbewerbliche „Schutzschild"[100] für alteingesessene Unternehmen besteht hingegen bei Abgaben und Zertifikaten nicht. Diese fördern einen strukturpolitischen Wandel von emissionsintensiven zu schadstoffarmen Anlagen und forcieren den Wettbewerb zwischen bestehenden und neuen Unternehmen. Die Bepreisung von Emissionen führt dazu, daß verschmutzungsstarke Produktionsverfahren tendenziell unwirtschaftlich werden und schadstoffreich hergestellte Produkte sich gegenüber umweltfreundlicheren Substituten relativ verteuern. Zugleich ermöglichen Abgaben wie Zertifikate die Expansion von Unternehmen

---

97   Vgl. BONUS (1993 a), S. 95 und BRENCK (1996), S. 145. Dies läßt sich auch aus der „Spiegelbildlichkeit" beider Instrumente ableiten. Die Abgabe fixiert als 'Preislösung' den Preis der Umweltnutzung. Die Menge ergibt sich als freier Parameter. Zertifikate fixieren als 'Mengenlösung' die Menge der Umweltnutzung. Als freier Parameter ergibt sich der Preis. Mißt man nun die Anreize zu umwelttechnischem Fortschritt am Preis der Emission und nimmt zur Vergleichbarkeit beider Instrumente die gleiche Menge der Umweltnutzung an, so entspricht der Abgabensatz natürlich dem sich ergebenden Kurs des Zertifikats.

98   Vgl. SIEBERT (1982), S. 287; BONUS (1981 b), S. 110. Hingegen vermeiden Auflagensysteme, die auch bei Erreichen der Emissionsgrenze weitere Emissionsgenehmigungen ausstellen, zwar die Problematik wirtschaftlicher Verkrustung, verfehlen aber gleichzeitig das ökologische Ziel. Es besteht mithin ein Zielkonflikt zwischen Umweltschutz und Wirtschaftswachstum. Vgl. ENDRES (1994), S. 142, Anmerkung 72.

99   Vgl. BONUS (1979 a), S. 144.

100 ENDRES (1985 b), S. 76.

sowie den Markteintritt von Neuemittenten über eine Abgabenzahlung beziehungsweise den Erwerb von Emissionsrechten am Lizenzmarkt.

In der Literatur werden gegen die Zertifikatslösung verschiedene wettbewerbs-politische Einwände vorgebracht, die im folgenden aber nicht weiter erläutert werden, da sie die im Rahmen dieser Arbeit präferierten frei vergebenen Lizenzen nicht betreffen.[101] Als einziger relevanter Kritikpunkt an der freien Erstvergabe der Lizenzen verbleibt, daß sie zu einer Diskriminierung der Neuemittenten führen kann, da die Ausgabe allein an die Altemittenten erfolgt.[102] Diese Benachteiligung von Newcomern erweist sich im Vergleich mit den Problemen, vor denen potentielle Emittenten im Falle eines Auflagenstopps stehen, jedoch als gering.[103] Um den Wettbewerbsnachteil von Neuansiedlern zu vermindern, könnte der Staat aber ein noch zuweisbares Kontingent an Zertifikaten für diese zurückhalten.[104]

2.3.5 Zusammenfassung

In der nachfolgenden Abbildung 7 ist noch einmal zusammengefaßt, wie die verschiedenen Instrumente hinsichtlich der vier untersuchten Kriterien tendenziell abschneiden. Es zeigt sich, daß die marktwirtschaftlichen Instrumente Abgabe und Zertifikat bezüglich der drei ökonomisch orientierten Anforderungen - statische und dynamische Effizienz sowie Wettbewerbs- und Strukturwirkungen - eindeutige Vorteile gegenüber dem ordnungsrechtlichen Instrumentarium besitzen. Allein für den Fall der angestrebten gesamtwirtschaftlichen Nullemission bestehen diese Kostenvorteile nicht. Dagegen ergibt sich für das Kriterium der ökologischen Treffsicherheit ein anderes Bild. Hier schneiden Zertifikate gut, Auflagen mit Blick auf die Praxis allenfalls bedingt gut und Abgaben schlecht ab.

In der Gesamtschau aller hier betrachteten Kriterien erweisen sich somit Lizenzen als für die Regulierung von Umweltproblemen eindeutig vorteilhaftes Instrument. Soweit es nicht um die zielgenaue Erreichung bestimmter Umweltqualitäten, sondern eine einfache Verbesserung der Emissionssituation geht, bieten sich auch Abgaben als Instrumentarium an.

---

101 Zu den Gründen der Vorteilhaftigkeit frei vergebener Zertifikate vgl. Gliederungspunkt II.B.2.2.3. KEMPER zeigt auf, daß wettbewerbspolitische Bedenken wie Preismanipulationen auf dem Lizenzmarkt, eine Verdrängung von Konkurrenten zur Erlangung von Marktmacht, die Abschottung von einem regionalen Faktormarkt sowie die Zertifikatshortung bei im Verfahren des „Grandfathering" ausgegebenen Lizenzen kaum praktische Relevanz besitzen. Vgl. KEMPER (1989), S. 152 ff. sowie grundlegend BONUS (1981 b).

102 Eine solche Bevorteilung von Altemittenten tritt beim Abgabeninstrument nicht auf, da hier ein jeder - Alt- wie Neuemittent gleichermaßen - nach Maßgabe seiner Emissionstätigkeit zahlen muß.

103 Vgl. KEMPER (1989), S. 159.

104 Vgl. SIEBERT (1981), S. 43.

Demgegenüber ist in Ableitung aus der neoklassischen Analyse von der Anwendung des Ordnungsrechts - unter Ausnahme von Verboten zur Realisierung des ökologischen Ziels Nullemission - abzuraten.[105]

	Auflagen	Abgaben	Zertifikate
ökologische Treffsicherheit	+/-	-	+
statische ökonomische Effizienz	-	+	+
dynamische ökonomische Effizienz	-	+	+
wettbewerbs- und strukturpolitische Wirkungen	-	+	+

+ : gutes Abschneiden
+/- : gemischtes Abschneiden
- : schlechtes Abschneiden

Abb. 7: Vergleichende Beurteilung der umweltpolitischen Instrumente
Quelle: eigene Darstellung

3. Kritik am modifizierten Grundmodell

Das oben dargestellte modifizierte neoklassische Modell liefert recht pauschale Instrumentenempfehlungen. Unabhängig von dem zu regelnden Umweltproblem erweisen sich marktwirtschaftliche Instrumente wie Zertifikate und Abgaben gegenüber dem imperativen Ordnungsrecht als vorteilhaft. Allein die Formulierung des ökologischen Ziels nimmt Einfluß auf deren Bevorzugung. Immerhin aber wird durch die Einführung dezentral verteilter Information sowie dem auf die Erreichung bestimmter Umweltqualitätsstandards geänderten ökologischen Anspruchsniveau eine vergleichende Analyse unterschiedlicher umweltpolitischer Koordinationsmechanismen erst möglich.[106]

Die instrumentellen Handlungsempfehlungen der neoklassischen Umweltökonomie bleiben jedoch mit Problemen behaftet, wenn man feststellt, daß in der praktischen Umweltpolitik die theoretisch präferierten umweltpolitischen Instrumente kaum Berücksichtigung finden. In der Bundesrepublik Deutschland, aber auch in den anderen Staaten Europas wie auch der ganzen Welt, zeigt sich in der Umweltpolitik eine extreme Dominanz des Ordnungs-

---

105 Vgl. FRITSCH / WEIN / EWERS (1993), S. 99 ff.; WEIMANN (1995), S. 241 ff. und S. 259 ff.

106 Vgl. auch die Ausführungen unter Gliederungspunkt II.A.4.

rechts.[107] Marktwirtschaftliche Anreize finden allenfalls in die US-amerikanische Umweltpolitik in nennenswertem Umfang Eingang,[108] während in Europa nur punktuelle Programme mit eher experimentellem Charakter vorzufinden sind.[109] Es fragt sich, warum das Ordnungsrecht in der Umweltpolitik die alles beherrschende Rolle einnimmt und diese in der Gegenwart gar noch verstärkt und ausbaut,[110] wenngleich es gegenüber marktwirtschaftlichen Lösungen ineffizient ist, wie dies neoklassische Modelle aufzeigen? Es besteht mithin eine Erklärungslücke zwischen neoklassischer umweltökonomischer Theorie und umweltpolitischer Praxis, die es zu füllen gilt.

Um diese Diskrepanz zu erklären, sind verschiedene Ansätze entwickelt worden, die sich in drei Stränge aufteilen lassen:[111] Einem ersten folgend stoßen marktwirtschaftliche Steuerungsmechanismen in der Umweltpolitik auf weitaus größere Akzeptanzprobleme als ordnungsrechtliche Politikalternativen. Demnach mögen Abgaben und Zertifikate aus gesamtwirtschaftlicher Sicht zwar die vorteilhaften Instrumente darstellen, aus einzelwirtschaftli-

---

107 Vgl. BONUS (1991), S. 40; GAWEL (1994 b), S. 16 ff. und auch HARTKOPF / BOHNE (1983), S. 186, die einen detaillierten Überblick über das in der Bundesrepublik Deutschland verwendete umweltpolitische Instrumentarium geben.

108 Insbesondere das bis dahin starre Auflagensystem der amerikanischen Luftreinhaltepolitik wurde durch die Einführung marktwirtschaftlicher Instrumentarien - insbesondere durch die Anwendung von Zertifikaten - flexibilisiert. Einen ersten Schritt hierzu stellt die Einführung des Emissions Trading Program Ende der siebziger Jahre dar. Vgl. BONUS (1984 a); TIETENBERG (1985). Daneben wurde 1982 ein Programm mit handelbaren Emissionsrechten zur Verringerung des Bleigehaltes in Benzin erfolgreich implementiert. Vgl. HAHN / HESTER (1989), S. 380 - 391. Einen jüngsten Schub erreichen die Flexibilisierungsbemühungen durch die Umsetzung eines nationalen Zertifikatprogramms zur Bekämpfung des sauren Regens sowie eines Lizenzsystems in Kalifornien zur Eindämmung bodennah wirkender SO_2- und NO_x-Emissionen. Vgl. zum Acid Rain-Programm HANSJÜRGENS / FROMM (1994) und ENDRES / SCHWARZE (1994) sowie zum RECLAIM-Programm in Kalifornien FROMM / HANSJÜRGENS (1994) und BADER / RAHMEYER (1996). Zur Anwendung marktwirtschaftlicher Ansätze im Gewässerschutz vgl. HAHN / HESTER (1989), S. 391 ff. und KEMPER (1989), S. 310 ff.

109 Vgl. auch GAWEL (1994 b), S. 18. Werden in Europa marktwirtschaftliche Ansätze verfolgt, so konzentrieren sich die Bemühungen auf die Implementation von Abgaben. Vgl. hierzu ORGANISATION FOR ECONOMIC CO-OPERATION AND DEVELOPMENT (1995); HAHN (1989), S. 23 ff. Das Zertifikateinstrument ist hingegen kaum umgesetzt worden. Vgl. ORGANISATION FOR ECONOMIC CO-OPERATION AND DEVELOPMENT (1989), S. 118 f. und zur Darstellung eines fehlgeschlagenen Versuchs im deutschen Immissionsschutzrecht KEMPER (1989), S. 256 ff.

110 Vgl. HANSMEYER (1993), S. 74; GAWEL (1994 b), S. 13 ff.

111 Die hier vorgestellte Dreiteilung der Argumentationsstränge ist an die von GAWEL (1992) vorgenommene Aufteilung angelehnt, unterscheidet sich aber von dieser. Insbesondere die dort vertretene Abgrenzung der fehlenden Realitätsnähe ökonomischer Politikempfehlungen von der Kritik, die Ökonomie verfolge eine „Totalrevision bestehender Lenkungsinstitute" (GAWEL (1992), S. 269), erscheint künstlich. Die These, marktwirtschaftliche Instrumente seien pauschal die überlegene politische Alternative, folgt ja gerade aus der fehlenden Nähe des neoklassischen Modells zu den in der Wirklichkeit herrschenden Rahmenbedingungen. Zudem werden bei GAWEL historische Argumente - wie der Umstand, daß die ökonomische Theorie auf die Bewältigung der Umweltproblematik Ende der sechziger Jahre weithin unvorbereitet war - vernachlässigt.

cher Sicht hingegen werden Auflagen diesen vorgezogen. Dieses Ergebnis resultiert aus einer Analyse der Einstellungen verschiedener wichtiger gesellschaftlicher Gruppen zu den alternativen umweltpolitischen Instrumenten, wie sie im Rahmen der Neuen Politischen Ökonomie eingehend vorgenommen wurden.[112]

Ein zweiter Erklärungsansatz ist historisch angelegt und gründet auf der Feststellung, daß zu Beginn der gesellschaftlichen Sensibilisierung für Umweltprobleme gegen Ende der sechziger und Anfang der siebziger Jahre die Ökonomie noch kein entsprechendes politikreifes Rüstzeug für eine marktwirtschaftliche Regulierung von Umweltproblemen entwickelt hatte. Instrumentelle Konzepte wie Abgaben und Zertifikate wurden gerade erst in wissenschaftlichen Zirkeln diskutiert.[113] Anwendungsreife Politikempfehlungen waren noch nicht ausgearbeitet, so daß keine politisch umsetzbaren Instrumentenalternativen zum Ordnungsrecht existierten. Damit war der Weg zur Anwendung des Auflageninstrumentariums vorgezeichnet.

In der neoklassischen umweltökonomischen Literatur werden in der Regel die beiden oben angeführten Begründungsmuster zur Erklärung der Ablehnung marktwirtschaftlicher Strategien in der umweltpolitischen Praxis angeführt. Diese werden neben den „klassischen" Kriterien (ökologische Treffsicherheit, statische und dynamische ökonomische Effizienz, Wettbewerbs- und Strukturwirkungen) unter dem Analysepunkt „politische Durchsetzbarkeit" oder „politische Akzeptanz" diskutiert.[114] Ein dritter Ansatz zur Erklärung der Dichotomie zwischen Theorie und Praxis wird hingegen meist ausgespart oder aber nur ansatzweise und unsystematisch diskutiert. Dieser basiert auf der Kritik, die neoklassische Umweltökonomie arbeite mit sehr restriktiven, wirklichkeitsfernen Annahmen, worauf aufbauend Handlungsempfehlungen und Effizienzergebnisse für den Instrumenteneinsatz abgeleitet würden, die aber so nicht in die Realität übertragen werden könnten und wurden.[115] Die in der Wirklichkeit bestehenden Rahmenbedingungen verlangten eine differenziertere Problembetrachtung und könnten darüber „zu einer neuen Bewertung bei der Beurteilung der Vorteilhaftigkeit alternativer Instrumente"[116] führen. Dazu müsse die Theorie dazu übergehen, ihre Modellannahmen an die bestehenden Rahmenbedingungen anzunähern, um

---

112 Vgl. hierzu stellvertretend BONUS (1985 b); FREY (1985), S. 132 ff. und HORBACH (1992).

113 Vgl. Gliederungspunkt III.C.2.2.

114 Vgl. beispielsweise CANSIER (1993), S. 227; ENDRES (1985 b), S. 99 ff.; KEMPER (1989), S. 98 ff. und 218 ff.

115 Vgl. COMMON (1989), S. 1303; HAHN / STAVINS (1992), S. 465 f.; MICHAELIS (1996 a).

116 HANSMEYER (1981), S. 18.

sodann Lösungsvorschläge für Umweltprobleme zu erarbeiten, die für die umweltpolitische Praxis besser nutzbar sind.[117]

In jüngerer Zeit wurden einige ökonomische Handlungsempfehlungen entwickelt, die diesem Einwand Rechnung tragen, und die herrschenden technischen, ökologischen als auch rechtlichen Restriktionen in ihren Analysen berücksichtigen.[118] Gleichwohl fehlen Arbeiten, die die Einbindung institutioneller Aspekte in ein umfassenderes theoretisches Gefüge verfolgen.[119]

An diesem Punkt möchte diese Arbeit einsetzen, indem ausgewählte Zweige der Neuen Institutionenökonomik auf die Analyse umweltpolitischer Instrumente angewendet werden. Dazu wird das von COASE entdeckte, zentrale Konzept der Transaktionskosten, das im modifizierten neoklassischen Grundmodell implizit in Form der Informationskosten bereits teilweise Eingang findet, vollständig eingeführt: Die Nutzung wie auch die Errichtung und Umgestaltung von Koordinationsmechanismen sind nicht reibungslos, sondern erfordern den Einsatz von Ressourcen.[120]

Während das neoklassische Grundmodell von der Annahme einer Null-Transaktionskostenwelt ausging, in der sich folglich sämtliche Instrumente zur Internalisierung externer Effekte als effizient erwiesen, wurde im modifizierten neoklassischen Grundmodell immerhin asymmetrisch verteilte, unvollständige Information in bezug auf Produktionskostenverläufe[121] angenommen und so über die mit den verschiedenen Instrumenten verbundenen Informationskosten eine erste Analyse umweltpolitischer Koordinationsmechanismen ermöglicht. Kosten der Information über die individuellen Emissionsvermeidungskostenverläufe der Emittenten stellen jedoch nur einen Ausschnitt von Transaktionskosten dar. Neben den Kosten der Informationsgewinnung und -verarbeitung fallen bei der Nutzung von

---

117 Strittige Annahmen des neoklassischen Theoriegebäudes sind dabei mit Bezug auf die Umweltproblematik insbesondere der methodologische Individualismus, das Pareto-Prinzip, die Diskontierung zukünftiger Nutzen, die Substituierbarkeit natürlicher Ressourcen sowie die Annahmen vollständiger Preisflexibilität und vollständiger, kostenloser Information. Vgl. COMMON (1989); HAMPICKE (1991); SÖLLNER (1993). Zur Überwindung der mit den einzelnen Annahmen verbundenen Probleme werden unterschiedliche Lösungswege vorgeschlagen, die zum Teil auf einen grundlegenden Paradigmenwechsel hinauslaufen, teils allein Änderungen innerhalb des neoklassischen Analyserahmens bedürfen. Vgl. SÖLLNER (1993), S. 454.

118 Vgl. beispielsweise GAWEL / VAN MARK (1993); HEISTER / MICHAELIS u.a. (1990); HUCKESTEIN (1993 a) und (1993 b); MICHAELIS (1996 b).

119 Vgl. auch GAWEL (1996), S. 16 f. GAWEL stellt gleichwohl eine neue, realitätsnähere Rezeption des Ordnungsrechts vor. Vgl. GAWEL (1994 b).

120 Vgl. COASE (1960), S. 15; RICHTER / BINDSEIL (1995), S. 133 f.

121 Vgl. auch GAWEL (1993 a), S. 613, Anmerkung 19.

Märkten, aber auch bei hierarchischen Weisungen Verhandlungs-, Durchsetzungs- und Kontrollkosten an.[122] Bei der Wahl zwischen Auflagen, Abgaben und Zertifikaten sind dann nicht nur die Produktionskosten der Emissionsvermeidung, sondern auch die verschiedenen Arten von Transaktionskosten der einzelnen Instrumente zu berücksichtigen.

---

122 Vgl. RICHTER / FURUBOTN (1996), S. 51 ff.

III. Umweltpolitik und Neue Institutionenökonomik

A. Neue Institutionenökonomik

1. Zum Begriff der „Institution"

Die Entwicklung der verschiedenen Pfeiler der Neuen Institutionenökonomik ergab sich aus der Kritik, daß die neoklassische Theorie das wirtschaftliche Leben in einem institutionellen Vakuum zu erklären sucht. Hier werden sämtliche individuellen Pläne von Haushalten und Unternehmen über den „Markt" koordiniert, wobei ein imaginärer walrasianischer Auktionator in einem kostenlosen *tatônnement* Gesamtangebot und -nachfrage zum Ausgleich bringt.[1] Die Marktteilnehmer selbst werden auf die von ihnen angebotenen und nachgefragten Mengen reduziert. Unternehmen wie auch ein bestimmtes Rechtssystem oder Geld existieren einfach und sind Teil eines exogen vorgegebenen Datenkranzes.[2]

Um nun diesen Datenkranz aufzulösen und Institutionen einer ökonomischen Analyse zugänglich zu machen, ist es zunächst einmal notwendig, den Institutionenbegriff zu klären. Zudem sollen im folgenden Institutionen systematisiert und ihre Funktionen im Wirtschaftsleben aufgezeigt werden.

DIETL versteht unter Institutionen „sozial sanktionierbare Erwartungen, die sich auf die Handlungs- und Verhaltensweisen eines oder mehrerer Individuen beziehen"[3]. Konstitutiv für das Bestehen einer Institution ist das Kriterium der sozialen Sanktionierbarkeit. Erwartungen hinsichtlich des Verhaltens anderer Individuen allein begründen noch keine Institution. Erst wenn die Erwartung gesellschaftlich in der Weise gestützt wird, daß der Enttäuschung der Erwartung ein gesellschaftlich akzeptiertes Sanktionspotential gegenübersteht, liegt eine Institution vor. Erwartet ein Spaziergänger in einem Naturschutzreservat zum einen, nicht durch ohrenbetäubenden Kraftfahrzeuglärm belästigt zu werden, und zum anderen, die ihn umgebende Ruhe allein zu genießen, so stellt erstere Erwartung eine Institution, letztere hingegen keine Institution dar. Die Überschreitung von Grenzwerten für Lärmemissionen bedeutet nämlich den Verstoß gegen gesellschaftlich akzeptierte Spielregeln und wird - so erkannt - sozial mißbilligt oder gar als Ordnungswidrigkeit geahndet. Hinge-

---

1 Vgl. SCHUMANN (1992), S. 216. Ein anderes, aber ebenso realitätsfernes Bild von der Funktion des Marktgeschehens entwickelte EDGEWORTH unter dem Stichwort *recontracting*. Vgl. hierzu auch SCHUMANN (1992), S. 216 f.

2 Vgl. RICHTER / BINDSEIL (1995), S. 132.

3 DIETL (1993), S. 37.

gen besitzt der Spaziergänger keinerlei soziale Sanktionsmöglichkeiten, mit denen er andere Reservatsbesucher vom Genuß der herrschenden Ruhe ausschließen könnte.

Der obige Institutionenbegriff ist weit gefaßt. Er enthält so unterschiedliche Erscheinungen wie die Unternehmung, die Ehe, den Staat oder das Geld. Möchte man diese Institutionen systematisieren, so bietet sich eine Unterscheidung zum einen in Regeln und Normen und zum anderen in organisierte soziale Zusammenschlüsse an.[4] Die Regeln und Normen bilden „die Spielregeln einer Gesellschaft"[5], den institutionellen Rahmen, innerhalb dessen sich die organisierten sozialen Zusammenschlüsse entwickeln. Sie können formlos, wie etwa Sitten und Gebräuche, oder auch formgebunden sein, wie Gesetze und Verträge. Die korporativen Gebilde umfassen dagegen „die Spieler", die - wie beispielsweise Unternehmen, Parteien, Verbände und Kirchen - unter Beachtung der Regeln ihre Ziele bestmöglich zu erreichen suchen.[6]

Die Unterscheidung in Institutionen als Teil des institutionellen Rahmens und Institutionen innerhalb des Rahmens zeigt bereits an, daß institutionelle Theorien zur Erklärung unterschiedlicher Normensysteme bestehen. So beschäftigt sich die Property-Rights-Theorie mit der Entstehung und Wirkung formaler und informeller Regeln und Normen, während die Principal-Agent-Theorie und die Transaktionskostentheorie institutionelle Arrangements innerhalb eines gegebenen Rahmens von Regeln und Normen betrachten.[7] In den folgenden Gliederungspunkten werden diese drei prominentesten Zweige der Neuen Institutionenökonomik[8] kurz vorgestellt und ihre bisherige Anwendung auf umweltökonomische Fragestellungen erläutert. Als ein vierter Zweig der Neuen Institutionenökonomik wird die Theorie institutionellen Wandels von DOUGLASS C. NORTH hinzugefügt, die sich mit der Entwicklung von Institutionen auseinandersetzt. Während sich die Darstellung von Property-Rights- und Principal-Agent-Theorie auf deren Grundzüge beschränkt, wird der Vorstellung der Transaktionskostentheorie und der Theorie institutionellen Wandels breiterer Raum eingeräumt. Die beiden letztgenannten Theorien werden nämlich die theoretische Grundlage für die in den Kapiteln III.B und III.C erfolgende institutionenökonomische Analyse der umweltpolitischen Instrumente bilden. Der wesentliche Grund für die Konzentration auf die Transaktionskostentheorie und die Theorie institutionellen Wandels liegt darin, daß nach

---

4   Vgl. DIETL (1993), S. 35.

5   NORTH (1992 a), S. 3.

6   Vgl. NORTH (1992 a), S. 4 f.

7   Vgl. WILLIAMSON (1990), S. 61 ff.

8   Vgl. BONUS / WEILAND (1995), S. 31. Zu einem Überblick über weitere Forschungsansätze der Neuen Institutionenökonomik vgl. BONUS / MASELLI (1996 a), S. 765.

63

Meinung des Autors gerade diese beiden Forschungsansätze neue und interessante Implikationen für die umweltökonomische Theorie und Praxis bereit halten. Bevor jedoch die verschiedenen Forschungszweige der Neuen Institutionenökonomik vorgestellt werden, bleibt in diesem Gliederungspunkt noch die Frage nach der Funktion von Institutionen zu beantworten.

In einer arbeitsteiligen Gesellschaft ist ein jedes Individuum von den Aktivitäten anderer Individuen abhängig. In die eigenen Wirtschaftspläne sind die Erwartungen über die Pläne vieler anderer Individuen mit einzubeziehen. Ohne die Existenz von Institutionen wäre die daraus entstehende Unsicherheit für den einzelnen nicht zu bewältigen. Wie könnte ein Wirt sein Geschäft betreiben, wenn er mit Übergabe des Glases Bier an den Kunden jedesmal um den Erhalt des Kaufpreises bangen müßte? Zu welcher Odyssee verkäme der abendliche Ausflug mit dem Fahrrad, wenn keine Verkehrsregeln existierten? Wie könnte die Arbeitsteilung und berufliche Spezialisierung funktionieren, wenn es kein Geld gäbe?

Institutionen vermindern das Problem der Unsicherheit über das Verhalten anderer Individuen sowie hinsichtlich möglicher Umweltveränderungen. Sie reduzieren bestehende Unsicherheit, indem sie individuelle Handlungsspielräume einengen und so zu einer Stabilisierung von Erwartungen beitragen. So schützt der Kaufvertrag den Wirt vor Zechprellerei, indem diese polizeilich sanktioniert wird. Ebenso darf der Fahrradausflügler auf die Einhaltung der Verkehrsregeln vertrauen, da Zuwiderhandlungen verkehrsrechtlich verfolgt werden. Dort, wo es nicht gelingt, Unsicherheit zu reduzieren, dienen Institutionen der Erweiterung individueller Handlungsspielräume, so daß unvorhergesehenen Ereignissen mit größerer Flexibilität begegnet werden kann.[9] Als prominentes Beispiel sei die Entwicklung des Geldes genannt, das als allgemein anerkanntes Zahlungsmittel die Tauschmöglichkeiten und somit die Handlungsflexibilität der Marktteilnehmer erhöht.

2. Forschungsrichtungen der Neuen Institutionenökonomik und bisherige umweltökonomische Anwendungen

2.1 Property-Rights-Theorie

Im Mittelpunkt dieses Theoriezweiges der Neuen Institutionenökonomik steht die Analyse institutioneller Regelungen in Form unterschiedlich ausgestalteter Property-Rights auf das wirtschaftliche Verhalten von Individuen. Property-Rights sind sanktionierte Verfügungs-

---

9   Vgl. DIETL (1993), S. 95 f.

rechte an einem Gut.[10] Dazu gehören die Einzelrechte, das Gut zu nutzen (usus), die Erträge aus dem Gut einzubehalten (usus fructus), das Gut zu verändern (abusus), sowie das Recht, das Gut zeitlich befristet Dritten zu überlassen und es zu verkaufen.[11] Der Wert eines Gutes hängt nicht nur von seiner physischen Beschaffenheit, sondern vor allem von den mit ihm verbundenen Verfügungsrechten ab.[12]

Wie COASE in dem nach ihm benannten Theorem gezeigt hat, ist in einer Welt ohne Transaktionskosten die Zuordnung wie auch Existenz von Property-Rights ohne Einfluß auf die Allokation von Gütern.[13] Sind sämtliche Individuen vollständig informiert und verursachen die Anbahnung, der Abschluß, die Durchführung und Kontrolle von Tauschhandlungen keine Kosten, werden die Güter unabhängig davon, wie die Verfügungsrechte unter den Individuen ex ante verteilt waren, effizient und auf identische Weise unter ihnen alloziiert. In einer Welt mit Transaktionskosten, wie sie in der Realität besteht, ist dies hingegen nicht der Fall. In einer solchen Welt ist es aufschlußreich, den Zusammenhang zwischen alternativen Systemen von Verfügungsrechten und der Höhe der Transaktionskosten zu untersuchen. Dabei kommen die Property-Rights-Theoretiker zu dem Ergebnis, daß ein Property-Rights-System, das die Rechte an einer Ressource einer Gruppe von Individuen gemeinsam zuordnet, ineffiziente Allokationsergebnisse hervorbringt. Gemeinschaftseigentum an einem Gut führt zu Trittbrettfahrerproblemen, da ein jedes Individuum Anreize besitzt, sich den Nutzen aus einem Gut individuell anzueignen, ohne aber Beiträge zur Pflege des Gutes zu leisten, die über alle diffundieren würden.[14] Um dieses Fehlverhalten zu unterbinden, bedarf es aufwendiger Verhandlungen zwischen den Individuen, die mit umfangreichen Transaktionskosten verbunden sind. Demgegenüber sind bei Privateigentum die Verfügungsrechte an einem Gut individuell zugeordnet. Hier fallen die Handlungsfolgen eines Individuums exklusiv auf dieses Individuum zurück, und es besteht aus Eigeninteresse ein Anreiz zu einem sorgsamen Umgang mit der Ressource. Aus property-rights-theoretischer Sicht ist es somit erstrebenswert, privates Eigentum an Gütern zu institutionalisieren.[15]

Dies ist jedoch nicht immer möglich, da auch die Definition, Zuordnung und Durchsetzung von Verfügungsrechten mit Transaktionskosten verbunden sind, deren Höhe mit den physi-

---

10   Vgl. FURUBOTN / PEJOVICH (1974), S. 3: „Property Rights are understood as the sanctioned behavioral relations among men that arise from the existence of goods and pertain to their use."

11   Vgl. RICHTER (1990), S. 574 f.

12   Vgl. FURUBOTN / PEJOVICH (1972), S. 1140.

13   Vgl. COASE (1988), S. 13 ff. oder auch die Ausführungen unter Gliederungspunkt II.A.3.3.1.

14   Vgl. BONUS / HÄDER (1997).

15   Vgl. BONUS / WEILAND (1995), S. 34.

schen Charakteristika einer betrachteten Ressource variiert.[16] So ist für viele Umweltgüter eine Institutionalisierung von Privateigentum aus technischen Gründen ausgeschlossen, da beispielsweise Luft und Wasser nicht parzelliert und Individuen in vielen Fällen nicht von der Nutzung der Güter exkludiert werden können.[17] Dies bedeutet jedoch keinesfalls, daß diese Güter als für jedes Individuum frei nutzbares Gemeinschaftseigentum institutionalisiert werden müssen. Die Property-Rights-Theorie arbeitet heraus, daß auch eine indirekte Bewirtschaftung dieser Ressourcen möglich ist:[18] Dazu wird das Eigentum an den Gütern dem Staat zugeschrieben, der exklusive Verfügungsrechte an der Ressource an Nutzungsinteressierte vergibt, soweit diese definiert und durchgesetzt werden können. Diese Verfügungsrechte umfassen nicht ein vollständiges Rechtebündel, sondern einzelne, genau spezifizierte und sanktionierte Rechte, wie beispielsweise das Recht zur Emission eines bestimmten Schadstoffes.

Die Property-Rights-Theorie betont die Bedeutung der Verfügungsrechtsstruktur als wegweisenden Parameter für die Ressourcenallokation. Sie betrachtet hingegen nicht die innerhalb des gegebenen institutionellen Rahmens erfolgenden Übertragungen von Property-Rights. Diese erfolgen vielmehr reibungslos und werden so nicht weiter problematisiert.[19] Demgegenüber stellen die Prinicipal-Agent-Theorie und die Transaktionskostentheorie gerade die Existenz von Transaktionskosten beim Transfer von Verfügungsrechten in den Mittelpunkt ihrer Analyse. Es werden alternative Formen der Organisation von Verfügungsrechtetransfers innerhalb eines gegebenen Rahmens von Property-Rights betrachtet.[20]

Für den Bereich der Umweltpolitik wird damit der Blickwinkel in folgender Weise gewechselt: aus Sicht der Property-Rights-Theorie werden verschiedene Verfügungsrechtsstrukturen evaluiert und festgestellt, daß es für viele Umweltgüter (z.B. Luft, Wasser[21]) sinnvoll ist, das Eigentum an ihnen zunächst beim Staat zu zentrieren, der wiederum individuelle Rechte zur Nutzung dieser Ressourcen vergibt. Aus Sicht der Principal-Agent- und der Transaktionskostentheorie wird nun untersucht, mit Hilfe welcher Koordinationsmechanismen diese Übertragung von Nutzungsrechten auf effiziente Weise erfolgt. Als hauptsächliche Alternativen stehen Auflagen, Abgaben und Zertifikate zur Diskussion.

---

16 Vgl. PICOT / DIETL (1993), S. 309.

17 Vgl. BALKS (1995), S. 33 ff.

18 Vgl. hierzu BALKS (1995), S. 33 - 43; BROMLEY (1992); SIEBERT (1992), S. 104 ff.

19 Vgl. SIEDHOFF (1995), S. 88.

20 Vgl. WILLIAMSON (1990), S. 67 f.

21 Vgl. BALKS (1995), S. 33 ff.

2.2 Principal-Agent-Theorie

Im Mittelpunkt der Principal-Agent-Theorie steht die Beziehung zwischen einem Prinzipal und einem Agenten, bei der der Agent Einfluß auf die Situation des Prinzipals nehmen kann.[22] Die Beziehung ist zudem dadurch gekennzeichnet, daß die Informationen zwischen den Beteiligten zugunsten des Agenten asymmetrisch verteilt sind. Der Prinzipal kann nur das Ergebnis der Handlungen des Agenten beobachten, nicht aber dessen Aktivitäten selbst. Das Handlungsergebnis hängt nicht nur von den Leistungen des Agenten, sondern auch von exogenen, vom Agenten nicht zu beeinflussenden Faktoren ab.[23]

Informationsvorteile des Agenten können auf zweierlei Weise bestehen. Zum einen kann der Agent vor Vertragsschluß mit dem Prinzipal handlungsrelevante Sachverhalte zurück-halten, die dieser nicht kennt (hidden characteristics). Der Agent kann den Prinzipal somit über die wahre Situation bei Vertragsschluß täuschen.[24] Zum anderen ist es möglich, daß der Prinzipal nach Vertragsschluß die Aktivitäten des Agenten nicht direkt messen kann. Dies kann der Agent opportunistisch ausnutzen, indem er den Prinzipal im unklaren darüber läßt, inwieweit das beobachtete Ergebnis seinen Leistungen zuzurechnen beziehungsweise auf exogene Einflüsse zurückzuführen ist (hidden action).[25] Der Agent kann so heimlich ei-gene Ziele verfolgen, die denen des Prinzipals entgegenstehen.

Ziel der Principal-Agent-Theorie ist es, nach Vertragsausgestaltungen zu suchen, die die Verluste minimieren, welche dem Prinzipal aus der Situation asymmetrischer Information gegenüber einer Situation mit kostenfreier, vollständiger Information entstehen.[26] Die Ver-luste werden als Agency- oder Vertretungskosten bezeichnet und umfassen die Überwa-chungs- und Kontrollkosten des Prinzipals, Signalisierungs- und Garantieleistungskosten des Agenten[27] und dem Prinzipal entstehende Wohlfahrtseinbußen aufgrund nicht effizienter Güterallokation.[28] Es wird angenommen, daß bei den Vertragsverhandlungen (ex ante)

22 Vgl. PRATT / ZECKHAUSER (1985), S. 2.
23 Vgl. BONUS / WEILAND (1995), S. 35.
24 Vgl. PICOT / DIETL (1993), S. 321.
25 Vgl. BONUS / WEILAND (1995), S. 35.
26 Vgl. SCHUMANN (1992), S. 456.
27 So kann der Agent sich beispielsweise ex ante zertifizierten Qualitätsprüfungen unterziehen. Das erwor-bene Zertifikat dient als Signal an den Prinzipal für eine gute Qualität, die der Agent anbietet. Das Infor-mationsgefälle zwischen Agent und Prinzipal wird somit abgebaut. Der Agent kann auch Garantiezu-sagen für die Qualität seiner Leistung geben und so die Unsicherheit auf seiten des Prinzipals senken. Garantieleistungen sind beispielsweise Bürgschaften, Sicherheiten und Rückgaberechte. Vgl. DIETL (1993), S. 145 ff.
28 Vgl. PICOT / DIETL (1993), S. 319 f. und RICHTER / FURUBOTN (1996), S. 166.

sämtliche vertragsrelevanten Fragen vollständig geklärt werden können. Ex post ergeben sich somit keine vertraglichen Probleme mehr. Die vereinbarten Leistungen werden von den Partnern zweifels- und kostenfrei erbracht.[29]

Die Principal-Agent-Theorie wurde inzwischen für umweltökonomische Fragestellungen in verschiedenen Ansätzen fruchtbar gemacht.[30] Erste Arbeiten beziehen sich insbesondere auf die Wirkung asymmetrischer Informationsverteilung bei privaten Verhandlungen zwischen konkurrierenden Umweltnutzern.[31] Weitere Anwendungen beziehen sich auf die Analyse unterschiedlicher Verträge und Sanktionsmechanismen des Staates bei nur unvollständiger Beobachtbarkeit des individuellen Emissionsverhaltens.[32] Zudem werden Principal-Agent-Analysen zur Modellierung der staatlichen Festlegung von Umweltqualitätszielen verwendet.[33]

Daneben hat BALKS ein Principal-Agent-Modell entwickelt, in dem sie die Effizienzwirkungen einer individualisierten Auflagenlösung gegenüber einer pauschalen, undifferenzierten Auflagenvergabe untersucht.[34] In ihrem Modell ist der Staat in der Position des Prinzipals, der von den Emittenten gegen Kostenerstattung Emissionsvermeidungsleistungen einkauft.[35] Während das Ergebnis der Handlungen des einzelnen Emittenten, nämlich die resultierende Emission, in dem Modell für beide Seiten zweifelsfrei und ohne Kosten beobachtbar ist, kennt der Staat nicht die unternehmensspezifischen Vermeidungskosten. Diesen Informationsvorteil kann der Emittent als Agent opportunistisch ausnutzen. Zum einen kann er ex ante seine individuellen Grenzvermeidungskosten übertreiben, um darüber eine überhohe Kompensation vom Staat zu erhalten (hidden characteristics). Zum anderen kann er ex post durch Forschungs- und Entwicklungsaufwendungen erzielte Kostensenkungen bei der Emissionsvermeidung gegenüber dem Staat verschleiern (hidden action).

BALKS entwickelt anreizkompatible Verträge, mit deren Hilfe der Staat die Informationsasymmetrie überwinden kann. Der Staat legt dem einzelnen Emittenten ein Menü von Verträgen vor, aus denen dieser einen spezifischen, auf die Eigenschaften der Unterneh-

---

29   Vgl. RICHTER / FURUBOTN (1996), S. 215.
30   Vgl. auch den Sammelband von PETHIG (1992).
31   Vgl. beispielsweise DEMOUGIN / ILLING (1993); ILLING (1992); KÖLLE (1995); STRÖBELE (1992).
32   Vgl. MERAN / SCHWALBE (1987); SEGERSON / TIETENBERG (1992); THOMAS (1995); XEPAPADEAS (1991) sowie in Antwort KRITIKOS (1993).
33   Vgl. SELDEN / TERRONES (1993).
34   Vgl. BALKS (1995).
35   Vgl. im folgenden sowie zu den vollständigen Annahmen des Modells BALKS (1995), S. 72 - 120.

mung zugeschnittenen Vertrag auswählen kann.[36] BALKS arbeitet heraus, daß unter den zugrundeliegenden Modellbedingungen der flexibilisierte Auflagenansatz der klassischen, pauschalen Auflagenlösung in statischer wie dynamischer Hinsicht überlegen ist.[37]

Allerdings leidet diese - wie auch andere Principal-Agent-Untersuchungen - gerade unter der Restriktivität der unterstellten Prämissen.[38] So wird einerseits angenommen, daß die individuellen Vermeidungskosten des Emittenten für den Staat nicht beobachtbar sind, die Kosten zur Erlangung dieser Information also außerordentlich hoch sind. Andererseits wird unterstellt, daß beispielsweise die resultierenden Emissionen für beide Seiten kostenfrei zu ermitteln sind. Auch wird Informationssymmetrie für beide Akteure hinsichtlich der Wirkungen angenommen, die eine Investition in die Forschung und Entwicklung umwelttechnischen Fortschritts erbringt.[39] Von Transaktionskosten zur Erlangung dieser Informationen wird vollständig abstrahiert.[40] Zudem wird davon ausgegangen, daß sämtliche Eventualitäten der Zukunft ex ante in dem Vertrag zu lösen sind. Ein ausgehandelter Vertrag ist somit in dem Sinne vollständig, als für sämtlich denkbare, zukünftige Enwicklungen eindeutige Regelungen getroffen werden.[41] Den Akteuren wird mithin - bis auf den einen Fall der Informationsasymmetrie bei den Emissionsvermeidungskosten - im oben beschriebenen Sinne Allwissenheit unterstellt.[42]

Die Rigidität der in Principal-Agent-Modellen unterstellten Annahmen läßt es kaum zu, die abgeleiteten anreizkompatiblen Verträge als Grundlage für eine praktische Ausgestaltung von Vertragsbeziehungen nutzbar machen zu können.[43] Entsprechend versteht auch BALKS ihre Analyse individualisierter Auflagen „nicht als direkte Handlungsempfehlung für Um-

---

36   Vgl. BALKS (1995), S. 179 f. Der einzelne Emittent wählt also aus einer Vielzahl von Verträgen einen aus, bei dem er aus Eigeninteresse Informationen bezüglich seiner Emissionsvermeidungskostenstruktur offenbart. Zu solchen, durch Selbstwahlschemata ausgesendeten Signalen vgl. SPREMANN (1990), S. 578 f.

37   Vgl. zusammenfassend BALKS (1995), S. 180.

38   Zur Kritik an den Prämissen der Principal-Agent-Theorie im allgemeinen vgl. RICHTER / FURUBOTN (1996), S. 215 f. und 241 f.

39   Vgl. BALKS (1995), S. 173.

40   Vgl. BALKS (1995), S. 180.

41   Hierzu führt BALKS (1995), S. 81 aus: „Nach Vertragsabschluß erbringen beide Parteien ihre Leistungspflichten. Bei Nichterfüllung wird ein Gericht die vereinbarte Leistungspflicht kostenlos durchsetzen. Der Vertrag gilt als vollständig, denn in ihm erfolgt ex ante eine Festlegung der Leistung und Gegenleistung für alle denkbaren Umweltzustände und eine eindeutige Bestimmung der Kooperationsdauer."

42   Diese Allwissenheit kommt in der Annahme zum Ausdruck, daß Prinzipal wie Agent unbegrenzt rational handeln. Zu dieser Annahme vgl. BALKS (1995), S. 13 f.

43   Vgl. RICHTER / FURUBOTN (1996), S. 216.

weltökonomen und Politiker"[44], sondern als theoretischen Beitrag zur Instrumentendiskussion.

2.3 Transaktionskostentheorie

Während die formal-analytische Principal-Agent-Theorie in der Praxis nur weniger gute Entsprechungen findet, ist die kaum formalisierte Transaktionskostentheorie sehr gut empirisch zu belegen.[45] Sie akzentuiert dabei gerade die Probleme, die sich in der Erfüllungsphase eines abgeschlossenen Vertrages ergeben können, welche in der Principal-Agent-Theorie aufgrund der Annahme vollständiger Verträge unbeachtet bleiben.[46]

In den folgenden Gliederungspunkten werden die für die spätere transaktionskostentheoretische Analyse umweltpolitischer Instrumente wichtigen Grundzüge der Transaktionskostentheorie vorgestellt. Nach einem Blick auf die grundlegenden Annahmen dieses Forschungsansatzes sowie den Transaktions- und Transaktionskostenbegriff (Gliederungspunkt 2.3.1) werden die für eine geeignete Koordination von Transaktionen relevanten Kriterien der Eigenschaften von Transaktionen (Gliederungspunkt 2.3.2) sowie die Positionierung plastischer Faktoren (Gliederungspunkt 2.3.3) betrachtet.

2.3.1 Transaktionen, Transaktionskosten und Verhaltensannahmen

Eine grundlegende Verhaltensannahme der Transaktionskostentheorie ist das nur eingeschränkt rationale Handeln der Individuen.[47] Diese Prämisse besagt, daß die Individuen zwar rational zu handeln suchen, dies aber aufgrund nur begrenzter Informationsaufnahme- und -verarbeitungskapazitäten nur in eingeschränktem Maße tun können.[48] Die Verhaltensannahme führt im Zusammenspiel mit der Beobachtung, daß viele Entscheidungssituationen sehr komplex sind und Ungewißheit über Entwicklungen in der Zukunft besteht,[49] dazu,

---

44   BALKS (1995), S. 181.

45   Vgl. SCHUMANN (1992), S. 458.

46   Vgl. WILLIAMSON (1990), S. 67 f.

47   Vgl. WILLIAMSON (1985), S. 45 f.

48   Vgl. SIMON (1961), S. xxiv, auf den der Begriff der begrenzten Rationalität („bounded rationality") zurückgeht.

49   Die Formen und Auswirkungen von Komplexität und Ungewißheit, die unter dem Begriff Unsicherheit subsumiert werden, werden in diesem Gliederungspunkt an späterer Stelle näher erläutert.

daß nicht sämtliche für eine Beziehung relevanten Aspekte ex ante in einem Vertrag geregelt werden können. Infolgedessen müssen Verträge unausweichlich unvollständig bleiben.[50]

Die Unvollständigkeit von Verträgen wird zum Problem, wenn - wie in der Transaktionskostentheorie ebenfalls unterstellt - Individuen bereit sind, selbst unter Verwendung von Arglist und Tücke ihr Eigeninteresse zu verfolgen.[51] Dann nämlich ist nicht mehr sichergestellt, daß sich der Partner bei Vertragsanpassungen in der Zukunft loyal verhält. Es ergibt sich die Notwendigkeit, bei der Ausgestaltung von Beziehungen opportunistisches Verhalten bei nachträglicher Revision von Verträgen zu berücksichtigen. Probleme, die in der Erfüllungsphase einer Vereinbarung auftreten können, geraten so in den Mittelpunkt der Betrachtung.[52]

Elementare Untersuchungseinheit der Transaktionskostentheorie ist die Transaktion. Eine Transaktion liegt nach WILLIAMSON dann vor, „when a good or a service is transferred across a technologically separable interface. One stage of activity terminates and another begins."[53] Ein solcher Transaktionsbegriff knüpft somit an dem Transfer von Gütern oder Dienstleistungen über eine technisch separierbare Schnittstelle an. Eine andere Definition liefert COMMONS, der unter einer Transaktion die ökonomische Interaktion von Wirtschaftssubjekten versteht.[54] Der Transaktion liegt demnach die Übertragung von Verfügungsrechten zugrunde.[55]

Die Durchführung von Transaktionen ist - ob nach WILLIAMSON oder nach COMMONS definiert - nicht kostenlos. Neben den aus der Neoklassik bekannten Produktionskosten fallen Transaktionskosten an, die bei der sozialen Koordination von Transaktionen entstehen.[56] So fallen vor Abschluß einer Vereinbarung Kosten bei der Suche nach einem geeigneten Transaktionspartner und den Vorbereitungen für Verhandlungen an (Anbahnungskosten). Zudem sind ex ante Kosten der Verhandlung und des Vertragsabschlusses zu verzeichnen. Ex post, d.h. nach Vertragsabschluß, sind insbesondere Kosten der Kontrolle der vereinbar-

---

50 Vgl. WILLIAMSON (1990), S. 68.

51 Vgl. WILLIAMSON (1985), S. 47.

52 Vgl. WILLIAMSON (1990), S. 67 f.

53 WILLIAMSON (1985), S. 1.

54 Vgl. COMMONS (1934), S. 6.

55 Vgl. COMMONS (1934), S. 4 f. Die Wahl des geeigneten Transaktionsbegriffes ist abhängig vom jeweiligen Gegenstand der Untersuchung. Vgl. DOMRÖS (1994), S. 66 f. und S. 95 - 98. Für die hiesige transaktionskostentheoretische Analyse umweltpolitischer Instrumente wird die Definition einer Transaktion in Gliederungspunkt III.B.2 vorgenommen.

56 Vgl. WEIZSÄCKER (1984), S. 90.

ten Leistungspflichten sowie Anpassungskosten zu nennen, wenn nicht vorhersehbare Änderungen in der Umwelt Vertragsadjustierungen notwendig machen.[57]

Aus Sicht der Transaktionskostentheorie werden Transaktionen auf effiziente Weise koordiniert, wenn die Summe aus Produktions- und Transaktionskosten möglichst gering gehalten wird.[58] Als Koordinationsalternativen stehen hierzu unterschiedliche institutionelle Arrangements zur Verfügung, deren Vorteilhaftigkeit von den Eigenschaften der Transaktionen sowie der Positionierung plastischer Faktoren abhängt. Als Eigenschaften von Transaktionen sind nach WILLIAMSON die Dimensionen „Unsicherheit", „Spezifität", und „Häufigkeit" zu unterscheiden.

2.3.2 Eigenschaften von Transaktionen

2.3.2.1 Unsicherheit

Unsicherheit einer Transaktion kennzeichnet den Umstand, daß die Transaktionspartner bei Abschluß der Vereinbarung nicht sämtliche Unwägbarkeiten, die während der Transaktionsdurchführung auftreten können, ex ante abschätzen und in ihrer Vereinbarung regeln können. Als Formen der Unsicherheit werden nach KNIGHT Risiko und Ungewißheit unterschieden.[59] Während bei Risiko die möglichen zukünftigen Ereignisse sowie ihre Eintrittswahrscheinlichkeiten bekannt sind, ist eine solche Ableitung vollständiger Entscheidungsbäume bei Ungewißheit unmöglich. Vielmehr hat man es hier mit „echter" Unsicherheit zu tun: Weder die möglichen Ausprägungen von Ereignissen sind bekannt, noch stehen ausreichende Anhaltspunkte für eine Zuteilung von Eintrittswahrscheinlichkeiten zur Verfügung.[60] Erwartungsbildungen über die Entwicklung in der Zukunft sind den Marktteilnehmern somit nicht möglich.

Ungewißheit tritt sowohl bei Unsicherheit über zukünftige Umweltkonstellationen[61] als auch hinsichtlich des Verhaltens von Vertragspartnern auf. Unter die Ungewißheit bei Umwelt-

---

57 Zu den verschiedenen Formen und Abgrenzungen von Transaktionskosten vgl. RICHTER (1990), S. 577; PICOT (1982), S. 270.

58 Vgl. RIORDAN / WILLIAMSON (1985).

59 Vgl. KNIGHT (1921/1971), S. 233.

60 Vgl. ROTHSCHILD (1981), S. 107. Eine andere definitorische Abgrenzung führt RENNINGS an. Danach bezieht sich Unsicherheit auf die numerische Unbestimmtheit von Eintrittswahrscheinlichkeiten, während die Ergebnisse, die sich als Folge einer Handlung ergeben können, sämtlich bekannt sind. Liegt neben Unsicherheit zudem unvollkommenes Wissen über die Entscheidungsfolgen vor, spricht er von Unwissenheit. Vgl. RENNINGS (1994), S. 44 f.

61 Der „Umweltbegriff" ist hier nicht im ökologischen Sinne zu interpretieren, sondern bezieht sich auf den institutionellen und technischen Rahmen, innerhalb dessen die Transaktion abgewickelt wird.

konstellationen fallen nicht vorhersehbare Veränderungen technischer, politischer und gesellschaftlicher Art. Äußere, von den Transaktionspartnern nicht abzuschätzende Umweltfaktoren nehmen Einfluß auf die Transaktionen. Von Transaktionspartnern ausgehende Verhaltensunsicherheit kann zweierlei Natur sein. Zum einen kann sie aus Kommunikationsproblemen entstehen.[62] Da diese Form der Verhaltensunsicherheit eher unbeabsichtigt ist, bezeichnet man sie auch als nicht-strategische Verhaltensunsicherheit. Zum anderen gibt es die strategische Verhaltensunsicherheit, die auf ein opportunistisches Verhalten von Transaktionspartnern zurückzuführen ist.[63] So mag eine nicht in der Vereinbarung geregelte Änderung der Umweltzustände einen der Transaktionspartner in eine bessere Position versetzen, die ihm Spielräume für opportunistisches Verhalten, beispielsweise das Verschweigen, Verschleiern oder Verzerren von Informationen eröffnet. Ebenso kann ein Transaktionspartner bereits vor Vertragsabschluß relevante Informationen zurückhalten und diese asymmetrische Informationsverteilung ex post opportunistisch ausnutzen.[64]

Risiko wird dann zu einem Problem, wenn die möglichen Datenkonstellationen der Zukunft und deren Eintrittswahrscheinlichkeiten zwar feststehen, diese Situation für den Transaktionspartner aber in ihren Zusammenhängen nicht überschaubar ist. So ist ein Schachspiel zwar sicher, als in einem Baumdiagramm sämtliche möglichen Entwicklungen vom ersten Zug an abbildbar wären. Angesichts nur begrenzter Möglichkeiten des Menschen, Informationen aufzunehmen und entsprechend zu verarbeiten, steht der Spieler aber vor dem Problem, nur einen (größeren oder kleineren) Teil dieses Baumes zu kennen. Diese Form der Unsicherheit, die sich aus der nur beschränkten Rationalität des Menschen ergibt, bezeichnet man als Komplexität.[65]

Soweit möglich, werden die Transaktionspartner Unsicherheit zu verringern suchen. Allerdings verursachen Maßnahmen der Informationsbeschaffung sowie der Absicherung und Anpassung getroffener Vereinbarungen Transaktionskosten.[66] Diese Kosten wie auch der Umstand, daß aufgrund von Komplexität und Ungewißheit nicht sämtliche Unsicherheit abbaubar ist, verhindern, daß alle zukünftigen Umwelt- und Verhaltenssituationen in Verträgen ex ante geregelt werden.[67] Unsicherheit wird jedoch nur dann zu einem Problem, wenn

---

62   Vgl. WILLIAMSON (1985), S. 57.

63   Vgl. WILLIAMSON (1985), S. 58.

64   Zu den verschiedenen Gründen für die Ausnutzung von Verhaltensspielräumen vgl. SPREMANN (1990), S. 570.

65   Vgl. PICOT / DIETL (1990), S. 179.

66   Vgl. PICOT (1982), S. 272.

67   Vgl. WILLIAMSON (1985), S. 46.

ein Transaktionspartner auf eine geänderte Situation nicht friktionslos reagieren kann. Ist es ihm hingegen möglich, eine Transaktionskette abzubrechen und die eingesetzten Ressourcen ohne Verlust anderweitig zu verwenden, wird für ihn die Existenz von Unsicherheit bedeutungslos. Dies führt uns zur zweiten Transaktionsdimension, der Spezifität.

2.3.2.2 Spezifität

Spezifität bezeichnet die Ausrichtung eines Produktionsfaktors auf eine bestimmte Verwendungsrichtung.[68] Eine Unternehmung kann beispielsweise in Anlagen investieren, die auf ein spezielles Produkt ausgerichtet sind, das nur wenige oder nur einen Nachfrager hat. Spezifische Investitionen werden getätigt, weil sie im Vergleich zu vielseitig einsetzbaren Technologien eine Senkung der Produktionskosten versprechen.[69] Je spezifischer Investitionen jedoch auf eine bestimmte Transaktion beziehungsweise einen bestimmten Transaktionspartner zugeschnitten sind, desto größer wird die Abhängigkeit von dieser Transaktionsbeziehung. Die volle Entlohnung der Ressource ist allein bei Aufrechterhaltung der gegenwärtigen Transaktionsbeziehung gewährleistet, und es entsteht eine Quasirente. Diese Quasirente bezeichnet die Differenz zwischen dem Wert des Faktors in der gegenwärtigen und einer zweitbesten Verwendung.[70] Je höher sie ist, desto wichtiger werden für den Ressourcenbesitzer institutionelle Arrangements, die die gegenwärtige Transaktionsbeziehung stabilisieren. Ohne solche Arrangements könnte der Transaktionspartner opportunistisch handeln und über die Androhung des Abbruchs der Geschäftsbeziehung vom Faktoreigner dessen Quasirente erpressen.[71] Unspezifische Faktoren bedürfen solch stabilisierender Arrangements nicht, da für sie keine transaktionsspezifischen Abhängigkeiten bestehen. Ihr Wert in einer zweiten Verwendung ist gleich dem in der gegenwärtigen Transaktionsbeziehung.

Wechselseitige spezifische Investitionen der Transaktionspartner führen dazu, daß sich eine ex ante wettbewerbliche Marktsituation ex post in ein bilaterales Monopol verwandeln kann. WILLIAMSON spricht in diesem Fall von einer fundamentalen Transformation.[72] Ein Wechsel des Transaktionspartners nach Tätigung der spezifischen Investitionen führt für beide Partner zum Verlust von Quasirenten. Die Transaktionspartner haben wechselseitige Abhängigkeiten aufgebaut und sind so ex post aufeinander angewiesen.

---

68 Vgl. SCHUMANN (1987), S. 214.

69 Vgl. WILLIAMSON (1985), S. 54.

70 Vgl. KLEIN / CRAWFORD / ALCHIAN (1978), S. 298 f. und ALCHIAN (1984), S. 36 f. Der Begriff der Quasirente geht auf MARSHALL zurück. Vgl. MARSHALL (1961).

71 Vgl. KLEIN / CRAWFORD / ALCHIAN (1978), S. 298 f.

72 Vgl. WILLIAMSON (1985), S. 61 ff.

Bei der Wahl einer effizienten Koordinationsform wird die Spezifitätsdimension betont.[73] Dabei wird empfohlen, vollkommen unspezifische Transaktionen unabhängig vom Grad der Unsicherheit und der Transaktionshäufigkeit im Wege rein marktlicher Koordination zu institutionalisieren.[74] Besteht keine Spezifität von Ressourcen, kann bei opportunistischem Verhalten des Transaktionspartners mit dem Abbruch der gegenwärtigen Transaktionsbeziehung und einer gleichwertigen anderen Verwendung der Ressourcen reagiert werden. Die Marktlösung ist in diesem Fall effizient, da der Markt zum einen Transaktionskostenvorteile gegenüber der Hierarchie besitzt, die auf stärker ausgeprägten Leistungsanreizen („high-powered incentives") des Marktes[75] und höheren Bürokratiekosten hierarchischer Strukturen beruhen.[76] Darüber hinaus werden der marktlichen Koordination Produktionskostenvorteile gegenüber einer internen Selbsterstellung eingeräumt: bei der Nutzung des Marktes ist eine Bündelung der Nachfrage und die Verwirklichung von Skalen- und Verbundvorteilen möglich, so daß eine Produktion zu geringeren Stückkosten erfolgen kann.[77]

Mit zunehmender Spezifität der Transaktion nimmt die Gefahr des Raubes („hold up") der Quasirente durch den Transaktionspartner zu.[78] Eine Abwicklung solcher Transaktionen über den Markt ohne Absicherungsmechanismen erscheint nicht adäquat. Vielmehr sind hierarchischere Koordinationsformen zu wählen, mit Hilfe derer die Quasirenten gegen Enteignung gesichert werden. Als Beispiel sind hier langfristige Verträge zu nennen, die Vereinbarungen über private Schlichtungsstellen oder „credible commitments" enthalten.[79] Bei den Schlichtungsstellen handelt es sich um private Vermittlungs- oder Schiedsinstanzen, die bei ex post auftretenden Problemen hinzugezogen werden.[80] Credible commitments sind glaubhafte Versprechen, mit denen die andere Seite zusichert, auf opportunistisches Verhal-

---

73 Vgl. WILLIAMSON (1991 b), S. 16.
74 Vgl. WILLIAMSON (1985), S. 73 f. und 79 f.
75 Vgl. WILLIAMSON (1991 a), S. 275 f. und WILLIAMSON (1991 b), S. 20 ff.
76 Vgl. WILLIAMSON (1991 b), S. 22. WILLIAMSON nennt drei Hauptursachen für hohe Bürokratiekosten hierarchischer Strukturen. Dies sind die Neigung hierarchisch eingebundener Manager, die eigenen Kompetenzen auch über ein effizientes Maß hinaus auszuweiten („propensity to manage"), der Aspekt der „forgiveness", wonach in hierarchischen Gebilden Managementfehler und geringe Produktivität eher verziehen werden als in Märkten, sowie der Umstand, daß innerhalb von Hierarchien stehende Tauschpartner sich gegenseitig unterstützen und oftmals eine interne Beschaffung unter Vernachlässigung allokativer Effizienz vorziehen („logrolling"). Vgl. WILLIAMSON (1985), S. 148 - 153.
77 Vgl. WILLIAMSON (1985), S. 92 ff. Wie DOMRÖS aufzeigt, ist dieser Produktionskostenvorteil des Marktes durch Nachfragebündelung theoretisch aber nicht zwingend. Vgl. DOMRÖS (1994), S. 79 ff.
78 Vgl. KLEIN (1980), S. 356 f.
79 Vgl. ALCHIAN (1984), S. 38 ff.
80 Vgl. PICOT / DIETL (1990), S. 181.

ten zu verzichten.[81] Diese Zusicherungen können verschiedenster Art sein. Sie umfassen die Überlassung von „Geiseln" seitens des potentiellen Opportunisten, der darüber sein Wohlverhalten glaubhaft machen will, daß er bei Verstößen den Wert der Geisel verliert.[82] Sie beinhalten aber auch den Einsatz des guten Rufes, der Reputation.[83]

Sind die Investitionen so hochspezifisch, daß selbst glaubhafte Zusicherungen die bestehende Quasirente nicht hinreichend absichern, bleibt die Möglichkeit, die Transaktionen in die Unternehmung zu integrieren. Zwar werden in diesem Fall die „high-powered incentives" des Marktes nicht mehr genutzt und Bürokratienachteile in Kauf genommen. Doch steht dem gegenüber, daß mit Integration Anpassungen an nicht vorhersehbare Ereignisse in der Zukunft kostengünstiger erfolgen können.[84] Die Quasirenten sind durch die interne Organisation der Transaktionen vor einem opportunistischen Zugriff geschützt.

2.3.2.3 Häufigkeit

Die dritte Transaktionseigenschaft bezeichnet die Häufigkeit, mit der eine Transaktion durchgeführt wird. Zunehmende Transaktionshäufigkeit läßt die mit bestimmten Koordinationsstrukturen verbundenen durchschnittlichen Transaktionskosten fallen. Die bei der Gestaltung eines institutionellen Arrangements anfallenden Kosten zur Absicherung einer spezifischen Ressource können auf eine größere Anzahl an Transaktionen verteilt werden. Mit zunehmender Häufigkeit der Transaktionen nimmt folglich die Vorteilhaftigkeit institutioneller Absicherung bei bestehender Spezifität zu. Hingegen rechnen sich bei seltenen Transaktionen tendenziell weniger aufwendige Koordinationsstrukturen.[85]

Transaktionshäufigkeit wie auch der Grad der Unsicherheit spielen bei der Bestimmung einer effizienten Koordinationsform eine eher nachgeordnete Rolle.[86] Ihre Ausprägung ist allein für den Fall spezifischer Investitionen von Bedeutung: Je höher die Transaktionshäufig-

---

81 Vgl. RICHTER / BINDSEIL (1995), S. 137 sowie NORTH (1993).

82 Eine Geisel kann alles sein, was für den Geiselgeber von Wert ist. Der Nehmer der Geisel droht, diese zu vernichten, wenn der Geiselgeber sich opportunistisch verhält und beispielsweise vereinbarte Leistungen nicht einhält. Vgl. RICHTER / FURUBOTN (1996), S. 465.

83 Vgl. RICHTER / BINDSEIL (1995), S. 137.

84 Vgl. WILLIAMSON (1985), S. 76 ff.

85 Vgl. WILLIAMSON (1985), S. 60.

86 Vgl. PICOT (1982), S. 277.

keit und je größer die Unsicherheit ist, desto notwendiger werden institutionelle Absiche-
rungsmaßnahmen.[87]

2.3.3 Positionierung plastischer Faktoren

Neben den Transaktionsdimensionen Spezifität, Unsicherheit und Häufigkeit spielt für die
richtige Wahl eines institutionellen Arrangements mit der Positionierung eines Produktionsfaktors zur Unternehmung ein viertes Kriterium eine wichtige Rolle, das BONUS ergänzend
eingeführt hat. In diesem Zusammenhang sind institutionenökonomische Überlegungen zur
Nutzung menschlichen Wissens von Bedeutung, die im folgenden dargestellt werden.

2.3.3.1 Spezifisches versus generelles Wissen

In einer arbeitsteiligen Wirtschaft ist das Wissen zwischen den verschiedenen Individuen
unterschiedlich verteilt. Aus ökonomischer Sicht ist es erstrebenswert, das menschliche
Wissen der Individuen im Wege vertraglicher Zusammenarbeit bestmöglich zu nutzen. Allerdings liegt Wissen in verschiedenen Formen vor, deren effiziente Verwertung aufgrund
der vorliegenden Wissenscharakteristika unterschiedlicher Koordinationsmechanismen bedarf.[88] Für die spätere transaktionskostentheoretische Analyse umweltpolitischer Instrumente ist insbesondere die Unterscheidung in spezifisches und generelles Wissen von Bedeutung.[89]

Nach JENSEN und MECKLING zeichnet sich spezifisches Wissen dadurch aus, daß es nur zu
hohen Kosten transferiert werden kann, während die Übertragung generellen Wissens ohne
hohen Aufwand möglich ist.[90] Unter spezifisches Wissen fällt beispielsweise das als idio-
synkratisch bezeichnete Wissen, das auf Erfahrung und Fingerspitzengefühl beruht. Idiosynkratisches Wissen beinhält informelle und intime Kenntnisse eines Individuums, die es
bei bestimmten Tätigkeiten erworben hat oder infolge intuitiver Eingebung besitzt.[91] Dieses
Wissen ist natürlich nur unter hohen Kosten oder gar nicht auf andere Individuen zu über-

---

87   Vgl. BONUS / MASELLLI (1996 b), S. 1084.

88   Vgl. DIETL (1993), S. 178 f.

89   Andere Unterscheidungen sind die nach der Öffentlichkeit, Artikulierbarkeit und Verankerung von Wis-
      sen. Vgl. DOMRÖS (1994), S. 27 ff. Da diese Wissenseigenschaften für die weitergehende Untersuchung
      nicht von Relevanz sind, werden sie im folgenden nicht weiter betrachtet.

90   Vgl. JENSEN / MECKLING (1992), S. 251. Der Spezifitätsbegriff von JENSEN / MECKLING unterscheidet
      sich somit von jenem von WILLIAMSON (1985), S. 55 f., der unter spezifischem Humankapital Wissen ver-
      steht, das nur in einer bestimmten Transaktionsbeziehung verwertet werden kann. Vgl. hierzu auch
      MASELLI (1996), S. 231.

91   Vgl. WILLIAMSON (1975), S. 35, 62 f.

tragen, da mit seinem Transfer eben jene gesammelten Erfahrungen mitgeteilt und verstanden werden müßten, auf denen das Wissen beruht.[92] Beispiele für generelles Wissen bieten hingegen Informationen über Preise und Mengen. Diese können ohne hohe Kosten anderen Individuen mitgeteilt und von diesen in ihrem Informationsgehalt verstanden werden.[93]

Aus wissensökonomischer Sicht sollten die Verfügungsrechte aus einer Ressource bei jener Person liegen, bei der sich auch das entsprechende Wissen befindet. In diesem Fall sind Know-how und Property-Rights bei einem Agenten vereinigt, und er besitzt alle Anreize, sein Wissen effizient einzusetzen.[94] Um eine Vereinigung von Verfügungsrechten und Wissen zu erreichen, sind zwei Wege möglich: zum einen kann das Wissen dorthin wandern, wo die Verfügungsrechte liegen; zum anderen können die Verfügungsrechte dorthin transferiert werden, wo sich das Wissen befindet. Welcher Weg vorteilhaft ist, hängt von den Kosten des Transfers des Know-how und der Property-Rights sowie deren Nutzen ab.[95]

Während ein Transfer generellen Wissens - wie beispielsweise von statistischen Daten - oft zu beobachten ist, da er nur geringe Kosten verursacht, ist eine Übertragung spezifischen Wissens seltener festzustellen.[96] Beispiele hierfür bieten Ausbildungsprogramme und die Weitergabe wissenschaftlicher Erkenntnisse, für die die Nutzen aus der Übertragung spezifischen Wissens höher liegen als deren Kosten. Für spezifisches Wissen ist es jedoch in den meisten Fällen sinnvoller, die Verfügungsrechte dorthin zu transferieren, wo dieses Wissen vorliegt. Ein transaktionskostenintensiver Transfer des Wissens wird damit vermieden und gleichwohl durch die Vereinigung von Know-how und Property-Rights-Besitz eine effiziente Nutzung des Wissens sichergestellt.

In Märkten wird die Co-Lokation von Entscheidungsrechten und Wissen dadurch erreicht, daß Verfügungsrechte veräußerbar sind. In der Regel werden die Property-Rights immer von den wirtschaftlichen Akteuren erworben, die sie am wertvollsten einschätzen; und dies sind diejenigen, die über das spezifische Wissen verfügen.[97] Allerdings ist durch die marktliche Koordination noch nicht zwingend die effiziente Nutzung des spezifischen Wissens sichergestellt, wenn hierzu die Einräumung von Ermessen beim Faktoreigner notwendig ist.

---

92   Vgl. JENSEN / MECKLING (1992), S. 255.

93   Vgl. JENSEN / MECKLING (1992), S. 255.

94   Vgl. JENSEN / MECKLING (1992), S. 259.

95   Vgl. JENSEN / MECKLING (1992), S. 254.

96   Vgl. JENSEN / MECKLING (1992), S. 255 f.

97   „Voluntary exchange ensures that decision rights will tend to be acquired by those who value them most highly, and this will be those who have specific knowledge and abilities that are most valuable to the exercise of the right." JENSEN / MECKLING (1992), S. 258 f.

Um dies zu erklären, wird im nächsten Gliederungspunkt der Begriff des plastischen Produktionsfaktors eingeführt.

2.3.3.2 Plastizität

Plastische Produktionsfaktoren zeichnen sich dadurch aus, daß sie eines gewissen Ermessensspielraums bedürfen, um erfolgreich arbeiten zu können.[98] Dieses Ermessen läßt sich nicht kontrollieren oder vertraglich umreißen.[99] Ein Handwerker beispielsweise, der in einem Haus den Ursachen von Wasserverlusten in der Fußbodenheizung auf der Spur ist, kann seine Aufgabe kaum gut lösen, wenn detaillierte Verhaltensvorgaben sein Vorgehen bestimmen.[100] Da die Gründe für die Wasserverluste sehr unterschiedlicher Natur und kaum vorhersehbar sein können, bedarf es des Einsatzes von Erfahrungswissen und Fingerspitzengefühl. Damit aber ist dem Handwerker Ermessen hinsichtlich seines Vorgehens einzuräumen, um erfolgreich arbeiten zu können. Ebenso ist ein Bankmitarbeiter mit Ermessen auszustatten, wenn er mit wichtigen Kunden über die Konditionen einer Kreditvergabe verhandelt.[101] Er muß seine Erfahrung einsetzen können, um die Risiken des geschäftlichen Vorhabens abschätzen zu können, und die Freiheit besitzen, sein Fingerspitzengefühl im Verhandlungsgespräch walten zu lassen.

Die obigen Beispiele deuten an, daß die effiziente Nutzung spezifischen Wissens in der Form des idiosynkratischen Wissens der Einräumung von Ermessen bedarf. Das auf Erfahrungen und Fingerspitzengefühl basierende idiosynkratische Wissen läßt sich weder formalisieren noch sein Einsatz kurzfristig kontrollieren.[102] Damit aber ergeben sich Abhängigkeiten der Unternehmung von einem solchen Produktionsfaktor. Der Faktoreigner kann den Einsatz seines Ermessens versprechen, dann aber opportunistisch seine Leistung zurückhalten, ohne daß die Unternehmung die Qualität des Inputs beobachten kann.[103] In solchen Fällen kommt es auf die Wahl eines geeigneten institutionellen Arrangements an, um ein „moral-hazard"-Verhalten des Fakoreigners[104] zu unterbinden.

---

98 Vgl. ALCHIAN / WOODWARD (1987), S. 117.

99 Vgl. BONUS (1994 d), S. 40.

100 Vgl. BONUS (1994 d), S. 40 f.

101 Vgl. BONUS (1987 b), S. 20 ff.

102 Vgl. WILLIAMSON (1975), S. 35.

103 Vgl. ALCHIAN / WOODWARD (1988), S. 69.

104 Vgl. ALCHIAN / WOODWARD (1987), S. 117.

Die Nutzung des Koordinationsmechanismus Markt mit seinen „benefits of high-powered incentives" kann für Transaktionen, die durch plastische Produktionsfaktoren ausgeführt werden, schädlich sein. Bei den hochwirksamen Anreizen des Marktes hängt die Vergütung des Faktoreigners vom Erfolg der einzelnen Transaktion ab.[105] Ein Beispiel für solche „punktuellen Anreize"[106] bieten Provisionen, die in direkter Abhängigkeit vom Geschäftserfolg des Faktoreigners gezahlt werden. Ein Bankmitarbeiter beispielsweise, der auf Provisionsbasis entgolten würde, besäße starke Anreize, möglichst viele und umfangreiche Kredite zu vergeben.[107] Sein Augenmerk würde tendenziell auf hohen Umsatz gelenkt, ohne die nötige Sorgfalt bei der Betrachtung der Kreditrisiken walten zu lassen. Damit aber führt die Entscheidung, mit dem Bankmitarbeiter über den Markt zu kontrahieren, zu Eigeninteressen des Faktoreigners, die mit den Interessen der Bank kollidieren.

Es erscheint sinnvoller, den Bankmitarbeiter durch die „Sammelanreize" eines Anstellungsvertrages zu entlohnen.[108] Der Anstellungsvertrag vergütet nicht den Erfolg des einzelnen Kreditabschlusses, sondern honoriert die Leistungen des Faktoreigners über längere Zeiträume hinweg. Das Geheimnis des Erfolges von Sammelanreizen liegt darin, daß sich die Qualität des Faktoreinsatzes durch den Bankmitarbeiter zwar nicht in kurzer Frist, wohl aber über längerfristige Beobachtungen beurteilen läßt: Kreditvergaben mit überhohen Kreditrisiken werden auf Dauer erkannt; ebenso allzu restriktive und bürokratische Kreditvergaben, die zu Abwanderungen von Kunden zu anderen Bankinstituten oder Beschwerden führen. Damit aber wird das Eigeninteresse des Bankmitarbeiters geweckt, auf lange Sicht gute Leistungen zu erbringen; sein Ermessen, seine Sorgfalt bei der Kreditvergabe angemessen einzusetzen. Die Interessen des Bankmitarbeiters werden somit durch ein Angestelltenverhältnis, durch das er in die Unternehmenshierarchie eingebunden wird und längerfristige Chancen auf Beförderung und Gehaltserhöhung erhält, mit den Interessen der Bank harmonisiert. Für einen plastischen Produktionsfaktor wie den Bankmitarbeiter ist es folglich angebracht, mit ihm nicht über den Markt zu kontrahieren, sondern ihn hierarchisch zu integrieren.

Allerdings bedürfen nicht sämtliche plastischen Produktionsfaktoren einer hierarchischen Einbindung, um effiziente Leistungsabgaben sicherzustellen. Zur Klärung, wann plastische Faktoren - wie der Bankmitarbeiter - hierarchisch zu integrieren sind, und wann nicht, hat

---

105 Vgl. BONUS (1987 a), S. 22.

106 BONUS (1987 a), S. 22.

107 Vgl. zu diesem Beispiel BONUS (1987 a), S. 22 f.

108 Vgl. hierzu sowie zum folgenden BONUS (1987 a), S. 23 f.

BONUS das Kriterium der peripheren und zentralen Positionierung plastischer Faktoren zur Unternehmung eingeführt.

2.3.3.3 Peripherität versus Zentralität

Nach BONUS ist ein Produktionsfaktor peripher positioniert, wenn die Qualität des Endprodukts der Firma von der Qualität des Faktorinputs separabel ist.[109] Die Leistung des Faktoreigners kann in einem Zwischenschritt gemessen, unsachgemäße Leistungsabgaben können identifiziert und dem Faktoreigner angelastet werden. So kann eine Unternehmung, die einen Handwerker zur Beseitigung von Wasserschäden bestellt, zwar den Einsatz seines Ermessens nicht kontrollieren, wohl aber das vollendete Werk beurteilen.[110] Reicht die Qualität seiner Arbeit nicht aus, kann zurückgewiesen oder Nachbesserung verlangt werden. Die negativen Folgen mangelhaften Arbeitseinsatzes fallen somit auf den Faktoreigner zurück und treffen nicht die Unternehmung. Solche plastischen Faktoren, die an der Peripherie der Unternehmung arbeiten, sollten über den Markt bezogen werden. Die „high-powered incentives" des Marktes geben dem Faktoreigner alle Anreize, von seinem Ermessen richtig Gebrauch zu machen.

Sind plastische Faktoren hingegen zentral positioniert, so läßt sich die Qualität des Endprodukts der Unternehmung nicht von der Qualität des Faktoreinsatzes trennen. Wird der bereits zitierte Bankmitarbeiter mit punktuellen Anreizen wie Provisionen vergütet, so kann ihn dies dazu veranlassen, viele und mit hohen Umsätzen verbundene Kredite mit zugleich hohem Risiko zu vergeben. Die Qualität des Faktoreinsatzes des Bankmitarbeiters schlägt direkt durch auf das Produkt der Bank, die mit erhöhten Kreditrisiken umgehen muß. In diesem Fall würde die Nutzung marktlicher Anreize dazu führen, daß Fehlverhalten des Bankmitarbeiters direkt der Bank angelastet wird, deren Reputation als seriöses und kundennahes Kreditinstitut gefährdet wäre. Es ist für zentral positionierte plastische Faktoren somit nicht sinnvoll, von punktuellen Anreizen Gebrauch zu machen. Vielmehr sind - wie für den Fall des Bankmitarbeiters bereits erläutert - Sammelanreize beispielsweise in Form eines Beschäftigungsvertrages zu unterbreiten, die die Qualität der Leistungen des Faktors über längere Zeiträume hinweg honorieren.

Neben plastischen Produktionsfaktoren, die sich in vollständig peripherer oder zentraler Positionierung zur Unternehmung befinden und mithin vollständig über den Markt beziehungsweise innerhalb der Hierarchie koordiniert werden sollten, gibt es auch plastische

---

109 Vgl. BONUS (1986 b), S. 328 f.
110 Vgl. BONUS (1994 d), S. 42.

Faktoren, die Elemente sowohl von peripherer als auch zentraler Positionierung aufweisen. Ein Beispiel hierfür bietet der Franchisenehmer in seiner Geschäftsbeziehung zum Systemgeber.[111] Zum einen liefert der Franchisenehmer Faktorinputs, die sich auf seinen Beitrag im Produktionsprozeß der zu verkaufenden Güter beziehen. Dies kann zum Beispiel die Veredelung von Nahrungsmitteln oder Serviceleistungen im Zusammenhang mit Dienstleistungsprodukten umfassen. Diesbezüglich läßt sich die Leistung des einzelnen Franchisenehmers nicht von der Qualität des gesamten Franchise-Systems separieren. Ungenügende Leistungen des Franchisenehmers, die sich in Enttäuschung der Kunden über die Qualität des gekauften Produkts äußern, strahlen auf die Reputation des gesamten Systems aus.[112] In diesem Leistungsbereich befindet sich der Franchisenehmer somit in zentraler Positionierung zum Gesamtsystem. Folglich ist es sinnvoll, den Franchisenehmer bezüglich der Leistungen im Produktionsprozeß hierarchisch einzubinden und beispielsweise in einem Systemhandbuch strikt vorzugeben, wie der Franchisenehmer die entsprechenden Faktorinputs zu erbringen hat.

Zum anderen liefert der Franchisenehmer Faktorleistungen, die auf seinen idiosynkratischen Kenntnissen der lokalen Marktbedingungen beruhen. Der einzelne Franchisenehmer kennt die Konkurrenz vor Ort sowie die Möglichkeiten, noch nicht erschlossene Marktpotentiale nutzbar zu machen. Um dieses Wissen effizient verwenden zu können, bedarf er entsprechender Entscheidungsrechte beispielsweise über Preissenkungs- oder Werbemaßnahmen.[113] Diese lokalen Aktivitäten des Franchisenehmers nehmen keinen Einfluß auf die Qualität der vom Gesamtsystem angebotenen Produkte. Damit ist der Franchisenehmer bezüglich dieser Aktivitäten peripher zum System positioniert. Um die Nutzung seines lokalen Know-hows anzureizen, ist es vorteilhaft, ihn mit den „high-powered incentives" des Marktes zu konfrontieren: Indem er als selbständiger Kaufmann agiert, der auf eigene Rechnung arbeitet, fällt eine Nichtnutzung des idiosynkratischen Wissens voll auf ihn zurück, da ein solches Verhalten seine Erlöse schmälert.

Die institutionelle Koordination des Franchisenehmers sollte aufgrund seiner teilweise peripheren und teilweise zentralen Positionierung zum Gesamtsystem weder vollständig über den Markt noch strikt hierarchisch erfolgen. Vielmehr ist es sinnvoll, diesen Faktoreigner über eine „hybride Organisationsform" wie den Franchisevertrag einzubinden, der marktliche mit hierarchischen Elementen verbindet: Soweit der Franchisenehmer im Verhältnis zum Franchisenehmer peripher positioniert ist, wird er den punktuellen Anreizen des

---

111 Vgl. hierzu sowie zum folgenden BONUS (1987 a), S. 33 f. und ALTMANN (1996), S. 39 ff.

112 Vgl. BONUS / WESSELS (1994), S. 115 f.

113 Vgl. ALTMANN (1996), S. 39.

Marktes ausgesetzt. Er arbeitet in unternehmerischer Selbständigkeit und besitzt so alle Anreize, seine Managementaktivitäten vor Ort gewinnbringend einzusetzen. In den Punkten, in denen der Franchisenehmer zentral zum Franchisegeber positioniert ist, wird er hingegen hierarchisch eingebunden. Qualitativ minderwertige Leistungen bei der Produkterstellung, die die Reputation des Franchise-Konzeptes gefährden können, werden durch detaillierte Auflagen bezüglich des Faktoreinsatzes und angemessene Kontrollen erschwert.

Das Franchising stellt nur eine hybride Organisationsform zwischen Markt und Hierarchie dar. Daneben gibt es ein weites Spektrum anderer Hybridformen,[114] die in entsprechender Weise versuchen, die Vorteile marktlicher mit Elementen hierarchischer Koordination zu kombinieren. Die verschiedenen institutionellen Arrangements lassen sich in ein Kontinuum zwischen den zwei Polen „Markt" und „Hierarchie" einfügen.[115] Am Eckpunkt „Markt" ist die vollständige Abwicklung der Transaktionen über den Markt anzusiedeln, bei der ex ante sämtliche Vertragselemente vollständig festgelegt werden. Jeder Vertragspartner ist alleiniger Herr seiner Produktionsmittel. Es gibt keinerlei Kontrolle oder Anweisung durch andere.[116] Am anderen Ende des Kontinuums steht die vollständige Integration der Transaktionen, bei der die Ressourcen der Vertragspartner unter einer weisunggebenden Gewalt gebündelt werden. Den beiden Extremen kommen der kurzfristige Kaufvertrag einerseits und die zentralistische Bürokratie andererseits sehr nahe.[117] Dazwischen sind viele andere Koordinationsformen - wie beispielsweise das Franchising - anzusiedeln, die sich in unterschiedlichem Maße marktlicher beziehungsweise hierarchischer Koordinationselemente bedienen.[118]

Wichtigste Kriterien für die Wahl eines effizienten institutionellen Arrangements aus dem breiten Spektrum von Organisationsformen sind - wie die obigen Ausführungen zeigen - die Spezifität von Investitionen sowie die Positionierung plastischer Produktionsfaktoren. Je spezifischer Investitionen sind, desto notwendiger sind institutionelle Absicherungsmechanismen wie glaubhafte Zusicherungen oder gar die hierarchische Integration von Transaktionen zum Schutz der gefährdeten Quasirente. Gering spezifische Investitionen bedürfen weniger aufwendiger Absicherungsmechanismen und werden sinnvollerweise mit Koordinationsformen abgewickelt, die dem Pol des Marktes im oben zitierten Kontinuum nahe stehen. Unabhängig von dem Kriterium der Spezifität ist ein Produktionsfaktor zudem in die

---

114 Vgl. BONUS (1987 a), S. 34 ff.

115 Zu einem solchen Kontinuum vgl. PICOT (1982), S. 273 ff. und JOSKOW (1985), S. 36.

116 Vgl. PICOT (1982), S. 273.

117 Vgl. PICOT (1982), S. 273.

118 Vgl. auch WEILAND (1995 b), S. 32 ff.

Hierarchie zu integrieren, wenn er plastischer Natur und zugleich zentral zur Unternehmung positioniert ist. Periphere, plastische Faktoren sollten hingegen vollständig über den Markt bezogen werden.[119] Plastische Produktionsfaktoren, die sowohl Elemente zentraler wie peripherer Positionierung aufweisen, sind durch hybride Organisationsformen zu koordinieren.

Liegt für die Anwendung der Principal-Agent-Theorie in bezug auf umweltökonomische Probleme bereits eine ansehnliche Anzahl an Arbeiten vor, so befindet sich die transaktionskostentheoretische Betrachtung umweltpolitischer Probleme noch in ihren Anfängen.[120] Erste, dem Autor bekannte Anwendungen beziehen sich auf eine transaktionskostenökonomische Analyse der organisatorischen Abwicklung von Transaktionen im Rahmen eines Kompensationskonzeptes zum Klimaschutz[121] sowie zu entsprechenden Fragen bei der Organisation von Rücknahme- und Verwertungsnetzen für Automobile.[122] BONUS ist zuzustimmen, der in einem Artikel zu den Anwendungen der Neuen Institutionenökonomik für die Umweltpolitik resümiert: „Noch viel zu wenig erforscht sind die umweltpolitischen Implikationen von Transaktionskosten und Quasirenten transaktionsspezifischer Investitionen."[123]

2.4 Theorie institutionellen Wandels

Die Theorie institutionellen Wandels beschäftigt sich mit der Erklärung von Änderungen des institutionellen Rahmens, innerhalb dessen sich die Organisationen bewegen. Eigentlich müßte von „Theorien" institutionellen Wandels gesprochen werden, da es nicht nur eine, sondern eine Vielzahl von Ansätzen zur Erklärung institutioneller Entwicklungen gibt.[124] Im folgenden soll unter der Theorie institutionellen Wandels jedoch im wesentlichen die Arbeit von DOUGLASS C. NORTH verstanden werden, der seit über vierzig Jahren an der Erklärung

---

119 Gleiches gilt natürlich für nicht-plastische Faktoren, zu deren Einsatz es keines Ermessensspielraums bedarf und für die infolgedessen kein Kontrollproblem besteht. Ein Beispiel hierfür liefert der am Fließband arbeitende Montagearbeiter, der präzis vorgegebene Handgriffe zu tätigen hat. Vgl. BONUS (1994 d), S. 41.

120 Vgl. auch GAWEL (1996), S. 16.

121 Vgl. RENTZ, H. (1995), S. 158 - 178.

122 Vgl. WEILAND (1995 b).

123 BONUS (1996 a), S. 41.

124 Zu einem Überblick über die grundsätzlichen Ansätze zur Erklärung der Genese und Änderung von Institutionen vgl. DIETL (1993), S. 39 ff.

institutionellen Wandels arbeitet und den wohl umfassendsten Ansatz zur Erklärung des in Frage stehenden Phänomens entwickelt hat.[125]

2.4.1 Institutionen und Organisationen

Der Schlüssel zum Verständnis institutionellen Wandels liegt nach NORTH im kontinuierlichen Zusammenspiel von Institutionen und Organisationen in einer Welt der Knappheit und des Wettbewerbes.[126] Die Institutionen bilden die „Spielregeln", also die gegebenen formalen und informellen Normen, an die sich die Organisationen als „Spieler" anpassen müssen. Hierzu investieren sie in bestimmte Fertigkeiten und in Wissen, das ihnen in der Welt des Wettbewerbes das Überleben sichert. Die Investitionen der Organisationen sind dabei Reflex der von den existierenden Institutionen ausgehenden Anreize:[127] Versprechen produktivitätssteigernde Aktivitäten die größtmöglichen Erträge, engagieren sich die Organisationen in entsprechenden Investitionen. Sind hingegen die Ertragsaussichten in redistributiven Tätigkeiten vielversprechender, passen sich die Organisationen in diese Richtung an. Gleichzeitig wirken die getätigten Investitionen in den Aufbau und die Entwicklung bestimmter Organisationen auf den institutionellen Rahmen zurück. Die erworbenen Kenntnisse und Fähigkeiten verändern die Wahrnehmung und Bewertung der Handlungsmöglichkeiten, die sich den Individuen bieten, und führen darüber zu inkrementellen Änderungen der Institutionen.[128]

2.4.2 Pfadabhängige Entwicklung des institutionellen Rahmens

Die schrittweisen Änderungen des institutionellen Rahmens sind nach NORTH pfadabhängiger Natur und nicht unbedingt gleichbedeutend mit evolutionärem Fortschritt oder wirtschaftlichem Wachstum.[129] Pfadabhängigkeit bedeutet, daß kleine Ereignisse und Zufälle Einfluß darauf nehmen können, daß sich beispielsweise eine Spielregel unter einer Zahl von Alternativen durchsetzt, obwohl sie im Verhältnis zu den anderen Regeln inferior ist.[130] Dabei erweisen sich NORTH zufolge zwei Faktoren als entscheidend für die Art der institutio-

---

125 Eine Übersicht über das umfangreiche Werk des Wirtschaftshistorikers aus den Jahren 1950 - 1993 gibt NORTH (1994 a).

126 Vgl. NORTH (1995 b), S. 10.

127 Vgl. NORTH (1995 a), S. 3 f.

128 Vgl. NORTH (1995 b), S. 10.

129 Vgl. NORTH (1995 a), S. 3.

130 Vgl. NORTH (1990), S. 94.

nellen Entwicklung. Dies sind zum einen zunehmende Erträge und zum anderen unvollkommene Märkte.[131]

2.4.2.1 Zunehmende Erträge

Das Argument zunehmender Erträge zur Erklärung pfadabhängiger institutioneller Entwicklungen bezieht NORTH von ARTHUR, der damit pfadabhängige technologische Entwicklungen erklärt.[132] Demnach können bestimmte technologische Lösungen, sobald sie einmal im Markt überwiegen, kaum mehr von effizienteren technologischen Alternativen verdrängt werden. Als Gründe hierfür werden (1) *hohe Fixkosten* bei der Entwicklung und Markteinführung einer Technologie genannt, die dem Marktführer Vorteile bei der Nutzung von Effekten der Stückkostendegression verschaffen; (2) *Lerneffekte* bei der Produktion des Gutes, die erfahrungsgemäß mit dem Umfang der produzierten Menge zunehmen, verstärken die Kostenvorteile des Marktführers; (3) *Koordinationseffekte* in Form von Netzwerkexternalitäten unterstützen zudem die Nachfrage nach dem marktführenden Produkt, wenn positive Wirkungen für den individuellen Nutzer einer Technologie daraus entstehen, daß diese von einer möglichst hohen Anzahl von Individuen angewendet wird.[133] (4) Schließlich treten *adaptive Erwartungen* der Nutzer hinzu. Diese erwarten, daß eine Technik, die gegenwärtig im Markt überwiegt, auch in der Zukunft die im Markt vorherrschende Alternative sein wird, und passen daran ihr Nachfrageverhalten an.

Zunehmende Erträge einer einmal vorherrschenden Technologie bedeuten nach ARTHUR einen „Lock-In-Effekt": ist ein technologischer Pfad einmal eingeschlagen, ist es schwierig, sich wieder davon zu lösen. Auch wenn effizientere Lösungen gefunden werden, sind diese aufgrund der in der Vergangenheit getroffenen Entscheidungen blockiert, und ineffiziente Konstellationen erweisen sich als persistent.[134] ARTHUR verweist darauf, daß zunehmende Erträge bestimmter Technologien ganze Volkswirtschaften ins Abseits befördern können.

---

131 Vgl. NORTH (1990), S. 95.

132 Vgl. ARTHUR (1988) und (1990).

133 So ist der Nutzen eines Telefons für den individuellen Nutzer von der Anzahl der Anschlüsse weiterer Nutzer abhängig. Ebenso nimmt für ein Individuum der Nutzen eines bestimmten Computer-Betriebssystems zu, je mehr Individuen dieses nutzen und je mehr kompatible Software infolgedessen angeboten wird.

134 Vgl. ARTHUR (1988), S. 10. Technologische Lösungen, die sich im Zeitverlauf als ineffiziente Alternativen erwiesen, jedoch weiterhin den Markt beherrschen, sind demnach kein Einzelfall. Als Beispiele werden der Erfolg der QWERTY-Tastatur, des Videosystems VHS (gegenüber den Alternativen Beta und Video 2000), des Benzinmotors (gegenüber Elektromotor und Dampfmaschine) und nukleare Leichtwasserreaktoren (gegenüber gasgekühlten Hochtemperaturreaktoren) genannt. Vgl. zum Tastatur-Beispiel DAVID (1985), zum Videosystem- und Reaktorbeispiel ARTHUR (1990), sowie zum Motorenexempel DOSI / NELSON (1994), S. 227 ff. Vgl. dagegen kritisch LIEBOWITZ / MARGOLIS (1995).

Verpaßt beispielsweise eine Nation den Einstieg in eine (Hoch)Technologie, die langfristig enorme Marktpotentiale bietet, und verfolgt stattdessen einen anderen technologischen Stammbaum, der sich später als unterlegen herausstellt, so drängt sie in eine „technische Sackgasse", die nur unter sehr hohen Kosten zu verlassen ist.[135]

Nach NORTH ist das Phänomen zunehmender Erträge auch für die Entwicklung des institutionellen Rahmens maßgeblich. Der institutionelle Rahmen der Vergangenheit nimmt demnach erheblichen Einfluß auf die Entscheidungen von heute. Diese wiederum sind mitbestimmend für die Entwicklungen in der Zukunft. Die Entwicklung der Institutionen ist somit verlaufsabhängig; Institutionen lassen sich allein unter Rückgriff auf die Geschichte erklären.[136]

Jede Volkswirtschaft besitzt nach NORTH einen institutionellen Rahmen, der sowohl Anreize zu produktivitäts- als auch zu umverteilungsorientierten Aktivitäten setzt.[137] Das relative Gewicht beider Anreize ist nun für die Entwicklung der Regeln in einer Gesellschaft mit entscheidend. Liegt der Schwerpunkt auf produktivitätssteigernden Anreizen, passen sich die Organisationen hieran an und forcieren einen institutionellen Wandel in diese Richtung. Demgegenüber drängen Spielregeln, die im Übermaß redistributive Aktivitäten fördern, die institutionelle Entwicklung in eine weitere Akzentuierung solcher Regeln.

Bei der Stabilisierung eines einmal eingeschlagenen institutionellen Pfades können hohe Kosten im Zusammenhang mit dem „set-up" einer institutionellen Regel eine wichtige Rolle spielen. Sind diese *Errichtungskosten* allein bei weiterer Nutzung der etablierten Spielregel von Wert, so bedeutet ein Institutionenwechsel, daß die Investitionen in den Aufbau der bestehenden Regel vollständig verloren gehen. Es wurde dann spezifisch in die existierende Institution investiert.[138] Dem Kalkül einer institutionellen Alternative sind dann die „sunk costs" aus dem Institutionenwechsel belastend hinzuzurechnen. Dies wirkt stabilisierend auf den Fortbestand der bestehenden Spielregel: eine alternative Regel müßte schon trotz der sie belastenden versunkenen Kosten in den Aufbau der existierenden Regel höhere Nettonutzen als die bestehende Regel abwerfen, um einen Institutionenwechsel herbeiführen zu können.

---

135 Vgl. ARTHUR (1990), S. 127 f.

136 „Path dependence means that history matters. We cannot understand today´s choices ... without tracing the incremental evolution of institutions." NORTH (1990), S. 100.

137 Vgl. NORTH (1995 a), S. 4.

138 Vgl. hierzu auch BONUS / RONTE (1995), S. 12 f. und KIWIT / VOIGT (1995), S. 130 f.

Hat sich eine institutionelle Regel erst durchgesetzt, unterstützen *Lerneffekte* der Individuen im Umgang mit der Institution den eingeschlagenen Pfad.[139] Werden beispielsweise redistributive Tätigkeiten durch das Regelsystem belohnt, lernen die Individuen mit der Zeit, diese Aktivitäten zu optimieren. Im Wege von „learning-by-doing" wird Humankapital gebildet, das die Transaktionskosten der Nutzung der bestehenden Regel senkt. Ist dieses Wissen im Umgang mit alternativen Institutionen nicht oder in geringerem Maße verwertbar, wirkt dies wiederum stabilisierend auf den Fortbestand der bestehenden Institution.

Zum dritten können auch *Koordinationseffekte* in Form von Netzwerkexternalitäten das Beharrungsvermögen bestehender Institutionen stärken.[140] Koordinationseffekte bestehen im institutionellen Bereich dann, wenn mit zunehmender Akzeptanz einer Regel die Transaktionskosten des einzelnen Agenten sinken. Dieser kann mit anderen Agenten, für die die Spielregel ebenfalls eine bindende Handlungsrestriktion darstellt, Vereinbarungen eingehen, ohne gegen opportunistisches Verhalten Vorkehrungen treffen zu müssen:[141] Je mehr Individuen also eine Regel befolgen, desto mehr Vorteile zieht das einzelne Individuum daraus, ebenfalls regelkonform zu handeln.[142] Solche Netzwerkexternalitäten bestehen für alternative, nicht implementierte Regeln nicht, so daß dies auch für eine Fortführung des bisherigen institutionellen Pfades spricht.

Schließlich können auch *adaptive Erwartungen* den eingeschlagenen institutionellen Weg unterstützen: in diesem Fall passen Individuen ihr Verhalten an, wenn eine Zunahme von Transaktionen auf Grundlage einer betrachteten Institution Unsicherheiten über die weitere Existenz der Regel vermindern.[143]

Damit erzeugt ein einmal bestehendes System institutioneller Regeln positive Rückkopplungen, die es vorteilhaft machen, den institutionellen Pfad weiter zu beschreiten, und einen Richtungswechsel blockieren.[144] Die institutionelle Entwicklung erfolgt also pfadabhängig, wobei der Weg nicht notwendigerweise wachstumsfördernd und effizienzorientiert ist. Ebenso können ineffiziente Entwicklungspfade - und hierfür gibt NORTH instruktive Beispiele in der Geschichte[145] - auf lange Frist fortbestehen.

---

139 Vgl. hierzu sowie zum folgenden NORTH (1990), S. 95.
140 Vgl. NORTH (1990), S. 95.
141 Vgl. KARPE (1997), S. 212.
142 Vgl. KIWIT / VOIGT (1995), S. 132.
143 Vgl. NORTH (1990), S. 95.
144 Vgl. NORTH (1990), S. 99.
145 Vgl. NORTH (1981).

2.4.2.2 Unvollkommene Märkte

Zunehmende Erträge allein genügen nach NORTH jedoch nicht, um den institutionellen Wandel zu erklären. Von elementarer Bedeutung sind unvollkommene Märkte, die sich durch hohe Transaktionskosten und nur fragmentarische Informationsrückkopplung auszeichnen.[146] Wären die politischen und wirtschaftlichen Märkte, in denen die Organisationen agieren, im neoklassischen Sinne friktionslos, so daß keine (oder kaum) Transaktionskosten bestehen und vollständige Information herrscht, dann würden sich stets effiziente Spielregeln durchsetzen. Die Entscheidungen der Individuen würden dann aufgrund richtiger Entscheidungsmodelle über die sie umgebende Umwelt gefällt und fehlerhafte Modelle würden infolge der vollständigen Informationsrückkopplung umgehend korrigiert.[147]

In der Realität sind jedoch oft unvollkommene Märkte vorzufinden.[148] Damit verbundene hohe Transaktionskosten erlauben es zum einen, daß einflußreiche Akteure auf politischen wie wirtschaftlichen Märkten ineffiziente, sie selbst begünstigende Eigentumsrechte schaffen.[149] Zum anderen bewegen sich die Individuen in einer unsicheren Welt mit nur unvollständiger Information. Um die Komplexität der Welt bewältigen zu können, sind sie gezwungen, aufgrund eigener mentaler Modelle zu urteilen, mit Hilfe derer sie die Welt zu erklären und zu interpretieren suchen. Diese Modelle - auch als Ideologien[150] bezeichnet - ergeben sich aus dem kulturellen Erbe eines Individuums, seinen Erfahrungen bei der Lösung täglicher Probleme und kognitiven Lernprozessen.[151] Während sich die mentalen Modelle der einzelnen Individuen in vielen Teilen unterscheiden können,[152] gibt es jedoch auch Denkmuster, die von den Individuen einer Gesellschaft geteilt werden. Diese Ideologien werden auch als „shared mental models" bezeichnet.[153]

Die mentalen Modelle der Individuen, insbesondere die von den Individuen geteilten Ideologien, nehmen in einer Welt unvollständiger Information erheblichen Einfluß auf die Wahrnehmung und Bewertung institutioneller Regeln. Die subjektiven Modelle von Indivi-

---

146 Vgl. NORTH (1990), S. 95 f.

147 Vgl. NORTH (1990), S. 8 und NORTH (1995 a), S. 4.

148 Die Annahme vollkommener Märkte ist allenfalls für hochentwickelte Märkte in modernen Volkswirtschaften zutreffend. Vgl. NORTH (1995 b), S. 7. Beispiele für Märkte mit geringen Transaktionskosten und hoher Informationsrückkopplung sind die internationalen Finanzmärkte sowie Börsen.

149 Vgl. NORTH (1990), S. 8.

150 Vgl. NORTH (1981), S. 48 ff.

151 Vgl. NORTH (1995 a), S. 4 und DENZAU / NORTH (1994).

152 Vgl. HAHN (1987), S. 324 und NORTH (1990), S. 17.

153 Zu „gemeinsamen mentalen Modellen" vgl. DENZAU / NORTH (1994).

duen, die in verschiedenen Lebensräumen mit unterschiedlichen kulturellen und sprachlichen Hintergründen entstehen, können höchst divergent sein.[154] Identische Regeln können infolgedessen sehr unterschiedlich aufgenommen werden, können auf Akzeptanz oder aber Ablehnung stoßen. Ob effiziente oder ineffiziente Institutionen evolvieren, hängt somit wesentlich von den ideologiegeprägten Wahrnehmungsmustern ab, die in einer Gesellschaft bestehen. Treffen ineffiziente, redistributionsorientierte Regeln bei unvollständiger Informationsrückkopplung auf mentale Modelle, die die Institutionen als fair und richtig interpretieren, können diese auf lange Frist fortbestehen. Zugleich können effiziente Regeln in solchen Ökonomien scheitern.[155]

Nach NORTH gestaltet sich der institutionelle Wandel folglich als ein evolutorischer, pfadabhängiger Prozeß, dessen Weg in der Vergangenheit vorgezeichnet, und der nicht notwendigerweise wachstumsorientiert ist. Änderungen des institutionellen Rahmens sind in erster Linie inkrementeller Natur, da sich die an den bestehenden Institutionenapparat angepaßten Organisationen gegen eine abrupte Abkehr vom bisherigen System wehren.[156] Gewaltige Regeländerungen wie Revolutionen treten indes auf, wenn in einer Gesellschaft Organisationen mit höchst unterschiedlichen Interessen evolviert sind, deren Konflikt nicht innerhalb des bestehenden institutionellen Rahmens mittels inkrementeller Reformen beigelegt werden kann.[157]

2.4.3 Fundamentale und sekundäre Institutionen

Während die formalen Regeln einer Gesellschaft quasi über Nacht geändert werden können, unterliegen die informellen Normen einer Gesellschaft nur einem graduellen und langsamen Wandel.[158] DIETL führt hierzu passend die Unterscheidung in fundamentale und sekundäre Institutionen ein.[159] Fundamentale Institutionen sind das Ergebnis langjähriger Evolutions-

---

154 NORTH (1995 a), S. 4 führt als Beispiel an, daß ein in Papua-Neuguinea aufgewachsenes Stammesmitglied eine ganz andere Sichtweise von der Welt hat als ein in den USA lebender Ökonom.

155 NORTH (1990), S. 103 verdeutlicht dies sehr prägnant an dem Mißerfolg von Verfassungen in Lateinamerika, die in Anlehnung an die amerikanische Verfassung konzipiert wurden.

156 Vgl. NORTH (1995 a), S. 5.

157 Vgl. NORTH (1995 b), S. 11.

158 Vgl. NORTH (1995 b), S. 11.

159 Vgl. im folgenden DIETL (1993), S. 71 ff. Eine terminologische Unterscheidung in fundamentale und sekundäre Institutionen treffen jedoch bereits NORTH / THOMAS (1970), S. 10: „There are the fundamental institutions that specify the basic "ground rules" such as the underlying "constitutional" basis of property rights and basic decision rules with respect to political decision-making, and then there are the secondary institutional arrangements which may be created without altering the basic institutions." Die Terminologie wird zudem angewendet in NORTH / THOMAS (1971), S. 786 und NORTH / THOMAS (1973).

prozesse und einer rationalen Planung nicht zugänglich. Dies bedeutet jedoch nicht, daß sie auf ewige Zeit festgeschrieben und unabänderlich sind. Vielmehr unterliegen auch fundamentale Institutionen einem Wandel, der aber eben in der Regel langsam und inkrementell erfolgt.[160] Ein Einflußfaktor für institutionellen Wandel sind Diskrepanzen zwischen den Rationalisierungsversuchen der Individuen im Rahmen eines ideologischen Standpunktes und den tatsächlich gemachten Erfahrungen. Neben dem Auftreten solcher Anomalien bedarf es aber auch neuer, gesellschaftlich evolvierter Ideen, mithilfe derer die Diskrepanz zwischen bisherigem Modell und Erfahrung der Wirklichkeit erklärt werden kann.[161]

Sekundäre Institutionen unterscheiden sich von fundamentalen Institutionen dadurch, daß sie der Möglichkeit menschlicher Gestaltung unterliegen.[162] Sie können - wie beispielsweise Gesetze oder die Gründung von Unternehmen - bewußt durch menschliche Handlungen gestaltet werden. Diese Gestaltung sekundärer Institutionen fußt jedoch auf den herrschenden fundamentalen Institutionen. Ein einleuchtendes Beispiel liefert hier die fundamentale Institution der Sprache:[163] ohne auf sie zurückzugreifen, erscheint die Abfassung eines Gesetzes unmöglich.

In einer Institutionenhierarchie stehen die fundamentalen Regeln somit an oberster Stelle. Diese bilden den Rahmen für aus ihnen direkt abgeleitete sekundäre Institutionen, die wiederum den Rahmen für weitere abgeleitete sekundäre Institutionen liefern.[164] Je weiter man sich in dieser Institutionenhierarchie nach unten begibt, um so geringer werden die verbleibenden Gestaltungsspielräume beim Design von Institutionen. So sind die Möglichkeiten einer Umweltbehörde bei der Ausgestaltung einer Emissionsgenehmigung gebunden an die Einhaltung der durch landesrechtliche Vorschriften eingeräumten Ermessensspielräume.

Geplante, sekundäre Institutionen, die nicht zu den fundamentalen Institutionen in einer Gesellschaft passen, sind zum Scheitern verurteilt. Sie hängen in der Luft und können ihren Zweck nicht erfüllen, wie etwa ein Gesetz, das dem allgemeinen Rechtsempfinden zuwiderläuft.[165] Für den Erfolg formaler Regeln ist somit unverzichtbar, daß sie mit den nicht direkt

---

160 Vgl. DIETL (1993), S. 72.

161 Vgl. NORTH (1992 c), S. 486 f.

162 Vgl. DIETL (1993), S. 71 f.

163 Vgl. DIETL (1993), S. 70.

164 Als Beispiel für eine fundamentale Institution, die den Rahmen für die Entstehung sekundärer Institutionen bildet, führt DIETL (1993), S. 73 die sekundäre Norm eines neuen Steuergesetzes an, die im Rahmen einer Volksabstimmung beschlossen wird, die auf der fundamentalen Institution des allgemeinen Wahlrechts beruht.

165 Vgl. BONUS (1994 e), S. 4.

beeinflußbaren, informellen Regeln - dem kulturellen und ideologischen Fundament einer Gesellschaft - harmonieren.[166] Tun sie dies nicht, entsteht eine „gespaltene Kultur"[167], in deren Folge sich politische Instabilitäten einstellen können.

Dies ist bei der Umgestaltung sekundärer Institutionen zu beachten. Die Transformation eines ineffizienten Wirtschaftssystems kann beispielsweise nur dann gelingen, wenn die neu eingerichteten sekundären Institutionen einen kompatiblen Überbau an fundamentalen Regeln in der Gesellschaft vorfinden. Die mentalen Modelle der Individuen, ihre Ideologien müssen die geplanten formalen Regeln in einer Gesellschaft tragen, damit letztere erfolgreich wirken können. Die mentalen Modelle der Individuen evolvieren jedoch nur langsam.[168] Eine Systemtransformation sollte dies berücksichtigen.[169]

Die Theorie institutionellen Wandels von NORTH ist zur Analyse umweltökonomischer Probleme bisher jedoch kaum fruchtbar gemacht worden. Dem Autor ist allein eine jüngst vorgelegte Arbeit zu Standortkonflikten um Abfallentsorgungsanlagen bekannt, die auf die Theorie mentaler Modelle von NORTH rekurriert.[170]

In den folgenden Teilen der Arbeit werden nun die wichtigsten Instrumente der Umweltpolitik (Auflagen, Abgaben, Zertifikate) aus Sicht der Transaktionskostentheorie und der Theorie institutionellen Wandels analysiert. Die Beschränkung der Untersuchung auf diese beiden Theorieansätze hat verschiedene Gründe. Ein erster bezieht sich auf den kaum zu bewältigenden Umfang, den eine Analyse der Instrumente aus den Blickwinkeln aller vier hier vorgestellten Theorien bedeutete. Ein zweiter Grund ergibt sich aus der bisherigen Bearbeitung der Forschungsfelder in Hinblick auf umweltökonomische Fragestellungen. So liegen für eine Betrachtung der Umweltpolitik aus Sicht der Property-Rights-Theorie auf Basis der grundlegenden Arbeit von COASE verschiedene weiterführende Arbeiten vor.[171] Ebenso nehmen Principal-Agent-Untersuchungen in jüngster Zeit zu,[172] während Analysen

---

166 Vgl. NORTH (1993), S. 20 f.

167 BONUS (1994 e), S. 9.

168 „ For example, a change in the formal rules and, specifically, in property rights must be complemented by consistent informal constraints ... to produce the desired results. But norms of behavior, conventions, and self-imposed codes of conduct change very slowly;" NORTH (1992 c), S. 487 f.

169 Vgl. NORTH (1993), S. 21.

170 Siehe KARPE (1997).

171 Vgl. hierzu Gliederungspunkt III.A.2.1 sowie BROMLEY (1991) und BROMLEY (1992).

172 Vgl. hierzu die unter Gliederungspunkt III.A.2.2 genannten Arbeiten.

aus dem Blickwinkel der Transaktionskostentheorie und der Theorie institutionellen Wandels weithin ausstehen. Zum dritten konzentriert sich diese Arbeit auf die beiden letztgenannten Theorieansätze, da mit der schwerpunktmäßigen Analyse der ex post - Transaktionskosten der Anwendung umweltpolitischer Instrumente als auch der Betrachtung der Umweltpolitik im Lichte der Möglichkeit langfristig ineffizienter Entwicklungspfade interessante, neue Ergebnisse für die umweltökonomische Theorie und Politik abgeleitet werden können.[1]

B. Umweltpolitische Instrumente aus Sicht der Transaktionskostentheorie

1. Einführung

Wie aus dem vorstehenden Gliederungspunkt III.A.2.3 zu den Grundzügen der Transaktionskostentheorie hervorgegangen ist, beschäftigt sich diese mit der Analyse unterschiedlicher Koordinationsformen zur Abwicklung bestimmter Transaktionen innerhalb eines gegebenen Rechtsrahmens.[2] Sie verfolgt das Ziel, in einer vergleichenden Untersuchung die Effizienz verschiedener institutioneller Formen der Organisation zu beurteilen, wobei die Spielregeln, unter denen die Individuen agieren, selbst nicht zur Disposition stehen. Dabei ist das Modell zunächst zur Anwendung im privatwirtschaftlichen Sektor entwickelt worden,[3] um die „Vielgestaltigkeit bilateraler und multilateraler Verträge zwischen Privaten"[4] zu erklären.

Im Mittelpunkt einer transaktionskostenökonomischen Betrachtung der Umweltpolitik stehen jedoch Beziehungen zwischen privaten Akteuren und dem Staat.[5] Diesem obliegt die Aufgabe, die Erfüllung politisch gewünschter ökologischer Ziele zu gewährleisten. Er hat

---

[1] Die folgende Analyse der „Umweltpolitik und Neuen Institutionenökonomik" aus dem Blickwinkel der Transaktionskostentheorie und der Theorie institutionellen Wandels ergänzt somit den bereits vorliegenden Band von BALKS (1995), der unter dem Titel „Umweltpolitik aus Sicht der Neuen Institutionenökonomik" firmiert, allerdings nur die Property-Rights-Theorie und die Principal-Agent-Theorie betrachtet.

[2] Vgl. auch WILLIAMSON (1990), S. 67.

[3] Vgl. PICOT / WOLFF (1994), S. 211. Die Problematik öffentlicher Güter, wie zum Beispiel die in dieser Arbeit interessierende Produktion von Umweltqualität, wurde in diesem Untersuchungsrahmen so gut wie gar nicht berücksichtigt. Demgegenüber sind für die unterschiedlichen Allokationsverfahren zur Koordination öffentlicher Güter durchaus (differierende) Transaktionskosten festzustellen, womit diese prinzipiell einer transaktionskostentheoretischen Analyse zugänglich sind. Vgl. BLÜMEL (1987), S. 125.

[4] RICHTER / BINDSEIL (1995), S. 134.

[5] Vgl. auch BALKS (1995), S. 43. Darüber hinaus sind - wie an späterer Stelle dargestellt wird - für das Instrument der Zertifikate auch Beziehungen zwischen privaten Akteuren von Relevanz.

für die Bereitstellung des Gutes Umweltqualität in dem vom politischen Sektor vorgegebenen Maße zu sorgen.[6] Diese Aufgabenzuweisung erscheint auch problemgerecht, bedarf es doch der dem Staat gegebenen Macht zur Anwendung hoheitlicher Gewalt, um einen ökologischen Ordnungsrahmen zu setzen, innerhalb dessen die Individuen agieren können.[7] Die Nutzung hoheitlicher Rechtsetzung bedeutet jedoch, daß der Staat den Emittenten die Ausgestaltung der Beziehung diktieren kann, während herkömmliche Vereinbarungen zwischen privaten Agenten auf dem Prinzip der Freiwilligkeit beruhen.[8] Nicht unterschiedliche Ausgestaltungsformen privatrechtlicher Verträge stehen also im Mittelpunkt der folgenden institutionenökonomischen Analyse, sondern verschiedene umweltpolitische Instrumente, die der Staat im Wege des öffentlichen Rechts für die Adressaten verbindlich implementieren kann.[9]

Die Anwendung umweltpolitischer Instrumente bildet als hoheitlicher, rechtsregelsetzender Eingriff des Staates zunächst einen Teil der Rahmenbedingungen, innerhalb derer die Individuen agieren. In der Terminologie von NORTH ist das herrschende umweltpolitische Instrumentarium demnach den Institutionen zuzuordnen, die die Spielregeln darstellen, an die sich die Organisationen als Spieler anpassen. So kann die umweltpolitische Rechtsordnung Einfluß nehmen auf das Investitionsverhalten der Emittenten. Sichere Verfügungsrechte können beispielsweise Anreize zur Investition in anderweitig nicht zu verwendende, lagespezifische Produktionsfaktoren gegenüber einer Situation mit größerer Unsicherheit verstärken und darüber eine Veränderung der organisationellen Struktur bewirken.[10] Damit entzöge sich die Analyse umweltpolitischer Instrumente als Teil des institutionellen Rahmens einer transaktionskostentheoretischen Analyse, die in ihrer traditionellen Form allein alternative Koordinationsformen innerhalb des Rahmens untersucht, während der Rahmen selbst Objekt property-rights-theoretischer Überlegungen[11] ist.

6　Auf das Problem der Setzung ökologischer Ziele wird im folgenden nicht Bezug genommen. Annahmegemäß sind diese exogen vorgegeben.

7　Vgl. BONUS (1993 a), S. 101 und die Ausführungen unter Gliederungspunkt II.B.1.2.

8　Vgl. RICHTER / FURUBOTN (1996), S. 453; BALKS (1995), S. 99.

9　Zwar können Individuen theoretisch das Staatsgebiet wechseln, wenn ihnen die Regeln der Gesellschaft mißfallen, und somit ausweichen. „But by and large, individuals do not view the country in which they live to be a matter of choice, and, having chosen to live in a particular country, they become subject to the State." STIGLITZ (1989), S. 21. Diese Feststellung ist für die Entscheidungssituation von Unternehmungen indes in Zweifel zu ziehen. Die Mobilität des Kapitals ermöglicht ein Ausweichen auf andere Staatsgebiete mit Regeln, die den Interessen der Unternehmen besser entgegenkommen. Die aktuelle Diskussion um den „Standort Deutschland" bietet für die Relevanz dieser Problematik ein instruktives Beispiel.

10　Vgl. WILLIAMSON (1991 b), S. 35 f.

11　Vgl. PICOT (1991 a), S. 154 und Gliederungspunkt III.A.1.

Zugleich bilden die umweltpolitischen Instrumente aber auch den Strauß alternativer institutioneller Arrangements, mit denen der Staat die Beziehungen zu den einzelnen Emittenten regeln kann. Bei dieser Betrachtung sind die umweltpolitischen Koordinationsmechanismen nicht Teil eines herrschenden institutionellen Rahmens, innerhalb dessen Staat und Emittenten agieren, sondern alternative Formen der Organisation, zwischen denen gewählt werden kann.[12] Die Wahl fällt freilich allein dem Staat zu, der die Macht hat, das anzuwendende Instrument obligatorisch vorzuschreiben.

In diesem Kapitel werden nun alternative umweltpolitische Instrumente vor dem Hintergrund der Transaktionskostentheorie daraufhin überprüft, inwieweit sie Transaktionen zwischen dem Staat und den Emittenten auf effiziente Weise koordinieren können. Hierzu ist zunächst der Transaktionsbegriff, der dieser Untersuchung zugrundeliegt, näher zu bestimmen. Dies wie auch eine nähere Spezifizierung der anfallenden Transaktionskosten und der unterstellten Verhaltensannahmen der umweltpolitischen Akteure erfolgen im nachfolgenden Gliederungspunkt 2. Daran anschließend werden die Eigenschaften der Transaktionen und die Positionierung plastischer Faktoren bestimmt (Gliederungspunkt 3 und 4). In Gliederungspunkt 5 werden die alternativen umweltpolitischen Instrumente in ein Kontinuum zwischen Markt und Hierarchie eingeordnet und in Abhängigkeit von den festgestellten Transaktionseigenschaften und dem Positionierungskriterium Aussagen für eine effiziente Instrumentenwahl abgeleitet. Gliederungspunkt 6 faßt die wesentlichen Ergebnisse des Kapitels zusammen.

2. Transaktionen, Transaktionskosten und Verhaltensannahmen

Grundlegendes Analyseobjekt der Transaktionskostentheorie ist die Transaktion. Diese kann - wie in Gliederungspunkt III.A.2.3.1 dargestellt - verschiedentlich definiert werden. Für die Zwecke dieser Arbeit erscheint es sinnvoll, die Transaktion als den Übergang von Umweltnutzungsrechten zu definieren. Es wird somit nicht der WILLIAMSONsche Transaktionsbegriff, der sich an dem (physischen) Transfer eines Gutes oder einer Dienstleistung über eine technologisch separierbare Schnittstelle orientiert,[13] zugrundegelegt, sondern ein Transaktionsbegriff nach COMMONS, demzufolge die Transaktion in dem Übergang von Verfügungsrechten über physische Ressourcen besteht.[14]

---

12 Zur umweltpolitischen Rechtsetzung als institutionelles Arrangement des Staates vgl. auch PICOT / WOLFF (1994), S. 216 f.

13 Vgl. WILLIAMSON (1985), S. 1.

14 Vgl. COMMONS (1934), S. 4 ff.; PICOT / DIETL (1990), S. 178.

Eine Orientierung am WILLIAMSONschen Transaktionsbegriff impliziert, daß eine jede Emission eine Transaktion darstellt. Der Austritt von Schadstoffen aus einem Schornstein in die Umgebungsluft bedeutet einen Übertritt des „Ungutes" Schadstoff von der Einflußsphäre des Emittenten in den Wirkungskreis der Allgemeinheit. Zu unterscheiden sind legitime und illegitime Transaktionen.[15] Legitime Transaktionen sind derart, daß der Emission eine Vereinbarung zwischen dem Staat und dem Emittenten zugrundeliegt. Die Beteiligten an der Transaktion sind sich in diesem Fall über den Transfer des Gutes einig. Demgegenüber fehlt bei illegitimen Transaktionen eine solche Vereinbarung. Hier emittiert der Emittent vielmehr ohne Zustimmung des Staates. Die transaktionskostenökonomische Theorie untersucht dann institutionelle Absicherungsmechanismen, die vor der Aneignung transaktionsspezifischer Quasirenten im Wege illegitimer Transaktionen schützen.[16] Bei einer solchen Definition der Transaktion wird in diesem Fall eine Analyse illegitimen Verhaltens der Emittenten betont.

Definiert man die Transaktion hingegen in Anlehnung an COMMONS als den Transfer von Umweltnutzungsrechten, so sind unvorhergesehene Eingriffe der Emittenten als auch des Staates analysierbar. Einen Eingriff des Staates stellt beispielsweise die unerwartete Verringerung der für die Emittenten zur Verfügung gestellten Umweltnutzungsrechte dar. Demgegenüber kann der Emittent beim „Erfüllungsgeschäft" gegen die getroffene Vereinbarung verstoßen, indem er mehr emittiert, als ihm gemäß Abmachung zugestanden wird. Zudem erscheint es aus Gründen der Vereinheitlichung des Sprachgebrauchs sinnvoll, den Transaktionsbegriff an den Transfer von Umweltnutzungsrechten zu binden. In der herkömmlichen umweltökonomischen Literatur wird bei der Analyse unterschiedlicher Instrumente das Recht zur Umweltnutzung betont,[17] während der physische Vorgang der Emission nachrangig behandelt wird.[18]

Ausgangslage der nachfolgenden Analyse ist die Situation, daß sich der Staat im Besitz der Verfügungsrechte an Umweltgütern befindet, um diese in jenem Umfang an die Nutzungsinteressenten zu vergeben, daß die angestrebte Umweltqualität erreicht wird.[19] Die Transakti-

---

15 Vgl. BONUS (1987 c).

16 Vgl. auch BONUS (1987 c), S. 98 f.

17 Vgl. beispielsweise GAWEL (1994 c), S. 42; BALKS (1995), S. 43.

18 So wird in der herkömmlichen umweltökonomischen Literatur meist davon ausgegangen, daß die Emittenten ihr Emissionsverhalten loyal an die ihnen zugestandenen Rechte zur Umweltnutzung anpassen oder eine vollständige Kontrollmöglichkeit besteht. Vgl. GAWEL (1993 a), S. 602; VAN MARK (1994), S. 54 f.

19 In der Realität muß der Staat zunächst die (in zu hohem Umfang im Verkehr befindlichen) Verfügungsrechte über Umweltgüter an sich ziehen, um sie dann (in geringerem Umfang) wieder vergeben zu können. Diese Kollektivierung von Umweltnutzungsrechten als Ausgangspunkt staatlicher Umweltpolitik wird im folgenden jedoch nicht weiter betrachtet. SIEDHOFF (1995), S. 40 f. macht darauf aufmerksam,

on besteht dann in dem Transfer von Umweltnutzungsrechten vom Staat auf die einzelwirtschaftlichen Agenten. Die Erlaubnis, Schadstoffe zu emittieren, kann dabei in verschiedene institutionelle Arrangements gekleidet werden. Beim Zertifikatinstrument vergibt der Staat ein festes Quantum an gestückelten und handelbaren Lizenzen zur Umweltnutzung an die Emittenten. Im Abgabenfall erwirbt der Emittent das Recht zum Schadstoffausstoß mit Zahlung des Abgabensatzes. Bei Auflagen wird das Recht zur Emission im Wege einer ordnungsrechtlichen Verfügung auf den Adressaten übertragen. Bei den letzteren beiden Instrumenten verbleibt das Recht zur Emission beim Emittenten, bis es aufgrund der Nichtzahlung der Abgabe oder im Wege einer Rücknahme des Emissionsrechtes an den Staat zurückfällt. Das Zertifikatekonzept läßt hingegen auch den Austausch von Emissionsrechten zwischen den Emittenten und damit Transaktionen ohne direkte Beteiligung des Staates zu.

einmaliger Natur	wiederkehrend
„set up"-Kosten	Kosten
■ Programmentwicklung und rechtliche Normsetzung	■ der Anbahnung
■ Aufbau einer Verwaltungs-infrastruktur	■ des Abschlusses
■ Transaktionskosten zur Über-windung politischer Widerstände gegen die Implementation des Instrumentes	■ der Kontrolle, Durchsetzung und Anpassung von Transaktionen

Abb. 8: Transaktionskosten umweltpolitischer Instrumente
Quelle: eigene Darstellung

Die Durchführung dieser Transaktionen erfolgt allerdings nicht reibungslos, sondern führt zu einem Ressourcenverbrauch, der als Transaktionskosten bezeichnet wird.[20] Dabei sind - wie in Abbildung 8 dargestellt - die typischerweise einmaligen Transaktionskosten der Implementation eines umweltpolitischen Instrumentes und die wiederkehrenden Transaktionskosten der Nutzung des Koordinationsmechanismus zu unterscheiden.[21]

---

daß bei Verhandlungslösungen und beim Haftungsrecht keine staatliche Vergabe von Umweltnutzungsrechten erfolgen. Beide Instrumente werden im Rahmen dieser Arbeit aber auch nicht diskutiert.

20 Vgl. Gliederungspunkt III.A.2.3.
21 Vgl. auch SIEDHOFF (1995), S. 90.

Einmaliger Natur sind zunächst die mit der Ausarbeitung der konkreten Ausgestaltung des Instrumentes verbundenen Kosten. So sind zum Beispiel für ein System handelbarer Umweltnutzungsrechte Inhalt und Stückelung der Zertifikate, deren Befristung, das Erstvergabeverfahren, die Abgrenzung des Lizenzmarktes, der Kreis der Marktteilnehmer u.s.w. festzulegen.[22] Zu den Programm-entwicklungskosten treten die Kosten der Normsetzung, die sich infolge notwendiger Änderungen bisheriger gesetzlicher Regelungen und der Formulierung eines neuen institutionellen Rahmens ergeben.[23] Beispielsweise fallen mit der Einführung eines Zertifikatesystems einmalige Transaktionskosten der gesetzlichen Verankerung eines solchen Programms und der Änderung dem entgegenstehender rechtlicher Regelungen an.[24] Zudem sind Investitionen in eine Verwaltungsinfrastruktur, wie zum Beispiel in eine Behörde zur Beobachtung und Kontrolle eines Zertifikatmarktes, zu tätigen. Neben diesen eher „technischen" Transaktionskosten der Errichtung von Institutionen bestehen eventuell gewichtige Transaktionskosten, die aus der Überwindung von Widerständen gegen die Einführung eben jener Institutionen erwachsen. Zu denken ist hier etwa an Bemühungen von Emittenten, bestehenden Bürokratien[25] oder anderen Anspruchsgruppen[26], die aus der Reform als Verlierer hervorgingen, diese scheitern zu lassen.

In der folgenden Analyse finden die „set up"- Kosten umweltpolitischer Instrumente zunächst keine nähere Betrachtung. Vielmehr werden die alternativen institutionellen Rahmenbedingungen als gegeben angenommen und untersucht, welche Kosten mit der Nutzung der Institutionen anfallen. Dies führt uns zu dem Typus der wiederkehrenden Transaktionskosten. Die Einrichtungskosten umweltpolitischer Instrumente - insbesondere die damit verbundenen Widerstände - werden in Kapitel III.C wieder aufgegriffen, wenn die alternativen Koordinationsmechanismen aus Sicht der Theorie institutionellen Wandels analysiert werden.

Wiederkehrender Natur sind Transaktionskosten, die mit der Nutzung eines umweltpolitischen Instrumentes nach dessen Implementation anfallen. Hierbei handelt es sich um die

---

22 Zu weiteren Elementen eines Zertifikatprogramms vgl. HUCKESTEIN (1993 b). Für ein Abgabenprogramm sind demgegenüber die Bemessungsgrundlage der Abgabe, deren Höhe, der Kreis der Abgabepflichtigen u.s.w. festzulegen. Vgl. HUCKESTEIN (1993 a). Ebenso zeichnet sich eine Auflagenregelung durch spezifische Programmentwicklungskosten aus.

23 Vgl. auch VAN MARK (1994), S. 17 ff., der den Normsetzungsprozeß in mehrere Phasen unterteilt.

24 Vgl. hierzu beispielsweise HEISTER / MICHAELIS u.a. (1990), S. 39 ff., die ein Zertifikatekonzept zur Regulierung der deutschen CO_2-Emissionen auf verfassungsrechtliche Bedenken abklopfen.

25 Vgl. hierzu beispielsweise die empirischen Untersuchungen von SANDHÖVEL (1994) und HOLZINGER (1987).

26 Vgl. KARPE (1997) zu Widerständen in der Bevölkerung.

Kosten der Anbahnung, des Abschlusses sowie der Kontrolle, Durchsetzung und Anpassung von Transaktionen, wobei die Transaktionskostentheorie - wie in Abschnitt III.A.2.3.1 dargestellt - insbesondere die nachvertraglichen Transaktionskosten betont. In Abbildung 9 auf der folgenden Seite sind für das Auflagen-, Abgaben- und Zertifikatinstrument verschiedene Quellen von Transaktionskosten aufgeführt, wobei diese natürlich von der Art und Weise der Ausgestaltung des jeweiligen Instrumentes abhängen.

Kosten der Transaktionsanbahnung[27] entstehen dadurch, daß dem Transfer von Umweltnutzungsrechten Kosten der Identifizierung der eigenen Position sowie der Kontaktaufnahme mit möglichen Transaktionspartnern vorausgehen.[28] So wird sich ein Emittent über die verschiedenen Möglichkeiten der Emissionsvermeidung informieren, um darüber die für ihn optimale Anpassungsstrategie zu ermitteln. Je nach Maßgabe, welches umweltpolitische Instrument Anwendung findet, sind unterschiedlich hohe Aufwendungen zur Beschaffung solch techno-ökonomischer Daten zu erwarten: ein Emittent unter einem Auflagenregime wird sich allein über solche Strategien der Emissionsminderung Informationen beschaffen, die die Einhaltung der ordnungsrechtlichen Vorgabe sicherstellen.[29] Demgegenüber wird sich der Emittent über ein größeres Maß an Vermeidungstechnologien informieren wollen, wenn er diese in Anlehnung an seine individuellen Grenzvermeidungskosten wählen kann.[30] Zudem fallen bei Zertifikatsystemen Kosten für die Suche von Transaktionspartnern an, die bei der Anwendung von Auflagen oder Abgaben nicht bestehen, da hier der Staat als Kontrahent des Emittenten eindeutig feststeht. Diese Transaktionskosten können aber durch die Einrichtung von Börsen oder Clearingstellen zur Zusammenführung von Angebot und Nachfrage gering gehalten werden.[31]

Mit dem *Abschluß einer Transaktion*[32] fallen insbesondere Verhandlungskosten in Form von Aufwand für die Zusammenkunft und die Fixierung der Vereinbarung sowie zeitliche Opportunitätskosten an.[33] Diese Kosten dürften bei Verhandlungen zwischen Emittent und staatlicher Behörde im Auflagenfall nicht unbeträchtlich sein, soweit der Emittent im Laufe

---

27 Vgl. hierzu Abbildung 9, Zeile 1.

28 Vgl. STAVINS (1995), S. 134 f.

29 Besteht diese Vorgabe in einer direkten Technologievorschrift, erübrigen sich jegliche Aufwendungen zur Information über Alternativstrategien.

30 Vgl. VAN MARK (1994), S. 67; VAN MARK / GAWEL / EWRINGMANN (1992), S. 142 ff.

31 Vgl. BINSWANGER / BONUS / Timmermann (1981), S. 155 f.; Kemper (1989), S. 120 f.; HUCKESTEIN (1993 b), S. 23 f.

32 Vgl. zu Kosten des Transaktionsabschlusses Abbildung 9, Zeile 2.

33 Vgl. SIEDHOFF (1995), S. 91.

	Auflage		Abgabe		Zertifikat	
	Staat	Emittent	Staat	Emittent	Staat	Emittent
Kosten der Transaktionsanbahnung		Informationskosten über die optimale Anpassungsstrategie		Informationskosten über die optimale Anpassungsstrategie		Informationskosten über die optimale Anpassungsstrategie; Kosten der Suche nach Transaktionspartnern
Kosten des Transaktionsabschlusses		Verhandlungskosten der Einigung über die Auflagenausgestaltung	Verhandlungskosten der Einigung über Abgabenzahlungen	Verhandlungskosten der Einigung über Abgabenzahlungen	Verhandlungskosten der Zuteilung von Zertifikaten	Verhandlungskosten des Zertifikattransfers zwischen Emittenten
Kosten der Transaktionskontrolle	Kosten des Monitoring der Auflagenerfüllung		Kosten des Monitoring der Übereinstimmung von Emission und Abgabenzahlung; Kosten des Ausstellens von Abgabenbescheiden und Eintreibens der Abgabenschuld		Kosten des Monitoring der Übereinstimmung von Emission und Zertifikathaltung; Marktbeobachtungs- und Marktinterventionskosten	
Durchsetzung	Verwaltungs- und Gerichtskosten	Verwaltungs- und Gerichtskosten	Verwaltungs- und Gerichtskosten	Verwaltungs- und Gerichtskosten	Verwaltungs- und Gerichtskosten	
Anpassung	Verhandlungskosten der Einigung über die Auflagenänderung; Verwaltungskosten der Auflagenänderung	Verhandlungskosten der Einigung über die Auflagenänderung; Friktionskosten	evtl. Verhandlungskosten; Verwaltungskosten der Abgabensatzanpassung	evtl. Verhandlungskosten; Friktionskosten	evtl. Verhandlungskosten; Verwaltungskosten der Zertifikatmengenänderung; Marktmanagementkosten	Friktionskosten

Abb. 9: Laufende Transaktionskosten umweltpolitischer Instrumente
Quelle: eigene Darstellung

des Genehmigungsverfahrens Einfluß auf die Auflagenausgestaltung nehmen kann.[34] Demgegenüber sind bei Abgaben- und Zertifikatsystemen kaum Kosten der Verhandlung zwischen Emittent und Behörde zu erwarten, da diese Instrumente mit automatisierten Regelungen arbeiten, die den Behörden tendenziell weniger Ermessensspielraum einräumen.[35]
Bei Lizenzlösungen treten zudem Kosten für die Einigung über einen Zertifikatetransfer
auf, wenn die Umweltnutzungsrechte zwischen den Emittenten nachfolgend neu alloziiert
werden. Diese Verhandlungskosten sind jedoch als gering zu veranschlagen, wenn entsprechende Börsen diesen Handel regeln.[36]

Neben den ex ante anfallenden Anbahnungs- und Verhandlungskosten sind ex post *Kosten
der Kontrolle, der Durchsetzung und* gegebenenfalls *der Anpassung von Vereinbarungen*[37]
von Bedeutung.[38] Bei Auflagen bezieht sich die Kontrolle auf die Einhaltung der ordnungsrechtlichen Vorgaben, bei Zertifikaten und Abgaben auf die Überprüfung der Übereinstimmung der gemäß Lizenzhaltung beziehungsweise gemäß Abgabenzahlung erlaubten Emissionsmenge mit den tatsächlich getätigten Emissionen.[39] Ob und inwieweit der Staat oder gegebenenfalls der Emittent diese Kosten zunächst zu tragen hat, ist Gegenstand der jeweiligen Ausgestaltung des Instrumentariums.[40] So kann statt einer staatlichen Kontrolle auch die
Alternative der Eigenveranlagung der Emittenten gewählt werden. Die Emittenten geben in
diesem Fall Emissionserklärungen ab, die stichprobenartig durch die Behörden überprüft
werden.[41] Die Entwicklung der Meßtechnologie bleibt den Emittenten überlassen und wird
allein durch staatliche Rahmenrichtlinien flankiert.[42]

Bei Zertifikaten sind zudem auf seiten des Staates Kosten der Marktbeobachtung und -
intervention zu berücksichtigen, um mißbräuchlichen Manipulationen auf Lizenzmärkten

---

34   Vgl. hierzu GAWEL (1993 b), S. 46 ff.

35   Vgl. auch ZOHLNHÖFER (1984), S. 116: Emittenten erwarten, „daß beim administrativen Vollzug spür-
    bare Erleichterungen durchgesetzt werden können, während Abgabelösungen unmittelbare, im Verhand-
    lungswege nicht mehr reduzierbare Kostenbelastungen mit sich bringen."

36   Vgl. WEILAND (1995 a), S. 155.

37   Vgl. zu den nachvertraglichen Transaktionskosten Abbildung 9, Zeile 3.

38   Vgl. SIEDHOFF (1995), S. 91 ff.

39   Vgl. HUCKESTEIN (1993 b), S. 22 f.

40   Die Kosten können natürlich im Wege von Überwälzungsvorgängen letzten Endes von anderen Akteuren
    getragen werden.

41   Vgl. BONUS (1994 g), S. 19.

42   Vgl. SIEBERT (1982), S. 291.

entgegen zu wirken.[43] Demgegenüber fallen bei Abgaben Kosten für die Erstellung von Abgabenbescheiden und das Eintreiben der Abgabenschuld an.[44] Zudem sind bei allen drei Instrumenten Verstöße gegen die jeweils geltenden Normen geeignet zu sanktionieren. Der Vorgang der Sanktionierung kann dabei zu nicht unerheblichen Transaktionskosten in Form von Verwaltungs- und Gerichtskosten führen, wenn beispielsweise „Mahnbescheide bezüglich festgestellter Überschreitungen, Anordnungen zur Wiederherstellung der vorgeschriebenen Situation, …, Bußgelder aufgrund von Übertretungen bis hin zu gerichtlichen Verfügungen"[45] erlassen werden müssen.

Anpassungskosten treten auf, wenn während der Laufzeit der Vereinbarung sich ändernde Rahmenbedingungen eine Adjustierung der vereinbarten Leistungen notwendig machen.[46] So können insbesondere Änderungen der politisch gewünschten Umweltqualität zu Anpassungen beim umweltpolitischen Instrumentarium führen.[47] Beim Staat entstehen dann etwa Verwaltungskosten im Zuge nachträglicher Anordnungen, der Änderung von Abgabensätzen oder der Abwertung von Zertifikaten.[48] Kann der Emittent auf die geänderte Norm Einfluß nehmen, fallen darüber hinaus auf beiden Seiten neue Verhandlungskosten an.[49] Beim Emittenten entstehen zudem Friktionskosten, soweit er bei seiner Planung nicht mit einer Änderung des umweltpolitischen Rahmens gerechnet hat und eventuell erhebliche Mittel in nicht reversiblen Umweltschutzinvestitionen gebunden sind.

Aus transaktionskostentheoretischer Sicht besteht das Problem einer geeigneten Koordination von Transaktionen darin, einen Koordinationsmechanismus zu wählen, der mit Abschluß der Transaktionen entstehende Abhängigkeiten zwischen den Transaktionspartnern auf effiziente Art und Weise abzusichern weiß.[50] Im Mittelpunkt der Analyse stehen also institutionelle Arrangements als alternative Systeme zur Überwachung und Beherrschung von Transaktionen.[51] Dementsprechend werden die ex post - Transaktionskosten der Durchführung,

---

43 Zu solchen Mißbrauchsmöglichkeiten sowie Möglichkeiten ihrer Unterbindung vgl. BONUS (1981 a), S. 308 ff.
44 Vgl. HUCKESTEIN (1993 a), S. 353 f.
45 SPRENGER (1984), S. 63.
46 Vgl. SIEDHOFF (1995), S. 92.
47 Vgl. WEILAND (1995 a), S. 154 f.
48 Vgl. KEMPER (1989), S. 121 f.
49 Dies dürfte insbesondere bei Auflagenregelungen der Fall sein. Vgl. auch HORBACH (1992), S. 211 f.
50 Vgl. Gliederungspunkt III.A.2.3.2.2.
51 Vgl. WILLIAMSON (1990), S. 77 ff.

Kontrolle und Anpassung betont und die ex ante anfallenden Kosten der Transaktionsanbahnung und des Abschlusses eher vernachlässigt.

Analog liegt auch der Schwerpunkt der Analyse in diesem Kapitel auf der Betrachtung der
ex post - Transaktionskosten. Ex ante anfallende Kosten der Anbahnung und des Abschlusses von Transaktionen werden nur am Rande betrachtet. Zwar betont eine Gruppe von Autoren Mehrkosten marktwirtschaftlicher Instrumente bei der Beschaffung von Informationen
bezüglich der technischen Möglichkeiten der Emissionsvermeidung und zusätzliche Kosten
für Zertifikat- und zertifikatähnliche Lösungen bei der Suche nach Transaktionspartnern
sowie dem Abschluß von Austauschgeschäften.[52] Während nicht einzusehen ist, daß erstere
Kosten schon durch die Anbieter von Emissionsvermeidungstechnologien gering gehalten
werden dürften, da diese einen Anreiz zum Verkauf ihrer Leistungen haben, dürften letztere
mit Einführung von Zertifikatbörsen oder (staatlichen / privaten) Vermittlungsstellen, wie
z.B. Maklern, unerheblich bleiben.[53]

Nachdem der Transaktionsbegriff und die Transaktionskosten der umweltpolitischen Instrumente inhaltlich bestimmt wurden, ist noch zu klären, inwieweit die Verhaltensannahmen, die die Transaktionskostenökonomik zur Grundlage ihrer Theorie macht, für die folgende Analyse gelten beziehungsweise gelten sollen.

Die Annahme begrenzter Rationalität trifft sicherlich auf sämtliche hier relevanten Akteure
zu.[54] So sind die staatlichen Entscheidungsträger zwar um rationale Entscheidungen bemüht,
aber in keiner Weise in der Lage, alle hierfür notwendigen Informationen zu beschaffen und
zu verarbeiten. Bereits bei der umweltpolitischen Zielfindung bestehen unüberwindbare
Informationsprobleme. Die Ökologie ist als eigenständige wissenschaftliche Disziplin noch
sehr jung, und dementsprechend sind Kenntnisse über die Zusammenhänge in ökologischen
Systemen nur rudimentär vorhanden.[55]

Die beschränkten Fähigkeiten zur Informationsaufnahme und -verarbeitung wirken zudem
auf der Instrumentenebene. Der Staat ist hier nicht in der Lage, jene Vermeidungsaktivitäten zu identifizieren, für die die Kosten zur Erreichung der angestrebten Umweltqualität

---

52 Vgl. VAN MARK (1994), S. 67; GAWEL / VAN MARK (1991), S. 65; VAN MARK / GAWEL / EWRINGMANN
    (1992), S. 142 ff.

53 Vgl. KEMPER (1989), S. 120 f. Zur erfolgreichen Rolle von privaten Maklern bei der Vermittlung von
    Transaktionspartnern in der Praxis des südkalifornischen RECLAIM-Zertifikatprogramms vgl. BADER /
    RAHMEYER (1996), S. 60 ff. Zum RECLAIM-Programm vgl. auch Gliederungspunkt III.C.5.1.

54 Vgl. PICOT / WOLFF (1994), S. 211 f.

55 Vgl. BONUS (1996 a), S. 40; GOLDBERG (1990), S. 26.

minimiert würden. Die Informationen hierzu liegen dezentral bei den einzelnen Emittenten vor. Eine Poolung dieses Wissens beim Staat scheitert an undarstellbar hohen Informationskosten.[56]

Neben dem Staat unterliegen natürlich auch die Emittenten der beschränkten Rationalität. Sie können ebensowenig die Komplexität der sie umgebenden Umwelt und die daraus für sie folgenden Konsequenzen abschätzen. Insbesondere ist es für sie unmöglich, zukünftige Änderungen in der staatlichen Umweltpolitik frühzeitig zu erkennen, um entsprechend zu reagieren. Zusammenfassend handeln der Staat wie auch die Emittenten nur beschränkt rational.

Die Opportunismusannahme kann auch auf beide Akteure angewendet werden.[57] Wenn es die Umstände zulassen, können die Individuen ihren Nutzen über die Zurückhaltung oder Verzerrung von Informationen zu erhöhen suchen.[58] Beispielsweise mag ein Emittent seinen Schadstoffausstoß über das von ihm rechtlich zugestandene Maß hinaus ausdehnen, wenn der Nutzen eines solchen Verstoßes gegen die mit dem Staat bestehende Vereinbarung die Kosten einer möglichen Entlarvung übersteigt.[59] Genauso kann angenommen werden, daß sich der Staat beziehungsweise die für ihn tätigen Agenten (Bürokraten, Politiker) gegenüber den Emittenten opportunistisch verhalten, wenn sich eine Möglichkeit hierfür bietet.[60] Zu denken ist beispielsweise an die (allerdings schon extreme Form der) Erpressung von Seitengeldern durch einen Bürokraten, der über die genaue Ausgestaltung einer umweltrechtlichen Auflage für ein Unternehmen zu entscheiden hat.

Im folgenden soll die Annahme opportunistischen Verhaltens für den Kreis der Emittenten gelten, nicht aber für den Staat. Dieser Ausschluß arglistigen, informationsverzerrenden Verhaltens für den Staat beziehungsweise seine Agenten stimmt zwar nicht mit der in der Realität zu beobachtenden Situation überein. Doch kann so ein immenser Problemkreis, der im Rahmen der Neuen Politischen Ökonomie eingehend diskutiert wird, aus unserer Analyse ausgegrenzt werden.[61] Im folgenden wird analysiert, welche Instrumente ein wohlwollender staatlicher Planer anwenden sollte, wenn er bestimmte umweltpolitische Transaktionen auf effiziente Weise koordinieren will. Dem Staat beziehungsweise seinen Agenten wird im

---

56   Vgl. Gliederungspunkt II.B.2.3.2.

57   Vgl. PICOT / WOLFF (1994), S. 211 f.

58   Vgl. WEALE (1992), S. 31 f.

59   Vgl. BOHM / RUSSELL (1985), S. 443.

60   Zu Opportunismus beim Staat vgl. auch BRENCK (1996), S. 115.

61   Zur Analyse der Umweltpolitik aus Sicht der Neuen Politischen Ökonomie vgl. HORBACH (1992).

weiteren also unterstellt, daß sie sich an gemachte Vereinbarungen halten und Möglichkeiten zu opportunistischem Handeln nicht ausnutzen.[62]

3. Eigenschaften der Transaktionen

Wie in Gliederungspunkt III.A.2.3.2 dargestellt, lassen sich Transaktionen nach drei Dimensionen charakterisieren. Dies sind die mit einer Transaktion oder Transaktionskette verbundene Unsicherheit, die Spezifität und die Häufigkeit einer Transaktion. Diese Eigenschaften bilden - neben der Positionierung plastischer Faktoren[63] - die wesentlichen Parameter für die Entscheidung, mit welcher Koordinationsstruktur die Transaktionen bewältigt werden sollten. Im folgenden werden die Merkmale für die Transaktionen im Bereich der Nutzung von Umweltgütern näher betrachtet.

3.1 Unsicherheit

In Abbildung 10 ist dargestellt, in welchen Formen Unsicherheit zu einem Problem bei der Durchführung von Transaktionen wird.[64] Dies sind in technischer Unterscheidung die Fälle der Komplexität und der Ungewißheit. Ungewißheit kann sich dabei in Unsicherheit über die Entwicklung von äußeren Umweltfaktoren[65] und Unsicherheit über das zukünftige Verhalten von Transaktionspartnern äußern. Ebenso kann sich Komplexität auf zwar sichere, in ihren Zusammenhängen aber nicht überschaubare Datenkonstellationen in der Umwelt als auch bei Transaktionspartnern beziehen. Es stellt sich die Frage, inwiefern diese Quellen von Unsicherheit für die hier betrachteten umweltpolitischen Akteure von Relevanz sind.

In der Umweltpolitik sind zwei Formen der Umweltunsicherheit von besonderer Bedeutung. Dies ist zum einen die unsichere Kenntnis der Belastbarkeit von Ökosystemen und der genauen Schädlichkeit von Stoffen und Emissionen.[66] So ist in vielen Fällen aus naturwissenschaftlicher Sicht nicht zu beurteilen, ob eine bestimmte ökosystemare Veränderung eine

---

62 Vgl. auch BALKS (1995), S. 98, die dieselbe Annahme für ihre Principal-Agent-Untersuchungen trifft.

63 Dieser Einflußfaktor für eine geeignete Koordination umweltpolitischer Transaktionen wird in Gliederungspunkt III.B.4 dargestellt.

64 Vgl. hierzu die Ausführungen unter Gliederungspunkt III.A.2.3.2.1.

65 Der Umweltbegriff ist hier wie auch bei den Termini „Umweltunsicherheit", „Umweltkonstellationen" stets im Sinne der Neuen Institutionenökonomik auf den technischen, politischen und gesellschaftlichen Rahmen zu beziehen.

66 Vgl. ENQUETE-KOMMISSION (1993), S. 4 und WALTER (1989), S. 59 ff.

empfindliche Störung darstellt.[67] Neben dieses Bewertungsproblem tritt zudem ein Komplexitätsproblem.[68] Ökologische Zusammenhänge erweisen sich als dermaßen komplex, daß die bestehenden Interdependenzen bisher in kaum befriedigender Weise aufgezeigt werden können.[69] HABER stellt fest, daß das Leben in ökologischen Systemen „in all seinen Erscheinungsformen und Abläufen mit Wachstum und Vermehrung, also mit *Dynamik*, Unberechenbarkeit, Ungewißheit und Zufällen behaftet"[70] ist. Die Natur entpuppt sich somit als dermaßen komplexes und ungewisses Gebilde,[71] daß auch hier gilt, „(that) there is likely to be a considerable gap between the real environment of a decision ... and the environment as the actors perceive it."[72]

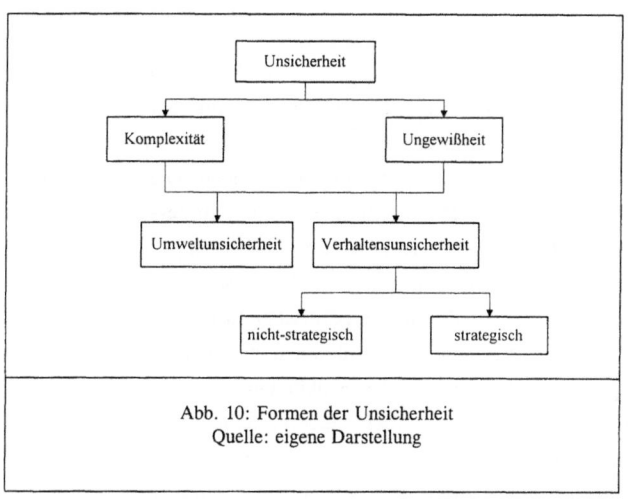

Abb. 10: Formen der Unsicherheit
Quelle: eigene Darstellung

---

67   Vgl. RENNINGS (1994), S. 112.

68   Vgl. auch RAT VON SACHVERSTÄNDIGEN FÜR UMWELTFRAGEN (1994), Tz. 109 ff.

69   Vgl. BONUS (1992 b), S. 142 f.; EWERS (1986 b) und EWERS (1988), S. 75 ff. Die ökologischen Informationslücken lassen sich kategorisieren in fehlende Kenntnisse darüber, welche Stoffe wie schädlich sind (Inzidenz), wie sie sich ausbreiten (Diffusion), wann sich deren Wirkung entfaltet (Latenz) und wie lange sie währt (Akkumulation), welche Konsequenzen sich aus dem Zusammentreffen mehrerer Schadstoffe ergeben (Synergie) und ob ein eingetretener Schaden nachträglich zu beheben ist (Reversibilität). Vgl. WALTER (1989), S. 60.

70   HABER (1993), S. 273 (Hervorhebung im Original).

71   Vgl. auch RAT VON SACHVERSTÄNDIGEN FÜR UMWELTFRAGEN (1994), Tz. 109 ff.

72   SIMON (1978), S. 8. Bezüglich dieses Zitates ist darauf hinzuweisen, daß SIMON den „environment"-Begriff im Sinne der Neuen Institutionenökonomik als den eine Entscheidung umgebenden Rahmen verwendet und nicht im Sinne der umweltökonomischen Definition benutzt.

SIMON unterscheidet konsequenterweise in „substantielle" und „prozedurale" Rationalität. Substantielle Rationalität steht dabei für die in der neoklassischen Theorie meist verwendete Annahme, daß die Individuen strikte Wohlfahrtsmaximierer sind. Sie geben sich mit nichts weniger als dem nutzenbesten Zustand zufrieden, und auch ihre Erwartungen gehorchen diesem Kalkül.[73] Ein solcher Rationalitätsbegriff erscheint aber allenfalls als akzeptabel in einer statischen Welt mit einfach strukturierten Problemen. Er muß hingegen kapitulieren in einer Welt, die von dynamischen, hochkomplexen Situationen gekennzeichnet ist. Hier sind die Resultate menschlicher Wahlhandlungen gar nicht zu überblicken, so daß es den Individuen nicht möglich ist, wohlfahrtsmaximierende Entscheidungen zu treffen. Folglich ist es sinnvoll, sich näher mit den Prozessen menschlicher Entscheidungsfindung auseinanderzusetzen und einen dementsprechenden prozeduralen Rationalitätsbegriff zu unterstellen.[74] Eine Theorie prozeduraler Rationalität ist jedoch gerade erst im Aufbau begriffen.[75]

Für die Umweltpolitik impliziert die Komplexität und Ungewißheit der Entscheidungssituationen, daß sie weit davon entfernt ist, wohlfahrtsmaximierende Umweltziele definieren zu können.[76] Die Setzung von Umweltstandards erfolgt vielmehr unter Unsicherheit und kann im Zeitablauf Revisionen gesetzter Ziele zur Folge haben. Die Zielfindung sollte dann wenigstens einem rationalen Entscheidungsprozeß folgen, zu dessen Förderung formale Kriterien und Instrumente formuliert werden können.[77] Dies ist aber nicht Gegenstand der vorliegenden Arbeit. Gleichwohl strahlt die umweltpolitische Zielebene auf die nachgelagerte Umsetzung dieser Ziele mit Hilfe umweltpolitischer Instrumente aus: die Veränderung von Umweltstandards führt stets auch zu Friktionen bei den unter Unsicherheit agierenden Emittenten. So wird beispielsweise das Kalkül eines Autokäufers, sich zwischen einem benzinbetriebenen und einem steuerlich bessergestellten dieselbetriebenen PKW zu entscheiden, mehrfach konterkariert, wenn binnen kurzer Zeit dieselbetriebene Fahrzeuge wegen ihrer angeblichen Umweltschonung zunächst vollständig steuerbefreit werden, um dann mit einer Strafsteuer belegt zu werden, weil die ausgestoßenen Rußpartikel als extrem kar-

---

73 Vgl. SIMON (1978), S. 2.

74 Vgl. auch NORTH (1992 b), S. 13 ff.

75 Vgl. SIMON (1978), S. 14 f. SELTEN (1990) betont entsprechend die Notwendigkeit (bisher vernachlässigter) experimenteller Forschung, um zu genaueren Aussagen zu den Prozessen menschlicher Entscheidungsfindung zu gelangen.

76 MORONE und WOODHOUSE geben einen guten Überblick über die Probleme, die bei der Setzung von Umweltstandards für toxische Stoffe, die Kern- und Gentechnologie sowie bei Gefahren für die Ozonschicht und den Treibhauseffekt bestehen. Vgl. MORONE / WOODHOUSE (1993).

77 Vgl. hierzu EWERS / HASSEL (1996 a), S. 25 und AKADEMIE DER WISSENSCHAFTEN ZU BERLIN (1992), S. 345 ff.

zinogen eingestuft werden.[78] Eine solche „erratische Politik" des Staates stellt sich nach außen als opportunistisch dar. Das ist sie aber nicht. Sie ist allein Ausdruck des Umstandes, daß die Umweltqualitätsziele in einer hochkomplexen, unsicheren Entscheidungssituation festgelegt werden müssen. Die Folgen staatlicherseits bestehender Unsicherheit bezüglich ökologischer Zusammenhänge spüren die Emittenten sodann in Form geänderter Umweltnormen.[79]

Neben dieser Unsicherheit, die der Staat allerdings in Form geänderter Umweltstandards an die Emittenten weitergibt, trifft die Komplexität der Umwelt den Staat zum anderen in dem Moment, da er die gesetzten Standards zu gesamtwirtschaftlich minimalen Kosten erreichen will. Die zur kosteneffizienten Erreichung einer bestimmten Umweltqualität durchzuführenden Vermeidungsmaßnahmen sind zwar sicher, insofern als sie in einem vollständigen Entscheidungsbaum abbildbar wären. Angesichts der dezentral bei jedem einzelnen Emittenten verteilten Informationen über die jeweiligen Grenzvermeidungskosten und der nur beschränkten Kapazitäten bei den Umweltbehörden, diese Informationen zu sammeln und zu verarbeiten, muß eine staatliche Planung kostenminimaler Emissionsvermeidung aber scheitern. Der Staat sieht sich also auch bei der Umsetzung seiner Umweltziele einer hochkomplexen und zudem dynamischen, sich im Zeitablauf ändernden Transaktionsatmosphäre gegenüber.[80]

Bisher wurden die Komplexität und Ungewißheit ökologischer Zusammenhänge als exogene Faktoren einer für die umweltpolitischen Akteure unsicheren Entscheidungswelt betrachtet. Wie in Abbildung 10 zu erkennen, tritt neben die Umweltunsicherheit die Unwägbarkeit des Verhaltens von Transaktionspartnern als ein weiterer Unsicherheitsfaktor hinzu. Verhaltensunsicherheit kann dabei strategischer und nicht-strategischer Natur sein.

Nicht-strategische Verhaltensunsicherheit ist bei der Nutzung von Umweltgütern von eher untergeordneter Bedeutung. Sie kann zum Beispiel darüber entstehen, daß Kommunikationsprobleme zwischen den Transaktionspartnern zu Mißverständnissen bei der Durchführung von Transaktionen führen. Zu denken ist etwa an Anpassungsmaßnahmen in der Vermeidungstechnik eines Unternehmens, die aber nicht der Auflage entsprechen, so wie sie die erlassende Behörde versteht. Oder die Abgabenzahlungen eines Emittenten entsprechen nicht den durch die Behörde ermittelten Summen. Hierfür muß nicht eine bewußt falsche

---

78 Vgl. zu dieser Problematik BONUS (1992 b), S. 143 und BANK (1995), S. 636.

79 Vgl. auch KEMPER (1989), S. 129.

80 Zur Komplexität ökologischer Systeme und den unüberwindbaren Problemen, diese zentral zu steuern, vgl. BONUS (1992 a).

Interpretation der Auflage oder eine gewollte Abgabenhinterziehung verantwortlich sein. Ebenso kann der Grund darin liegen, daß der Emittent nicht genügend Aufschluß über die Inhalte der Auflage besitzt oder nicht die geltende Abgabenbemessungsgrundlage oder die gültigen Abgabesätze kennt. Solche Verhaltensunsicherheiten sind eher „unschuldiger Natur" und durch eine intensivere Informationspolitik zwischen den Transaktionspartnern oder über Schulungsmaßnahmen zu beheben.

Bedeutender ist hingegen die strategische Verhaltensunsicherheit, deren Ursache im möglichen Opportunismus eines der an der Transaktion Beteiligten liegt. Wie bereits unter Gliederungspunkt III.B.2 dargelegt, soll die Opportunismusannahme für den Staat in dieser Arbeit aber nicht gemacht werden. Vielmehr verhält er sich den Emittenten „wohlwollend" gegenüber und nutzt bestehende Abhängigkeiten nicht aus. Folglich besteht im Modell keine strategische Verhaltensunsicherheit auf seiten der Emittenten.

Für die Emittenten soll hingegen opportunistisches Verhalten unterstellt werden. Sie sind bereit, vor der Transaktion bestehende oder sich ex post ergebende Informationsasymmetrien auszunutzen und gegen den „Geist einer getroffenen Vereinbarung" zu verstoßen. Ein solcher Verstoß mag insbesondere darin bestehen, Umweltgüter in einem größeren als dem mit dem Staat vereinbarten Umfang zu nutzen, sprich: unerlaubt zu emittieren. Ein solches Verhalten lohnt sich für den Emittenten, wenn der Nutzen aus dieser Aktivität die Kosten der Sanktionierung multipliziert mit der Wahrscheinlichkeit entdeckt zu werden übersteigt.

Der Staat sieht sich somit zweierlei Formen von Unsicherheit gegenüber: die eine entspringt der Komplexität der Umwelt, die den Staat in die Machtlosigkeit versetzt, die kostenminimale Erreichung von Umweltstandards zentral zu planen. Die andere ergibt sich aus dem möglichen opportunistischen Verhalten seitens der Emittenten. In der Realität werden auch die Emittenten mit Verhaltens- und Umweltunsicherheit konfrontiert. Im Modell wird allerdings die Annahme opportunistischen Verhaltens seitens der staatlichen Agenten ausgeschlossen. Es verbleibt allein die Unsicherheit, daß in der Zukunft unvorhersehbar Umweltstandards verändert werden und dies sich auf die einzelwirtschaftliche Position auswirkt.

Unsicherheit wird allerdings erst zu dann zu einem Problem bei der Koordination von Transaktionen, wenn der betrachtete umweltpolitische Akteur spezifisch investiert. Dies führt uns zur zweiten Eigenschaft von Transaktionen.

3.2 Spezifität

Bei der Spezifität von Investitionen sind jene der Emittenten zu trennen von denen, die der Staat vornimmt. Im folgenden sollen zunächst die Investitionen der Emittenten betrachtet werden. Daran anschließend wird untersucht, welche spezifischen Investitionen der Staat tätigt.

3.2.1 Spezifische Investitionen der Emittenten

Mit dem Transfer von Verfügungsrechten über Umweltressourcen vom Staat auf die Emittenten erhalten letztere die Möglichkeit, Umweltgüter in einer bestimmten Art und Weise zu nutzen. Eine Chemiefabrik, die die ihr gemachten Auflagen gemäß Bundesimmissionsschutzgesetz erfüllt, ist beispielsweise berechtigt, bestimmte Schadstoffe in die Luft zu entlassen. Ebenso darf ein Papierfabrikant unter Einhaltung der ihm auferlegten Vermeidungsmaßnahmen und unter Zahlung entsprechender Abgaben Abwässer in einen Vorfluter einleiten. Wie diese Beispiele zeigen, ist das Recht zur Emission in der Regel aber kein unbegrenztes Recht. Vielmehr müssen die Emittenten auch in Verfahren zum Schutz der Umwelt investieren. Hinsichtlich der hier verwendeten Technologien unterscheidet man in integrierte, additive und nachsorgende Konzepte,[81] die im folgenden kurz dargestellt werden, da von ihnen - insbesondere von den beiden erstgenannten Verfahren - Rückschlüsse auf spezifische Investitionen der Emittenten getätigt werden können, die in der Transaktionsbeziehung zum Staat von Bedeutung sind.

* Integrierte Umweltschutztechnologien sind dadurch gekennzeichnet, daß im Wege geänderter Produktionsprozesse Emissionen vermindert werden. Diese auch als prozeßorientierte Vermeidung bezeichnete Strategie verfolgt das Ziel, durch Umgestaltungen im Herstellungsverfahren von Gütern die emissionsbezogene Effizienz der eingesetzten Ressourcen zu steigern.[82] Modelltheoretisch gesprochen kann man das Kennzeichen integrierter Verfahren wie folgt festhalten:[83] unterscheidet man einen Vektor der Rohemissionen, der als Kuppelprodukt bei der Produktion eines Gutes pro Outputeinheit entsteht, und einen Vektor der Umweltemissionen, der die letztendlich in die Umwelt gelangenden Schadstoffe beschreibt, so entspricht bei prozeßorientierten Technologien der Vektor der Rohemissionen dem der Umweltemissionen. Die Rohemissionen erfüllen dabei die angestrebte ökologische Norm. Ein Beispiel für eine integrierte Vermei-

---

81 Vgl. WALTER (1989), S. 84 f.

82 Vgl. WALTER (1989), S. 84.

83 Vgl. hierzu HARTJE / LURIE (1984), S. 6 f.

dungstechnologie bildet der Magermotor. Bei seiner Nutzung werden Treibstoffe besser verbrannt, so daß die Emissionen je Leistungseinheit unter denen herkömmlicher Motoren liegen.[84] Auch die modulhafte Gestaltung von Produkten und eingepaßte Recyclingverfahren fallen in diese Rubrik von Vermeidungstechnologien.[85] Ist beispielsweise bei einem Defekt eines Kopiergerätes allein ein Teil auszuwechseln, so ist die Materialintensität pro Kopie geringer zu veranschlagen als bei einem Gerät, das vollständig erneuert werden muß.[86]

* Additive Umweltschutztechnologien sind nachgeschaltete Reinigungsverfahren, die den bisherigen Produktionsprozeß unverändert lassen. Im Produktionsprozeß entstandene Emissionen werden als Inputs der „end-of-pipe" Technologie[87] behandelt und so modifiziert, daß sie weniger belastend oder einfacher lagerbar sind oder in einem geänderten Aggregatzustand auf das belastete Umweltmedium treffen.[88] Die Rohemissionen, die als Kuppelprodukt bei der Güterproduktion entstehen, unterscheiden sich von den Umweltemissionen. Sie werden einem nachgestellten Reinigungsverfahren unterzogen, in dem sie in einen präfarablen Zustand transformiert werden. Erst die Umweltemissionen, nicht aber die Rohemissionen, erfüllen das avisierte Umweltqualitätsziel.[89] Typische „add-on" Technologien sind Filteranlagen, die dem normalen Produktionsprozeß angegliedert werden. Zur Verminderung des Schwefelgehaltes in den Luftemissionen großer Feuerungsanlagen wurden in Deutschland zum Beispiel Rauchgasentschwefelungsanlagen in Kraftwerken installiert. Diese filtern den Schwefel aus und binden ihn in Gips. Während die Rohemissionen der Kraftwerkstechnik noch nicht dem angestrebten ökologischen Standard genügen, wird dies durch die Ausfiltrierung des Schwefels erreicht. Dabei werden nicht die Mengen des Schwefelausstoßes, sondern allein Eigenschaften der Emission, hier die Lagerfähigkeit und Schädlichkeit, verändert.

* Eine dritte Kategorie von Umweltschutztechnologien bilden nachsorgende Verfahren. Für sie ist charakteristisch, daß sie erst nach Verteilung der Emissionen im Raum ihre Schutzwirkung ansetzen. Sie beeinflussen also weder direkt die Rohemissionen noch nachgeschaltet die Umweltemissionen. Sie haben vielmehr die Minderung von aus

---

84 Vgl. WALTER (1989), S. 82.
85 Vgl. auch BANK (1995), S. 32.
86 Zu solchen Entwicklungen bei Kopiergeräteherstellern vgl. STAHEL (1994), S. 84.
87 Die Begriffe „add-on" und „end-of-pipe" Technologien sind Synonyme für nachgeschaltete Reinigungsverfahren.
88 Vgl. HARTJE (1990), S. 140.
89 Vgl. HARTJE / LURIE (1984), S. 6 f.

Schadstoffeinträgen folgenden Immissionen zum Ziel. Beispielhaft für solche Verfahren der Umweltreparatur seien Versuche genannt, Fluor-Chlor-Kohlenwasserstoffe vor Erreichen der Ozonschicht in chemisch harmlose Substanzen umzuwandeln.[90] Da nachsorgende Umweltschutztechnologien in ihrer Schutzwirkung erst sehr spät ansetzen und zudem meist weitaus teurer sind als die beiden anderen genannten Technologiealternativen, beschränkt sich ihre Anwendung in der Praxis auf Umweltprobleme, deren Gefährlichkeit erst erkannt wird, nachdem die Umweltimmission bereits existiert.[91] Sie besitzen in der gegenwärtigen Umwelttechnologiediskussion aber kaum an Bedeutung,[92] da sich die Aufgaben der Umweltpolitik von der Umweltreparatur hin zu einem vorsorgeorientierten Umweltschutz verlagert haben,[93] und werden infolgedessen in der folgenden Analyse auch nicht weiter betrachtet.

Klassifiziert man die beiden anderen Technologievarianten unter ökologischen Kriterien, so sind integrierte gegenüber additiven Technologien zu präferieren. Statt einer nur medialen Belastungsverlagerung bei additiven erfolgt bei integrierten Technologien eine medienübergreifende Belastungsvermeidung.[94] Aus betriebswirtschaftlicher Sicht besitzt die Anwendung additiver Technologien jedoch komparative Vorteile: Grundlage der Entscheidung eines Unternehmers über die zu verwendende Vermeidungstechnologie sind die mit dem jeweiligen Verfahren verbundenen betriebswirtschaftlichen Kosten. Er wird bei gleicher Reinigungsleistung jenes Verfahren mit den für ihn geringsten Kosten wählen. Unter der Annahme, der Unternehmer ist ein Newcomer am Markt oder erwägt eine Investition in eine weitere, neue Produktion, vergleicht er die Gesamtkosten einer integrierten Produktionstechnologie mit jenen einer Produktion unter Hinzunahme eines „end-of-pipe" Verfahrens. Für diesen Fall stehen die beiden Vermeidungsvarianten in unverzerrter Konkurrenz zueinander.[95] Dieses Bild ändert sich aber, wenn man annimmt, daß der betrachtete Unternehmer bereits in eine Produktionsanlage spezifisch investiert hat. Bei der Wahl über eine Vermeidungstechnik gilt dann die Investition in die bestehende Produktionsanlage in Höhe

---

90 Vgl. WALTER (1989), S. 85.

91 So besteht ihr derzeitiges Haupteinsatzgebiet in der Sanierung von Altlasten. Zum Ausmaß dieses Problembereichs in Deutschland vgl. WICKE (1993), S. 92 ff.

92 Vgl. hierzu die sehr kurzen Abhandlungen zu nachsorgenden Technologien in WALTER (1989); HARTJE (1990); HARTJE / LURIE (1984); ZIMMERMANN (1988 b).

93 Vgl. CANSIER (1993), S. 66.

94 Vgl. ZIMMERMANN (1985), S. 26; STEGER (1990), S. 34 f.

95 Allerdings ergeben sich Vorteile für eine Vermeidungsvariante, wenn an einem bestehenden Standort bereits Erfahrungen mit einer bestimmten Reinigungstechnologie gewonnen wurden und diese sich bei entsprechender Anwendung in der neuen Anlage nutzen lassen. Solch Erfahrungswissen besteht für die bisher nicht genutzte Technologieart nicht.

ihres Wertverlustes bei Einsatz in einer zweitbesten Verwendung als „sunk".[96] Es kommt folglich erst zur Anwendung integrierter Umweltschutztechnologien, wenn die Gesamtkosten der Produktion in einer neu erbauten Anlage mit einem integrierten Vermeidungssystem geringer ausfallen als die variablen Kosten der Produktion mit der existierenden Anlage zuzüglich der Kosten für ein vergleichbares „end-of-pipe" System und dem Wert der Anlage in der zweitbesten Verwendung.[97] Zudem können sich Anpassungs- und Umstellungskosten auf das Entscheidungskalkül des Emittenten auswirken. Anpassungen und Umstellungen konzentrieren sich bei additiven Technologien nämlich allein auf den nachgeschalteten Prozeß, während integrierte Verfahren die Bewältigung eines vollständig neuen Produktionsprozesses erfordern.[98] Darüber hinaus können mit dem Übergang zu einem anderen Produktionsverfahren spezifische Humankapitalinvestitionen verloren gehen, wenn im Wege von „learning by doing" oder Ausbildungsmaßnahmen Kenntnisse erworben wurden, deren Einsatz bei der neuen Technologie weniger oder keinen Nutzen mehr erbringt.[99] In einer solchen Situation kann sich das Vorteilhaftigkeitskalkül weiter zugunsten additiver Technologien neigen.

Ist erst einmal eine Entscheidung zugunsten einer Technologie gefallen, - und die obigen Argumente legen nahe, daß ein Hang zu additiven Verfahren besteht -, so bedeutet dies bei einer anstehenden neuen Entscheidung über die zu verwendende Vermeidungsart einen weiteren Wettbewerbsvorteil für die bereits installierte Technologie.[100] Im Umgang mit der „alten" Reinigungstechnik wurde spezifisches Humankapital gebildet, das beim Übergang zu einer anderen Art von Vermeidungsverfahren entwertet würde.[101] Zudem erweist sich eine weitere additive Technologie als besser kompatibel zu bestehenden Produktions- und Emissionsvermeidungsverfahren. Die ex ante wettbewerbliche Lage hat sich somit im Wege einer „fundamentalen Transformation"[102] aufgrund spezifischer Investitionen in eine vorteilhafte Situation für die bereits installierte (meist additive) Technologie gewandelt.[103] Ist der

---

96 Zur Bedeutung von versunkenen Kosten in belastungsintensiven Produktionssektoren vgl. HARTJE (1990), S. 149.

97 Vgl. HARTJE (1990), S. 149 f.

98 Vgl. ZIMMERMANN (1988 b), S. 211.

99 Vgl. ZIMMERMANN (1985), S. 30 ff.

100 In der Literatur zum umwelttechnischen Fortschritt wird dieses Phänomen auch unter dem Stichwort „Stammbaumdiskussion" geführt. Vgl. WALTER (1989), S. 85 ff.

101 Dieses Argument bezieht sich auf Erfahrungslernen im Umgang mit der bestehenden additiven Vermeidungstechnologie. Daneben bestehen natürlich weiterhin die über „learning by doing" erworbenen Kenntnisse in der Bedienung der bestehenden Produktionstechnologie.

102 Vgl. hierzu auch Gliederungspunkt III.A.2.3.2.2.

103 Vgl. WALTER (1989), S. 87.

Pfad zugunsten nachgeschalteter Reinigungsverfahren erst eingeschlagen, so erscheint ein Wechsel der Technologieart zu einem Prozeßsystem somit als unwahrscheinlich. Betriebswirtschaftliche Kostenvorteile für integrierte Verfahren ergeben sich erst in Bereichen sehr scharfer Emissionsreduktion[104] und mit Übergang der staatlichen Umweltpolitik zu einem umfassenden, alle betrieblichen Ebenen betreffenden Umweltschutz. Diesen zu gewährleisten „könne aber zunehmend nur noch durch integrierten Umweltschutz gelingen."[105]

Empirische Untersuchungen stützen die hier angestellten Überlegungen zur Überlegenheit additiver Emissionslösungen aus betriebswirtschaftlicher Sicht. Der Anteil der prozeßtechnologischen Emissionsvermeidungsinvestitionen an den gesamten Umweltschutzinvestitionen hat in den siebziger und achtziger Jahren sowohl in Deutschland als auch den USA nie die 20 %-Marke wesentlich überschritten.[106] Nach Angaben des Statistischen Bundesamtes ist der Anteil integrierter Schutztechnologien bis 1990 sogar auf unter 15 % gesunken, während additive Technologien 85 % der umweltschützenden Investitionen betragen.[107] HALSTRICK-SCHWENK u.a. machen jedoch darauf aufmerksam, daß aus erhebungstechnischen Gründen eine Unterschätzung des Anteils von Investitionen in integrierte Technologien nicht auszuschließen sei. So sei es schwierig, den Anteil der Umweltschutzinvestitionen an neuen, mit integrierten Schutzverfahren arbeitenden Produktionsanlagen zu isolieren. HALSTRICK-SCHWENK u.a. gehen deswegen davon aus, daß der wahre Anteil integrierter Verfahren an den gesamten Umweltschutzinvestitionen die berechneten Werte übersteigt.[108]

Die bisherigen Ausführungen geben Aufschluß über die Parameter, die unabhängig von der Transaktionsbeziehung zum Staat bei der Wahl eines bestimmten Emissionsvermeidungsverfahrens durch eine Unternehmung eine Rolle spielen. Es fragt sich nun, ob die verschiedenen Vermeidungstechnologiearten auch in der Transaktionsbeziehung zum Staat spezifisch sind und ob sich diese Spezifität ebenfalls auf das Vorteilhaftigkeitskalkül des Emittenten auswirkt.[109] Dazu wird im folgenden eine Situation betrachtet, in der ein Emittent - ungeach-

---

104 Vgl. THOENES (1995), S. 244 und KLEPPER / MICHAELIS / MEHLAU (1995), S. 101 ff., die gemäß dem aktuellen Technologiestand klare Grenzen der Verminderung von Cadmium-Emissionen durch nachgeschaltete Reinigungsverfahren sehen. Integrierte Vermeidungstechnologien gewinnen jenseits dieser Grenzen an Attraktivität. Vgl. auch KLEPPER / MICHAELIS / MEHLAU (1995), S. 84.

105 HALSTRICK-SCHWENK u.a. (1994), S. 89.

106 Vgl. ZIMMERMANN (1988 a), S. 331; HARTJE (1990), S. 143.

107 Vgl. die nach Angaben des Statistischen Bundesamtes angestellten Berechnungen bei MICHAELIS (1993 a) S. 12. Die Zahlen beziehen sich auf die Umweltschutzinvestitionen für Luft- und Wasserreinhaltung im Produzierenden Gewerbe.

108 Vgl. HALSTRICK-SCHWENK u.a. (1994), S. 49.

109 Eine solche Analyse spezifischer Abhängigkeiten des Emittenten vom Staat wurde nach Kenntnis des Autors bisher noch nirgends durchgeführt.

tet seiner Transaktionsbeziehung zum Staat - bezüglich der Wahl zwischen einem integrierten und einem additiven Schadstoffvermeidungsverfahren indifferent ist. Annahmegemäß besitzen beide Technologiealternativen dieselbe Lebensdauer und werden hinsichtlich ihrer Vermeidungsleistung gleich beurteilt. Ist ex ante noch in keiner Weise spezifisch investiert worden, besteht auf seiten des Emittenten Indifferenz zwischen den Technologiealternativen, wenn die abgezinsten Kosten einer Produktion mit integrierter Vermeidung gleich den abgezinsten Kosten einer Produktion mit nachgeschalteter Vermeidung sind. Für den Fall, daß der Emittent bereits spezifisch in eine Produktionsanlage investiert hat, ist Indifferenz gegeben, wenn die abgezinsten Kosten einer Produktion mit integrierter Emissionsvermeidung abzüglich dem Wert der bestehenden Anlage in der zweitbesten Verwendung den abgezinsten variablen Kosten der Produktion mit der alten Anlage zuzüglich den Anschaffungskosten für die „end-of-pipe" Technologie entsprechen.

Allein die Kostenstruktur beider Verfahren unterscheidet sich. So kennzeichnet integrierte Technologien, daß sie mit weitaus höheren Investitionskosten verbunden sind als „add-on" Alternativen.[110] Zwar können „end-of-pipe" Technologien einen durchaus hohen Anteil an einzelnen Investitionen ausmachen, der in Einzelfällen bis zu 30 % beträgt.[111] In der Regel sind prozeßorientierte Vermeidungsverfahren jedoch weitaus kapitalkostenintensiver.[112] Die Installierung einer Wirbelschichtfeuerung zur verfahrensintegrierten Entschwefelung von Rauchgasen ist beispielsweise doppelt so teuer wie ein ebenso wirksamer, nachgeschalteter Rauchgasfilter.[113] HARTJE und LURIE verweisen für den Fall bereits bestehender spezifischer Investitionen in eine Produktionsanlage darauf, daß der Abriß einer alten Kupferhütte und der Bau einer Neuanlage mit integrierter Emissionsvermeidung 600 bis 700 Mio US-Dollar kostet, während für den Weiterbetrieb der alten Anlage unter Einbau einer ebenso effektiven „end-of-pipe" Emissionsminderung nur ca. 100 Mio US-Dollar aufzuwenden sind.[114] Demgegenüber sind die laufenden Kosten der Emissionsvermeidung bei integrierten Verfah-

---

110 Vgl. ZIMMERMANN (1985), S. 29.

111 Vgl. HARTJE (1990), S. 166. Zu den astronomisch hohen Kosten nachgeschalteter Reinigungsverfahren zur Erfüllung einzelwirtschaftlicher Umweltstandards vgl. auch die von BONUS (1996 b) gemachten Fallstudien zur Benzol- und Kohlenwasserstoffregulierung in der Bundesrepublik Deutschland.

112 Zur hohen Kapitalintensität integrierter Vermeidungsmaßnahmen vgl. auch THOENES (1995), S. 244. Dagegen betont RENTZ, O. (1995), S. 68, daß verfahrensintegrierter Umweltschutz in einigen Fällen nur geringer Investitionen bedarf. Er verweist als Beispiel auf die Lösemittelabsenkung in Produkten. Demgegenüber zitiert STEGER (1990), S. 39 den empirischen Fall, daß der Wechsel von konventionellen Lacken auf sog. „wasserlösliche Lacke" in der Automobilindustrie als integrierte Technologie 15 mal höhere Investitionskosten nach sich zog als der Einbau additiver Reinigungsalternativen.

113 Vgl. HARTJE (1990), S. 166.

114 Vgl. HARTJE / LURIE (1984), S. 16.

ren niedriger als bei „add-on" Technologien.[115] Während nämlich additive Verfahren in der Regel mit jeder weiteren zu reduzierenden Schadeinheit zusätzliche Kosten verursachen, ist die Emissionsvermeidung bei integrierten Technologien das Ergebnis einer einmaligen Veränderung des gesamten Produktionsprozesses. So vermeidet eine Produktionsanlage zur Herstellung von Pigmentvorprodukten mit integriertem Umweltschutz ex ante weitgehend die Entstehung von Abwässern und Abfall, die infolgedessen nicht teuer entsorgt werden müssen.[116] Ist diese Prozeßänderung erfolgt, braucht dem Emissionsausstoß allenfalls eine überwachende Aufmerksamkeit gewidmet werden.[117]

Aus den unterschiedlichen Kostenstrukturen beider Verfahrensalternativen ergeben sich nun Folgen bezüglich deren Spezifität in bezug auf die Transaktionsbeziehung zum Staat. Um dies darzustellen, wird im folgenden angenommen, der Staat habe nach Installation einer Reinigungstechnologie durch den betrachteten Emittenten neue wissenschaftliche Erkenntnisse hinsichtlich der Schädlichkeit des in Frage stehenden Schadstoffs gewonnen. Demnach sei die Gefährlichkeit des Stoffes bisher unterschätzt worden, so daß der bisher herrschende Umweltqualitätsstandard revidiert und verschärft werden muß. Infolge der Verschärfung des Umweltziels ändern sich nun aber auch die individuellen Opportunitätskosten der Umweltnutzung für den Emittenten. Annahmegemäß sei in einem Fall (a) die Umstellung auf ein vollständig neues, integriertes Produktionsverfahren die beste Anpassungsstrategie, in einem Fall (b) sei die Nachschaltung einer „end-of-pipe" Technik vorteilhaft.

Fall (a)

Stellt der Emittent gemäß Fall (a) auf ein bisher nicht verwendetes prozeßorientiertes Vermeidungsverfahren um, so stellt sich die Frage, welche Wertverluste er bei der bestehenden Anlage hinzunehmen hat. Unter der Annahme, daß sowohl die integrierte als auch die additive Vermeidungsvariante (incl. Produktionsanlage) vollständig an Wert verlieren, zeigt sich, daß der Emittent bei Wahl der integrierten Technik spezifischer investiert hat als bei der „add-on" Alternative. Die (bei der integrierten Vermeidung höheren) Investitionskosten sind vollständig „sunk" und damit abzuschreiben. Die (bei der nachgeschalteten Reinigungstechnik höheren) laufenden Kosten der Emissionsvermeidung sind hingegen nicht spezifischer Natur, da sie mit Übergang auf die neue Verhinderungstechnik für die Zukunft

115 Vgl. HALSTRICK-SCHWENK u.a. (1994), S. 89.

116 Vgl. HOECHST AG (1994), S. 14, zitiert nach HALSTRICK-SCHWENK u.a. (1994), S. 89, Anmerkung 51.

117 Analog hierzu berechnen KLEPPER / MICHAELIS / MEHLAU (1995), S. 110 bei der Vermeidung von Cadmium-Emissionen in Großfeuerungsanlagen für „end-of-pipe" Verfahren Vermeidungskosten von DM 2000 bis DM 5000 je Kilogramm Cadmium, während die Grenzvermeidungskosten bei integrierten Verfahren praktisch bei Null liegen.

eingespart werden können und damit reversibel sind. Der Emittent riskiert mit Einbau der integrierten Vermeidungstechnik somit den Verlust einer höheren Quasirente als bei Verwendung der additiven Alternative.

Auch in der Situation, daß die Anlagen nicht vollständig an Wert verlieren, sondern durchaus einen Verkaufserlös erbringen, ist anzunehmen, daß die Installation der prozeßorientierten Vermeidungstechnologie die spezifischere Investition darstellt. Die Produktionsanlage mit additiver Emissionsverhinderungstechnik kann aufgrund ihrer Separabilität in Produktion und anschließende Schadstoffvermeidung nämlich auf drei Märkten angeboten werden: dem Markt für die Produktionsanlage, dem für „end-of-pipe" Techniken und dem dritten für eine Produktionsanlage samt Vermeidungstechnologie. Dabei kommt „add-on" Technologien zugute, daß sie aufgrund ihrer Unabhängigkeit von der Produktionsanlage nicht unbedingt branchen- oder prozeßspezialisiert sind,[118] so daß sie auch relativ gut in anderen Verwendungen genutzt werden können. Demgegenüber ist die Produktionsanlage mit integrierter Vermeidung allein auf dem letztgenannten Markt zu handeln. Ein Verkauf von Einzelteilen ist hier technisch nicht gegeben. Die Möglichkeit, ein Gut zu zerlegen und in Teilen anzubieten, erhöht natürlich die Chancen seines Verkaufs und damit den zu kalkulierenden Wert in seiner zweitbesten Verwendung.[119] Dies wiederum senkt den Wert der gefährdeten Quasirente bei der additiven gegenüber der integrierten Vermeidungsvariante.

* Fall (b)

Ist - wie für Fall (b) angenommen - die Nachschaltung einer „end-of-pipe" Technik auf den bisherigen Produktions- und Vermeidungsprozeß vorteilhaft, so wird bei Wahl zwischen additiver und integrierter Variante gleichermaßen spezifisch investiert, wenn diese „end-of-pipe" Technologie für beide Verfahren gleich verfügbar ist. Die Anpassung an die betriebswirtschaftlich optimale Vermeidungsstrategie ist dann für beide Alternativen gleich teuer, so daß weiter Indifferenz zwischen ihnen besteht. Zwei Gründe sprechen jedoch da-

---

118 Vgl. WALTER (1989), S. 90. Es gibt aber auch „end-of-pipe" Technologien, die auf die Emittenten zugeschnitten sind. So werden bei Kraftwerken beispielsweise Entschwefelungsanlagen genau auf die Qualität der zu verfeuernden Kohle abgestimmt. Vgl. PÖGGELER (1987), S. 56, zitiert nach WALTER (1989), S. 90, Anmerkung 35.

119 Werden die Chancen des Verkaufs der Anlagen insbesondere auf ausländischen Märkten gesehen, die im Vergleich zur Bundesrepublik in der Regel weitaus weniger stringente Umweltschutzanforderungen stellen, so lassen sich dort die bei umweltschutzintegrierten Produktionsverfahren gewonnenen Emissionsminderungen gegenüber Produktionsverfahren ohne entsprechenden Umweltschutz nicht oder nur in geringerem Maße in zusätzliche Erlöse ummünzen. Da keine oder kaum Nachfrage nach umweltschützenden Aktivitäten besteht, werden diese beim Kauf von Produktionsanlagen auch nicht oder nur wenig entgolten. Zur steigenden Bedeutung von Entwicklungs- und Schwellenländern bei der Produktion in belastungsintensiven Sektoren vgl. HARTJE (1990), S. 168.

für, daß das Aufstülpen einer „add-on" Technologie auf eine Produktionsanlage mit integriertem Umweltschutz schwieriger und damit teurer ist als deren Angliederung an ein bereits bestehendes „end-of-pipe" Verfahren.

1. Der Einbau einer „add-on" Reinigungstechnologie stört einen bestehenden Produktionsprozeß aufgrund ihrer Nachschaltung nur wenig, doch „müssen für den Betrieb der EOP-Anlage („end-of-pipe" Anlage, Anm. d. Verf.) neue Arbeitskräfte eingestellt oder alte umgeschult werden, müssen für sie die Lohnsätze und Arbeitsplatzbeschreibungen entwickelt werden."[120] Auch wenn diese Umstellung keinen sehr großen zusätzlichen Qualifikationsbedarf bei den Arbeitnehmern erfordert,[121] so erscheint es doch plausibel anzunehmen, daß in dem Fall, daß bereits eine nachgeschaltete Emissionsminderungstechnik besteht, diese Kosten geringer ausfallen, als wenn im Umgang mit „add-on" Technologien noch keine Erfahrungen gewonnen wurden. Viele Kosteneinsparungen, die aufgrund von „learning-by-doing" bei der bestehenden additiven Reinigungstechnik realisiert wurden, könnten auch bei der neuen „end-of-pipe" Lösung Anwendung finden. Demgegenüber sind solche Lernkurveneffekte natürlich nicht zu verwirklichen, wenn bis dato mit einer integrierten Vermeidungstechnologie gearbeitet wurde. Der Umgang mit einer nachgeschalteten Reinigungsvariante muß erst noch vollständig erlernt werden.

2. Ein zweites Argument zur Stützung der obigen These ist in der Anbieterstruktur von „end-of-pipe" Techniken zu finden. Empirischen Studien zufolge handelt es sich bei der überwiegenden Mehrheit der Anbieter additiver Reinigungstechnologien nämlich nicht um Unternehmen, die sich allein in diesem Markt engagieren, sondern um Anbieter, die ihren eigentlichen Aktivitätsschwerpunkt in der Investitions- und Produktionsgüterindustrie besitzen.[122] Die Entwicklung von „end-of-pipe" Techniken wird - wie HARTJE herausstellt - zur Unterstützung der Marktchancen der jeweiligen Industriegüter betrieben.[123] Dies impliziert, daß „add-on" Technologien trotz ihrer Unabhängigkeit vom eigentlichen Produktionsprozeß und der daraus resultierenden geringeren Branchen- und Prozeßspezialisierung[124] eher auf die von den Anbietern ebenfalls angebotenen Produktionsverfahren zugeschnitten sind. Da Anbieter von Produktionsanlagen mit inkorporierter Emissionsvermeidung diese Strategie der gleichzeitigen Entwicklung von

120 HARTJE (1990), S. 150 f.
121 Vgl. ZIMMERMANN (1988 b), S. 211.
122 Vgl. HARTJE (1990), S. 174.
123 Vgl. HARTJE (1990), S. 176.
124 Vgl. hierzu WALTER (1989), S. 90.

„end-of-pipe" Maßnahmen weniger verfolgen,[125] ist davon auszugehen, daß die Nach-
rüstung bestehender Anlagen mit einer „add-on" Technologie preiswerter für solche
Unternehmen ist, die bereits mit einer „end-of-pipe" Technologie gearbeitet haben.
Somit besteht auch von dieser Seite ein Bias zuungunsten der Anwendung integrierter
Vermeidungstechnologien.

Somit bestehen nicht nur betriebswirtschaftliche Vorteile der Anwendung additiver Reinigungstechnologien, die auf spezifischen Investitionen in bereits bestehende Produktionsanlagen beruhen. Auch spezifische Investitionen in bezug auf die Transaktionsbeziehung zum
Staat können das Kalkül zugunsten nachgeschalteter Verfahren beeinflussen. Die Verschärfung von Umweltstandards kann dazu führen, daß mit Wahl der integrierten Vermeidungsvariante ex post höhere Anpassungskosten an die dann vorteilhafte Emissionsminderungs-
strategie verbunden sind. Die verschiedenen oben angeführten Argumente legen nahe, daß
diese Anpassungskosten bei Wahl einer Produktions- plus additiver Reinigungstechnologie
niedriger liegen. Allerdings gibt es nach den Erkenntnissen des Autors weder Erhebungen,
die diese Überlegungen von empirischer Seite her stützen würden, noch Daten darüber,
welche Relevanz sie bei der einzelwirtschaftlichen Entscheidung über die einzubauende
Vermeidungstechnologie besitzen. Unabhängig hiervon bleibt jedoch festzuhalten, daß ein
Emittent - einerlei, ob er additiv oder integriert den Schadstoffausstoß vermeidet - mit Aufnahme der Produktion dem Staat gegenüber spezifisch investiert. Änderungen in der Ziel-
setzung staatlicher Umweltpolitik können diese Investitionen in Vermeidungstechnologien,
aber auch spezifische Investitionen in Produktionsanlagen in Teilen oder vollständig entwerten. Daran schließt sich die Frage an, inwieweit die alternativen umweltpolitischen Instrumente diese Abhängigkeiten absichern und damit vor den Auswirkungen staatlicher Um-
weltzieländerungen schützen können. Vor der Beantwortung dieser Frage sollen jedoch
noch die weiteren Eigenschaften der Transaktionen dargestellt werden. Dazu werden im
folgenden Gliederungspunkt spezifische Investitionen des Staates betrachtet.

3.2.2 Spezifische Investitionen des Staates

Während der Emittent spezifisch in Vermeidungstechnologien investiert, sind auf staatlicher
Seite zunächst keine spezifischen Investitionen festzustellen, die im Zuge der Aufnahme der
Transaktionsbeziehung mit den einzelnen Emittenten getätigt werden. Der Staat investiert
zwar in den Aufbau von Umweltbehörden und die Schulung speziell ausgebildeter Bürokra-

---

125 Vgl. zu den Zielen der Hersteller von Verfahrenstechnologien HARTJE (1990), S. 170 ff.

ten,[126] doch sind diese Investitionen nicht allein in einer speziellen Transaktionskette von Wert. Vielmehr ist das aufgebaute Kapital ebenso in vielen weiteren Transaktionsbeziehungen, die der Staat mit anderen Emittenten unterhält, zu verwenden.[127] Mit Abbruch einer Transaktionsbeziehung fallen die Rechte zur Umweltnutzung an ihn zurück, und er kann über sie frei in anderer Weise verfügen.

Aus diesem Ergebnis die Schlußfolgerung zu ziehen, der Staat gehe mit dem Transfer von Umweltnutzungsrechten keinerlei Abhängigkeiten gegenüber dem einzelnen Emittenten ein, ist jedoch voreilig. Vielleicht hat der Staat ja andernorts Quasirenten aufgebaut, die durch die neue, umweltpolitische Transaktionsbeziehung zu einem Emittenten gefährdet werden könnten. Zu untersuchen ist mithin, ober der Staat abgesehen vom Aufbau eines institutionellen Rahmens für die Umweltpolitik Investitionen getätigt hat, die gegen eine Entwertung geschützt werden müssen.

In diesem Zusammenhang sind die immensen Investitionen des Staates in den Aufbau einer Infrastruktur sowie die Investitionen seiner Gesellschaftsmitglieder in Human-, Sachkapital und soziale Bindungen von Bedeutung. Ein großer Teil des Wertes dieser Investitionen ist an den Erhalt örtlicher ökologischer Mindestbedingungen gebunden. Die natürlichen Lebensgrundlagen könnten aber durch umweltpolitische Transaktionen gefährdet werden, wenn überhohe Emissionen zu unmittelbaren und irreversiblen Schäden bei einzelnen Gesellschaftsmitgliedern oder der ganzen Gesellschaft führen. Die spezifischen Investitionen des Staates und seiner Individuen sind somit gegen eine teilweise oder sogar vollständige Entwertung durch das Übertreten mindestnotwendiger ökologischer Randbedingungen zu schützen.

---

126 Vgl. hierzu Gliederungspunkt III.C.3.

127 Abhängigkeiten des Staates bestehen indes, wenn er nicht viele Transaktionsbeziehungen zu verschiedenen Emittenten unterhält, sondern derer nur wenige (oder gar eine) bestehen. Eine solche Situation wird beispielsweise „künstlich" durch Selbstverpflichtungen der Wirtschaft geschaffen. Ein prägnantes Beispiel liefert hier der Aufbau des dualen Systems: Die einzelnen Produzenten und Händler wurden mit der Errichtung eines flächendeckenden, freiwilligen Rücknahmenetzes von der Rücknahmepflicht für Verkaufsverpackungen befreit. Alleiniger Transaktionspartner des Staates wurde der Antragsteller für die Befreiung, die Duales System Deutschland GmbH. Ein Abbruch der bestehenden Transaktionsbeziehung durch den Zusammenbruch des dualen Systems führt nun aber zu dem Verlust transaktionsspezifischer Investitionen des Staates in die Funktionsweise der Kooperationslösung. Der Zusammenbruch des dualen Systems zieht beispielsweise eine vollständige Neuordnung dieses Bereichs der Abfallwirtschaft nach sich. Zu den in diesem Zuge gefährdeten Quasirenten des Staates vgl. BONUS (1996 b), S. 7 - 15 und HÄDER / NIEBAUM (1997). Diese Problematik ist allerdings für die in dieser Arbeit betrachteten Instrumente nicht von Relevanz. Durch Auflagen, Abgaben und Zertifikate wird die Anzahl der Transaktionsbeziehungen des Staates nämlich nicht „künstlich" auf einige wenige Transaktionspartner verengt, sondern der Staat sieht sich vielen Adressaten seiner umweltpolitischen Regelungen gegenüber.

Allerdings sind bestehende Spezifitäten nicht mit jedem Transfer von Umweltnutzungsrechten gefährdet. Bei dem Gros der bekannten Schadstoffe - Beispiele sind CO_2, SO_2, NO_x - kann die Aktivität eines einzelnen betrachteten Emittenten keine ökologische Katastrophe herbeiführen. Zwar kann der Emittent sehr wohl seinen Schadstoffausstoß über das ihm zugestandene Maß ausdehnen; dies führt aber nicht gleich zu verheerenden Umweltwirkungen, so daß der Staat auch noch ex post, das heißt nach erfolgter unerlaubter Emission, rechtzeitig reagieren kann. Für andere, weitaus gefährlichere Schadstoffe, wird mit Übertritt bestimmter Grenzwerte hingegen ein irreversibler Umweltschaden angerichtet. Eine nachträgliche Sanktionierung des Emittenten greift zu spät, so daß bereits ex ante sichergestellt werden muß, daß es zu über die Gefahrschwellen hinausgehenden Emissionen nicht kommt. Beispiele hierfür bieten etwa die Kernenergie, die Gentechnik sowie viele gefährliche chemische Verbindungen (Dioxine...). Die Möglichkeit hiervon ausgehender ökologischer Katastrophen sollte der Staat bei der Ausgestaltung seines umweltpolitischen Instrumentariums berücksichtigen.

3.3 Häufigkeit

Eine weitere Eigenschaft von Transaktionen ist die Häufigkeit, mit der sie stattfinden. Aus Sicht des Staates ist bei umweltpolitischen Transaktionen eine große Häufigkeit festzustellen. Die Übertragung von Umweltnutzungsrechten auf Emittenten ist nicht ein einmaliges oder sehr seltenes Vorkommnis. Vielmehr finden solche Übertragungen regelmäßig wiederkehrend statt und besitzen von daher eine hohe Frequenz.

Aus Sicht des einzelnen Emittenten sind umweltpolitische Transaktionen hingegen weitaus seltener. Sie tätigen im Zuge eines Transfers von Umweltnutzungsrechten oftmals langfristige Investitionen, die sie auf lange Zeit binden. Im Extremfall mag ein Emittent über die Laufzeit seiner Anlage hinweg nur eine einzige diesbezügliche Transaktion bei Aufnahme des Betriebes vornehmen. Allerdings liegt dem eventuell nur einmaligen Übergang von Umweltnutzungsrechten nachfolgend eine permanente Beziehung[128] zwischen Emittent und Staat zugrunde. Während dieser Zeit kann der Staat aufgrund seiner Macht zur hoheitlichen Rechtsetzung ex post die Rechte zur Emission beschneiden.[129]

Diese Aussagen zur Häufigkeit umweltpolitischer Transaktionen nehmen bei der Analyse der Vorteilhaftigkeit alternativer Koordinationsstrukturen - wie in Gliederungspunkt III.B.5 dargestellt wird - in Verbindung mit der Transaktionsdimension Spezifität Einfluß auf eine

---

128 Vgl. BLÜMEL (1987), S. 125 f.
129 Vgl. Gliederungspunkt III.B.3.1.

effiziente Instrumentenwahl. Daneben ist die im folgenden zu erläuternde Positionierung plastischer Faktoren für eine geeignete Instrumentierung von Bedeutung.

4. Positionierung plastischer Faktoren

Neben den Dimensionen von Transaktionen spielt - wie unter Abschnitt III.A.2.3.3 dargestellt - die Positionierung plastischer Faktoren bei der Wahl geeigneter Koordinationsmechanismen eine wesentliche Rolle. Im folgenden soll deshalb zunächst geklärt werden, welche Bedeutung Plastizität bei umweltpolitischen Transaktionen besitzt. Daran anschließend wird erläutert, welche Determinanten die Positionierung plastischer Faktoren bestimmen.

Ziel des Staates in der Umweltpolitik ist die Bereitstellung einer bestimmten, vom politischen Sektor vorgegebenen Umweltqualität. Zur Erreichung dieses Ziels bedarf es an Anstrengungen der Individuen zur Reduktion von Emissionen. Bezüglich der Wahl geeigneter, kostengünstiger Maßnahmen zur Emissionsvermeidung besitzt der einzelne Emittent nun Informationsvorteile gegenüber der staatlichen Behörde. So kennt der Betreiber einer Produktionsanlage seinen Betrieb genau und besitzt von daher Wissensvorteile hinsichtlich der vielfältigen Ansatzmöglichkeiten für einen preiswerten Umweltschutz.[130] Er hat die lokale Nähe zu den Gegebenheiten vor Ort und weiß dementsprechend einzuschätzen, ob eine Inputsubstitution, der Einbau eines nachgeschalteten Filters, das Recycling von Abfallprodukten, eventuell nur kleine Änderungen am Produktionsprozeß oder gar Modifikationen des Produktes die beste Anpassungsstrategie zur Verhinderung von Emissionen darstellen.[131] Er besitzt somit idiosynkratisches Wissen[132], das auf jahrelanger Übung und Erfahrung basiert. Dieses Wissen umfaßt nicht zuletzt Kenntnisse um die individuellen Fertigkeiten seiner Mitarbeiter, die Eigenheiten von Maschinen und Betriebsstoffen sowie die Stärken und Schwächen interner Organisation, zu dessen Erwerb Instinkt sowie Berufs- und Lebenserfahrung benötigt werden. Der Staat hingegen kennt allenfalls standardisierte Vermeidungsmethoden, die in der Mehrzahl als „end-of-pipe" Verfahren dem Produktionsprozeß angegliedert werden.[133] Insofern ist die Emissionsvermeidung plastischer Natur[134]. Ein erfolgreicher, effizienter Einsatz an Produktionsfaktoren zur Verringerung von Schadstoffemissionen

---

130 Vgl. auch WALTER (1989), S. 105 zu den „intimen" Kenntnissen der Emittenten für eine effiziente Emissionsvermeidung.

131 Vgl. BONUS (1985 a), S. 33.

132 Vgl. hierzu Gliederungspunkt III.A.2.3.3.1.

133 Zur Bevorzugung von additiven Reinigungslösungen seitens der Umweltbehörden aufgrund ihrer leichteren Standardisierbarkeit vgl. WALTER (1989), S. 177 f.

134 Vgl. zum Plastizitätsbegriff Gliederungspunkt III.A.2.3.3.2.

bedarf gewisser Ermessensspielräume beim Emittenten. Der korrekte Einsatz des idiosynkratischen Wissens läßt sich nicht (oder nur zu prohibitiv hohen Kosten) durch staatlicherseits fixierte Regelungen vorschreiben, und auch der Inhalt des Ermessens ist nicht exakt zu
kodifizieren.

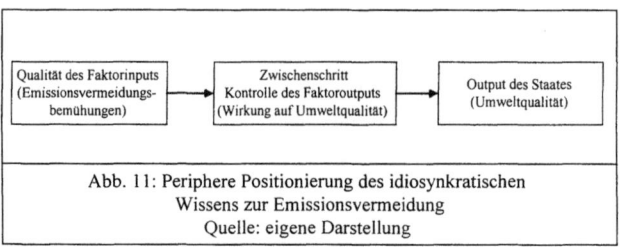

Abb. 11: Periphere Positionierung des idiosynkratischen
Wissens zur Emissionsvermeidung
Quelle: eigene Darstellung

Aus transaktionskostentheoretischer Sicht ist nun für eine geeignete Koordination des bei
den Emittenten liegenden plastischen Wissens relevant, ob der Faktor peripher oder zentral
zum Staat positioniert ist:[135] Ist der Faktor peripher positioniert, so kann die Qualität des
Endprodukts des Staates, nämlich die von ihm bereitgestellte Umweltqualität, separiert
werden von der Qualität des Inputs des jeweiligen Emittenten, den Bemühungen zur Emissionsvermeidung. Wie in Abbildung 11 dargestellt, kann der Staat die Qualität der Leistung
in einem Zwischenschritt am Faktoroutput des Emittenten messen. Auch wenn der Staat
nicht beurteilen kann, ob der Emittent sein idiosynkratisches Wissen angemessen eingesetzt
hat, so kann er doch das Produkt des Faktoreinsatzes, die verbleibenden Verschmutzungen
der Umwelt durch den Emittenten beobachten. Qualitativ minderwertige Leistungsabgaben
des Emittenten können anhand der daraus resultierenden hohen Beeinträchtigung der Umweltqualität identifiziert und nachfolgend dem physischen Verursacher angelastet werden.
Konstitutiv für die Peripherität idiosynkratischen Wissens zur Emissionsvermeidung ist
somit der Umstand, daß der Staat die Wirkungen des einzelnen Verursachers auf die Umweltqualität hinreichend genau beobachten kann. Ist dieser Kontrollschritt nicht gegeben, so
schlägt eine minderwertige Anwendung des Produktionsfaktors seitens des Emittenten direkt durch auf die Qualität des Outputs des Staates, ohne daß dieser das Fehlverhalten
sanktionieren kann. Wie in Abbildung 12 dargestellt, besitzt der Staat keine Möglichkeit,
die Qualität des Faktoreinsatzes an dem Produkt des Faktorinputs zu kontrollieren. Mangels
entsprechender Monitoring-Möglichkeiten kann der Emittent in diesem Fall seine Emissi-

---

135 Vgl. hierzu Gliederungspunkt III.A.2.3.3.3.

onsvermeidungsbemühungen unbemerkt zu Lasten der bereitgestellten Umweltqualität drosseln.[136] In diesem Fall ist die Emissionsvermeidung zum Staat zentral positioniert.

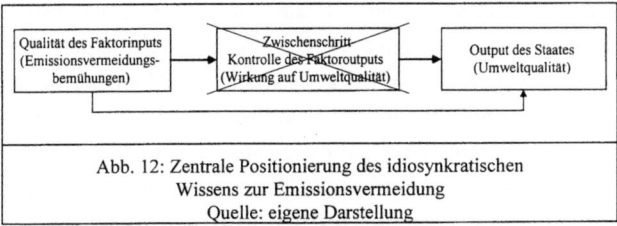

Abb. 12: Zentrale Positionierung des idiosynkratischen
Wissens zur Emissionsvermeidung
Quelle: eigene Darstellung

Das idiosynkratische Wissen zur Emissionsvermeidung ist somit dann im Verhältnis zum Staat peripher positioniert, wenn es diesem möglich ist, die verbleibenden Beeinträchtigungen der Umwelt durch den Emittenten, zu beobachten. Kann er diese Umweltverschmutzungen nicht messen, ist der Faktor zentral zum Staat positioniert. Damit ist für eine geeignete institutionelle Einbindung des plastischen Wissens der Emittenten zur Emissionsvermeidung von Bedeutung, welche Möglichkeiten des Monitoring dieser besitzt. Im folgenden sollen deshalb das Objekt und die unterschiedlichen Ansatzpunkte des Monitoring in den wesentlichen Zügen dargestellt werden.

Ein wichtiges Ziel der Umweltpolitik ist die Einhaltung von Grenzwerten für Schadstoffkonzentrationen, die der politisch gewünschten Umweltqualität entsprechen.[137] Hierzu werden Immissionsnormen erlassen, die bestimmte Konzentrationen von Schadstoffen festlegen, die an bestimmten Orten zu jeder Zeit oder im Durchschnitt festgelegter Zeiträume nicht überschritten werden dürfen.[138] Aus ökologischer Sicht ist die maßgebliche Zielgröße also die von den Emittenten verursachte Immission, die von ihnen ausgehenden Einwirkungen auf die natürliche Umwelt.[139]

Ein erster Ansatzpunkt für die staatliche Überwachung der Emittenten besteht entsprechend in einem Monitoring der sich im Raum ergebenden *Immissionen* und deren anschließende kausale Zuordnung auf die einzelnen Emittenten. In der Praxis gelingt eine solche anteil-

---

136 In der herkömmlichen umweltökonomischen Literatur wird hingegen von Monitoring-Problemen abstrahiert und entweder eine freiwillige Normbefolgung durch die Emittenten oder eine perfekte Beobachtbarkeit der Umweltnutzungen unterstellt. Vgl. BALKS (1995), S. 116 und VAN MARK (1994), S. 54 f.

137 Vgl. CANSIER (1993), S. 51.

138 Vgl. WICKE (1993), S. 125 ff.

139 Vgl. WEIMANN (1995), S. 200.

mäßige Zuweisung von Immissionen auf die Emittenten anhand einer isolierten Betrachtung der im Aufnahmemedium bestehenden Schadstoffkonzentrationen jedoch nicht immer.[140] Hierzu bedarf es stattdessen an Informationen über die von den einzelnen Emittenten ausgestoßenen Schadstoffmengen. Zu einem Immissionsmonitoring, das sich auf die Überprüfung der Einhaltung der staatlichen Umweltqualitätsziele konzentriert, tritt somit parallel eine Überwachung der individuellen *Emissionen*. Zwischen Emissionen und Immission besteht jedoch oft keine stabile, geschweige denn lineare Beziehung, die es erlaubte, von einem bestimmten Maß an Emissionen auf bestimmte Schadstoffkonzentrationen im Aufnahmemedium zu schließen.[141] Viele Schadstoffe breiten sich nämlich ungleichmäßig im Raum aus, wobei die Art der Ausbreitung von vielfältigen Faktoren beeinflußt wird. Die Beschaffenheit des betrachteten Schadstoffs, die durch Wind, Wetter, Temperatur und die geographische Situation beeinflußten physikalischen Eigenschaften des Aufnahmemediums, wie auch mögliche Reaktionen mit anderen im Medium befindlichen Stoffen spielen bei der Verteilung wichtige Rollen.[142] Neben den Informationen über die individuellen Emissionen bedarf es also hinreichender Kenntnisse über die einer Freisetzung von Schadstoffen folgenden Prozesse der *Diffusion*, um die Einhaltung von Immissionsnormen über eine Regulierung der Emissionen zu steuern. Allein für den Typus der Globalschadstoffe (wie CO_2 und FCKW) kann auf eine Verbindung von Emissionen und Immissionen über eine Diffusionsfunktion verzichtet werden. Diese Stoffe breiten sich gleichmäßig im Raum aus und leisten somit unabhängig vom Ort der Emission den gleichen Beitrag zur Schadstoffkonzentration im Aufnahmemedium.[143] Folglich reicht ein Monitoring der individuellen Emissionen aus, um hinreichend Auskunft über den einzelnen Anteil zur Immission zu erhalten.

Die verschiedenen Ansatzpunkte des umweltpolitischen Monitoring bestehen somit in der Messung der individuellen Emissionen, der Diffusion der Emissionen und der Messung der Schadstoffkonzentration im Raum.[144] Mangels entsprechender Möglichkeiten, von der Immission im Aufnahmemedium auf die individuellen Beiträge hierzu zurück zu schließen,[145] beschränkt sich die Aufgabe des Immissionsmonitoring im wesentlichen auf die Überprü-

---

140 Vgl. SEGERSON (1988), S. 87.

141 Vgl. WICKE (1993), S. 127.

142 Vgl. KEMPER (1989), S. 67.

143 Vgl. KEMPER (1989), S. 76 f.

144 Vgl. auch WELSCH (1992 b), S. 16.

145 Eine Ausnahme hiervon besteht darin, daß es nur einen Emittenten gibt, dem entsprechend die gesamten Immissionswirkungen zuzurechnen sind. In diesem Fall genügt eine alleinige Immissionskontrolle. Es bedarf keines Diffusions- und Emissionsmonitoring. Vgl. auch OSTERKAMP (1984), S. 80.

fung, ob das angestrebte Umweltqualitätsziel eingehalten wird.[146] Demgegenüber dienen das Emissions- und das Diffusionsmonitoring der Ermittlung der individuellen Immissionsanteile und damit der Überwachung der von den einzelnen Emittenten ausgehenden Umweltbeeinträchtigungen. Die Positionierung idiosynkratischen Wissens zur Emissionsvermeidung ist somit abhängig von den Möglichkeiten, über eine funktionierende Emissions- und Diffusionsbeobachtung die Umweltverschmutzungen der einzelnen Emittenten zu messen.[147]

- Emissionsmonitoring -

Zur verursachergerechten Beobachtung von Emissionen stehen verschiedene Verfahren zur Verfügung. Sie können auf einer Skala mit den Polen vollständig direkter und rein indirekter Emissionsmessung angeordnet werden. Dazwischen liegen Mischformen, die sich in unterschiedlichem Ausmaß direkter und indirekter Meßtechniken bedienen. Dabei zielen direkte Messungen auf eine unmittelbare Beobachtung der von einem Emittenten ausgestoßenen Schadstoffmengen, während indirekte Methoden versuchen, die Emissionen mithilfe anderer Parameter zu bestimmen. In Abbildung 13 sind neben der direkten Emissionsmessung verschiedene Ansatzpunkte des indirekten Emissionsmonitoring aufgeführt. Indirekte Verfahren sind demnach solche Techniken, die über eine Messung des Inputs in einen Produktionsprozeß, die in der Produktion verwendeten Verfahren oder die entstehenden Produkte auf die resultierenden Emissionen zu schließen suchen. Eine Ordnung der Methoden der Emissionsbeobachtung kann anhand der überwachten Meßgröße (a), dem abgedeckten Meßbereich (b) sowie der Häufigkeit der Messung (c) erfolgen.

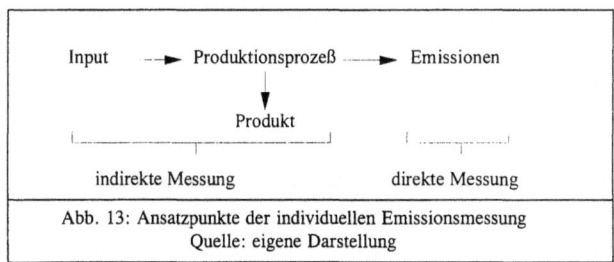

Abb. 13: Ansatzpunkte der individuellen Emissionsmessung
Quelle: eigene Darstellung

---

146 Neuere Diffusionsmodelle, wie ein auf dem Eulerschen Advektions-Diffusions-Modell aufbauendes Ausbreitungsmodell, beziehen das Immissionsmonitoring zur Modellierung von Immissionswirkungen individueller Emissionen mit ein. Vgl. WELSCH / EIß / FUNK (1990), S. 112 ff.

147 Gelingt die Messung der individuellen Umweltbelastungen, ist das plastische Wissen zur Emissionsvermeidung im Verhältnis zum Staat peripher positioniert; gelingt sie nicht, ist der Faktor zentral zum Staat positioniert.

(a) Von ökologischer Relevanz ist der von einem Emittenten ausgestoßene Schadstoff-massenstrom. Dieser beschreibt die in bezug auf einen Zeitraum emittierte Masse eines Schadstoffs und wird beispielsweise in g/h oder kg/h angegeben.[148] Zur Messung des Schadstoffmassenstroms ist es zumeist sinnvoll, ihn in die Komponenten Schad-stoffkonzentration und Volumenstrom zu zerlegen und diese Größen einzeln zu beob-achten.[149] Die Schadstoffkonzentration gibt dabei die Masse der emittierten Substanz je Einheit des Trägermediums (z.B. je m^3 Abgas oder Abwasser) an, während mit dem Volumenstrom der mengenmäßige Durchsatz des Trägermediums pro Zeiteinheit ge-messen wird. Die direkte Messung des Schadstoffmassenstroms beziehungsweise seiner Teilgrößen Konzentration und Volumenstrom ist technisch allerdings oft sehr aufwen-dig. Die verfahrenstechnischen Ansprüche sinken, wenn allein eine der Teilgrößen am Eintrittspunkt der Schadstoffe in das Aufnahmemedium gemessen wird.[150] Wird aber allein die Schadstoffkonzentration gemessen, so könnte ein Emittent über eine Variati-on des Volumenstroms unbemerkt seine Emissionen erhöhen. Ebenso wäre bei alleini-ger Kontrolle des Volumenstroms eine Variation der Emission über geänderte Schad-stoffkonzentrationen möglich. Nimmt das Anspruchsniveau der direkt überwachten Meßgröße ab, so ergeben sich mithin Verhaltensspielräume für die Emittenten. Um diese zu unterbinden, kann die nur unvollständige direkte Emissionsüberwachung um indirekte Kontrollelemente ergänzt werden. Beispielsweise bieten Informationen über die Größe der Anlage und damit einhergehende maximale Emissionsvolumenströme in Verbindung mit einem konzentrationsmessenden Emissionsmonitoring recht guten Auf-schluß über den zu jedem Zeitpunkt maximalen Schadstoffausstoß.[151] In diesem Fall liegt eine Mischform des Emissionsmonitoring vor: die direkte Messung der Emissi-onskonzentration wird verbunden mit dem indirekten Ansatz von Inspektionen der An-lagengröße.

Anstatt die individuellen Emissionen auf vielleicht teure Weise direkt zu messen oder direkte Verfahren um indirekte zu ergänzen, kann man auch versuchen, die Emissionen über die Messung anderer Parameter auf allein indirekte Weise zu bestimmen. Als Pa-rameter können - wie in Abbildung 13 dargestellt - bestimmte Inputs, Verfahren oder Produkte herangezogen werden.[152] Für eine zielgenaue Emissionssteuerung ist eine

---

148 Vgl. KEMPER (1989), S. 105.
149 Vgl. WELSCH (1994), S. 193.
150 Vgl. WELSCH / EIß / FUNK (1990), S. 46.
151 Vgl. zu diesem Vorgehen bei der Anwendung von Auflagen z.B. WELSCH (1994), S. 189.
152 Vgl. zu diesem Vorgehen WELSCH / EIß / FUNK (1990), S. 59 f.

weitgehend stabile Beziehung zwischen beobachteter Größe und entstehender Emission Voraussetzung. Allerdings ergeben sich diesbezüglich oft Probleme, da verschiedene Zwischenschritte beherrscht werden müssen.[153] Soll beispielsweise die Emission über den Input zu einem Produktionsprozeß indirekt gemessen werden, so müssen hinlängliche Informationen über die Transformationen des Inputs im Produktionsprozeß bestehen. Sind diese Veränderungen des Inputs variabel, sind keine präzisen Aussagen über die resultierenden Emissionswirkungen zu machen.

(b) Neben der Art der Meßgröße können Monitoring-Techniken danach geordnet werden, in welchen Meßbereichen sie arbeiten. Auf der einen Seite gibt es Verfahren, die nur in sehr engen Bandbreiten verläßliche Ergebnisse liefern. Im Extremfall ermöglichen sie allein eine ja/nein-Entscheidung, ob ein bestimmter Wert der Meßgröße eingehalten wurde oder nicht. Auf der anderen Seite gibt es Meßmethoden, die auch in einem größeren Wertebereich hinreichend genauen Aufschluß über die Meßgröße geben. Die mit ihnen verbundene Technik ist natürlich aufwendiger als bei den weniger anspruchsvollen Verfahren.[154]

(c) Hinsichtlich der Meßhäufigkeit ist zu unterscheiden zwischen kontinuierlichen und diskreten Meßverfahren. Bei kontinuierlichen Meßverfahren wird die Meßgröße stetig bestimmt, so daß dem Emittenten keine Möglichkeiten zur Verfügung stehen, den betrachteten Parameter unbemerkt zu variieren. Demgegenüber werden bei diskreten Verfahren nur Einzelmessungen vorgenommen, so daß Freiräume für unerkanntes Fehlverhalten für den Emittenten bestehen. Um ein solches Verhalten unattraktiv zu machen, sind die Einzelmessungen unangekündigt und in unregelmäßigen Abständen vorzunehmen und um einen geeigneten Katalog an glaubhaften Strafandrohungen zu ergänzen.[155] Wie WELSCH in einem kleinen Modell illustriert, stehen Meßhäufigkeit und Strafhöhe dabei in einem substitutiven Verhältnis zueinander:[156]

$$E(S) = p(M) * S > dK$$

Wird mit E(S) der Erwartungswert der Strafe bei einer unerlaubten Emissionsüberschreitung bezeichnet, so wird ein risikoneutraler[157] Emittent den Regelverstoß allein

153 Vgl. WELSCH / EIß / FUNK (1990), S. 127.

154 Vgl. WELSCH (1994), S. 192 f.

155 Vgl. zu den unverzichtbaren Dimensionen des Monitoring RUSSELL (1992), S. 201 ff.

156 Vgl. im folgenden WELSCH (1994), S. 191 f.

157 Risikoneutralität eines Agenten drückt sich darin aus, daß er seine Entscheidungen am Erwartungswert einer risikobehafteten Größe ausrichtet. Vgl. ENDRES (1994), S. 78. Ein risikoneutraler Agent ist bei-

dann begehen, wenn die hiermit verbundenen Kosteneinsparungen[158] dK den Wert von E(S) übersteigen.[159] Im Umkehrschluß ist das Fehlverhalten staatlicherseits dadurch zu unterbinden, daß E(S) entsprechend hoch angesetzt wird, wobei diese Größe sich multiplikativ zusammensetzt aus dem drohenden Strafmaß S und der Wahrscheinlichkeit p, daß das Fehlverhalten entdeckt wird. Da die Entdeckungswahrscheinlichkeit wiederum eine Funktion der Meßhäufigkeit je Zeiteinheit M ist, zeigt sich die prinzipielle Möglichkeit, seltenere Messungen durch ein entsprechend höheres Strafmaß zu kompensieren. Allerdings ist einzuwenden, daß die hier unterstellten Verhaltensannahmen unsicher sind, insbesondere die abschreckende Wirkung von Strafen bei entsprechender Höhe unelastisch wird, und auch in der Realität in schwindende Höhen abdriftende öffentliche Bußgelder weder in ihrer Anwendung glaubhaft noch in juristischem Sinne verhältnismäßig sind. Somit ist es nur in Grenzen möglich, über entsprechende Sanktionshöhen Lücken beim Emissionsmonitoring auszugleichen und illegitimes Emittieren zu unterbinden.

Für die Positionierung des idiosynkratischen Wissens der Emittenten ergeben sich aufgrund der meßtechnischen Ansatzpunkte beim Emissionsmonitoring folgende Konsequenzen, wenn man die Annahme setzt, daß die Diffusionsmessung als der zweite Schritt zu einer verursachergerechten Zuordnung von Immissionen unproblematisch ist: Eine direkte Emissionsmessung in Form einer kontinuierlichen Beobachtung von Emissionsmassenströmen in breiten Bandbreiten ermöglicht eine lückenlose Zuordnung von Immissionsbeiträgen auf die einzelnen Emittenten.[160] Folglich sind die Bemühungen des Emittenten zur Emissionsvermeidung vollständig separierbar vom Output des Staates, der von ihm bereitgestellten Umweltqualität. Das auf seiten der Emittenten vorhandene Wissen zur Verhinderung von Schadstoffausstößen ist in diesem Fall in allen Teilen zum Staat peripher positioniert. Min-

spielsweise zwischen einer Alternative A, die einen Erlös von DM 1000 mit einer Wahrscheinlichkeit von 10 % erbringt, und einer Alternative B, die einen sicheren Ertrag von DM 100 bedeutet, indifferent. Risikoscheue, bei der ein Agent die sichere Alternative B einer unsicheren Alternative A mit gleichem Erwartungswert vorzieht, kennzeichnet indes das in der Realität zu beobachtende normale Risikoverhalten von Individuen. Vgl. FRANKE (1982), S. 16.

158 WELSCH bezieht sein Modell allein auf den Auflagenfall und konkretisiert dementsprechend die mit Emissionsverschleierung möglichen Kosteneinsparungen als gesparte Emissionsminderungskosten. Vgl. WELSCH (1994), S. 192. In Hinblick auf Zertifikat- oder Abgabenregelungen sind als Kosteneinsparungen natürlich auch gesparte Abgabenzahlungen beziehungsweise nicht zu tätigende Zertifikatkäufe zu beachten.

159 Vgl. auch TIETENBERG (1985), S. 172.

160 Entsprechend urteilen RUSSELL / HARRINGTON / VAUGHAN (1986), S. 24, „that a continuous monitoring instrument, recording its readings, operating close to 100 percent of the time and without deteriorating performance, ..., would be a sort of ultimate weapon - providing a benchmark against which the practically available methods of all kinds could be judged."

derwertige Qualitäten der Emissionsvermeidung und folglich höhere Immissionen können ausgemacht und dem Emittenten angelastet werden. Dies gilt ebenso für den Fall, daß ein indirektes Monitoring-Verfahren zur Anwendung kommt, bei dem ein fixer, nicht beeinflußbarer Zusammenhang zwischen beobachtetem Parameter und der Emission besteht. Die Konstanz des Verhältnisses von gemessener Variable und Emission ist hier der Schlüssel für die Gleichwertigkeit des indirekten Ansatzes zu einem direkten Emissionsmonitoring.

Das plastische Know-how zur Emissionsvermeidung ist hingegen nicht mehr vollständig peripher positioniert, wenn das Emissionsmonitoring Lücken aufweist. Bietet es beispielsweise nur eine Beobachtung von Emissionsmassenströmen in engen Bandbreiten, sind schwankende Massenströme nicht mehr nachzuhalten. Entsprechend führen Maßnahmen zur Emissionsvermeidung mit wechselnder Emissionstätigkeit zu unkontrollierbaren Einflußnahmen auf die Umweltqualität. Sind nur Emissionskonzentrationen in Verbindung mit Inspektionen der Anlagengröße meßbar, lassen sich allein Informationen über den maximalen, emittierten Massenstrom generieren. Ein Monitoring der tatsächlichen Emissionen - und damit der faktischen Einflußnahmen auf die Umweltqualität - ist hingegen nicht mehr möglich. Werden nur diskrete Messungen bei den Emittenten durchgeführt, so ergeben sich auch hierüber Spielräume für unkontrollierte Emissionen, deren Nutzung allerdings über geeignete Sanktionsdrohungen - so verfügbar - unattraktiv gemacht werden kann. Schließlich besteht das Problem unkontrollierbarer Emissionen auch bei indirekten Monitoring-Ansätzen, wenn die Beziehung zwischen der beobachteten Größe und der Emission variabel ist. Für all diese Fälle ist charakteristisch, daß die Nutzung idiosynkratischen Wissens nicht vollständig beobachtet werden kann. Die unvollständige Kontrolle bedeutet aber, daß der Staat den qualitativen Faktoreinsatz nicht entsprechend von seinem Output separieren kann. Die Emissionsvermeidungsbemühungen der Emittenten sind somit in den Teilen zentral zum Staat positioniert, als das Monitoring eine geeignete Überwachung der resultierenden Emissionen nicht zuläßt. Die Nutzung des zentral positionierten Teils des plastischen Faktors wirft Probleme auf, da sie den Emittenten Spielraum für opportunistisches Verhalten öffnet: Mangels entsprechender Kontrollmöglichkeit kann der Emittent den Einsatz (zentral positionierten) idiosynkratischen Wissens zur Emissionsvermeidung versprechen, um es dann aber unbemerkt zurückzuhalten. Bietet der Stand des Emissionsmonitoring beispielsweise nur die Möglichkeit, Emissionskonzentrationen in engen Bandbreiten zu messen, so führt die staatliche Erlaubnis, die Emittenten dürften auch Verfahren mit variablen Emissionskonzentrationen verwenden, wenn nur die vorgegebene Emissionskonzentration im Durchschnitt einer Zeitperiode eingehalten wird, zu Verhaltensspielräumen bei den Emittenten, die diese opportunistisch ausnutzen können. Auf der einen Seite versprechen sie, die Vorgabe einer Durchschnittskonzentration einzuhalten, um auf der anderen Seite die fehlenden Kontrollmöglichkeiten zu anderem, emissionsintensiverem Verhalten zu nutzen.

- Diffusionsmonitoring -

Obige Aussagen über die Positionierung plastischer Produktionsfaktoren bei der Emissionsvermeidung wurden unter der wesentlichen Annahme abgeleitet, daß die Beobachtung der Emissions-Immission-Beziehung hinreichend möglich ist. In der Realität ist eine umfassende Diffusionsmodellierung jedoch durchaus mit Schwierigkeiten behaftet. Während für Globalschadstoffe eine Dispersionsberechnung nicht notwendig ist, da sich die Partikel gleichmäßig im Raum verteilen, gibt es für einige andere Stoffe intelligente Diffusionsmodelle, aufgrund derer berechnet werden kann, wie sich an bestimmten Orten emittierte Schadstoffmengen ausbreiten.[161] Meßtechnisch anspruchsvolle Verfahren ermöglichen sogar eine stetige, anteilmäßige Rückrechnung von Immissionen auf eine Vielzahl von Emissionsquellen. Voraussetzung für solche Verfahren sind aber eine kontinuierliche Messung der individuellen Emissionen als auch der Immissionen, Verfahren der mikroelektronischen Datenübertragung und -verarbeitung sowie die Anwendung neuerer mathematischer Methoden auf dem Gebiet der Informations- und Steuerungstechnik.[162] Ein von WELSCH, EIß und FUNK vorgestelltes Modell vermag so Emissionskonzentrationen in der Luft zu prognostizieren, als auch die längerfristigen marginalen Immissionsbeiträge von Emissionen unterschiedlicher örtlicher Herkunft abzuleiten.[163]

In der Praxis herrschen jedoch weitaus weniger intelligente Verfahren der Diffusionsmessung vor. Für den Bereich der Luftreinhaltung werden in Deutschland auf dem Gaußschen Rauchfahnenmodell basierende Messungen betrieben.[164] Dieses Modell geht von der Annahme aus, daß die Schadstoffemissionen senkrecht zur Ausbreitungsrichtung der Abgasfahne einer Gaußschen Normalverteilung gehorchen. Der Abgasfahne werden dabei stationäre meteorologische Verhältnisse zugrundegelegt. Absorptionen der sich ausbreitenden Schadstoffe wie auch chemische und physikalische Umwandlungsprozesse werden nicht berücksichtigt.[165] Die Messungen werden nur zu diskreten Zeitpunkten vorgenommen und erlauben allein die Modellierung der Immissionswirkungen einer betrachteten Quelle.[166]

---

161 Vgl. hierzu beispielsweise die Simulationsmodelle, die zur Regulierung von NOₓ- und SOₓ-Emissionen im Rahmen des kalifornischen RECLAIM-Programms Verwendung fanden. Vgl. FROMM / HANSJÜRGENS (1994), S. 218.

162 Vgl. WELSCH / EIß / FUNK (1990), S. 110.

163 Vgl. WELSCH / EIß / FUNK (1990), S. 112 ff.

164 Siehe 1. BImSchVwV (TA Luft), Anhang C.

165 Vgl. PANKRATH (1996).

166 Vgl. WELSCH (1994), S. 193 f.

Für den Bereich des Gewässerschutzes finden Diffusionsberechnungen keine Anwendung. Das Monitoring beschränkt sich auf die Beobachtung der individuellen Emissionen. Während dies für Indirekteinleiter, denen ein Kanalnetz und ein Klärwerk nachgeschaltet sind, auch ausreicht,[167] bedarf es an Informationen über Ausbreitungseigenschaften von Schadstoffeinleitungen im Direkteinleiterfall. Die Immission von Einleitungen wird hier von der Art der Schadstoffe, der Fließgeschwindigkeit, der Niederschlagsmenge, Topographie u.s.w. beeinflußt.[168]

Welche Folgen impliziert nun die Art des Diffusionsmonitoring für die Positionierung plastischen Wissens zur Emissionsvermeidung? Existieren ausgefeilte Dispersionsmodelle, die eine Zuordnung von Immissionsanteilen auf einzelne Emittenten ermöglichen, sind die individuellen Beeinträchtigungen der Umwelt von der sich insgesamt ergebenden Schadstoffkonzentration im Aufnahmemedium zu isolieren. In diesem Fall besteht somit eine hinreichende Auskunft über die Emissions-Immission-Beziehung, so daß eine zentrale Positionierung des idiosynkratischen Wissens zur Emissionsvermeidung allein aus einem nur unvollständigen Emissionsmonitoring herzuleiten ist. Führen hingegen individuelle Emissionen zu Immissionen, die mit Hilfe der Diffusionsbeobachtung nicht dem verursachenden Emittenten zuordbar sind, bestehen auch von dieser Seite her nicht separierbare Einflußnahmen der Emittenten auf die staatlich bereitgestellte Umweltqualität. In einer solchen Situation ist die Emissionsvermeidung nicht allein aus Gründen eines möglicherweise diffizilen Emissions-, sondern ebenso aufgrund eines schwierigen Diffusionsmonitoring zentral positioniert. Als Beispiel sei der Fall angeführt, zwei Emittenten wollten aus Kostengründen ihre Emissionsstrukturen derart ändern, daß der eine seine Emissionen gerade um jenes Maß zurückführt, um das der andere seinen Schadstoffausstoß ausweitet. Auch wenn die sich dabei ändernden örtlichen Emissionsmengen zweifelsfrei beobachtet werden können, so können fehlende Kenntnisse über die Verteilungswirkungen der örtlichen Emissionen dazu führen, daß der Austausch von Emissionsrechten zu nicht separierbaren Einflüssen auf die vom Staat bereitgestellte Umweltqualität führt. Die Nutzung des plastischen Wissens zur effizienten Reallokation der Emissionsrechte ist in diesem Fall im Verhältnis zum Staat zentral positioniert.

---

167 In diesem Fall sind die Immissionswirkungen aller Einleitungen identisch, wenn man von chemischen Reaktionen zwischen Schadstoffen im Kanalnetz absieht. Vgl. VAN MARK / GAWEL / EWRINGMANN (1992), S. 52.

168 Vgl. HARTKOPF / BOHNE (1983), S. 27.

Die Konsequenzen aus der somit ermittelten Positionierung plastischen Know-hows zur Emissionsvermeidung für eine geeignete instrumentelle Koordination umweltpolitischer Transaktionen werden in Gliederungspunkt B.5.2.3 dieses Teils der Arbeit dargestellt.

5. Effiziente Koordinationsstrukturen aus transaktionskostentheoretischer Sicht

5.1 Zur Ordnung umweltpolitischer Instrumente zwischen Markt und Hierarchie

Dem Staat steht zur Erfüllung seiner ökologischen Ziele ein weiter Maßnahmenkatalog zur Verfügung. Dieser umfaßt umweltplanerische Instrumente, staatliche Leistungsprogramme, direkt verhaltensregulierende Eingriffe und anreizorientierte Instrumente. Die Kriterien, nach denen sie in der Literatur geordnet werden, sind vielfältig.[169] Aus transaktionskostentheoretischer Sicht erscheint es interessant, die Instrumente in einem Kontinuum mit den Polen „Hierarchie" und „Markt" anzuordnen,[170] wie in der folgenden Abbildung 14 für einige Instrumente erfolgt. Unter „Hierarchie" soll dabei gemessen werden, inwieweit der Staat Einfluß nimmt auf die Produktion des Gutes Umweltschutz. Weitgehender staatlicher Einfluß drückt sich in größerer Nähe zu diesem Pol aus. Mit Zunahme der staatlichen Kontrolle nehmen zugleich die marktlichen Anreize zur Erstellung von Umweltschutzleistungen ab. Demgegenüber bezeichnet das Kontinuum in Richtung „Markt" abnehmenden Staatseinfluß auf die Erstellung von Umweltschutzaktivitäten. Dafür verstärken sich die von Märkten ausgehenden „high-powered incentives".[171]

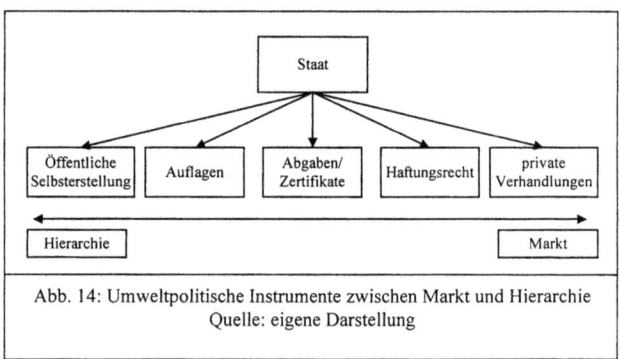

Abb. 14: Umweltpolitische Instrumente zwischen Markt und Hierarchie
Quelle: eigene Darstellung

169 Vgl. hierzu WICKE (1993), S. 193 f., HARTKOPF / BOHNE (1983), S. 176 f.; SANDHÖVEL (1994), S. 136 ff.
170 Vgl. Gliederungspunkt III.A.2.3.3.3.
171 Vgl. Gliederungspunkt III.A.2.3.3.2.

In Abbildung 14 kommt die Selbsterstellung von Umweltschutzleistungen durch den Staat der vollständigen hierarchischen Integration der Produktion des Umweltschutzes in den Staat gleich. Die Leistungen werden - wie etwa bei Teilen der öffentlichen Abfallentsorgung - nicht am Markt bezogen, sondern vollständig durch staatliche Unternehmungen erstellt. Bei der Auflage werden die Umweltschutzleistungen zwar am Markt produziert, allerdings ist der staatliche Einfluß auf die Art der Durchführung der Aktivität durch die hoheitlich ausgesprochenen Gebote sehr groß.[172] Dem Marktteilnehmer wird in hohem Maße vorgegeben, wie, beziehungsweise in welchem Ausmaß, er Umweltschutz zu betreiben hat. Die Eingriffsintensität des Staates nimmt bei Abgaben und Zertifikaten hingegen weiter ab, da er hier allein einen Umweltnutzungspreis beziehungsweise das ökologische Ziel vorgibt, nicht aber auf die umweltschützenden Aktivitäten direkt einzuwirken versucht. Dementsprechend besitzen die Marktteilnehmer weitgehende Freiheiten bei der Wahl ihrer umweltschützenden Maßnahmen.[173] Die „high-powered incentives" des Marktes treten bei der Preisvorgabe in Form von Abgaben beziehungsweise der Handelbarkeit von Zertifikaten stark hervor. Die marktlichen Anreize zur Suche nach effizienten Vermeidungsmöglichkeiten sind größer als bei den hierarchischer ausgelegten Auflagen.[174] Die staatliche Einflußnahme auf die Erstellung von Umweltschutzleistungen nimmt indes noch weiter ab beim Haftungsrecht und wird schließlich minimal bei privaten Verhandlungslösungen. Hier gibt der Staat nicht einmal Umweltnutzungspreise oder das ökologische Ziel vor, sondern beschränkt sich auf die Spezifizierung und Zuweisung von Verfügungsrechten an Umweltressourcen.[175] Beim Haftungsrecht treten ergänzend Regelungen hinsichtlich der Höhe der zu zahlenden Kompensationen hinzu.[176]

Getreu der bisherigen Vorgehensweise bezieht sich die nachfolgende Analyse der Vorteilhaftigkeit alternativer umweltpolitischer Koordinationsmechanismen allein auf Auflagen, Abgaben und Zertifikate.[177] Die institutionenökonomischen Überlegungen können jedoch in einem weiteren Schritt auf andere, hier nicht betrachtete Instrumente ausgedehnt werden.

---

172 Vgl. auch BONUS (1994 g), S. 13, der die Anwendung von einzelwirtschaftlichen Auflagen als hierarchisches Instrument kennzeichnet.

173 Vgl. BONUS (1994 g), S. 13.

174 Vgl. Gliederungspunkt II.B.2.3.3.

175 Vgl. BUCK (1983), S. 227.

176 Vgl. zu diesem Unterschied von Haftungsrecht und privaten Verhandlungen SIEDHOFF (1995), S. 47.

177 Vgl. auch Gliederungspunkt II.B.2.1.

5.2 Zur Instrumentenwahl

Annahmegemäß strebt der Staat die Erreichung seiner ökologischen Ziele zu gesamtwirtschaftlich minimalen Kosten an.[178] Welche umweltpolitischen Instrumente sollte er zur Verfolgung dieser Ziele einsetzen? Sind eher hierarchische oder eher marktliche Koordinationsformen vorzuziehen? Die Transaktionskostentheorie liefert hier Entscheidungsregeln, die sich an den Eigenschaften der betrachteten Transaktionen orientieren.[179] Die Dimensionen umweltpolitischer Transaktionen wurden dementsprechend unter Gliederungspunkt III.B.3 dargestellt. Im folgenden sollen nun unter Bezugnahme auf die festgestellten Transaktionsdimensionen Empfehlungen hinsichtlich einer effizienten Instrumentenwahl abgeleitet werden. Im Mittelpunkt der Analyse stehen dabei die Kriterien der Spezifität und der Positionierung plastischer Faktoren unter Beachtung der verschiedenen Formen der Unsicherheit, aufgrund derer spezifische Investitionen sowie die Positionierung plastischer Faktoren erst zu einem Problem umweltpolitischer Koordination werden. Auf die Dimension Häufigkeit wird bei entsprechender Relevanz für die instrumentelle Ausgestaltung des umweltpolitischen Instrumentariums Bezug genommen.

	Emittent	Staat	
Spezifität / Positionierung spezifischen Wissens	spezifische Investitionen in Produktions- und Vermeidungstechnologien	spezifische Investitionen in Infrastruktur usw.	Positionierung spezifischen Wissens zur Emissionsvermeidung
Unsicherheit	Umweltunsicherheit über die Entwicklung der relevanten Umweltstandards	Verhaltensunsicherheit bzgl. Aktivitäten der Emittenten	Komplexität der Umwelt zur kostenminimalen Erreichung der Umweltqualitätsziele
			Verhaltensunsicherheit bzgl. der Aktivitäten der Emittenten

Abb. 15: Spezifische Investitionen, Faktorpositionierung und Unsicherheit
Quelle: eigene Darstellung

In Abbildung 15 ist noch einmal zusammengefaßt, inwieweit spezifische Investitionen beziehungsweise das Positionierungskriterium für Staat und Emittenten eine Rolle spielen und aufgrund welcher Unsicherheitsfaktoren sie bei umweltpolitischen Transaktionen entspre-

---

178 Vgl. Gliederungspunkt III.B.2.
179 Vgl. Gliederungspunkt III.A.2.3.2.

chend zu berücksichtigen sind: Für die Emittenten sind spezifische Investitionen in Produktions- und Vermeidungstechnologien gegen eine unsichere Entwicklung der Umweltqualitätsstandards abzusichern. Der Staat muß zum einen spezifische Investitionen in die Infrastruktur sowie Investitionen seiner Gesellschaftsmitglieder in Human-, Sachkapital und soziale Bindungen gegen eine Entwertung schützen. Eine solche Entwertung kann von überhohen gefährlichen Emissionen der Emittenten ausgehen, deren Verhalten unsicher ist. Zum anderen sieht sich der Staat zur Verwirklichung eines kostengünstigen Umweltschutzes einer komplexen Umwelt sowie möglicherweise opportunistisch handelnden Emittenten gegenüber. Das bei den Emittenten befindliche spezifische Wissen zur Emissionsvermeidung bedarf zur Bewältigung dieser Unsicherheitsprobleme einer geeigneten institutionellen Einbindung. In den nachstehenden drei Gliederungspunkten werden die Implikationen dieser Transaktionsdimensionen für die verschiedenen Instrumente Auflage, Abgabe und Zertifikat nacheinander untersucht. Begonnen wird mit spezifischen Investitionen auf seiten der Emittenten.

5.2.1 Spezifische Investitionen der Emittenten

Unsicherheit stellt für die Emittenten solange kein Problem dar, wie sie nicht spezifisch in einen bestimmten Umfang an Umweltnutzung investiert haben: Kann ein Emittent ohne Friktionen auf geänderte Knappheiten bei der Umweltnutzung reagieren, so braucht ihn die Unsicherheit über die Entwicklung der Zukunft heute nicht zu kümmern. In der Realität müssen die Emittenten aber spezifisch in Produktions- und Vermeidungsanlagen investieren. Sie tun dies aber nur dann, wenn diese Investitionen aus ihrer Sicht gegen eine Entwertung abgesichert sind.[180] Zum einen wirft dies die Frage nach den Möglichkeiten auf, eine solche Absicherung durch die alternativen Instrumente zu gewährleisten. Zum anderen interessiert, ob die Wahl bestimmter umweltpolitischer Instrumente dem Hang zu „end-of-pipe" Technologien, die aus ökologischer Sicht die gegenüber integrierten Verfahren inferiore Strategie darstellen,[181] entgegenwirken kann oder ihn eher noch unterstützt. Die betriebswirtschaftlichen Entscheidungsparameter für die Wahl einer bestimmten Vermeidungsstrategie legten bereits einen Hang zu additiven Technologien nahe. Dieser Trend könnte sich noch verstärken, wenn bei kostenmäßiger Indifferenz zwischen „end-of-pipe"-Verfahren und alternativen Prozeßtechnologien die bei Unsicherheit gefährdeten höheren Quasirenten integrierter Verfahren wiederum den Ausschlag für nachgeschaltete Strategien

180 Vgl. auch BONUS (1995 b), S. 303.
181 Vgl. HARTJE (1990), S. 143.

geben. Im folgenden wird zunächst der ersten Fragestellung gefolgt. Gegen Ende dieses Gliederungspunktes wird der letzteren Frage nachgegangen.

Das Problem der Absicherung von Quasirenten stellt sich für die Emittenten nicht in bezug auf opportunistisches Verhalten des Staates, der sich gemäß Annahme wohlwollend verhält und gegen gemachte Vereinbarungen mit den Emittenten nicht verstößt.[182] Wohl aber trifft die Emittenten bei umweltpolitischen Transaktionen das Phänomen der Umweltunsicherheit. Sie können ex ante, d.h. vor Übergang der Emissionsrechte und entsprechender Investition in Produktions- und Vermeidungstechnologien nicht abschätzen, wie sich die für sie relevanten Umweltnormen in der Zukunft entwickeln werden. Die Umweltunsicherheit trifft zuerst den Staat: Angesichts einer hochkomplexen, unsicheren Entscheidungssituation ist er gezwungen, Umweltstandards unter unvollständiger Information zu setzen. Mit Fortschritt wissenschaftlicher Erkenntnisse und politischer Diskussion können sich gesetzte Normen dann als viel zu weit oder streng erweisen. Daraufhin geänderte Umweltqualitätsziele treffen sodann die Emittenten.[183]

Wie unter Gliederungspunkt III.A.1 dargestellt, können institutionelle Regelungen auf zweierlei Weise versuchen, die infolge von Unsicherheit bei spezifischen Investitionen entstehenden Probleme zu verringern. Zum ersten ist dies die Möglichkeit, die Unsicherheit über eine Stabilisierung der Erwartungen der betrachteten Akteure direkt zu vermindern. So könnte der Staat den Emittenten Zusicherungen (Commitments) über die zukünftige Entwicklung von Umweltknappheiten machen.[184] Zum zweiten können Regelungen anstreben, die Folgen bestehender Unsicherheit zu vermindern, indem die Handlungsspielräume der Betroffenen erweitert werden. Diese Strategie akzeptiert also, daß die Emittenten mit einem Maß an Unsicherheit über die Entwicklung von Umweltknappheiten leben müssen. Allerdings versucht sie, die Folgen dieses Problems durch eine Erhöhung der Flexibilität im Umgang mit der Unsicherheit zu reduzieren. Auf welche Weise bedienen sich nun Auflagen, Abgaben und Zertifikate dieser Strategien, und welche Konsequenzen ergeben sich hieraus für deren Eignung, spezifische Investitionen der Emittenten gegen Unsicherheit abzusichern? Diese Fragen sollen zunächst für das Auflageninstrument beantwortet werden.

---

182 Vgl. hierzu Gliederungspunkt III.B.2.

183 Vgl. hierzu Gliederungspunkt III.B.3.1. Für die folgenden Überlegungen sind in erster Linie Verschärfungen von Umweltqualitätszielen interessant, da in deren Folge spezifische Investitionen der Emittenten in Produktions- und Vermeidungstechnologien entwertet werden können, während bei Lockerungen des ökologischen Ziels bereits installierte Anlagen weiterverwendet werden können.

184 Vgl. BALKS (1995), S. 98 f.

Gehen wir hierzu zunächst von der Vorstellung aus, Verschärfungen des Umweltqualitätsziels werden darüber umgesetzt, daß sämtlichen Emittenten die Auflage gemacht wird, einheitlich um einen bestimmten Prozentsatz ihren Schadstoffausstoß zu vermindern.[185] Eine solche pauschale Behandlung der Emittenten erzwingt eine Adjustierung aller einzelwirtschaftlichen Entscheidungen über die Art der Emissionsvermeidung. Dies bedeutet aber nichts anderes, als daß bei den Emittenten riesige Quasirenten gefährdet werden, da die bisherigen Produktions- und Vermeidungstechnologien oftmals nur unter hohen Anpassungskosten oder gar nicht zur Erfüllung der neuen Emissionsnorm einsetzbar sind und ein alternativer Verkauf nur unter Verlust zu realisieren ist.[186] Eine solche ex post drohende Entwertung spezifischer Investitionen wirkt ex ante bereits als Investitionsblockade:[187] ein Emittent wird bei entsprechender Unsicherheit darüber, ob er seine spezifischen Investitionen genügend lange nutzen kann, vor einem solchen Engagement im vorhinein zurückschrecken.

Der Staat muß zur Vermeidung eines solchen Investitionshemmnisses den Emittenten einen geeigneten Schutz der Quasirenten garantieren. Bei Auflagen ist dies möglich durch die glaubhafte Zusicherung des Staates an die Emittenten, eine einmal genehmigte Anlage auch in Zukunft so betreiben zu dürfen. Ein staatlicherseits abgegebener Bestandsschutz für bestehende Anlagen ist somit als institutionelle Regelung zur Absicherung der aufgebauten Quasirenten beim Emittenten zu interpretieren.[188] Aus einzelwirtschaftlicher Sicht ist ein Bestandsschutz über die gesamte Laufzeit der Anlage wünschenswert, da hierüber für den Emittenten eine vollständig sichere Investitionsgrundlage gegeben ist. Eine solche, umfassende Stabilisierung der Erwartungen der Emittenten impliziert gesamtwirtschaftlich jedoch das Problem, daß Anpassungen der Gesamtemission an verschärfte Umweltqualitätsziele nur sehr langsam möglich sind; nämlich über die Emissionsrückgänge bei stillgelegten Anlagen und die Unterlassung beziehungsweise rigidere Aussprache von Anlagenneugenehmigungen.[189] Stillegungen von alten Anlagen würden jedoch hinausgezögert, da die Betriebsgenehmigung ein kostbares Gut ist, dessen Wert der Emittent mit Einstellung der Produktion verlöre.[190] Zudem bedeutet die rigidere Aussprache von Anlagenneugenehmigungen ein erhebliches Investitionshemmnis für eben jene Neuanlagen, die zur Erfüllung der ihnen auf-

---

185 Zu einem solchen Vorgehen vgl. beispielsweise CANSIER (1993), S. 210 f.; WICKE (1993), S. 202 ff.

186 Vgl. auch MICHAELIS (1993 b), S. 158.

187 Vgl. BONUS (1996 a), S. 39 f.

188 Vgl. BONUS (1996 a), S. 39, Anmerkung 81.

189 Vgl. ENDRES (1994), S. 161 f.

190 Vgl. ENDRES (1994), S. 142.

erlegten sehr strengen Emissionsnormen außerordentliche Aufwendungen auf sich nehmen müssen.[191] Es besteht somit ein Zielkonflikt zwischen der möglichst umfassenden Absicherung von im Rahmen von Produktions- und Umweltschutzinvestitionen aufgebauten Quasirenten einerseits und der Flexibilität zur Anpassung an neue Umweltqualitätsziele und der Standortattraktivität für Neuanlagen andererseits.[192]

Dieser Konflikt tritt in der Praxis der auflagendominierten bundesdeutschen Luftreinhaltepolitik offen zutage. Die Umweltschutzanforderungen unterscheiden sich hier bezüglich Alt- und Neuanlagen. Während Neuanlagen zur Erlangung der Betriebsgenehmigung Maßnahmen gemäß dem „Stand der Technik" durchführen müssen,[193] gelten solch rigide Vorschriften für Altanlagen nicht. Anpassungen erfolgen für diese nur, wenn die Behörden sogenannte „nachträgliche Anordnungen" aussprechen. Gegen diese nachträglichen Anordnungen konnten Betreiber bis 1985 mit Hinweis auf die technische Unmöglichkeit beziehungsweise wirtschaftliche Unvertretbarkeit der vorgesehenen Maßnahmen Widerspruch einlegen und so einen Aufschub oder gar die Nichtanwendung der Auflage erwirken.[194] Dies hatte in der Praxis zur Folge, daß nachträgliche Anordnungen selten ausgesprochen und entsprechende Nachrüstungen bei Altanlagen kaum vorgenommen wurden.[195] Infolge des somit sehr stark ausgebildeten Bestandsschutzes für bestehende Anlagen waren Umweltqualitätsverbesserungen nur äußerst langsam über die Stillegung von Altanlagen und sehr rigide Emissionsvorgaben für Neuanlagen zu erreichen.[196] Mit der zweiten Novelle des Bundesimmissionsschutzgesetzes wurde der entsprechende Passus der wirtschaftlichen Unvertretbarkeit in § 17 Abs. 2 in den verfassungsrechtlich verankerten Grundsatz der Verhältnismäßigkeit überführt. Damit wurde der Bestandsschutz von Altanlagen aufgeweicht, da nun wirtschaftliche Argumente - wie die Gefährdung von Arbeitsplätzen und des Bestandes der Unternehmung - nicht mehr mit jener Selbstverständlichkeit zur Abwehr von Auflagenverschärfungen greifen: stehen die mit der nachträglichen Anordnung angestrebten Erfolge nicht

---

191 Vgl. NOLL (1983), S. 199.

192 Neben den außerordentlich hohen Umweltschutzanforderungen an Neuemittenten werden diese zudem mit Planungsunsicherheit bei Projekten mit langer Vorlaufzeit konfrontiert. So kann trotz bestehender Baugenehmigung und bereits getätigter Investitionen in eine neue Anlage eine Betriebsgenehmigung ex post verweigert werden, wenn dies die aktuelle Immissionssituation erfordert. Regelungen wie die Vergabe eines Vorbescheides gemäß § 9 BImSchG reichen zur Verminderung der Planungsunsicherheit kaum aus. Vgl. ENDRES (1985 b), S. 77.

193 Siehe § 5 Abs. 2 BImSchG.

194 Vgl. WICKE (1993), S. 218.

195 Vgl. KABELITZ (1984 b), S. 126 ff.

196 Eine andere Strategie bestand darin, über öffentliche Subventionen Emissionsminderungen bei Altanlagen anzureizen. Zu solchen am Gemeinlastprinzip orientierten Sanierungsprogrammen und einer kritischen Bewertung vgl. WICKE (1993), S. 358 ff.

außer Verhältnis zu dem mit der Erfüllung verbundenen Aufwand, ist der Grundsatz der Verhältnismäßigkeit gewahrt. Damit stand der Weg offen, auch das Emissionspotential von Altanlagen einer Überprüfung zu unterziehen. So wurden bestehende Großfeuerungsanlagen mit den scharfen Grenzwerten gemäß der 13. Bundesimmissionsschutzverordnung konfrontiert.[197] Allerdings hat dies zur Folge, daß die zunehmende Wahrscheinlichkeit nachträglich drohender Verschärfungen von Auflagen den institutionellen Schutz aufweicht und die Kalkulationsgrundlage für zukünftige Investitionen erschwert.[198] Die Stabilisierung der Erwartungen der Emittenten zur Anreizung spezifischer Investitionen einerseits und die Bewahrung ausreichender Flexibilität zur Erreichung der angestrebten ökologischen Ziele andererseits impliziert beim Auflageninstrument somit eine schwierige Gratwanderung.

Soweit der Bestandsschutz für getätigte Investitionen unvollständig bleibt und somit die Investitionsunsicherheit für die Emittenten in Teilen weiterhin besteht, können institutionelle Regelungen die Folgen dieser Unsicherheit zu vermindern suchen. Auf diese Strategie der Erweiterung individueller Handlungsspielräume beim Umgang mit bestehender Unsicherheit greift auch das Ordnungsrecht zurück, indem es die Behörden mit Ermessensspielraum ausstattet, wenn es um die konkrete Ausgestaltung einzelwirtschaftlicher Auflagen geht. Eine uniforme Kappung sämtlicher Emissionserlaubnisse würde - wie bereits dargestellt - hohe Quasirenten gefährden. Mit der Einführung von behördlichem Ermessen hingegen können individuelle Umstände bei der Auflagenvergabe Berücksichtigung finden und - so die Vorstellung - zu ökonomisch rationaleren Vorschriften führen.[199] Den Emittenten wird somit im Rahmen informeller Verhandlungen die Möglichkeit eingeräumt, auf die zeitliche und inhaltliche Auflagengestaltung Einfluß zu nehmen.[200] Diese Flexibilisierung der Auflagenvergabe auf subalterner Ebene führt auf der einen Seite sicherlich zu einer Verminderung des die Emittenten betreffenden Unsicherheitsproblems, da sie unter Aufwendung von Verhandlungskosten für sie tragbarere Lösungen erwirken können.[201] Auf der anderen Seite aber bestehen keine Regelmechanismen, die bei einer solchen ordnungsrechtlichen Steuerung die Einhaltung der angestrebten Umweltqualitätsziele sicherstellen.[202] Interne und ex-

---

197 Siehe §§ 17 ff. der 13. BImSchV. Betreiber von Altanlagen wurden hiernach veranlaßt, diese nach einer bestimmten Restnutzungsdauer stillzulegen oder aber an die für Neuanlagen geltenden Normen anzupassen. Vgl. WICKE (1993), S. 216.

198 Vgl. BONUS (1996 a), S. 39.

199 Vgl. GAWEL (1994 b), S. 78; MICHAELIS (1993 b), S. 159.

200 Vgl. GAWEL (1994 b), S. 79 f.

201 Vgl. ENDRES (1994), S. 160.

terne politische Einflußnahmen legen den betroffenen Bürokraten vielmehr nahe, das Ermessen allein einseitig zugunsten der Emittenten auszulegen.[203] Folge sind eine inhaltliche und/oder zeitliche Streckung der Auflagenumsetzung und darüber ein gewaltiges Vollzugsdefizit.[204]

Das Ordnungsrecht besitzt mit den bestandsschützenden Regelungen zur Betriebsgenehmigung von Anlagen sowie der möglichen Einflußnahme auf individuelle Auflagenausgestaltungen somit zwei Instrumente, die in der Lage sind, den Emittenten einen Schutz ihrer mit Investitionstätigkeit aufgebauten Quasirenten zu gewährleisten. Allerdings geht dieser Schutz zu Lasten von Neuemittenten, die mit außerordentlich hohen Vermeidungsanstrengungen konfrontiert werden, und der angestrebten Umweltqualitätsziele, die aufgrund der oben aufgezeigten Zusammenhänge nur selten erreicht werden. Der Übergang von einer ermessengeleiteten, individualisierten Auflagengestaltung zu einem undifferenzierten Auflagenvollzug[205] vermag zwar das Vollzugsdefizit zu mindern, führt auf der anderen Seite aber zu einer wieder erhöhten Gefährdung spezifischer Investitionen bei den Emittenten und wirkt so investitionshemmend.

In einem früheren Abschnitt dieser Arbeit wurde bereits festgestellt, daß der Staat kaum in der Lage sein dürfte, mit Abgaben ein bestimmtes Umweltqualitätsniveau sicher zu erreichen.[206] Hierzu bedürfte es stetiger Abgabenanpassungen, um den Änderungen in der gesamtwirtschaftlichen Grenzvermeidungskostenkurve entsprechend Rechnung zu tragen. Ein solches Vorgehen impliziert jedoch hohe, vermutlich prohibitiv hohe Transaktionskosten der Adjustierung der Abgabensätze im politischen Prozeß.[207] Selbst wenn es aber preiswert möglich wäre, sich im Wege eines „trial-and-error"-Verfahrens dem angestrebten Umweltqualitätsstandard anzupassen, wäre dies unter Beachtung spezifischer Investitionen der Emittenten keine erstrebenswerte Abgabenvariante:

---

202 Zudem spielen de facto nicht allein individuelle Kostenstrukturen, sondern insbesondere wirtschaftliche Macht und Verhandlungsgeschick eine wichtige Rolle bei der Auflagenvergabe. Dies führt zu einer bevorzugten Behandlung von Groß- gegenüber Kleinunternehmen. Vgl. hierzu BONUS (1981 a), S. 68; KABELITZ (1984 a), S. 116 f.

203 Vgl. hierzu LAHL (1993), S. 252 f.; LÜBBE-WOLFF (1993), S. 219 f.; WICKE (1983), S. 145.

204 Vgl. hierzu sowie zu weiteren Gründen für Vollzugsdefizite des Ordnungsrechts beispielsweise BARZ u.a. (1994); LAHL (1993); LÜBBE-WOLFF (1993); MAYNTZ u.a. (1978). Zu den Ansätzen einer ökonomischen Theorie des Vollzugs siehe GAWEL (1993 a).

205 Wie beispielsweise von LÜBBE-WOLFF (1993) gefordert.

206 Siehe Gliederungspunkt II.B.2.3.1.

207 Vgl. auch BONUS (1996 a), S. 40.

„However, we must add that the trial and error method of adjusting the effluent tax until the environmental standard is reached is likely to create uncertainties for the individual firms. Since each firm's response to an effluent charge - installing pollution control equipment, reducing output, changing production processes - involves a time dimension, uncertainty about what the level of the effluent charge will be two, three, or more years in the future may induce a less than optimal choice of waste reduction methods."[208]

Häufig variierende Abgabensätze bieten keine Kalkulationsgrundlage, aufgrund derer längerfristige, spezifische Investitionen in Produktions- und Vermeidungstechnologien verläßlich geplant werden können.[209] Angesichts der Abhängigkeit der ex post zu erhebenden Abgabe vom eigenen Marktzutritt können sich unter Zugrundelegung des ex ante herrschenden Abgabensatzes aufgebaute Emissionsminderungskapazitäten bereits mit Aufnahme des Betriebes als suboptimal erweisen.[210] Die daraufhin sowie bei ständig wiederkehrenden Abgabenänderungen notwendigen Anpassungskosten können erheblich sein[211] mit der Folge, daß die Bereitschaft zu irreversiblen, längerfristigen Investitionen nachhaltig sinkt. Somit erweisen sich häufig variierte Abgaben auch aus Gründen der Absicherung spezifischer Investitionen der Emittenten als ungeeignet für eine standard-orientierte Umweltpolitik.

Für den Fall, daß das umweltpolitische Ziel nicht die Erreichung bestimmter Standards, sondern „lediglich die Verbesserung der gesamtwirtschaftlichen Allokation"[212] ist, können Abgaben als umweltpolitisches Instrument hingegen wertvoll sein.[213] Eine solche Emissionsreduktion ohne einen fixen Zielpunkt kann dann angeraten sein, wenn Vorsichtsgründe nahelegen, nicht bei einem angestrebten Umweltqualitätsniveau zu verharren, „sondern auch nach seiner Erreichung noch zu versuchen, einen ständigen Prozeß der Reduktion von Emissionen herbeizuführen."[214] Abgaben vermitteln einen solchen stetigen Anreiz, über effizientere Verfahren der Emissionsvermeidung und eine Verringerung der Emissionstätigkeit nachzudenken. Wird die Abgabensatzentwicklung ex ante auf lange Frist fixiert, wird dieser Anreiz für die Emittenten mit langfristig eindeutigen Opportunitätskosten der Schad-

---

208 SENECA / TAUSSIG (1984), S. 224.

209 Vgl. auch KEMPER (1989), S. 124.

210 Vgl. NOLL (1983), S. 199.

211 Vgl. WEITZMAN (1978), S. 684.

212 HUCKESTEIN (1993 a), S. 346.

213 Ähnlich sieht BONUS (1990), S. 348 die angemessene Anwendung von Abgaben „im Bereich pragmatischer und begrenzter Verbesserungen des Status Quo".

214 ENDRES (1994), S. 161.

stoffemission verbunden. Dies schafft die nötige Planungssicherheit, sich auf langfristig irreversible Umweltschutzinvestitionen einzulassen.[215]

Die Stabilität der angekündigten Abgabensatzentwicklung ist staatlicherseits natürlich glaubhaft zu machen, um eine entsprechende Stabilisierung der Erwartungen auf seiten der Emittenten zu erreichen. Allein eine politische Ankündigung zukünftiger Konstanz der Abgabensätze reicht hier nicht aus, wie die Erfahrungen mit solchen Versprechungen in anderen Bereichen der Politik zeigen.[216] Eine gesetzliche Verankerung der Abgabensätze - wie zum Beispiel bei der Abwasserabgabe[217] - erscheint vielversprechender, zumal Gesetzesänderungen nur in einem langwierigen Prozeß vonstatten gehen und somit von politischen Stimmungen im Tagesgeschäft losgelöst sind.[218]

Gleichwohl muß sich der Gesetzgeber die Möglichkeit offen halten, die Abgabensätze unangekündigt zu ändern, wenn dies zum Beispiel neue Erkenntnisse über die Schädlichkeit eines Schadstoffes erfordern. Somit verbleibt auch bei einer ex ante - Fixierung der Abgabensätze für die Emittenten ein gewisses Maß an Unsicherheit über deren tatsächliche Entwicklung. Im Umgang mit dieser Unsicherheit gewährt das Abgabeninstrument den Emittenten allerdings ein hohes Maß an Anpassungsflexibilität: ein jeder Emittent kann frei wählen, ob er beispielsweise bei einer Abgabenverschärfung weitergehende Emissionsvermeidungstechnik einbaut oder den erhöhten Abgabensatz zahlt. Es bedarf hier somit keiner mit Ermessen ausgestatteten Behörden, um die Folgen der bestehenden Unsicherheit für die Emittenten zu vermindern.[219] An die Stelle transaktionskostenintensiver, informeller Verhandlungen tritt ein Preissignal, das die Emittenten transparent über die neuen Opportunitäten informiert.[220]

Abgaben sind somit zwar ungeeignet, Emittenten im Rahmen einer standardorientierten Umweltpolitik einen ausreichenden Schutz der von ihnen aufgebauten Quasirenten zu gewährleisten. Ist das ökologische Ziel hingegen unbestimmt und mengenweich, bietet das

---

215 Ähnlich argumentieren SENECA / TAUSSIG (1984), S. 224.

216 Vgl. STRÖBELE (1994), S. 113, der entsprechend folgert: „Erfahrungen mit bereits installierten Steuern ... lassen die potentiell Betroffenen skeptisch reagieren, selbst wenn ihnen konstante Steuern zugesagt werden."

217 Siehe § 9 Abs. 4 AbwAG.

218 BONUS (1990), S. 358 macht jedoch auf die verführerische Gefahr aufmerksam, „ die durch Abgaben und Ökosteuern eröffneten reichhaltigen Einnahmequellen dann auch kräftig sprudeln zu lassen". Ein solcher Anreiz kann natürlich Änderungen in Form von Erhöhungen der Abgaben Vorschub leisten.

219 Vgl. auch ENDRES (1994), S. 160.

220 Wie bereits weiter oben erläutert, darf dieses Preissignal natürlich nicht laufend geändert werden, um den Emittenten eine verläßliche Planung und Kalkulation zu ermöglichen.

Abgabeninstrument über langfristig fixierte Sätze und eine hohe einzelwirtschaftliche Anpassungsflexibilität zweckdienliche institutionelle Regelungen, bei den Emittenten spezifische Investitionen in Produktions- und Vermeidungsanlagen zu schützen und darüber anzureizen.

Beim Zertifikatinstrument kann der Staat nicht - wie bei Abgaben - „sichere Preiszusagen" geben. Die Preise werden autonom auf den Märkten für die Zertifikate bestimmt. Vielmehr setzen hier - wie bei Auflagen - die Zusicherungen wieder auf der Mengenseite an: Bei der Erstausgabe der Zertifikate ist es zum Schutz bestehender spezifischer Investitionen sinnvoll, die Lizenzen nach dem Prinzip der freien Vergabe an die Altemittenten in Anlehnung an ihre bisher erlaubten Emissionen zu verteilen.[221] So gelangen die Betreiber bestehender Anlagen zunächst einmal in den Besitz der Rechte, die sie zum Schadstoffausstoß berechtigen, so daß aufgebaute Quasirenten nicht gefährdet sind. In einem zweiten Schritt können sie dann entscheiden, ob eine Reallokation der Lizenzen für sie vorteilhaft ist. Demgegenüber ist bei einer Versteigerung oder einem Festpreisverkauf der Zertifikate nicht gesichert, daß die einzelnen Emittenten eben jenen Umfang an Emissionsrechten ergattern, der zur Fortführung ihrer spezifischen Investitionen notwendig ist. So mag ein Emittent zum Beispiel in momentanen Liquiditätsschwierigkeiten stecken, die ihm den Kauf von genügend Emissionsrechten nicht erlauben. Oder Spekulanten horten einen Großteil der Zertifikate, die dann andernorts fehlen.[222] Für diese Fälle sind bei den Betreibern hohe Quasirenten gefährdet.[223]

Um auch nach Ausgabe der Zertifikate die Erwartungen der Emittenten zu stabilisieren, sollte der Staat zusichern, daß der Besitzer einer Lizenz auch gemäß dem zertifizierten Umfang zum Schadstoffausstoß berechtigt ist. Ungewißheiten über die Laufzeit der Zertifikate oder deren unangekündigte Konfiszierung durch den Staat erhöhen die Investitionsunsicherheit bei den Emittenten und lähmen den Handel der Emissionsrechte.[224] Unbefristete Lizenzen, auf denen ex ante fixiert wird, zu welchen Stichtagen und um welchen Abschlag sie abgewertet werden, schaffen hier eine langfristige Kalkulationsgrundlage für die Emittenten.[225] Um aber erwartungsstabilisierend zu wirken, ist eine solche „Garantie der Emissi-

---

221 Vgl. dagegen kritisch HEISTER / MICHAELIS u.a. (1990), S. 104 f.

222 Vgl. BONUS (1990), S. 351.

223 Vgl. auch BONUS (1996 a), S. 39 f.

224 Vgl. NOLL (1983), S. 202 f. Empirische Erfahrungen mit den handellähmenden Wirkungen unsicherer Property Rights an Emissionsrechten wurden im Rahmen des in den USA praktizierten Emissions Trading gesammelt. Vgl. hierzu BONUS (1984 a); HAHN / HESTER (1987) und (1989); BOHNE (1988).

225 Vgl. KEMPER (1989), S. 53 f.; BADER / RAHMEYER (1996), S. 46.

144

onsrechte" auch entsprechend glaubhaft zu machen. Hierzu geeignet ist beispielsweise die Etablierung einer unabhängigen Behörde nach dem Vorbild der Deutschen Bundesbank, die den vorgegebenen ökologischen Zielen verpflichtet ist und ihre Maßnahmen unabhängig vom politischen Tagesgeschäft betreibt.[226] Diese Institution könnte auch die Aufgabe übernehmen, durch eine Art Offenmarktpolitik mit Lizenzen mißbräuchliche Spekulationen auf Zertifikatmärkten zu konterkarrieren. Werden beispielsweise Lizenzen verstärkt gehortet[227] und der Preis für diese in die Höhe getrieben, könnte die Behörde an bestimmten Interventionspunkten einschreiten und durch ein Angebot zusätzlicher Lizenzen die Knappheit am Markt vermindern. Wird hingegen vermutet, daß mittels Absprache am Markt die Lizenzpreise künstlich niedrig gehalten werden, könnte durch einen staatlichen Aufkauf von Zertifikaten reagiert werden.[228] Mißbräuchliche Markttransaktionen werden darüber unattraktiv und die Gefahr verzerrter Preise, die zu Fehlallokationen bei Vermeidungsinvestitionen führen, verringert.[229] Empirischen Studien zufolge sind Probleme von Marktmacht und daraus folgende Preisverzerrungen am Lizenzmarkt in der Praxis jedoch von untergeordneter Bedeutung.[230] Damit dürften Marktmanagementkosten zur Verhinderung von Manipulationen nur in unwesentlichem Umfang anfallen.

Natürlich kann auch unter einer Zertifikateregelung nicht ausgeschlossen werden, daß Fehleinschätzungen der Schadwirkungen eines betrachteten Schadstoffs eine unangekündigte Anpassung des bisherigen Emissionskontingentes notwendig machen.[231] Somit verbleibt auch hier ein restliches Maß an Investitionsunsicherheit für die Emittenten. Hierauf können die Emittenten jedoch flexibel reagieren, indem sie die Wahl haben zwischen einem die Zertifikatabwertung kompensierenden Zukauf von Lizenzen am Markt und zusätzlicher Emissionsvermeidung.[232] Zudem können die Zertifikate bei Ausgabe mit unterschiedlichen

---

226 Vgl. zu dieser Idee BONUS (1981 a), S. 73 ff.

227 Indiz hierfür wäre eine tatsächliche Immission, die weit unter der dem Emissionskontingent entsprechenden Schadstoffkonzentration liegt.

228 Zu dieser Offenmarktpolitik des Staates vgl. BONUS (1981 a), S. 73 ff.

229 Auch können starke Lizenzpreisschwankungen, die zu erheblichen Kalkulations- und Planungsunsicherheiten bei den Emittenten führen, durch eine verstetigende Offenmarktpolitik der Behörde ausgeglichen werden. BONUS weist jedoch daraufhin, daß die Offenmarktpolitik der Behörde nicht zu einer längerfristigen Verletzung der angestrebten Umweltqualität führen darf. Wie die Bundesbank auf Preisniveaustabilität sollte die Behörde auf die Einhaltung des Umweltqualitätziels verpflichtet sein. Dieses Ziel sollte im Durchschnitt einer festgesetzten Periode nicht verfehlt werden. Vgl. BONUS (1981 a), S. 73.

230 Vgl. die von TIETENBERG (1990), S. 26 zitierten Studien, auf deren Grundlage er resümiert: „... market power does not seem to have a large effect on regional control costs in most realistic situations." und „Estimates typically suggest that control costs would rise by less than 1 per cent if market power were exercised by one or more firms."

231 Vgl. NOLL (1983), S. 202.

232 Vgl. ENDRES (1994), S. 160.

„Prioritäten" versehen sein, etwa derart, daß Zertifikate erster Priorität auch bei unange-
kündigten Änderungen des Gesamtemissionsziels nicht abgewertet werden, während dies
Lizenzen minderer Priorität in festgesetztem Maße droht.[233] Mit dem Erwerb von Lizenzen
höherer Priorität können sich Emittenten mit hochspezifischen Investitionen ex ante vor
einer Entwertung ihrer Anlagen entsprechend schützen, während Emittenten mit friktionslos
zu ändernden Produktionsschritten eher Lizenzen geringerer Priorität halten. Ungeachtet
solcher Ausgestaltungen von Zertifikaten können sich an Umweltbörsen Märkte für zukünftige Emissionsrechte, sogenannte „future-Märkte", herausbilden, auf denen der einzelne
Emittent die Risiken von morgen bereits heute absichern kann.[234] Funktionierende Termin-
märkte vermindern so den Hang von Emittenten, überschüssige Zertifikate aus Unsicherheit
über zukünftige Marktentwicklungen im Portefeuille zu halten. Schließlich kann auch über
einen staatlichen Rückkauf von Zertifikaten die Gesamtmenge vermindert werden. Diese
Maßnahme nimmt zwar den Emittenten die verbleibende Planungsunsicherheit. Allerdings
trägt dann allein der Staat die Lasten der Verbesserung der Umweltqualität.[235]

Für das Zertifikatinstrument läßt sich somit festhalten, daß es geeignete institutionelle Regelungen besitzt, im Rahmen einer standardorientierten Umweltpolitik den Emittenten ein
hohes Maß an Planungs- und Kalkulationssicherheit zu gewährleisten. Durch entsprechende
Ausgestaltung des Lizenzsystems lassen sich spezifische Investitionen der Emittenten sowohl bei Einführung wie auch Betrieb des Instrumentes in verläßlicher Weise schützen. Die
Transaktionskosten des Marktmanagements, die notwendig sind, um einen störungsfreien
Marktablauf zu gewährleisten sowie die Suchkosten nach Transaktionspartnern gering zu
halten, dürften unwesentlich hoch liegen, wenn ein funktionierender Börsenhandel existiert.[236]

In der nachfolgenden Abbildung 16 sind die verschiedenen institutionellen Regelungen von
Auflagen, Abgaben und Zertifikaten zur Verminderung von Planungs- und Kalkulationsun-

---

233 Zu einer Anwendung von mit Prioritäten versehenen Zertifikaten vgl. KEMPER (1989), S. 190 ff. Einen
anderen Vorschlag macht NOLL (1983), S. 203 f., der ein Mix von unbefristeten, mittelfristigen und
kurzfristigen Lizenzen vorsieht. Plötzlich notwendige Verschärfungen des Umweltqualitätsziels würden
hier über eine Nichtwiederausgabe kurzfristiger Lizenzen realisiert. Befristete Lizenzen machen jedoch
nur Sinn, wenn ihre Ausgabe mit dem Modus der Versteigerung verknüpft wird. Die Flexibilität der
Einflußnahme auf das Umweltqualitätsniveau wird dann aber durch die mit dem Versteigerungsmodus
verbundenen Nachteile „erkauft". Vgl. zu diesen Nachteilen Gliederungspunkt II.B.2.2.3.

234 Vgl. HEISTER / MICHAELIS u.a. (1990), S. 121 ff., 240. Zur Möglichkeit und tatsächlichen Ausbildung
solcher „future-Märkte" bei zwei aktuellen Zertifikatprogrammen in den USA vgl. BADER / RAHMEYER
(1996), S. 55, 60 ff.; HANSJÜRGENS / FROMM (1994), S. 491 f.; ECKHARDT (1995).

235 Vgl. Gliederungspunkt II.B.2.3.2.

236 Vgl. auch KEMPER (1989), S. 120 f.

	Auflage	Abgabe	Zertifikat
(1) Stabilisierung von Erwartungen	• Betriebsgenehmigung	• ex ante Fixierung der Abgabensätze	• freie Vergabe an Altemittenten • Ausgabe unbefristeter Zertifikate mit ex ante angegebenen Abwertungszeitpunkten und -sätzen
(2) Anpassungsflexibilität an bestehende Unsicherheiten	• informelle Verhandlungen mit Behörden	• Wahl zwischen Abgabenzahlung und Emissionsvermeidung	• Wahl zwischen Zertifikathaltung und Emissionsvermeidung • Prioritätenregelungen bei Zertifikaten • Absicherung über „future-Märkte"
(3) Art der Regelmechanismen	• informell, individuell	• formal, uniform	• formal, uniform
(4) ökologische Wirkung	• nicht treffsicher	• nicht treffsicher	• treffsicher
(5) Struktur der Vermeidungstechnologie	• Hang zu „end-of-pipe"	• „end-of-pipe" / integriert	• „end-of-pipe" / integriert

Abb.16: Institutionelle Regeln der umweltpolitischen Instrumente zur Verminderung von Planungs- und Kalkulationsunsicherheit bei den Emittenten
Quelle: eigene Darstellung

In der vorstehenden Abbildung 16 sind die verschiedenen institutionellen Regelungen von Auflagen, Abgaben und Zertifikaten zur Verminderung von Planungs- und Kalkulationsunsicherheit bei den Emittenten noch einmal zusammengefaßt. Zu unterscheiden sind dabei Regelungen zur Stabilisierung von Erwartungen (1) und Regelungen zur Erhöhung der Anpassungsflexibilität an bestehende Unsicherheiten (2). Darunter sind eine Charakterisierung der verwendeten Regelmechanismen (3), deren ökologische Wirkungen (4) sowie Effekte der Instrumente auf die Vermeidungstechnologiestruktur (5) aufgeführt.

Während sich Abgaben und Zertifikate formaler, uniformer Regeln bedienen, um spezifische Investitionen der Emittenten in geeigneter Weise zu schützen, greift das Auflageninstrument auf eher informelle, individualisierte Regelungen zurück. Formal und uniform sind die institutionellen Regelungen bei den marktwirtschaftlichen Instrumenten insofern, als hier eindeutige, für alle Emittenten in gleicher Weise geltende Normen geschaffen werden: Bei Abgaben wird der Preis für die Umweltnutzung als gleiches Signal an alle Emittenten festgesetzt, bei Zertifikaten werden die Bedingungen für die mit dem Besitz von Lizenzen verbundenen Rechte und die Handelsregeln für alle verbindlich fixiert. Ist dieser Rahmen zur Stabilisierung der Erwartungen auf seiten der Emittenten geschaffen, bedarf es keiner weiteren staatlichen Eingriffe, um beispielsweise den Umgang der Emittenten mit dem verbleibenden Maß an Unsicherheit zu regeln. Abgaben wie Zertifikate implizieren hier für den Emittenten automatisch eine hohe Handlungsflexibilität, da die Regelungsadressaten selbst über Art und Umfang ihrer Emissionsvermeidung entscheiden.

Diese Anpassungsflexibilität ist bei der Auflage aufgrund ihres imperativen Charakters nicht automatisch gegeben: Uniforme, alle Emittenten mit gleichen relativen oder absoluten Emissionsminderungspflichten konfrontierende Auflagen würden vielmehr auf Emittentenseite hohe Quasirenten gefährden. Dieses wird erst darüber verhindert, daß Emittenten im Rahmen von mit Ermessen ausgestatteten Behörden Verhandlungsspielraum bei der Ausgestaltung der individuellen Auflage eingeräumt wird. Es bedarf also eines informellen, individualisierten Regelmechanismus, um auch bei Auflagen einen entsprechenden Schutz spezifischer Investitionen zu erreichen. Dieser Verhandlungsmechanismus ist jedoch mit verschiedenen Nachteilen verbunden. Zum einen führt er dazu, daß die Auflage in der Regel nicht zur Einhaltung vorgegebener Umweltqualitätsziele tauglich sein dürfte. Damit stellt ein so ausgestaltetes Auflageninstrument keine Alternative zu Zertifikaten dar, wenn es um die Sicherung eines ökologischen Rahmens geht. Zum anderen sind die Verhandlungen zwischen Emittent und Behörde sehr transaktionskostenintensiv. Während die Behörde bemüht ist, Aufschluß über die individuellen Schadstoffvermeidungskosten des Emittenten zu erlangen, um diese im Sinne einer Kostenorientierung der Auflage zu berücksichtigen, wird der Anlagenbetreiber alles daran setzen, diese „wahren" Verminderungskosten zu verbergen und eine weitaus ungünstigere Situation vorzuspiegeln.[237] Die Folge sind oftmals jahrelange informelle wie auch gerichtliche Verfahren,[238] ohne daß auf diesem Wege letztlich effiziente Auflagen erlassen werden.[239] Abgaben, die ebenfalls nicht ökologisch treffsicher sind, vermeiden einen solchen transaktionskostenintensiven Prozeß zur Realisierung effizienter Emissionsvermeidung. Hier bleibt es der Behörde erspart, auf aufwendige Weise Informationen über die Grenzvermeidungskosten der Emittenten zu generieren, da diese aufgrund der Abgabenzahlung einen eigenen Anreiz haben, ihre Kostenstrukturen zu offenbaren.

Auflagen sind somit zwar bei entsprechender Ausgestaltung - wie Abgaben und Zertifikate - in der Lage, den Emittenten genügend Planungs- und Kalkulationssicherheit und damit Anreize für spezifische Investitionen zu geben. Allerdings tun sie dies um den Preis hoher Transaktionskosten im Verhandlungsprozeß und nicht effizienter Normvorgaben als auch fehlender ökologischer Treffsicherheit. Eine uniform wirkende Auflage könnte zwar eine höhere ökologische Treffsicherheit aufweisen, da sie das mit der Einräumung von Ermessen folgende Vollzugsdefizit umgeht. Sie hat indes zur Folge, daß die Emittenten keine Zertifikatregelungen entsprechende Anpassungsflexibilität besitzen. Verpflichtende Vorgaben erlauben kaum Handlungsspielraum und können so in hohem Maße spezifische Investitionen entwerten. Auflagen erweisen sich mithin als eine inferiore Strategie zur Absicherung spezifischer Investitionen der Emittenten: im Bereich einer ökologisch treffsicheren Umweltpolitik ermöglichen Zertifikatregelungen den Emittenten umfangreichere Anpassungsspielräume; besteht das Ziel allein in einer unbestimmten Allokationsverbesserung, sind Abgaben aufgrund ihrer geringeren Transaktionskosten und ihrer Effizienzorientierung vorzuziehen.

Auflagen besitzen zudem unerwünschte Effekte auf die Struktur spezifischer Vermeidungsinvestitionen. So dürfte die bei uniform ausgestalteten Auflagen bestehende Investitionsunsicherheit auf seiten der Emittenten den ohnehin bestehenden Hang zu additiven Vermeidungstechnologien noch verstärken. Die Emittenten werden nämlich solche Lösungen vorziehen, bei denen weniger hohe Quasirenten gefährdet werden. Dies favorisiert die in der Regel weniger spezifischen, nachgeschalteten gegenüber den integrierten Alternativen. Aber auch ein mit Verhandlungsspielraum ausgestattetes Auflageninstrument dürfte dem Trend zu additiven Technologien kaum entgegenwirken. Den Nachweis wirtschaftlicher Tragbarkeit

---

237 Hierzu schreibt LAHL (1993), S. 254: „der betroffene Betrieb hat den größeren Sachverstand. Wenn von dort behauptet wird, daß ein vorgegebener Wert oder ein notwendiges umweltpolitisches Ziel technologisch nicht umsetzbar ist, dann muß der jeweilige Vollzugsbeamte nachlegen, er muß die Machbarkeit der Norm zumindestens in Ansätzen begründen können."

238 Vgl. LAHL (1993), S. 252 ff.; ENDRES (1994), S. 160.

239 Vgl. GAWEL (1994 b), S. 36.

und technischer Durchführbarkeit von Emissionsvermeidungsmaßnahmen wird eine Behörde nämlich am ehesten für die weniger kostenintensiven nachgeschalteten Technologien führen können. Diese sind standardisiert und somit „eine erfolgreiche Anwendung im Betrieb" durch die Behörde leichter feststellbar.[240] Demgegenüber sind Prozeßtechnologien meist auf Emittenten „zugeschnitten"[241] und weder physisch noch gedanklich vom eigentlichen Produktionsprozeß zu trennen. Derartige Technologievorschläge sind seitens der Behörde nun mangels entsprechenden Know-how's weder zu formulieren noch in Verhandlungen als technisch machbar und wirtschaftlich tragbar darzustellen. Infolgedessen begünstigen auch ermessengeleitete Auflagensysteme den Hang zu „end-of-pipe" Technologien.[242]

Abgaben und Zertifikate unterstützen diesen Hang zu „add-on" Technologien hingegen nicht. Da weder die Behörde Nachweise über die wirtschaftliche Vertretbarkeit von Normverschärfungen erbringen muß, noch uniforme Emissionsvorgaben geringe Anpassungsspielräume für die Emittenten eröffnen, droht von hierher keine Unterstützung der Tendenz zu nachgeschaltetem Umweltschutz. Die Emittenten besitzen vielmehr ein hohes Maß an Erwartungsstabilität und Handlungsflexibilität, die es ihnen erlauben, auch hochspezifische, mit langer Nutzungsdauer geplante, integrierte Vermeidungsmaßnahmen hinreichend abzusichern.

WALTER argumentiert, die Anwendung von Abgaben bewirke eine stärkere Förderung integrierter Vermeidung als die Verwendung von Zertifikaten.[243] Hierzu verweist er zum einen darauf, daß bei Abgaben mit einem für die Zukunft sicheren Preis der Umweltnutzung kalkuliert werden kann, während die Preise für Zertifikate in der Zukunft unsicher sind.[244] Zum zweiten förderten Zertifikate „die Beschneidung des zeitlichen Reaktionsspielraumes"[245] der Emittenten. Bei einer Abwertung von Zertifikaten erzwinge die Lizenzlösung eine sofortige Anpassung an die geänderte Restriktion. Sind zu diesem Zeitpunkt integrierte Vermeidungsalternativen zwar in der Entwicklung, aber noch nicht verfügbar, würde die Adaption von „add-on" Alternativen begünstigt. Demgegenüber überlasse eine Abgabenlö-

240 Vgl. WALTER (1989), S. 177 f.

241 Vgl. WALTER (1989), S. 90 und auch RENTZ, O. (1995), S. 67, der resümiert: „Integrierte Maßnahmen sind daher stark fallabhängig und wenig übertragbar im Gegensatz zu vielen „Standard"-Sekundärmaßnahmen (gemeint sind additive Technologien; Anm. d. Verf.)."

242 Zu den Schwierigkeiten der Konkretisierung des „Standes der Technik" und dem Hang zu additiven Technologievorschlägen in der deutschen Immissionsschutzpolitik vgl. KABELITZ (1984 b), S. 90 ff.

243 Vgl. hierzu sowie im folgenden WALTER (1989), S. 179 ff.

244 Vgl. auch WALTER (1987).

245 WALTER (1989), S. 179.

sung den Emittenten selbst die Entscheidung über die Wahl des Zeitpunktes der Technologieanpassung.

Bei dieser Argumentation vernachlässigt WALTER jedoch die Rolle wichtiger institutioneller
Regelungen bei einem Lizenzsystem, die die obig beschriebenen Unsicherheiten und Friktionen mindern können. Die Unsicherheit über zukünftige Lizenzpreise kann ein Emittent
über ein entsprechendes Termin- oder Optionsgeschäft für Zertifikate („future-Handel")
eliminieren. Und Friktionen bei der Technologieanpassung sind darüber zu vermeiden, daß
beispielsweise kurzfristig zusätzliche Zertifikate bis zum nun eigens gewählten Zeitpunkt
des Technologiewechsels am Markt „geleast" werden.[246] Zudem ist die von WALTER unter-
stellte Sicherheit zukünftiger Abgabensätze nicht unumstritten. Da Abgaben politische Preise mit einhergehenden staatlichen Einnahmen sind, ist die Verlockung für die Politik nicht
gering, diese auch zur Aufbesserung des Budgets zu nutzen.[247] Angesichts dieser Argumente
ist es nur schwer nachzuvollziehen, daß Abgaben den Zweig integrierter Vermeidungstechnik stärker fördern als Zertifikate.

5.2.2 Spezifische Investitionen des Staates

Spezifische Investitionen des Staates sind im Bereich umweltpolitischer Transaktionen insofern von Relevanz, als erhebliche Ressourcen in den Aufbau einer Infrastruktur und Investitionen der Gesellschaftsmitglieder in Human- und Sachkapital getätigt wurden.[248] Umweltpolitische Transaktionen können nun den Wert dieser Investitionen gefährden, indem
über ökologische Gefahren die natürlichen Lebensgrundlagen berührt werden. Diese ökologischen Gefahren können durch ein aus Sicht des Staates unsicheres Emissionsverhalten
der Emittenten ausgelöst werden. Dem Staat obliegt die Aufgabe, die spezifischen Investitionen vor opportunistischer Zerstörung zu schützen und hierzu geeignete Maßnahmen zu
ergreifen.

Zur Abwendung kritischer Beeinträchtigungen der Umweltqualität liegt dem deutschen
Umweltrecht der Grundsatz der Gefahrenabwehr zugrunde. Demnach sind Emissionen ka-
tegorisch zu vermeiden, die zu einer Verletzung des gesundheitlichen oder ökologischen

---

246 Zum Leasing von Zertifikaten vgl. BONUS (1995 a) und TIETENBERG (1990), S. 29, der anmerkt:
     „Leased credits facilitate an efficient transition into the new regime of more stringent controls."
247 Vgl. auch BONUS (1995 a).
248 Vgl. Gliederungspunkt III.B.3.2.2.

Existenzminimums führen.[249] Zu diesem Zweck werden absolute Obergrenzen der Verschmutzung definiert, die die Einhaltung zulässiger Höchstimmissionen sicherstellen.[250]

Im Fall global oder regional wirkender Schadstoffe können allein überhohe Gesamtemissionen zu Gefahrensituationen führen. Haben einzelne Emittenten nur einen relativ kleinen Einfluß auf die Gesamtemission, können Verletzungen der ökologischen Mindestnorm durch eine geeignete Wahl der zulässigen Gesamt-emission unterhalb des kritischen Schwellenwertes verhindert werden. Eine Gefährdung des ökologischen Ziels durch einzelne Transaktionen ist hier ausgeschlossen, da ein Emittent selbst bei unerlaubter Emission eine aus ökologischer Sicht unbedeutende Menge emittiert. Fehlverhalten einzelner Emittenten führt somit nicht zur Gefährdung (von Teilen) der spezifischen Investitionen des Staates, und es genügt, unerlaubte Schadstoffausstöße ex post zu sanktionieren. Da die einzelne umweltpolitische Transaktion aus Sicht des Staates unspezifisch ist, empfiehlt sich deren Abwicklung über eine marktliche Koordination.[251] Zertifikate, die die „high-powered incentives" des Marktes besser nutzen als Auflagen,[252] erweisen sich in diesem Fall als geeignetes Koordinationsinstrument. Abgaben teilen zwar die Anreizvorteile von Lizenzen. Sie sind aufgrund ihrer offenen ökologischen Flanke als instrumentelle Alternative aber ungeeignet, wenn es um die Sicherung des ökologischen Minimalziels geht.[253] Ist das Ziel hingegen eine (unbestimmte) Gesamtemission weit unterhalb der Gefahrenschwelle, können auch Abgaben in Erwägung gezogen werden.

Gibt es hingegen Emittenten sich regional oder global ausbreitender Schadstoffe, die einen potentiell großen Einfluß auf die Gesamtemission ausüben können, gestaltet sich das Problem der Gefahrenabwehr schwieriger. Solche Emittenten tangieren das Schutzziel zwar nicht, soweit sie legitim, d.h. in Anlehnung der ihnen auferlegten Auflage oder nach Maßgabe der von ihnen gehaltenen Zertifikate, emittieren. Dann nämlich verbleibt die tatsächliche Gesamtemission innerhalb des gestatteten Umfangs. Allerdings ist eine Gefährdung der seitens des Staates aufgebauten Quasirenten über unerlaubte Emissionen möglich, die zu signifikanten Verschlechterungen der Umweltqualität über das ökologisch gebotene Mindestmaß hinaus führen.

---

249 Vgl. HANSMEYER / SCHNEIDER (1990), S. 27 f.

250 Vgl. CANSIER (1994), S. 183. Die Festlegung solcher Grenzwerte der zulässigen Maximalbelastung ist in der Praxis sehr schwierig, da häufig Informationen über das Gefährdungspotential einzelner Schadstoffe fehlen. Zudem entstehen Schäden oftmals nicht erst mit Übertreten von bestimmten Schwellenwerten, sondern bereits bei geringen Dosen in Form von stochastischen Schäden. Vgl. hierzu CANSIER (1993), S. 52 f.

251 Vgl. Gliederungspunkt III.A.2.3.2.2.

252 Vgl. Gliederungspunkt III.B.5.1.

253 Vgl. BONUS (1990), S. 346 ff.

Ebenso ist die Gefahrenabwehr bei der Regulierung lokal wirkender Stoffe komplexerer Natur. Hier kann nicht nur das Übertreten einer bestimmten Gesamtemission Natur und Gesundheit erheblich beeinträchtigen, sondern auch einzelne Emittenten können unter Einhaltung des Gesamtemissionsziels Gefahrensituationen herbeiführen.[254] Die Gefahr überhoher Schadstoffkonzentrationen kann infolgedessen nicht mehr allein durch eine Regulierung der Gesamtemission gebannt werden. Die Möglichkeit durch einzelne Emissionsquellen verursachter „hot spots" bedeutet, daß isolierte Transaktionen das ökologische Mindestziel an bestimmten Orten verletzen und so Teile der staatlicherseits aufgebauten Quasirente gefährden können. Um die spezifischen Investitionen des Staates gegen eine Entwertung abzusichern, bedarf es eines hierarchischen Eingriffs.[255] Marktnahe Koordinationsformen wie ein freier, unbeschränkter Zertifikathandel oder auch reine, nicht flankierte Abgabenlösungen können die Vermeidung von „hot spots" nicht gewährleisten.[256] Das einzelwirtschaftliche Kalkül könnte hier zu Emissionsstrukturen führen, die die Immissionsgrenzwerte nicht an allen Orten einhalten.

Notwendig für die Regulierung lokal wirkender Stoffe wie auch potentiell ökologisch erheblicher Emissionen durch einen Emittenten bei weiträumig wirkenden Schadstoffen ist vielmehr eine Festlegung von quellenspezifischen Auflagen, die das Entstehen (örtlich) überhoher Konzentrationen vermeiden.[257] Sie sind dabei so auszulegen, daß sie allein die Verletzung kritischer Belastungsgrenzen unterbinden, nicht aber darüber hinaus die Emittenten restringieren. Denn über den Bereich der unmittelbaren Gefahrenabwehr hinaus sind Auflagen in diesem Zusammenhang nicht legitimierbar: wird das ökologische und gesundheitliche Existenzminimum gesichert, so sind auf seiten des Staates keine spezifischen Investitionen mehr gefährdet. Transaktionen, die das Schutzziel nicht gefährden, sind aus Sicht des Staates unspezifisch und sollten deswegen mit marktnahen Koordinationsmechanismen abgewickelt werden. Damit empfiehlt sich ein gemischter Instrumenteneinsatz, dem ein Zertifikat- oder Abgabensystem[258] zugrundeliegt, das aus Gründen der Gefahrenabwehr um einzelwirtschaftliche Auflagen ergänzt wird.[259]

---

254 Vgl. TIETENBERG (1990), S. 22.

255 Vgl. Gliederungspunkt III.A.2.3.2.2.

256 Vgl. HANSMEYER / SCHNEIDER (1990), S. 29.

257 Vgl. HANSJÜRGENS (1993), S. 50.

258 Neben Zertifikaten sind nun auch Abgaben einsetzbar, da deren offene ökologische Flanke durch die ergänzende Auflagenregelung gefüllt wird.

259 Vgl. hierzu GAWEL / HANSMEYER (1995), S. 267 f. sowie allgemein zu mischinstrumentellen Strategien GAWEL (1991).

Der Anknüpfungspunkt der Auflage sollte dabei in Abhängigkeit vom Gefahrenpotential des betrachteten Schadstoffs gewählt werden. Bei Schadstoffen von nur geringem oder mittlerem Problemgehalt erscheint eine Emissionsauflage angebracht, deren Überschreitung unter empfindliche Strafe gestellt wird. Die scharfe Sanktionierung reizt den Emittenten zu Wohlverhalten an, der zur Einhaltung der Auflage zudem größte Anpassungsflexibilität besitzt. Sollte trotzdem gegen die Norm verstoßen werden, können die aufgrund des noch nicht so hohen Gefahrenpotentials entstehenden Schäden mithilfe der Strafgelder beseitigt beziehungsweise Geschädigte kompensiert werden.[260] So könnte Direkteinleitern im Gewässerschutz die Auflage gemacht werden, Phosphor maximal bis zu jenem Umfang einleiten zu dürfen, bis dieser Stoff zum limitierenden Faktor für die Gewässereutrophierung wird. Unterhalb dieser Grenze könnten die Emittenten das Ausmaß ihrer Schadstoffemission je nach Besitz an Zertifikaten oder gemäß Umfang der Abgabenzahlung frei wählen.[261] Über die Gefahrenschwelle hinausgehende Emissionen würden streng geahndet und Schäden bei Verstößen aus den Geldbußen beseitigt.

Birgt der betrachtete Schadstoff hingegen ein hohes oder gar extrem hohes Gefahrenpotential, erscheint es sinnvoller, die Auflage zur Einhaltung des Grenzwertes als Verfahrens- und/oder Verhaltensnorm auszugestalten. Für solche Stoffe führt eine über die Gefahrenschwelle hinausgehende Emission zu immens hohen Kosten, die eine nachträgliche Beseitigung des Schadens prohibitiv teuer machen. Ein möglicher Extremfall einer ökologischen Katastrophe ist sicherlich der atomare Super-GAU. So werden für atomare Unfälle in der Größenordnung Tschernobyls Schäden in Höhe mehrerer Billionen DM genannt, sollten sie in Deutschland auftreten.[262] Zur Regulierung derartiger Problembereiche erscheint eine alleinige Vorgabe von Emissionsnormen aus verschiedenen Gründen nicht als ausreichend. Angesichts der mit solchen Unfällen verbundenen langfristigen und irreversiblen Folgen ist eine Kompensation von Schäden sowohl theoretisch als auch von der Summe her nahezu unmöglich.[263] Das Übertreten der Gefahrenschwelle ist deswegen ex ante zu unterbinden. Die von Emissionsnormen in Verbindung mit Sanktionen ausgehenden Anreize zur Eindämmung von Unfallgefahren knicken jedoch in dem Moment ab, da die Strafen zur Kompensation eines eingetretenen Schadens durch den entsprechenden Emittenten aufgrund ihrer

---

260 Um sicherzustellen, daß aufgrund von Normübertretungen entstehende Schäden auch beglichen werden, kann von Emittenten ex ante auch ein Pfand erhoben werden, das sich an den im „worst case-Fall" entstehenden Umwelteinbußen bemißt. Vgl. BOHM / RUSSELL (1985), S. 432.

261 Zur Möglichkeit, im Rahmen des deutschen Gewässerschutzes marktwirtschaftliche Anreize in Form flexibilisierter Auflagen anzuwenden, vgl. VAN MARK / GAWEL / EWRINGMANN (1992).

262 Vgl. EWERS / RENNINGS (1995), S. 187.

263 Vgl. EWERS / RENNINGS (1992), S. 163 ff.

Höhe nicht mehr geleistet werden können. Mögliche Schäden werden somit nur insoweit vermieden, als ihr Auftreten zu privaten Kosten beim Emittenten führt. Die seitens des Emittenten vorgenommenen Vorsorgemaßnahmen könnten dann aber unterhalb des aus gesellschaftlicher Sicht notwendigen Mindestniveaus verbleiben.[264] Zudem könnten Emittenten die Gefahr von ihnen ausgehender Unfälle aufgrund unvollständiger Information geringer einschätzen, als sie objektiv ist, oder aufgrund betriebswirtschaftlicher Zwänge zu Nachlässigkeiten im Umweltschutz verleitet werden. Es scheint sinnvoller, für solche Fälle[265] ex ante Übertretungen der umweltpolitischen Norm darüber zu unterbinden, daß Sicherheits- und Verfahrensstandards vorgegeben und kontinuierlich überprüft werden.[266] Dieser Eingriff gewährleistet, daß die sehr empfindlichen Bereiche des Umweltschutzes mit bewährten, als hinreichend sicher eingestuften Verfahren geregelt und die oben aufgezeigten Risiken falscher Anreize bei den Emittenten ausgeschlossen werden. Aber auch hier gilt, daß die Auflagenvorgabe sich allein auf die Gefahrenabwehr beschränken sollte. Unterhalb der Gefahrenschwelle ist bei Schadstoffen mit sehr hohem Gefahrenpotential insbesondere an die Anwendung von Abgaben zu denken.[267] Diese reizen zur Suche nach Emissionsminderungen an, die über das gesetzlich vorgeschriebene Maß hinausgehen, und begegnen so der dynamischen Ineffizienz ordnungsrechtlicher Lösungen.[268] Ein Zertifikatsystem, das den Handel von Störfallrisiken[269] unterhalb der Gefahrenabwehr vorsieht, ist angesichts der Sensibilität der Öffentlichkeit für Fragen der Sicherheit von z.B. kerntechnischen Anlagen hingegen kaum vorstellbar.[270]

Aus transaktionskostentheoretischer Sicht legt also der Schutz der spezifischen Investitionen des Staates nahe, im Bereich der Gefahrenabwehr auf Auflagen zurückzugreifen, wenn einzelne Emittenten die Quasirente des Staates (in Teilen) gefährden können. Die Intensität des

---

264 Vgl. ENDRES (1991 b), S. 67 ff., der die Wirkung von Haftungsobergrenzen bei der Anwendung des Umwelthaftungsrechts untersucht. Die Ergebnisse sind auf die hier angestellten Überlegungen übertragbar.

265 Ähnlich strukturiert, wenn auch nicht unbedingt ebenso nachhaltig in ihrer Schadenswirkung, sind die Probleme beispielsweise in der Gentechnik oder bei überaus gefährlichen chemischen Stoffen wie Dioxinen und Dibenzofuranen.

266 Vgl. zu solchen Standards im Atomrecht das Atomgesetz, das Strahlenschutzvorsorgegesetz (StrVG) sowie die Strahlenschutzverordnung, in der der „Stand der Wissenschaft und Technik" konkretisiert wird.

267 Vgl. EWERS / RENNINGS (1995), S. 187.

268 Daneben kann auch dem im Rahmen dieser Arbeit nicht weiter betrachteten Haftungsrecht eine wichtige Aufgabe bei der Regulierung hochgefährlicher Emissionen zukommen. Vgl. EWERS / RENNINGS (1995), S. 186 f.

269 Störfälle sind Schadensereignisse, deren Eintrittswahrscheinlichkeit je nach Auslegung der Anlage statistisch berechnet werden kann. Vgl. EWERS / RENNINGS (1995), S. 184.

270 Gleiches ist für die Anwendung von handelbaren Lizenzen in anderen sensiblen Bereichen wie der Sicherheit gentechnischer oder gefährlicher chemischer Anlagen zu folgern.

Eingriffs - ob eine Emissions- oder gar eine Verfahrensauflage gewählt wird - hängt dabei von der ökologischen Brisanz des Schadensfalles ab. Demgegenüber ist eine Auflagenrege-lung im Bereich der Gefahrenabwehr nicht notwendig, wenn - wie im Fall sich weiträumig ausbreitender Schadstoffe - kleine Emittenten jeweils nur unbedeutenden Einfluß auf die Umweltqualität nehmen können. Die transaktionskostentheoretische Analyse erlaubt somit detailliertere Aussagen als eine neoklassische Analyse darüber, wann und in welcher Form Auflagen im Bereich der Gefahrenabwehr anzuwenden sind.

5.2.3 Positionierung plastischer Faktoren

5.2.3.1 Wissensökonomische Überlegungen

Wie unter Gliederungspunkt III.B.4 dargestellt, besitzen die Emittenten gegenüber den staatlichen Behörden Informationsvorteile, wenn es um die Bestimmung kostengünstiger Emissionsvermeidungsmaßnahmen geht. Der einzelne Emittent kennt die Eigenheiten seiner Produktionsanlage und besitzt idiosynkratisches Wissen hinsichtlich der Ansatzpunkte für einen preiswerten Umweltschutz, das die Behörde nicht hat. Um nun einen effizienten Emissionsschutz zu ermöglichen, könnten sich staatliche Agenten das idiosynkratische Wissen der Unternehmungen aneignen. Dies ist aber zum einen sehr zeitaufwendig und teuer, da dieses Wissen nur in langer Frist oder gar nicht zu übertragen ist.[271] Damit ist das idio-synkratische Wissen der Emittenten spezifisches Wissen im Sinne von JENSEN und MECKLING.[272] Zum anderen zeichnen sich die Kenntnisse gerade dadurch aus, daß sie in vielen Fällen nur in der betrachteten Unternehmung anwendbar und damit spezifisches Hu-mankapital sind. Der Nutzen des erworbenen Wissens ist somit sehr begrenzt. Selbst inner-halb einer Branche unterscheiden sich die Emittenten infolge unterschiedlicher Größe, Pro-duktionsmethoden sowie Alter und Aufbau der Anlagen oft so sehr, daß sich unterschiedli-che Kostenprofile bei der Emissionsvermeidung ergeben. Für eine optimale Entscheidung hinsichtlich der Aufteilung der einzelwirtschaftlichen Umweltschutzaktivitäten bedarf es somit der Poolung des idiosynkratischen Wissens sämtlicher Emittenten, so daß sich die Transferprobleme potenzieren. Angesichts nur beschränkter Kapazitäten zur Informations-sammlung und -verarbeitung bei den Umweltbehörden muß eine staatliche Entscheidung über die adäquaten Maßnahmen vor Ort für einen effizienten Umweltschutz scheitern. Der Instrumententyp der Auflage, der diesem Vorgehen folgt und dem Staat die Entscheidungs-

---

271 So dürften die Kenntnisse einer Person um die individuellen Fertigkeiten und die Bereitschaft der Mitar-beiter, ein bestimmtes Umweltmanagementsystem einzuführen, einen Großteil an Übungs- und Erfah-rungswissen umfassen. Die damit verbundenen informellen wie intimen Kenntnisse sind nur schwerlich transferierbar.

272 Vgl. hierzu Gliederungspunkt III.B.2.3.3.1.

rechte über den Umfang der bei den einzelnen Emittenten durchzuführenden Vermeidungsmaßnahmen zuweist, mißachtet also die Problematik des Transfers idiosynkratischen Wissens.

Es ist vielmehr sinnvoll, den anderen Weg zu beschreiten: anstatt das spezifische Wissen transaktionskostenintensiv zum Staat hin zu transferieren, sollten zur optimalen Nutzung des menschlichen Wissenspotentials die Entscheidungsrechte zur Emissionsvermeidung dorthin vergeben werden, wo das Wissen herrscht.[273] Dies favorisiert eindeutig marktwirtschaftliche Instrumente wie Abgaben und Zertifikate. Hier wird die Kompetenz über die individuell durchzuführende Emissionsvermeidung dem einzelnen Umweltnutzer übertragen, der zugleich die besten Informationen zu deren sinnvoller Auswahl besitzt. Die Orte von Entscheidungsgewalt und idiosynkratischem Wissen stimmen überein. Ein kostspieliger Transfer dieser Kenntnisse und Fähigkeiten erübrigt sich. Da der Emittent mit den wirtschaftlichen Folgen seines Emissionsverhaltens konfrontiert wird, wird er in eigenem Interesse sein plastisches Wissen auf effiziente Weise nutzen. Die angestrebten Umweltqualitätsziele werden so unter effizienter Nutzung des menschlichen Potentials an Wissen zur Emissionsvermeidung verwirklicht.

5.2.3.2 Faktorpositionierung und die geeignete Koordination von Transaktionen

Die obigen Überlegungen führen somit zu dem Ergebnis, daß zur optimalen Nutzung des spezifischen Wissens zur Emissionsvermeidung eine Anwendung von Abgaben und Zertifikaten gegenüber Auflagen vorzuziehen ist. Die dezentrale Verarbeitung idiosynkratischen Wissens vor Ort bei den Emittenten ist weitaus transaktionskostengünstiger als die mit (prohibitiv) hohen Kosten verbundene Zentralisierung dieses Wissens beim Staat und die anschließende Aussprache hierarchischer Weisungen. Allerdings ist dieses Resultat unter der Annahme abgeleitet worden, daß das plastische Wissen der Emittenten zur Emissionsvermeidung zum Staat peripher positioniert ist: Die Emissionen und deren Immissionswirkung können in diesem Fall einem physischen Verursacher zweifelsfrei zugeordnet werden.[274] Damit fallen hohe Emissionen in Form hoher Abgabenzahlungen beziehungsweise umfangreicher Zertifikathaltung voll auf ihn zurück, und er wird angereizt, sein idiosynkratisches Wissen zur Emissionsvermeidung effizient einzusetzen. Sind die Umweltwirkungen individueller Emissionen hingegen nicht einem Emittenten eindeutig zuzuordnen, besitzt dieser Anreize, sein plastisches Wissen nicht effizient einzusetzen, sondern im Wege

---

273 Vgl. Gliederungspunkt III.B.2.3.3.1.
274 Vgl. Gliederungspunkt III.B.4.

des „moral hazard"[275] unerlaubt |zu emittieren. Eine solche, nicht kontrollierbare Einfluß-
nahme der Emittenten auf die Umweltqualität wurde bei den obigen wissensökonomischen
Überlegungen implizit ausgeschlossen. Damit wurde nur ein Unsicherheitsfaktor, dem sich
der Staat gemäß Abbildung 15[276] bei der Nutzung des plastischen Wissens der Emittenten
gegenübersieht, betrachtet, der andere hingegen ausgeklammert: die Komplexität der Umwelt, mit der der Staat bei dem Versuch konfrontiert wird, seine Umweltqualitätsziele auf
kostenminimale Weise zu erreichen, wurde thematisiert; nicht aber mögliches opportunistisches Verhalten der Emittenten, ex post gegen Vereinbarungen zu verstoßen und unentdeckt
zu emittieren.

Mit der Möglichkeit opportunistischen Verhaltens der Emittenten bei der Normbefolgung
treten nach Abschluß der Transaktion auftretende Kontrollkosten in den Mittelpunkt der
Betrachtung. Hierzu wurden unter Gliederungspunkt III.B.4 die verschiedenen Möglichkeiten des Emissions- und Diffusionsmonitoring dargestellt. Demnach sind in Abhängigkeit
von der Verfügbarkeit und dem Aufwand alternativer Monitoringverfahren die Kenntnisse
der Emittenten zur Emissionsvermeidung in unterschiedlichem Maße zum Staat peripher
oder zentral positioniert: Ist eine umfassende Emissions- und Diffusionsbeobachtung preiswert möglich, ist das plastische Wissen der Emittenten zum Staat peripher positioniert. In
diesem Fall sind die individuellen Immissionsbeiträge von der Umweltqualität vollständig
separierbar, und einer Nutzung dieses Wissens steht nichts im Wege. Gibt es ein solches
Monitoringverfahren nicht oder ist es prohibitiv teuer, befindet sich ein Teil des plastischen
Wissens der Emittenten zum Staat in zentraler Position. Ist der Stand des Monitoring beispielsweise nur so weit, daß Schadstoffkonzentrationen in einem schmalen Bereich gemessen werden können, so können solche Emissionsvermeidungsverfahren nur unzureichend
überwacht werden, die größere Schwankungen in der Emissionskonzentration implizieren.
Die Zulassung solcher Schadstoffminderungsverfahren führte zu nicht separierbaren Einflußnahmen auf die vom Staat bereitgestellte Umweltqualität. Ebenso sind für den Fall, daß
allein ein indirektes Monitoring über den Input existiert, Änderungen des Emissionsumfangs im Bereich von Produktionsverfahrens- oder nachträglichen Maßnahmen nicht verursachergerecht zu messen. Solche Maßnahmen befinden sich somit in zentraler Positionierung zum Staat.

Welche Schlüsse sind aus dem Stand des Monitoring und der daraus folgenden Positionierung plastischen Wissens zur Emissionsvermeidung für die Wahl geeigneter Koordinationsstrukturen zu ziehen? Die transaktionskostenökonomische Theorie empfiehlt, peripher

---

275 Vgl. Gliederungspunkt III.B.2.3.3.2.
276 Vgl. Gliederungspunkt III.B.5.2.

positionierte, plastische Faktoren am Markt zu beziehen und zentral positionierte, plastische Faktoren in die Hierarchie einzubinden.[277] Übertragen auf die hier betrachtete Situation bedeutet dies, daß der Staat bei vollständiger Peripherität des idiosynkratischen Wissens der Emittenten die Emissionsvermeidungsleistungen von diesen am Markt beziehen sollte. Dies favorisiert die Anwendung von Abgaben und Zertifikaten, wie sie auch schon im Rahmen der obigen wissensökonomischen Überlegungen abgeleitet wurde. Da die Leistung der Emittenten anhand der ihnen zuzurechnenden Immissionsbeiträge ausgemacht und entsprechend angelastet werden kann, können die von den Preissignalen marktwirtschaftlicher Instrumente ausgehenden „high-powered incentives" ideal genutzt werden. Die Emittenten besitzen alle Anreize, ihr plastisches Wissen auf der Suche nach effizienten Vermeidungsmöglichkeiten bestmöglich einzusetzen. Um ihnen größtmögliche Flexibilität bei der Nutzung ihres idiosynkratischen Wissens zu gestatten, sollten Abgabe wie Zertifikat an der Emission anknüpfen. So stehen den Emittenten sämtliche alternativen Ansatzpunkte - von der Produktionsanpassung, der Inputsubstitution, der Produktionsverfahrensänderung, der nachgeschalteten Reinigung bis zum Recycling - zur Emissionsminderung zur Verfügung.

Was ist aber, wenn der Staat die Immissionen nicht in jedem Fall verursachergerecht zuordnen kann, und somit Teile des plastischen Wissens der Emittenten zum Staat zentral positioniert sind? Hier spricht sich die Transaktionskostentheorie für eine hierarchische Einbindung der zentral positionierten Elemente des Faktors und einen Bezug der peripher positionierten Teile am Markt aus.[278] Bei einem nur unvollständigen Monitoring sind jene Bestandteile des plastischen Wissens zentraler Natur, deren Einsatz nicht angemessen kontrolliert werden kann. Folglich bedürfte es einer Trennung des idiosynkratischen Wissens der Emittenten in der Weise, daß diese den kontrollierbaren, peripheren Anteil im Wege marktlicher Koordination anbieten, während der zentral positionierte Teil in den Staat integriert wird. In der Hierarchie hätten dann Sammelanreize die Funktion, den Einsatz des zentral positionierten plastischen Wissens anzureizen.[279] Das Geheimnis des Erfolgs von Sammelanreizen in Hierarchien besteht darin, daß die Leistungen des Faktors zwar nicht in kurzer Frist, wohl aber bei längerer Beobachtung beurteilt werden können. Allerdings scheint gerade diese Voraussetzung für den Erfolg von kumulativen Anreizen im Fall der Emissionsvermeidung nicht gegeben. Vielmehr dürften die Probleme der Zuordnung individueller Beiträge zur Immission auch bestehen, wenn von der kurzen Frist in einen längerfristigen Beobachtungszeitraum gewechselt wird. Dann aber scheitern die für Hierarchien

---

277 Vgl. Gliederungspunkt III.B.2.3.3.3.

278 Vgl. Gliederungspunkt III.B.2.3.3.3.

279 Vgl. Gliederungspunkt III.B.2.3.3.3.

typischen Sammelanreize sowie das Vorgehen, durch Integration die Nutzung zentral positionierten plastischen Wissens zur Emissionsvermeidung anzureizen.

Für den Staat bleibt die Alternative, die Emissionsvermeidungsleistungen von den Emittenten zu beziehen, wobei die Qualität des Faktoreinsatzes vorgegeben wird, soweit sein Einsatz nicht separabel vom Output des Staates ist. Die Vorgabe der Qualität des Faktoreinsatzes ist teuer, da das zentral positionierte plastische Wissen nicht in die Wahl der Maßnahmen zur Emissionsvermeidung eingeht. So würde bei einem allein in engen Meßbereichen arbeitenden Emissionsmonitoring den Emittenten vorgeschrieben, ihre Emissionsmassenströme nur innerhalb der kontrollierbaren Bandbreite zu variieren. Verfahren mit darüber hinaus schwankender Emissionstätigkeit würden somit betriebswirtschaftlich obsolet und entsprechend bliebe das hier bestehende idiosynkratische Wissen ungenutzt. Zugleich aber ist es hierüber möglich, die Emissionen der Emittenten hinreichend zu beobachten und so die Möglichkeit opportunistischen Verhaltens dieser auszuschließen.

Der Weg besteht also in einem Bezug der Emissionsvermeidungsleistungen von den Emittenten unter Ausschluß solcher Verminderungsmaßnahmen, die aufgrund ihrer Zentralität nicht kontrollierbar sind. Welche Auswirkungen hat dies auf die Vorteilhaftigkeit der Anwendung von Auflagen, Abgaben und Zertifikaten? Diese Instrumente nutzen in unterschiedlichem Maße das bei den Emittenten dezentral vorhandene plastische Wissen zur Emissionsvermeidung.

5.2.3.3 Kontrollkosten und umweltpolitische Instrumente

Eine erste These in der Literatur lautet, daß marktwirtschaftliche Instrumente kontrolltechnisch anspruchsvoller sind als das Ordnungsrecht.[280] Der Möglichkeit einer effizienteren Nutzung plastischen Wissens stehen dann höhere Kosten zur Kontrolle des Einsatzes dieses Wissens gegenüber. Diese Behauptung wird vielfach mit dem Hinweis auf die bei Anwendung von Abgaben und Zertifikaten höhere Flexibilität der räumlichen und zeitlichen Emissionen vertreten.[281] Infolgedessen würde das Kontrollproblem gegenüber ordnungsrechtlichen Emissionszuteilungen komplexer. So bedürfe die Anwendung marktwirtschaftlicher Instrumente beispielsweise einer kontinuierlichen Messung von Emissionsmassenströmen, während bei Auflagen eine diskrete Überwachung der Einhaltung von Maximalkon-

---

280 Vgl. allgemein WELSCH (1994), S. 181 sowie für einen Vergleich von Abgaben und Auflagen STRÖBELE (1994), S. 108, für einen Vergleich von Zertifikaten und Auflagen RUSSELL / HARRINGTON / VAUGHAN (1986), S. 221, Anmerkung 2; TIETENBERG (1985), S. 182 f.

281 Vgl. MICHAELIS (1996 b), S. 47; WELSCH (1994), S. 181.

zentrationen genüge.[282] Im Umkehrschluß führt diese These zu der Aussage, daß die kontrolltechnischen Vorteile von Auflagen gegenüber Abgaben und Zertifikaten umso größer sind, je unvollständiger die Möglichkeiten des Monitoring sind. Die allokative Überlegenheit marktwirtschaftlicher Instrumente aufgrund der besseren Nutzung des plastischen Wissens der Emittenten zur Emissionsvermeidung könnte dann relativiert werden, wenn die Transaktionskosten des Monitoring in die Effizienzbetrachtung einbezogen werden.[283] Die zusätzlichen Kontrollkosten zur Nutzung des idiosynkratischen Wissens könnten deren Effizienzvorteile bei der Emissionsminderung überkompensieren. Der Einsatz dieses Wissens ist dann nur zu prohibitiv hohen Kosten zu kontrollieren und damit zentral zum Staat positioniert. Es sollte folglich nicht mit eingehen in die Wahl der Maßnahmen zur Emissionsvermeidung. Auflagen seien für diesen Fall marktwirtschaftlichen Instrumenten gegenüber vorzuziehen.

Eine andere These lautet, daß Auflagen, Abgaben und Zertifikate (weitgehend) identische Kontrollkosten implizieren.[284] Der besseren Nutzung plastischen Wissens bei Anwendung von Abgaben und Zertifikaten steht demnach kein signifikanter Mehraufwand für die Kontrolle dessen Einsatzes gegenüber. Dieses plastische Wissen ist folglich peripher zum Staat positioniert und könnte deswegen sehr gut über marktwirtschaftliche Instrumente nutzbar gemacht werden. Der Stand des Monitoring nehme keinen Einfluß auf die Vorteilhaftigkeit der verschiedenen Instrumente, wohl aber darauf, welches Monitoring-Verfahren und welche Ausgestaltung der Instrumente gewählt werden sollten.[285] Die Ausgestaltung der Instrumente beziehe sich insbesondere darauf, an welchem Parameter die Instrumente ansetzen sollten:[286] Das Kontrollkostenargument beeinflusse allein, ob Emissionsauflagen (-abgaben, -zertifikate) gegenüber Inputauflagen (-abgaben, -zertifikaten) oder Verfahrensauflagen (-abgaben, -zertifikaten) zu präferieren sind, nicht aber, ob Auflagen gegenüber Abgaben oder Zertifikaten vorzuziehen sind oder umgekehrt.[287]

---

282 Vgl. MICHAELIS (1996 b), S. 47, 124. Zur Notwendigkeit kontinuierlicher Emissionsmessung bei marktwirtschaftlichen Instrumenten vgl. auch MARIN (1991), S. 299, Anmerkung 5.

283 Vgl. WELSCH (1994), S. 181 und auch CABE / HERRIGES (1992), S. 146.

284 Vgl. allgemein BOHM / RUSSELL (1985), S. 416; SCHEELE / ISERMEYER / SCHMITT (1993), S. 307 f. sowie für den Vergleich von Abgaben und Auflagen MÄLER (1974), S. 202, 224; OSTERKAMP (1978); COMMON (1989).

285 Vgl. OSTERKAMP (1984), S. 87.

286 Ein anderer Aspekt der Ausgestaltung der Instrumente betrifft die Wahl des Adressaten von Auflage, Abgabe- beziehungsweise Zertifikathaltepflicht. Vgl. SCHEELE / ISERMEYER / SCHMITT (1993), S. 302 f.

287 Vgl. auch COMMON (1989).

Im folgenden sollen die Argumente der beiden sich widersprechenden Thesen auf ihre Stichhaltigkeit überprüft und damit geklärt werden, welchen Einfluß die Berücksichtigung von Kontrollkosten auf die Wahl umweltpolitischer Instrumente besitzt. Als erstes ist hier festzuhalten, daß der obige Vergleich von marktwirtschaftlichen Instrumenten mit Auflagen zur Stützung der These, marktwirtschaftliche Instrumente seien kontrollkostenaufwendiger, so nicht zulässig ist.[288] Zwar stimmt es, daß beispielsweise Abgaben auf Emissionsmassenströme einen höheren Kontrollaufwand implizieren als Auflagen, bei denen Grenzwerte zu überwachen sind; allerdings wird hier in zweierlei Dimension Variiertes miteinander verglichen. Zum einen wird (richtigerweise) das Instrument variiert, dessen Evaluation im Mittelpunkt dieser Betrachtung steht. Zum zweiten wird aber auch das Anspruchsniveau der Messung geändert: bei den marktwirtschaftlichen Instrumenten wird das Ziel ehrgeizig auf die Beobachtung von Frachtwerten[289] formuliert, während bei Auflagen nur die Messung von Maximalkonzentrationen angestrebt wird. Ein fairer Vergleich ist jedoch nur gegeben, wenn für sämtliche Instrumente ein- und dasselbe Meßziel unterstellt wird. Dies bedeutet für obigen Fall, daß marktwirtschaftliche und ordnungsrechtliche Instrumente beispielsweise dahingehend untersucht werden, ob ein Instrument die Messung von Emissionsmassenströmen oder Maximalkonzentrationen preiswerter erfüllen kann. Die Kritik, auf Emissionen lautende marktwirtschaftliche Instrumente bedürften stets der Beobachtung von Emissionsmassenströmen,[290] geht fehl. Wie die deutsche Abwasserabgabe zeigt, können auch marktwirtschaftliche Instrumente an (von den Emittenten selbst gewählten) Grenzwerten für Schadstoffe anknüpfen, deren Einhaltung dann analog zu einer Auflagenregelung überwacht werden muß.[291]

Es schließt sich die Frage an, ob sich die Kontrollkosten alternativer Instrumente bei gleichem Anspruchsniveau der Messung unterscheiden. Die Kontrollkosten umfassen die Kosten des Emissions- und des Diffusionsmonitoring.[292] Zunächst werden die mit den verschiedenen Instrumenten verbundenen Anforderungen an das Emissionsmonitoring betrachtet. Daran anschließend erfolgen analoge Überlegungen für das Diffusionsmonitoring.

---

288 Vgl. auch OSTERKAMP (1984), S. 88.

289 Frachtwerte stellen Massenströme von emittierten Schadstoffen dar und werden beispielsweise in kg/h oder mg/h gemessen. Vgl. KEMPER (1989), S. 105.

290 Vgl. MICHAELIS (1996 b), S. 124.

291 Vgl. WELSCH (1992 a), S. 214.

292 Vgl. Gliederungspunkt III.B.4.

- Emissionsmonitoring -

Die Kosten des Emissionsmonitoring sind abhängig von der Genauigkeit der Messung und der Anzahl der Messungen pro Emittent und Zeiteinheit.[293] Mit zunehmender Genauigkeit der Messung sind höhere Kosten für das meßtechnische Instrumentarium zu erwarten.[294] Ebenso dürften solche Meßmethoden aufwendiger sein, die in weiteren Meßbereichen den beobachteten Parameter erfassen.[295]

Auflagen, die den Emittenten die Einhaltung eines bestimmten Emissionsumfangs vorschreiben, bedürfen allein eines Kontrollmechanismus, der darüber Auskunft gibt, ob die Norm verletzt wurde oder nicht. Enthält die Auflage die Erlaubnis, einen bestimmten Emissionsmassenstrom je Zeiteinheit ausstoßen zu dürfen, bedarf es trotz der eigentlich simplen Frage, ob das Gebot eingehalten wurde oder nicht, eines Meßsystems, das die Absolutwerte von Schadstoffkonzentration und Volumenstrom mißt. Ein solches Meßsystem muß die Parameter in einer weiten Bandbreite für mögliche Meßwerte beobachten. Wird der Auflage die Regelung hinzugefügt, daß die Einzelgrößen Konzentration und Mengenstrom bestimmte Höchstwerte zu keinem Zeitpunkt übertreten dürfen, so reduziert sich die Meßerfordernis auf die Überwachung zweier Grenzwerte.[296] Das Emissionsmonitoring muß nur um die Standards herum genaue Meßwerte liefern und kann in anderen Bereichen grober (oder gar nicht) arbeiten. Somit können die Kontrollkosten über eine Ausweitung des hierarchischen Eingriffs in die Handlungsflexibilitäten des Emittenten zur Erfüllung der Auflage vermindert werden.

Zertifikate und Abgaben bedürfen in ihrer „flexibelsten Ausgestaltung" ebenfalls eines Kontrollmechanismus, der die Absolutwerte von Emissionskonzentration und -volumen erfaßt. Ist ein solches, breitbandiges Monitoring von Frachtwerten gegeben, können die Vorteile marktwirtschaftlicher Instrumente bestens nutzbar gemacht werden: die Emittenten können sowohl den Umfang als auch die zeitliche Verteilung des Emissionsmassenstroms frei wählen. Gibt es allein Monitoring-Verfahren, die in engen Bandbreiten arbeiten oder/und nur Teilgrößen (Schadstoffkonzentration, Volumenstrom) messen, so können auch Zertifikate und Abgaben hieran angepaßt werden. Sind beispielsweise die Schadstoffkonzentration wie auch der Mengendurchsatz allein in engen Wertebereichen zu messen, so können marktwirtschaftliche Instrumente derart ausgestaltet werden, daß die Emittenten eine

---

293 Vgl. OSTERKAMP (1978), S. 240.

294 Vgl. RUSSEL / HARRINGTON / VAUGHAN (1986), S. 76.

295 Vgl. hierzu Gliederungspunkt III.B.4.

296 Vgl. WELSCH / EIß / FUNK (1990), S. 130 ff.

Kombination beider Teilgrößen frei wählen, deren Einhaltung dann überwacht wird.[297] Somit ergeben sich für Auflagen hinsichtlich der Genauigkeit der Messung keine Kontrollkostenvorteile gegenüber Abgaben und Zertifikaten bis auf einen Punkt: da bei Anwendung marktwirtschaftlicher Instrumente die Emittenten die Höhe der zu überwachenden Parameter frei wählen können, müssen entsprechende Monitoring-Verfahren zur Verfügung stehen, die auf unterschiedlichen Niveaus (engbandige) Messungen ermöglichen. Gibt es nur ein in einem bestimmten Meßbereich arbeitendes Monitoring-Verfahren, ist die Flexibilität marktwirtschaftlicher Instrumente nicht nutzbar. Ebensogut können dann (bei allein statischer Betrachtung) Auflagen verwendet werden.

Neben der Präzision der Messung bildet die Anzahl der pro Emittent vorgenommenen Messungen einen zweiten wesentlichen Parameter für die Höhe der Monitoringkosten. Dabei nehmen die Kosten des Monitoring zu, je häufiger die Meßverfahren Meßdaten liefern. Kontinuierliche Meßverfahren, bei denen die Meßgröße stetig bestimmt wird, sind für viele Schadstoffe nicht verfügbar, oder aber so teuer, daß ihr Einsatz allein für große Emittenten sinnvoll ist.[298] Dementsprechend bilden diskrete Messungen - vielfach sogar noch von Hand genommen und im Labor analysiert[299] - das in der Praxis vorherrschende Meßprinzip.[300]

Aus diesem recht primitiven Stand des Monitoring ein Plädoyer für Auflagen abzuleiten, weil diese nur periodischer Überwachungen der Einhaltung der Norm bedürften, während bei marktwirtschaftlichen Instrumenten stetig gemessen werden müßte,[301] ist jedoch voreilig. Die prinzipielle Möglichkeit, eine Meßgröße auch durch Einzelmessungen hinreichend überwachen zu können, ist zunächst einmal nicht abhängig von der Wahl des Instrumentes, sondern von dessen Ausgestaltung: Gestattet das jeweilige Instrument die Emission von Schadstoffen bis zu einem Grenzwert für eine Momentangröße, so sind unangekündigte, stichprobenartige Einzelmessungen unter Hinzunahme glaubhafter Strafandrohungen bei

---

297 Im Falle von Lizenzen müßten entsprechend Zertifikate gehalten werden, bei Abgaben eine entsprechende Zahlung an den Staat erfolgen.

298 Vgl. TIETENBERG (1985), S. 169 f.; WELSCH / EIß / FUNK (1990), S. 123 machen darauf aufmerksam, daß die stetige Emissionsüberwachung inzwischen zwar für fast alle Massenschadstoffe in der Luftreinhaltung zum „Stand der Technik" geworden ist, die mit dieser Überwachungsform verbundenen Kosten jedoch noch so hoch sind, daß sich die Pflicht zum kontinuierlichen Emissionsmonitoring in Deutschland allein auf Großemittenten beschränkt.

299 Vgl. BAUMOL (1991), S. 346.

300 Vgl. RUSSELL / HARRINGTON / VAUGHAN (1986), S. 27 ff.; RUSSELL (1992), S. 206 ff.; WELSCH (1994), S. 196 f.

301 Vgl. neben MICHAELIS (1996 b), S. 47 auch DOWNING (1971), S. 11, zitiert nach OSTERKAMP (1984), S. 70.

Normverstoß hinreichend.[302] Die Überwachungsintensität kann durch entsprechend höhere Strafen in Grenzen substituiert werden.[303] Demgegenüber reicht ein diskretes Emissionsmonitoring naturgemäß nicht mehr aus, wenn das Instrument an zeitlich kumulierten Größen ansetzt. Knüpft das Instrument beispielsweise am Emissionsmassenstrom je Periode an, so bietet eine zu einem Zeitpunkt durchgeführte Messung keinerlei Aufschluß darüber, ob der Emittent die Norm verletzt oder nicht. Hier bedarf es unumgänglich einer kontinuierlichen Emissionsmessung.

Marktwirtschaftliche Instrumente können nun ebensogut wie Auflagen so ausgestaltet werden, daß sie an maximalen Momentangrößen anknüpfen und von daher nur eines diskret arbeitenden Monitoring-Verfahrens bedürfen. So wählen bei der bereits weiter oben angeführten deutschen Abwasserabgabe die Emittenten preisabhängig frei einen Grenzwert für die Schadstoffkonzentration in ihren Abwässern, dessen Einhaltung dann durch stichprobenartige Messungen überprüft wird.[304] Ebenso sind Zertifikate denkbar, die einen bestimmten Schadstoffgehalt je Einheit Trägermedium erlauben. Nach Maßgabe der von einem Emittenten gehaltenen Lizenzmenge ist dann zu überwachen, ob der gemäß Lizenz-umfang erlaubte Grenzwert nicht überschritten wird.[305] Insofern sind bis hierher keine meßtechnischen Vorteile für Auflagen zu erkennen, die die Zahl der erforderlichen Messungen je Emittent betreffen.

Kontrollkostenvorteile für Auflagen können aber darauf begründen, daß bei marktwirtschaftlichen Instrumenten für den Emittenten höhere Anreize bestehen, die Emissionen der Beobachtung durch die Prüfstelle zu entziehen.[306] Der Emittent muß nach Implementierung von Vermeidungsmaßnahmen für die Restemissionen immer noch Abgaben zahlen beziehungsweise Zertifikate halten. Hingegen ist für den Emittenten unter einer ordnungsrechtlichen Regelung mit Erfüllung der Auflage der Schadstoffausstoß kostenfrei. Angenommen wir betrachten einen Emittenten, der sich einmal einer Emissionsabgaben- oder -zertifikatregelung, einmal einer Emissionsauflage gegenübersieht. Beide Regelungen mögen bei einem vollständigen Monitoring dazu führen, daß der Emittent jene Vermeidungsmaßnahmen durchführt, die seinen Schadstoffausstoß bis auf den Umfang E_1 in Abbildung 17 reduzie-

---

302 Vgl. WELSCH / EIß / FUNK (1990), S. 27 f.

303 Vgl. Gliederungspunkt III.B.4.

304 Vgl. WELSCH (1994), S. 204. Die Messung ist natürlich - wie bei Auflagen - um ein Monitoring des Volumenstroms zu ergänzen.

305 Auch hier ist das Konzentrationsmonitoring natürlich um ein geeignetes Verfahren zur Beobachtung des Volumenstroms zu komplettieren.

306 Vgl. OSTERKAMP (1984), S. 70 f.

ren. Hierzu wäre bei einer marktlichen Lösung ein Steuerbetrag beziehungsweise Zertifikatkurs in Höhe von t zielführend, während bei einer Auflage direkt ein Emissionsvolumen von E_1 gestattet würde. Heben wir nun die Prämisse des vollständigen Monitoring auf und ersetzen sie durch ein für beide Regelungsarten identisches, aber unvollständiges System der Emissionsbeobachtung, so stellt sich für den Emittenten die Frage, ob sich eine Verschleierung von Emissionen lohnt.

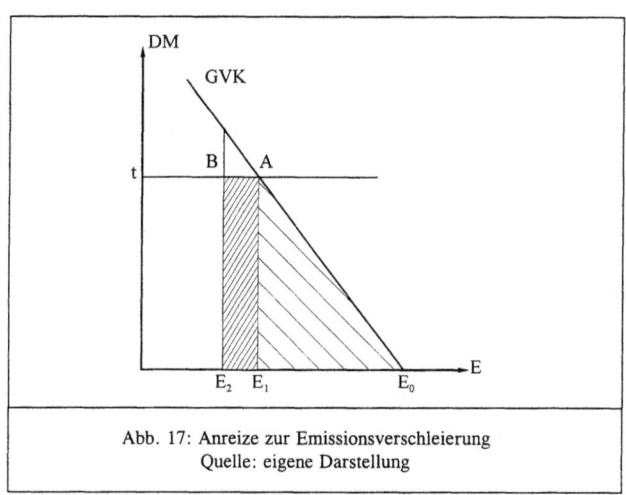

Abb. 17: Anreize zur Emissionsverschleierung
Quelle: eigene Darstellung

Im Auflagenfall besteht ein Anreiz zu verborgenen Emissionen insoweit, als mit Übertretung der ordnungsrechtlichen Norm Emissionsvermeidungskosten eingespart werden können. So kann der in Abbildung 17 betrachtete Emittent Emissionsminderungskosten im Umfang E_1E_0A sparen, wenn er auf der einen Seite keinerlei Schadstoffvermeidung vornimmt und E_0 emittiert, auf der anderen Seite jedoch der Prüfstelle vorspiegelt, die Auflage E_1 zu erfüllen. Dieser Anreiz zur Emissionsverschleierung bricht jedoch mit Erfüllung der Auflage abrupt ab. Unrichtige Angaben gegenüber der Prüfstelle, auch über den Umfang E_1 hinaus Emissionen zu vermeiden, lohnen sich für den betrachteten Emittenten nicht, da er diese Emissionen ohnehin kostenlos ausstoßen darf.

Bei Anwendung marktwirtschaftlicher Instrumente besteht ein gegenüber dem Auflagenfall identischer Anreiz, die Emissionen $E_0 - E_1$ zu verschleiern. Wiederum kann der Emittent durch die Vorspiegelung falscher Emissionstatsachen Vermeidungskosten im Umfang E_1E_0A sparen. Darüber hinaus kann der Emittent aber weitere Kosten sparen, indem er über E_1 hinaus weitere Emissionen verbirgt. Gelingt es dem Emittenten beispielsweise, daß nur Emissionen im Umfang E_2 beobachtet werden, so spart er Abgabenzahlungen beziehungsweise Zertifikathaltungen für die Emissionen E_1 - E_2 im Ausmaß E_2E_1AB. Bei der Anwendung marktwirtschaftlicher Instrumente besteht somit ein größerer Anreiz zur Vornahme unerlaubter Emissionen als bei einer analogen Auflagenregelung.[307] Die Emittenten dürften angesichts der größeren Einsparmöglichkeiten mehr Ressourcen darauf verwenden, einer adäquaten Beobachtung des regulierten Parameters zu entgehen, als dies bei Auflagen der Fall ist.[308] Die „Emissionsverschleierung wird häufig, muß aber nicht immer illegales Verhalten sein; es kann einfach in zusätzlichen Aufwendungen (Rechtsanwalt) zur Abwehr der Steuerzahlungen (beziehungsweise Lizenzhaltungspflichten, Anm. d. Verf.) bestehen."[309] Um diesem erhöhten Anreiz zur Verschleierung der tatsächlichen Emissionen entgegenzutreten, bedarf es natürlich eines besseren Monitoring als bei Anwendung des Ordnungsrechts. Soweit der höhere Anreiz zur Tätigung unerlaubter Schadstoffausstöße nicht durch eine Verschärfung der Sanktionsdrohungen zu regulieren ist,[310] bedarf es häufigerer Emissionsmessungen und damit eines umfangreicheren Kontrollapparates.[311]

Analoge Überlegungen zu den Kontrollkosten von Auflagen, Abgaben und Zertifikaten lassen sich anstellen, wenn statt der direkten Emissionsmessung als Ansatzpunkt des Instrumentariums der Input, das Produkt oder der Produktionsprozeß gewählt wird. Wiederum sind die Kontrollanforderungen bei Anwendung alternativer Instrumente weitgehend identisch.[312] Sie unterscheiden sich wiederum allein darin, daß bei marktwirtschaftlichen Instrumenten eine Überwachung des beobachteten Parameters auf unterschiedlichen Niveaus

---

307 Vgl. auch LINDER / MC BRIDE (1984).

308 Dieser erhöhte Anreiz zu illegitimem Verhalten bei Abgaben- und Zertifikatlösungen wird m.E. allerdings dadurch gedämpft, daß diese Instrumente gegenüber Auflagen die gesamtwirtschaftlichen Kosten der Emissionsvermeidungsmaßnahmen mindern. Im Durchschnitt aller Emittenten liegen somit die Grenzvermeidungskosten niedriger. Da ceteris paribus davon auszugehen ist, daß der Anreiz zu unrechtmäßigem Schadstoffausstoß mit höheren Grenzvermeidungskosten ansteigt, ist die unerlaubte Emission bei Abgaben- und Zertifikatregelungen hierüber tendenziell unattraktiver als bei Auflagen. Vgl. in ähnlicher Weise argumentierend TIETENBERG (1985), S. 181.

309 OSTERKAMP (1984), S. 71. MERAN und SCHWALBE verweisen indes darauf, daß im Bereich des deutschen Gewässerschutzes Emittenten raffinierte Methoden entwickeln, um von der Prüfstelle installierte, leistungsfähige Meßapparate zu umgehen. Vgl. MERAN / SCHWALBE (1987), S. 616.

310 Empirische Studien in den USA und Europa zeigen, daß Verstöße gegen Umweltnormen mit relativ geringen Strafen geahndet werden. Vgl. RUSSELL / HARRINGTON / VAUGHAN (1986), S. 175 ff.; RICHARDSON / OGUS / BURROWS (1982), S. 142 ff.

311 TIETENBERG macht zudem darauf aufmerksam, daß die höhere Flexibilität, die das Zertifikatinstrument den Emittenten darüber zugesteht, daß Erlaubnisse zum Schadstoffausstoß rasch den Besitzer wechseln können, der Möglichkeit einer verdeckten, unrechtmäßigen Mehrmission Vorschub leistet. Vgl. TIETENBERG (1985), S. 181 und auch BOHM / RUSSELL (1985), S. 425. Nicht zuletzt aus diesem Grund kommt er zu dem Schluß, daß „the emissions trading program (ein Zertifikatprogramm in den USA, Anm. d. Verf.) creates an even stronger need for continouus monitoring." TIETENBERG (1985), S. 183.

312 Ähnlich OSTERKAMP (1984), S. 87 ff.

möglich sein muß und eventuell bedeutenden Verschleierungsanreizen durch umfangreichere Kontrollen begegnet werden muß. Als Beispiel sei die Regulierung der Stickoxidemissionen des Verkehrs über den Anknüpfungspunkt „Katalysator" angeführt. Als Kontrollmechanismus kann eine periodische Überprüfung von Einbau und Funktionsfähigkeit des Katalysators im Rahmen der TÜV-Abnahme erfolgen. Bei einer ordnungsrechtlichen Regelung würde allein überprüft, ob der vorgeschriebene Technologiestandard auch eingehalten wird. Bei Anwendung marktwirtschaftlicher Instrumente würde sich die Prüfung auf die Funktionsfähigkeit verschiedener Techniken beziehen, wobei leistungsfähigere Modelle steuerermäßigt oder in geringerem Maße lizenzpflichtig sind. Der durch die Prüfung verschiedener Modelle entstehende zusätzliche Kontrollaufwand gegenüber einer Auflagenregelung dürfte vernachlässigbar sein. Ebenso ist in diesem Fall kaum davon auszugehen, daß Emittenten mit „intelligenten" Katalysator-Verfahren in die TÜV-Prüfung gehen, um sie danach wieder auszubauen. Die Transaktionskosten einer solchen Verschleierungsmaßnahme dürften einerseits so hoch und die möglichen Einsparungen andererseits so gering liegen, daß sich ein solches Verhalten kaum lohnt. Damit sind in diesem Fall die Kontrollkosten von Auflagen, Abgaben und Zertifikaten weitgehend gleich.

Welcher Anknüpfungspunkt zur Regulierung eines Umweltproblems gewählt wird, hängt von den damit jeweils verbundenen Nutzen und Kosten ab. Ein indirekter Ansatz über den Input, das Produkt oder das Produktionsverfahren ist vorteilhaft, wenn eine exakte Korrelation des überwachten Parameters mit der Emission besteht und das indirekte Verfahren preiswerter ist als ein direktes Emissionsmonitoring.[313] Ist hingegen die Beziehung zwischen beobachteter Größe und Emission variabel, sind der indirekten Kontrolle die Nachteile hinzuzufügen, die aus einer eventuell ungenaueren Emissionsüberwachung anfallen. Zudem bleibt anzumerken, daß bei einem indirekten Ansatz der Anreiz für die Emittenten verlorengeht, die Beziehung zwischen dem nun regulierungsrelevanten Parameter und der tatsächlichen Emission zu verbessern. So kann die bei der Verbrennung fossiler Energieträger freiwerdende CO_2-Emission anhand des spezifischen CO_2-Koeffizienten des jeweiligen Brennstoffs und somit indirekt über den Brennstoff-Input gemessen werden, da Verfahren zur nachträglichen Reinigung des Kohlenstoffs aus den entstehenden Abgasen bisher nicht zur Verfügung stehen.[314] Allerdings wird die Entwicklung solcher „end-of-pipe" - Reinigungstechniken bei einer inputorientierten Regulierung auch nicht angereizt. Ist ein Verfah-

---

313 Vgl. BOHM / RUSSELL (1985), S. 443.

314 Vgl. HEISTER / MICHAELIS u.a. (1990), S. 22 ff.

ren zum Emissionsmonitoring schlichtweg nicht vorhanden oder prohibitiv teuer,[315] so bleibt indes nichts anderes übrig, als ein indirektes Verfahren zu wählen.[316]

- Diffusionsmonitoring -

Soweit es sich nicht um Umweltprobleme handelt, denen Globalschadstoffe zugrunde liegen, werden die Kontrollkosten alternativer umweltpolitischer Instrumente nicht nur durch die Kosten des Emissionsmonitoring, sondern auch durch die für die Diffusionsmessung anfallenden Aufwendungen determiniert.[317] Nur mit Kenntnis der Ausbreitungszusammenhänge von Emissionen ist es nämlich möglich, die Immissionswirkungen von Schadstoffausstößen abzuschätzen und umgekehrt angestrebte Umweltqualitätsziele in dazu verträgliche Emissionsströme zu transformieren. Ein Mindestmaß an Informationen über die Emissions-Immissions-Beziehung von Schadstoffen ist deshalb für eine an Umweltqualitätszielen orientierte Umweltpolitik unverzichtbar.[318] Es stellt sich die Frage, ob diese Kenntnisse der Diffusionsrelationen unabhängig von der Instrumentenwahl sind, oder ob sich instrumentenspezifisch Unterschiede hinsichtlich der damit verbundenen Anforderungen an eine Diffusionsbeobachtung ergeben?[319]

WELSCH, EIß und FUNK stellen die These auf, daß das Diffusionsmonitoring bei Anwendung marktwirtschaftlicher Instrumente komplexer ist als bei Verwendung des Ordnungsrechts.[320] Dieser Standpunkt fußt auf dem Argument, daß mit Auflagenvergabe die Emissionsstruktur festgelegt wird, während Abgaben- und Zertifikatsysteme gerade die Flexibilität der Emissionsstruktur betonen.[321] Beim ordnungsrechtlichen Instrumentarium bedarf es an Diffusionsmessungen nur, wenn ein Antrag auf Neugenehmigung einer Emissionsquelle gestellt wird.[322] Es wird dann geprüft, ob die mit der Genehmigung der Anlage einhergehenden Emissionen zu Verletzungen von Umweltqualitätsstandards führen. Diese Messungen können in der Luftreinhaltung recht einfach mit Hilfe von auf dem Gaußschen Rauch-

---

315 Dies ist zum Beispiel für Emissionen des Verkehrs, der Landwirtschaft sowie bei Deponien und Verbrennungsanlagen anzunehmen. Vgl. BRENCK (1996), S. 96.

316 Vgl. HANSJÜRGENS (1993), S. 62 f.

317 Vgl. Gliederungspunkt III.B.4.

318 Vgl. KEMPER (1989), S. 67.

319 WELSCH merkt an, daß die Auseinandersetzung mit dieser Frage in der umweltökonomischen Literatur weitgehend vernachlässigt wurde. Vgl. WELSCH (1994), S. 183.

320 Vgl. WELSCH / EIß / FUNK (1990), S. 24.

321 Vgl. WELSCH / EIß / FUNK (1990), S. 120.

322 Vgl. im folgenden WELSCH / EIß / FUNK (1990), S. 30 ff.

fahnenmodell basierenden Ausbreitungsrechnungen durchgeführt werden.[323] Werden die Immissionsgrenzwerte nicht überschritten, wird dem Antrag diesbezüglich stattgegeben. Werden sie indes verletzt, wird der Antrag abgelehnt. Weiterer Diffusionsmessungen bedarf es nicht, da das Recht zur Emission ja unweigerlich an die genehmigte Anlage gebunden und somit die Struktur der Emissionsorte und ihrer Quantitäten fix ist. Diese Argumentation trifft allerdings nur für die Regulierung von stationären Quellen zu, die sich dadurch auszeichnen, daß der räumliche Punkt des Schadstoffausstoßes nicht variabel ist. Demgegenüber sind nicht-stationäre Quellen räumlich mobil mit der Folge, daß die Immissionswirkungen von Emissionen je nach Ort des Ausstoßes höchst unterschiedlich sein können. Eine einmalige Diffusionsmessung bei Auflagenvergabe genügt hier zur Einhaltung der angestrebten Umweltqualitätsziele nicht.[324]

Marktwirtschaftliche Instrumente bedürfen gemäß der obigen These weitaus umfangreicherer Diffusionsmessungen. Abgaben und Zertifikate zielen gerade darauf, dem einzelnen Emittenten eine optimale Anpassung an die bestehenden Umweltnutzungspreise zu erlauben. Ein Tausch von Emissionsrechten zwischen zwei Emittenten darf aus ökologischer Sicht aber nur dann erfolgen, wenn durch die Änderung des Ortes der Emission der angestrebte Umweltqualitätsstandard nicht verletzt wird.[325] Gleiches ist für eine individuelle Emissionsanpassung an einen Steuersatz zu fordern. Um dies sicherzustellen, müssen beim Staat hinreichende Informationen über die Diffusionseigenschaften der Emissionen bestehen. Als ideal erweist sich hier ein vollständiges Diffusionsmodell, das für eine Region ex ante Aufschluß gibt über die Immissionswirkungen von Emissionen unterschiedlicher Orte.[326] Mit dessen Existenz können dann Teilregionen abgegrenzt werden, innerhalb derer die Emissionen (in etwa) gleiche Immissionswirkungen aufweisen. Innerhalb einer räumlich abgegrenzten Zone können die Emissionsrechte dann gehandelt werden und berechtigen an allen Orten zu gleichem Schadstoffausstoß. Ebenso können in Abhängigkeit der Immissionswirkung von Emissionen (zonal) gestaffelte Abgabensätze festgesetzt werden.[327] Zudem sind im Zertifikatfall Transaktionen über die zonalen Grenzen hinweg möglich. Allerdings muß zur Verhinderung von lokal überhohen Schadstoffkonzentrationen sichergestellt werden, daß sich der Zu- und Abgang von Emissionszertifikaten in einer Zone tendenziell kompensie-

323 Vgl. hierzu Gliederungspunkt III.B.4.

324 Hierauf einzugehen vernachlässigen WELSCH , EIß und FUNK (1990). Die Problematik von mobilen Quellen ausgehender Immissionen ist entsprechend später noch zu diskutieren.

325 Vgl. MICHAELIS (1996 b), S. 128.

326 Vgl. TIETENBERG (1985), S. 208, der ein solches „full-scale" Dispersionsmodell für die Beobachtung von aeralen SO_2-Konzentrationen in städtischen Ballungsgebieten der USA fordert.

327 Vgl. hierzu TIETENBERG (1978).

ren.[328] Diffundiert ein betrachteter Schadstoff hingegen derart kleinräumig, daß die Zonen so eng abgegrenzt werden müssen, daß die Anzahl potentieller Marktteilnehmer gegen Null geht, ist ein Handel von Emissionsrechten aus ökologischen Gründen nicht mehr möglich.[329]

Der Bedarf an Informationen über die Dispersionsprozesse von Schadstoffen ist für ein - wie oben beschriebenes - ausgefeiltes Programm zur Anwendung marktwirtschaftlicher Instrumente zwar weitaus größer als bei einem ordnungsrechtlichen System. Allerdings fallen die Kosten zur Erstellung eines „vollständigen" Diffusionsmodells für einen betrachteten Schadstoff nur einmalig an. Die Parameter, die die Ausbreitung von Emissionen bestimmen, sind relativ konstant,[330] so daß einmal gewonnene Erkenntnisse über die Dispersion von Schadstoffen über lange Zeit genutzt werden können. Die Investitionen in ein Diffusionsmodell werfen somit langfristige Renditen[331] ab und können darüber preiswerter sein als laufende, quellenspezifische Diffusionsmessungen.[332]

Ist ein solches Modell aber nicht verfügbar oder prohibitiv teuer,[333] so können marktwirtschaftliche Instrumente auch mit fallweisen, quellenbezogenen Ausbreitungsmessungen auskommen - freilich unter Einschränkung ihrer flexibilisierenden Eigenschaften. Ebenso, wie bei Auflagen nur dann Diffusionsmessungen vorgenommen werden, wenn sich an der Emissionskapazität einer Anlage etwas ändert,[334] können solche Messungen auch bei Abgaben oder Zertifikaten nur dann erfolgen, wenn Reallokationen von Emissionsrechten gewünscht werden. Ein beabsichtiger Handel von Zertifikaten zwischen zwei Emittenten wird dann durch quellenbezogene Diffusionsmessungen hinsichtlich seiner Immissionskonse-

---

328 Vgl. KABELITZ (1984 b), S. 301 ff., der dort ein Konzept für einen interregionalen Handel von Emissionslizenzen entwickelt.

329 In der Literatur wird mit Abnahme der Zahl potentieller Marktpartner zudem das Problem diskutiert, daß sich einzelne Emittenten strategisch verhalten können und darüber das Marktergebnis verzerren. Abgaben hingegen teilen diese Probleme strategischen Verhaltens nicht. Vgl. MORCH VON DER FEHR (1993). Den Folgen strategischen Verhaltens kann jedoch - wie BONUS (1981 b) zeigt - durch eine geeignete institutionelle Ausgestaltung des Zertifikatprogramms wirksam begegnet werden.

330 Vgl. WELSCH (1994), S. 190.

331 „In fact, acquisition of information on the physical processes influencing fate and transport of pollutants is best regarded as a long-term investment, with benefits enduring over several periods." CABE / HERRIGES (1992), S. 145

332 Vgl. TIETENBERG (1985), S. 208.

333 Die Erstellung verläßlicher Diffusionsmodelle stellt insbesondere für weiträumige Schadstofftransporte sowie die Dispersion von hochreaktiven Schadstoffen ein Problem dar. Vgl. TIETENBERG (1980 b), S. 410 f.; WELSCH / EIß / FUNK (1990), S. 110 ff. betonen jedoch, daß infolge von Fortschritten bei den mathematischen Methoden der Informations- und Steuerungstechnik sowie der Nutzung der Mikroelektronik bei Datenerfassung, -sammlung und -verarbeitung die Entwicklung intelligenter Diffusionsmodelle weiter voranschreitet.

334 Vgl. WELSCH / EIß / FUNK (1990), S. 30.

quenzen überprüft. Stellt sich heraus, daß sich mit dem Lizenztransfer keine Verletzungen der Umweltqualitätsstandards ergeben, wird dem Handel behördlicherseits stattgegeben. Andernfalls wird er untersagt.[335] Analog hierzu können auch einzelwirtschaftliche Anpassungen der Emissionstätigkeit an einen herrschenden Abgabensatz hinsichtlich ihrer Implikationen für die Immission geprüft werden. Stellen Diffusionsmessungen dann fest, daß aufgrund der Erhöhungen der Emission lokal Konzentrationsgrenzwerte überschritten werden, wird die Anpassung unterbunden, andernfalls genehmigt.

Es findet damit zwar nicht mehr eine freie Reallokation von Emissionsrechten statt. Ebensowenig werden die Emittenten aber strikten Auflagen unterworfen. Die Koordinationsstruktur nimmt vielmehr eine Hybridstellung[336] zwischen rein marktwirtschaftlichem Instrument und Auflage ein:[337] marktwirtschaftlicher Natur ist die Möglichkeit der Reallokation von Umweltnutzungsrechten. Diese Flexibilität wird jedoch aus ökologischen Gründen durch eine hierarchische Komponente begrenzt. Im Falle lokal überhoher Schadstoffkonzentrationen wird eine Änderung der angestrebten Emissionsstruktur staatlicherseits unterbunden.[338]

Im Rahmen der US-amerikanischen Luftreinhaltepolitik wird ein solches, hybrides Instrument zwischen Zertifikat und Auflage angewendet. Das Emissions Trading Program erlaubt bestimmten Emittenten den Handel von Umweltnutzungsrechten für gewisse Schadstoffe, soweit Diffusionsberechnungen keine signifikanten Verschlechterungen für die Umweltqualität voraussagen.[339] Die Anforderungen an die Möglichkeiten des Diffusionsmonitoring sind hier nicht größer als bei der Anwendung des reinen Ordnungsrechts. Es werden allein dann quellenbezogene Dispersionsmessungen vorgenommen, wenn sich etwas an der Emissionssituation einer oder mehrerer Anlagen ändert. Die Messungen können für den Bereich der Luftreinhaltung beispielsweise ebenso wie bei Auflagen mit Hilfe von Diffusionsrechnungen gemäß dem Gaußschen Rauchfahnenmodell durchgeführt werden. Die Kosten des Diffusionsmonitoring indes liegen über denen eines Auflagensystems, da mit der

---

335 Vgl. auch KABELITZ (1984 b), S. 320 ff.

336 Vgl. zu hybriden Koordinationsmechanismen Gliederungspunkt III.B.2.3.3.3.

337 Vgl. auch SCHEELE / ISERMEYER / SCHMITT (1993), S. 305, Anmerkung 23.

338 Vgl. auch GAWEL (1991), S. 85, der hierzu von Mischlösungen zur „Verhütung kritischer Belastungswerte" spricht.

339 Vgl. ENVIRONMENTAL PROTECTION AGENCY (1982), S. 15078. Für flüchtige Kohlenwasserstoffe und Stickoxide, die als Globalschadstoffe betrachtet werden, sind beim Handel keine Immissionssimulationen notwendig. Zum Emissions Trading Program vgl. ausführlicher BONUS (1984 a); TIETENBERG (1985).

Möglichkeit des Transfers von Umweltnutzungsrechten öfter Messungen notwendig werden.[340]

Die These von WELSCH, EIß und FUNK, marktwirtschaftliche Instrumente seien nach Art und Ausmaß der Diffusionsmessung komplexer und damit teurer als die ordnungsrechtliche Alternative,[341] gilt somit nur eingeschränkt. Ein vollständiges Diffusionsmodell, das für die Nutzung marktwirtschaftlicher Instrumente ideal wäre, ist zwar komplexer als fallweise, quellenorientierte Dispersionsmessungen. Die Kosten für ein solches Modell sind jedoch als langfristige Investition zu interpretieren und können von daher über längere Frist unter den Kosten für ein stetig wiederkehrendes Diffusionsmonitoring liegen. Marktwirtschaftliche Instrumente kommen bei hybrider Ausgestaltung auch mit einzelnen Diffusionsmessungen aus. In diesem Fall sind die Anforderungen an die Meßtechnik nicht komplexer als im Auflagenmodell. Allerdings liegen die Kosten für das Dispersionsmonitoring über denen von Auflagen, da infolge des Handels von Emissionsrechten mehr Messungen anfallen.

Die bisherige Analyse der mit den alternativen Instrumenten verbundenen Kosten des Diffusionsmonitoring bezog sich auf den Fall stationärer Quellen. Allein für diesen Quellentypus ist es möglich, durch einmalige Diffusionsmessungen die Immissionswirkungen von Emissionen zu ermitteln. Im Falle nicht-stationärer Quellen hängt die individuelle Diffusion auch von den wechselnden Orten der Emission ab. Das Diffusionsmonitoring ist somit um den Punkt der lokalen Bestimmung der Emission komplexer als im Falle von stationären Quellen ausgehender Schadstoffausstöße. Im Mittelpunkt steht hier die Vermeidung lokal überhoher Schadstoffbelastungen, die bei stationären Quellen über ein ex ante Diffusionsmonitoring und entsprechende Ausgestaltung der Emissionserlaubnisse zu vermeiden sind, während dies bei nicht-stationären Quellen wegen ihrer Mobilität nicht funktioniert.

Technologische Möglichkeiten, die zur Emission zugleich auch den Ort der Emission erfassen, erscheinen nach dem heutigen Stand der Monitoring-Technik kaum realisierbar.[342] Umsetzbar erscheint allein eine Kontrolle der Emissionstätigkeit an Orten, die „hot spot"-verdächtig sind. Ein Beispiel für eine solche, gebietsbezogene Maßnahme ist die Beschränkung von in die Stadt fahrenden Kraftfahrzeugen zum Schutz vor überhohen Smogwerten.

---

340 Diesen zusätzlichen Meßkosten stehen jedoch die möglichen Einsparungen an Emissionsvermeidungskosten gegenüber.

341 Vgl. WELSCH / EIß / FUNK (1990), S. 3 f.

342 Vgl. HEISTER / MICHAELIS u.a. (1990), S. 216, die dies für die Messung von Stickoxiden im Verkehr postulieren.

Sind die Diffusionswirkungen von an „hot spots" getätigten Emissionen bekannt,[343] reduziert sich das Monitoring auf die verursachergerechte Beobachtung von Emissionen an diesen Orten. Für Auflagen sind wiederum allein unter den Gesichtspunkten der Kontrolle von Emissionen auf unterschiedlichen Niveaus und der Verschleierung von Schadstoffausstößen Kontrollkostenvorteile gegenüber Abgaben und Zertifikaten auszumachen. Nimmt man als Anknüpfungspunkt für die oben genannte Regulierung von Smog-Emissionen in Städten das Kraftfahrzeug, so dürfte ein solches System unabhängig von der Instrumentenwahl gleiche Kontrollkosten mit sich bringen. Dann nämlich erfolgt die Kontrolle auf der einfachen, beispielsweise an einer Plakette ablesbaren ja/nein-Entscheidung, ob ein Kfz-Halter berechtigt ist, in die Stadt zu fahren oder nicht. Dies favorisiert marktwirtschaftliche Lösungen, zumal die Allokation von Nutzungsrechten erheblich verbessert würde gegenüber einer ordnungsrechtlichen Lösung, die das Recht zur Einfahrt in eine Stadt beispielsweise alternierend an den geraden/ungeraden Nummern der Kfz-Schilder festmacht.

In dem Fall der Vermeidung überhohen, nächtlichen Verkehrslärms in Wohngebieten erscheint hingegen auch eine ordnungsrechtliche Lösung erwägenswert.[344] Zum einen sind die Wohlfahrtseinbußen, die dadurch entstehen, daß beispielsweise nur Anlieger des nachts in ein Wohngebiet fahren dürfen, gering zu veranschlagen, da Nichtanlieger mit der Nutzung anderer Straßen genügend Ausweichmöglichkeiten besitzen.[345] Zum anderen dürften Verschleierungsanreize von Anliegern, die bei einer marktwirtschaftlichen Lösung für die nächtliche Nutzungsmöglichkeit der Straßen des Wohngebiets Abgaben zahlen oder Lizenzen halten müssen, recht hoch liegen.

Für die Analyse der mit Auflagen, Abgaben und Zertifikaten einhergehenden Kontrollkosten für ein Emissions- und Diffusionsmonitoring sind somit folgende Ergebnisse festzuhalten:

Der Stand des Emissionsmonitoring nimmt zunächst einmal Einfluß auf die Ausgestaltung der Instrumente. Je nachdem, welche Monitoring-Alternativen bestehen (und welche Kosten und Nutzen sie mit sich bringen), ist es sinnvoll, von einer Regulierung der individuellen Emissionsmassenströme abzusehen und auf eine Regulierung von Grenzwerten oder gar einen input-, produkt- oder produktionsprozeßorientierten Ansatz überzugehen. Dies bedeu-

---

343 So besteht beispielsweise hinreichender Aufschluß über die Dispersion von NO_x-Emis-sionen des Kraftfahrzeug-Verkehrs. Vgl. SCHÄRER u.a. (1990), S. 55 ff.

344 Vgl. BONUS (1995 a).

345 Vgl. auch BOHM / RUSSELL (1985), S. 445.

tet zugleich eine zunehmende staatliche Einflußnahme auf die Erstellung von Umweltschutzleistungen, da den Emittenten die Möglichkeit genommen wird, aus einem möglichst großen Fundus an Anpassungsmaßnahmen zu wählen. Je weiter der regulierte Parameter von der eigentlichen „Zielgröße" Emissionsmassenstrom entfernt ist, desto mehr Ansatzpunkte zur Emissionsvermeidung werden ökonomisch unattraktiv. Zentral positioniertes, plastisches Wissen zur Emissionsvermeidung bleibt notwendigerweise ungenutzt.

Emissionskontrollkostenvorteile für Auflagen gegenüber Abgaben und Zertifikaten bestehen allein in zweierlei Hinsicht:

(1)   Erlaubt der Stand des Monitoring allein eine Messung von Grenzwerten, so sind zur Nutzung der Flexibilitätsvorteile marktwirtschaftlicher Instrumente MonitoringVerfahren notwendig, die auf verschiedenen Grenzwertniveaus engbandige Messungen vornehmen können. Für ordnungsrechtliche Lösungen bedarf es (im Extremfall) nur eines einzigen Verfahrens, das um ein Grenzwertniveau herum genaue Messungen ermöglicht.

(2)   Höhere Anreize zur Verschleierung von Emissionen bei Anwendung von Abgaben und Zertifikaten können häufigere Emissionsmessungen bei den Emittenten erforderlich machen als bei Verwendung eines Auflagensystems.

Hinzu treten

(3)   je nach Situation Kontrollkostenvorteile beim Diffusionsmonitoring.

Die Anwendung marktwirtschaftlicher Instrumente in ihrer reinen Form bedarf eines ex ante bekannten Diffusionsmodells, das die Einteilung von Zertifikatmärkten oder die räumliche Differenzierung von Abgaben erlaubt. Da die Investitionen in ein solches Modell nur einmal anfallen und über viele Perioden nutzbar sind, kann es bei einer Mehrperiodenbetrachtung durchaus preiswerter sein, ein „full-scale" Dispersionsmodell zu erstellen, anstatt jeweils wieder Diffusionsmessungen vorzunehmen. Besteht nur die Möglichkeit, fallweise, emittentenbezogene Dispersionsbeobachtungen vorzunehmen, ist aus ökologischen Gründen beispielsweise ein freier Handel von Emissionsrechten nicht mehr durchführbar.[346] Dies bedeutet jedoch nicht automatisch eine Präferenz für Auflagen, die aufgrund ihres Kontingentierungscharakters von Emissionen mit einem quellenorientierten Diffusionsmonitoring auskommen. Ebenso benötigen instrumentale Hybridlösungen zwischen Auflage und Abga-

---

346 Dieses Argument gilt natürlich nicht für global wirkende Schadstoffe, bei denen sich eine Modellierung der Schadstoffdiffusion erübrigt.

be oder Zertifikat allein einer emittentenbezogenen Messung von Schadstoffausbreitungen. Der Handel von Zertifikaten wird dann beispielsweise von einer behördlichen Genehmigung abhängig gemacht, die sich an den Ergebnissen von Dispersionsmessungen orientiert. Die Diffusionskontrollkosten liegen bei einem Auflagensystem aber unter denen einer Hybridlösung, da angestrebte Reallokationen von Emissionsrechten zusätzliche Messungen notwendig machen.

Diese Emissions- und Diffusionskontrollkostenvorteile von Auflagen begründen jedoch noch nicht ihren Vorzug vor Abgaben und Zertifikaten oder hybriden Instrumenten. Vielmehr sind dem die bei Anwendung marktwirtschaftlicher Anreize möglichen Emissionsvermeidungskostenersparnisse infolge einer besseren Nutzung des spezifischen Wissens der Emittenten gegenüberzustellen. Im folgenden Exkurs wird beispielartig anhand von vier Umweltproblembereichen dargestellt, welchen Einfluß das Kontrollkostenargument auf die Wahl einer effizienten Koordinationsstruktur besitzt.

5.2.4 Exkurs: Der Einfluß des Kontrollkostenarguments auf die Wahl einer effizienten Koordinationsstruktur - Fallstudien -

5.2.4.1 Stickoxidemissionen

Stickoxide (NO_x) fallen in Form von Stickstoffmonoxid und Stickstoffdioxid an. Ihre schädliche Wirkung entfalten sie insbesondere als Ausgangsstoff für die Entstehung sauren Regens sowie die Bildung von Photo-Smog bei heißem und trockenem Wetter („Sommer-Smog").[347] Beide Gase entstehen dabei fast ausschließlich bei der Verbrennung fossiler Energieträger.[348] Dieser Umstand kann jedoch nicht - wie bei der Regulierung von CO_2-Emissionen - dazu benutzt werden, den Schadstoffausstoß präzise über den Brennstoffinput zu erfassen. Zum einen wird beim Verbrennungsprozeß nicht nur der im Energieträger gebundene Stickstoff, sondern je nach Prozeßtemperatur auch in der Umgebungsluft befindlicher Stickstoff zu NO_x umgesetzt. Zum anderen sind „end-of-pipe"-Techniken verfügbar, mit denen Stickoxide dem Verbrennungsvorgang nachgeschaltet wieder ausgefiltert werden können.[349] Ebenso scheitert die Alternative, die verwendete Verbrennungstechnik oder eine Verbindung aus Brennstoffinput und verwendeter Technik als Anknüpfungspunkt für die

---

347 Vgl. HEISTER / MICHAELIS u.a. (1990), S. 189. Neben diesen von Stickstoffoxiden als Vorläufersubstanz von schädigenden Stoffen ausgehenden Wirkungen kann das nur für wenige Tage in der Atmosphäre stabile NO_x auch zu direkten Reizungen von Schleimhäuten und Atemwegen beim Menschen führen. Vgl. SCHÄRER u.a. (1990), S. 97 ff.

348 Vgl. SCHÄRER u.a. (1990), S. 7.

349 Vgl. HEISTER / MICHAELIS u.a. (1990), S. 191 f.

zielgenaue Messung der Emissionen zugrunde zu legen. Die Beobachtung der Emissionen hängt nicht nur von der Art der Technik, sondern auch von dem Umfang und der Intensität seines Betriebes ab. Dies gilt insbesondere für den Automobilbereich: Die Stickoxid-Emissionen eines Kraftfahrzeugs werden nicht nur von seiner technischen Ausstattung bestimmt. Erheblichen Einfluß nehmen auch die gefahrene Kilometerleistung und das individuelle Fahrverhalten.[350] Eine direkte Emissionsmessung für Stickoxide indes ist bisher allein für den Einsatz in Großfeuerungsanlagen kostenmäßig vertretbar.[351]

Aufgrund dieser Problematik, die die Wahl eines zielgenauen Anknüpfungspunktes für das umweltpolitische Instrumentarium erschwert, folgern HEISTER, MICHAELIS u.a., daß für jede Emittentengruppe zu untersuchen wäre, „ob die Effizienzgewinne, die sich gegenüber einer ordnungsrechtlichen Regelung ergäben, höher wären als die zusätzlichen Meß-, Kontroll- und Verwaltungskosten, die bei einer Einbeziehung in das Zertifikatsystem entstehen würden."[352] Die Vorteilhaftigkeit eines Zertifikatsystems wird nur dann gesehen, wenn die Emissionen direkt gemessen werden können und die Kosten der damit verbundenen Monitoring-Technik unter den möglichen Einsparungen bei den Emissionsvermeidungskosten liegen.[353] Andernfalls wird die weitere Anwendung des herrschenden Ordnungsrechts für präfarabel gehalten. Es fragt sich, ob die Einführung marktwirtschaftlicher Instrumente zur Regulierung von Stickoxiden wirklich nur dann ratsam ist, wenn ein vollständiges Emissionsmonitoring gelingt.

Gemäß unserer obigen theoretischen Analyse nimmt der Stand des Emissionsmonitoring zunächst einmal Einfluß darauf, welcher Anknüpfungspunkt für das umweltpolitische Instrumentarium je nach Emittentengruppe gewählt werden sollte. Hier ist für den Bereich der Großfeuerungsanlagen festzustellen, daß die Instrumente direkt an den emittierten Schadstoffmengen anbinden sollten, da diese preiswert direkt gemessen werden können. Die Peripherität des spezifischen Wissens der Emittenten spricht dann für eine Anwendung marktwirtschaftlicher Instrumente, bei denen der optimale Einsatz dieses Wissens gewährleistet ist.

---

350 Vgl. HEISTER / MICHAELIS u.a. (1990), S. 190 f., die eine Studie des TÜV Rheinland anführen, derzufolge die Stickoxidemissionen pro gefahrenen Kilometer je nach Fahrgeschwindigkeit bis zum 25fachen differieren.

351 Vgl. HUPPES u.a. (1992), S. 78.

352 HEISTER / MICHAELIS u.a. (1990), S. 211.

353 Dies ist auch aus den Optionen für ein Zertifikatsystem zu folgern, mit denen sich die Autoren im Fortlauf ihrer Arbeit befassen. Dort werden allein Emittenten einbezogen, deren Emissionen direkt meßbar sind. Vgl. HEISTER / MICHAELIS u.a. (1990), S. 212.

Für den Bereich der anderen Emittenten ist eine direkte Messung technisch zur Zeit zu auf-wendig. Die gleichzeitige Zielungenauigkeit indirekter Emissionsmeßverfahren sollte indes nicht zum Anlaß genommen werden, sie als Anknüpfungsparameter für instrumentelle Re-gelungen ebenfalls auszuschließen.[354] Vielmehr sollten jene Steuerungsgrößen gewählt wer-den, die auf der einen Seite noch recht zielgerecht auf die Emissionen Einfluß nehmen und auf der anderen Seite kontrolltechnisch nicht zu teuer werden. Zur Regulierung der Kraft-fahrzeugemissionen könnte beispielsweise am Treibstoffeinsatz sowie am technischen Stan-dard des Automobils angesetzt werden. Die Zielungenauigkeit solcher Anknüpfungspunkte nehmen HEISTER, MICHAELIS u.a. zum Anlaß, sie als Bemessungsgrundlage für ein Lizenz-system als ungeeignet zu halten.[355] Dabei ist die Zielpräzision eines ordnungsrechtlichen Ansatzes keinesfalls höher als bei Anwendung marktwirtschaftlicher Alternativen. Die Vor-gabe von Normen für die technische Ausstattung von Kraftfahrzeugen - etwa das Gebot, einen Katalysator einzubauen - gibt nicht mehr Aufschluß über die resultierenden Sticke-missionen als ein äquivalenter Ansatz von Abgaben oder Zertifikaten. Die Vorteilhaftigkeit des Ordnungsrechts ließe sich nun allein darüber ableiten, daß im Falle marktwirtschaftli-cher Instrumente Tendenzen zur Verschleierung von Emissionen erhebliche zusätzliche Kontrollkosten aufwerfen oder eine Kontrolle des beobachteten Parameters auf unterschied-lichen Emissionsniveaus nicht möglich oder prohibitiv teuer ist. Die Kontrolle der Steue-rungsgröße „Katalysator" erscheint aber preiswert möglich: Im Rahmen der regelmäßigen TÜV-Unter-suchungen würden verschiedene Modelle auf ihre Funktionsfähigkeit überprüft, und nicht - wie im Auflagenfall - nur ein technologischer Standard. In Abhängigkeit ihrer Leistungsfähigkeit, Stickoxid-Emissionen zu reduzieren, wären die Katalysatoren dann ab-gaben- oder zertifikatpflichtig. Die Mehrkosten einer Prüfung der Funktionsfähigkeit von Katalysatoren auf verschiedenen technischen Niveaus dürften sich in Grenzen halten, die Möglichkeiten der Ersparnis von Emissionsvermeidungskosten hingegen beträchtlich sein.[356] Zudem dürfte der Hang zu Verschleierungsmaßnahmen - etwa der Einbau eines sehr lei-stungsfähigen Katalysators vor der TÜV-Prüfung und sein nachträglicher Ausbau - ange-sichts hoher Transaktionskosten gering sein. Damit aber erscheint auch für den Verkehrsbe-reich - trotz nicht möglicher direkter Emissionsmessung - eine Einführung marktwirtschaft-licher Instrumente gegenüber ordnungsrechtlichen Varianten lohnenswert.[357] Ob diese allein

---

354 Der Ausschluß dieser Ansatzpunkte bedeutete nämlich, daß überhaupt kein Anknüpfungspunkt für um-weltpolitische Instrumente besteht. Eine NO_x-Regulierung müßte dann gänzlich unterbleiben.

355 Vgl. HEISTER / MICHAELIS u.a. (1990), S. 210.

356 So konstatieren auch HEISTER / MICHAELIS u.a. (1990), S. 194, daß durch die Aufnahme von Kleinemit-tenten in ein Zertifikatsystem signifikante Effizienzgewinne zu erzielen sind.

357 Ein System von indirekten Emissionsabgaben, die an dem Emissionsprofil von Automobilen anknüpfen, wird in den Niederlanden bereits praktiziert. Vgl. HUPPES u.a. (1992), S. 78.

an einer Größe wie dem Katalysator ansetzen sollten, ist im Detail zu diskutieren. Zielgenauer arbeitet beispielsweise ein System, bei dem Abgaben beim Verkauf von Treibstoff erhoben werden, die sich an der (bei TÜV-Untersuchungen festgestellten) Emissionsrate eines Automobils orientieren.[358] Allerdings sind die erzielbaren Effizienzgewinne gegen die zusätzlichen Kontrollkosten eines solchen Systems abzuschätzen.

Eine zweite Emittentengruppe, für die die Emissionen nur unter prohibitiv hohem Aufwand direkt gemessen werden können, sind die privaten Haushalte mit ihren Heizungsanlagen.[359] Auch hier scheint der derzeitige Ausschluß aus einem Zertifikatesystem mit dem Argument der unmöglichen direkten Emissionsmessung verfehlt.[360] Die Zielungenauigkeiten bei der Emissionsmessung, die ein Auflagensystem mit der Vorgabe von Standards bei Hausfeuerungsanlagen mit sich bringt, sind nicht geringer, als wenn Zertifikate (oder auch Abgaben) am Heizungstyp anknüpfen.[361] Einbau und Funktionsfähigkeit der Anlagen könnten im Rahmen der periodisch wiederkehrenden Inspektionen durch die örtlichen Schornsteinfeger überprüft werden. Aufwendigere Kontrollen sowie nennenswerte Verschleierungsmaßnahmen sind auch hier nicht zu erwarten. Demgegenüber dürften die erreichbaren Effizienzgewinne mit Einführung marktwirtschaftlicher Instrumente wiederum beträchtlich sein.

Damit bleibt zu resümieren, daß im Falle der Stickoxidregulierung das Kontrollkostenargument kaum greift, wenn es um die Rechtfertigung der Anwendung von Auflagen gegenüber marktwirtschaftlichen Instrumenten geht. Dabei wurde der Diffusionsaspekt bisher aus der Betrachtung ausgeblendet. Stickoxide verteilen sich jedoch ungleichmäßig im Raum, so daß die Möglichkeit lokal überhoher Schadstoffkonzentrationen nicht ausgeschlossen werden kann.[362] Zur Behebung dieses Problems bedarf es an Informationen über die Diffusionsprozesse, denen NO_x-Emissionen an verschiedenen Orten unterliegen. Bezüglich der Smog-Wirkungen von NO_x, das aus stationären Anlagen ausgestoßen wird, existieren bereits Diffusionsmodelle, die eine hinreichende Abgrenzung von räumlichen Zertifikatzonen oder

---

358 Zu einem solchen Vorschlag vgl. BAUMOL / OATES (1979), S. 352 f. und COMMON (1989), S. 1307. Analog ist ein Lizenzsystem denkbar, bei dem die Käufer von Treibstoff gemäß der Emissionsrate ihres Kraftfahrzeugs und der gewünschten Brennstoffmenge Zertifikate abgeben müssen. Zu einem weniger anspruchsvollen Zertifikatmodell zur Regulierung der Emissionen des Kraftfahrzeug-Verkehrs vgl. TAYLOR (1992).

359 Vgl. HEISTER / MICHAELIS u.a. (1990), S. 191.

360 Zu einer solchen Einschätzung vgl. HEISTER / MICHAELIS u.a. (1990), S. 278.

361 Alternativ hierzu könnten auch Abgaben auf den Einsatz von Heizungsöl erhoben werden. Vgl. zu diesem Vorschlag HUPPES u.a. (1992), S. 78.

362 Stickoxidemissionen können zum einen im Nahbereich um die Emissionsquelle immissionswirksam werden, zum anderen aber auch über mehrere hundert Kilometer transportiert werden. Vgl. SCHÄRER u.a. (1990), S. 28.

eine entsprechende Differenzierung von Abgaben ermöglichen. So wird in Südkalifornien ein Zertifikatmodell praktiziert, das die kleinräumig wirkenden Stickoxid-Emissionen ortsfester Anlagen reguliert und dabei durch eine geeignete Begrenzung von Zertifikatzonen lokale „hot spots" vermeidet.[363] Für Smog-relevante NO_x-Emissionen mobiler Quellen (z. B. Kraftfahrzeuge) bedarf es hingegen ergänzender gebietsbezogener Maßnahmen,[364] wie sie unter Gliederungspunkt III.B.5.2.3.3 diskutiert wurden.

Für die weiträumiger diffundierenden Stickoxid-Emissionen, die für den sauren Regen mitverantwortlich sind, ist, soweit nicht auch hier bereits intelligente Dispersionsmodelle bestehen,[365] der Handel von Emissionsrechten oder die individuelle Emissionsanpassung an Abgabensätze an behördliche Genehmigungen zu binden. Eine Reallokation von Emissionsrechten ist dann abhängig von den Ergebnissen, die individuelle Diffusionsmessungen ergeben. Aufgrund meßtechnischer Restriktionen wird in diesem Fall das marktwirtschaftliche Instrument zugunsten einer instrumentalen Hybridform geändert.[366]

5.2.4.2 Nitratauswaschungen aus landwirtschaftlich genutzten Böden

Nitratauswaschungen aus landwirtschaftlich genutzten Böden führen zu Beeinträchtigungen der Qualität des Grundwassers und darüber der Trinkwasserqualität. Dabei können die von einzelnen landwirtschaftlichen Flächen ausgehenden Stickstoffeinträge in das Grund- und Trinkwasser höchst verschieden sein. Je nach Art des Bodens und der darunter liegenden Erdschichten bestehen unterschiedliche Kapazitäten für die Aufnahme von Stickstoff, verschiedenes Wasserhaltevermögen und andere Strömungsgeschwindigkeiten.[367] Selbst von nebeneinander liegenden Flurstücken können daher gleiche Stickstoffemissionen zu höchst unterschiedlichen Immissionen führen.[368] Zudem ist die Beziehung zwischen Emissionstätigkeit und folgender Schadstoffkonzentration im Grundwasser oft nichtlinearer Art.[369] Auf-

---

363 Vgl. hierzu beispielsweise FROMM / HANSJÜRGENS (1994).

364 Vgl. auch REESE (1994).

365 SCHÄRER u.a. (1990), S. 52 f. stellen ein bereits in Simulationen erfolgreich erprobtes Modell zur Ausbreitung und Deposition sauren Regens vor.

366 Der Fall, daß die zusätzlichen Kosten der quellenspezifischen Diffusionsmessungen die möglichen Ersparnisse bei der Emissionsvermeidung überkompensieren und von daher Auflagen zu erwägen sind, ist hier nicht von praktischer Relevanz. Gerade bei großräumigen Emissionen bietet die zunehmende Zahl von Emittenten eine Gewähr für stärker differierende Grenzvermeidungskosten und damit hohe Effizienzpotentiale.

367 Vgl. SCHEELE / ISERMEYER / SCHMITT (1993), S. 295.

368 Vgl. SCHEELE / ISERMEYER / SCHMITT (1993), S. 304.

369 Vgl. OBERMANN (1984).

grund dieser Zusammenhänge ist es notwendig, bei der Regulierung der Stickstoffemissionen deren unterschiedliche Immissionswirksamkeit je nach Menge und Ort der Ausbringung zu berücksichtigen.[370] Während nach Maßgabe der standörtlichen Bedingungen im groben feststellbar ist, welche Diffusion von den einzelnen Böden zu erwarten ist, stellt die Bestimmung der flächenbezogenen Emissionen ein Kontrollproblem dar. Die Emission ist abhängig von vielen individuell variierbaren Parametern, wie der Art des Düngers und des Zeitpunktes seines Auftragens, der verwendeten Produktionstechnik und der Fruchtfolge. Als mögliche Anknüpfungspunkte für eine Regulierung der Stickstoffemissionen stehen viele Steuergrößen, wie der betriebliche Stickstoffbilanzüberschuß, der Viehbestand, der Einsatz an Mineraldünger, die Art des angebauten Agrarproduktes wie auch die verwendeten Produktionsverfahren zur Verfügung. Sie teilen jedoch in der Mehrzahl das Defizit, daß mit ihnen zwar eine Verminderung der regionalen Emissionen zu erreichen ist, nicht aber eine Regulierung der standörtlichen Emissionen. So vermag zwar eine Abgabe auf synthetischen Dünger eine allgemeine Verringerung seines Einsatzes in der Landwirtschaft anreizen. Doch wird damit nicht verhindert, daß er auf immissionssensiblen Flächen konzentriert ausgebracht wird. Aus ökologischen Gründen ist es mithin unumgänglich, das (noch nicht gewählte) Instrument zumindest in Wasserschutzgebieten direkt an den standörtlichen Emissionen anzuknüpfen. Eine solche Beobachtung der Emissionen, die den Stickstoffausstoß an dem Umfang und Zeitpunkt der Düngung, der verwendeten Produktionsmethode und den angebauten Produkten mißt, ist sehr kontrollkostenintensiv.

Diese Kontrollkosten dürften besonders hoch sein bei Anwendung eines räumlich differenzierten Emissionszertifikat- oder -abgabensystems. Hier bestehen nämlich für die Bauern besondere Anreize zur Verschleierung von Emissionen, um so eine Abgabenzahlung oder Zertifikathaltung zu umgehen. Als Möglichkeiten unerlaubter Emission bieten sich zudem viele veränderbare Parameter an, die nur schwer auf variierenden Emissionsniveaus zu überwachen sind. Demgegenüber sind Auflagen weitaus einfacher kontrollierbar, wenn beispielsweise in bezug auf Düngungszeitpunkt und verwendete Produktionstechnik Ausbringungsverbote für Dünger in bestimmten Zeiträumen und ein Gebot zur sofortigen Gülleeinarbeitung nach Ausbringung ausgesprochen werden. Zur Überwachung dieser Regelungen bedarf es allein eines qualitativen Nachweises darüber, ob Dünger zu unerlaubten Zeiten ausgebracht oder die Gülle nicht unmittelbar eingearbeitet wurde, der einfach über Zeugenbefragungen oder Bodenanalysen erbracht werden kann.[371] Diese Maßnahmen führen bei richtiger Dosierung zudem nicht zu hohen Opportunitätskosten.[372] Die ja/nein-Entscheidung

---

370 Vgl. im folgenden SCHEELE / ISERMEYER / SCHMITT (1993).
371 Vgl. auch NIEDERMEYER (1989), S. 121.
372 Vgl. SCHEELE / ISERMEYER / SCHMITT (1993), S. 302.

der Auflageneinhaltung ist hingegen schwieriger zu überwachen, wenn die Auflagen in Abhängigkeit der Bodenverhältnisse Grenzwerte für den maximalen Eintrag von Wirtschaftsdünger und Gülle festlegen. So ist der flächenbezogene Mineraldüngereinsatz derzeit allein in Form eines Rückschlusses vom Aufwuchs der angebauten Frucht zu bestimmen.[373] Entsprechend reduzieren sich die Kontrollkostenvorteile auf Höchstmengen lautender Auflagen gegenüber marktwirtschaftlichen Instrumenten auf die bei letzteren ausgeprägteren Anreize zur Verschleierung von Emissionen.

Soweit der Grund- und Trinkwasserschutz einer Anknüpfung an den flächenbezogenen Stickstoffemissionen bedarf, können somit aus Kontrollgründen insbesondere temporäre Ver- und Gebote des Düngerauftrags und seiner Verarbeitung erwägenswert sein. Ein Handel von Emissionsrechten oder eine Differenzierung von Emissionsabgaben in Abhängigkeit von der jeweiligen Bodenbeschaffenheit erscheint nur dann zulässig, wenn das Kontrollproblem zur Ermittlung der faktischen Emissionen zufriedenstellend gelöst werden kann.[374] Allerdings können marktwirtschaftliche Instrumente als großräumig wirkende Maßnahmen sehr gut nutzbar gemacht werden, indem beispielsweise eine Abgabe auf Mineraldünger Anreize zu einer allgemeinen Verminderung dessen Einsatzes gibt.[375]

5.2.4.3 Lärmemission von Kraftfahrzeugen

Bei Lärmemissionen von Kraftfahrzeugen scheitert eine direkte Emissionsmessung an fehlenden technischen Möglichkeiten.[376] Vielfach werden deswegen Produktnormen - beispielsweise in Form nicht zu überschreitender decibel-Werte - vorgeschlagen.[377] Dabei erscheint es genauso möglich, in Abhängigkeit von der (typbezogenen oder tatsächlichen) Motorlautstärke eine Abgabe zu erheben. Die Kontrolle könnte wie bei einer ordnungs-

---

373 Vgl. NIEDERMEYER (1989), S. 121, der dort fortführt: „Ebenfalls äußerst schwierig ist die Kontrolle der Einhaltung von Höchstmengen im Bereich der Düngung mit Gülle, Jauche und Stallmist."

374 Hier unterscheidet sich die vorliegende Analyse von der, die SCHEELE / ISERMEYER / SCHMITT (1993), S. 304 f. vornehmen. Diese schlagen die Möglichkeit einer Reallokation von Emissionsrechten vor, wenn die staatliche Regelungsbehörde feststellt, daß die örtliche Veränderung der Emissionstätigkeit nicht zu höheren Immissionen führt. Die Feststellung, ob Emissionen zu gleichen Immissionen führen, stellt hier aber nicht das eigentliche Problem dar. Das mag durch geophysikalische Untersuchungen recht einfach in Erfahrung zu bringen sein. Problematisch ist vielmehr die Überprüfung, ob gemäß des vereinbarten Emissionsrechtetransfers dann auch Emissionen vermieden werden. NIEDERMEYER (1989) entwickelt ein Zertifikatkonzept, bei dem betriebsgebundene Lizenzen zum Kauf von Dünger vergeben werden, das den hiesigen Kontrollerfordernissen genügen könnte.

375 Vgl. hierzu auch WISSENSCHAFTLICHER BEIRAT BEIM BUNDESMINISTERIUM FÜR ERNÄHRUNG, LANDWIRTSCHAFT UND FORSTEN (1993), S. 21 f.

376 Vgl. BAUMOL / OATES (1979), S. 309.

377 Vgl. zum Beispiel SIEBERT (1976), S. 117.

rechtlichen Lösung im Rahmen der regelmäßigen TÜV-Untersuchungen erfolgen. Allerdings gibt es einige Fälle, in denen rasch und preiswert Veränderungen am Fahrzeug vorgenommen werden können, die der Möglichkeit der Verschleierung von Emissionen Vorschub leisten.[378] So können lärmstarke, breite Reifen vor der Prüfung ab- und danach wieder aufgezogen werden. Ebenso sind die Schallemissionen an Motorrädern recht einfach zu „frisieren". Für solche und ähnliche Fälle ist die Vorgabe von Standards, die auch im Straßenverkehr mit einer einfachen ja/nein-Entscheidung überprüft werden können, gegenüber marktwirtschaftlichen Instrumenten vorzuziehen.

5.2.4.4 Cadmium

Cadmium ist ein für Menschen, Tiere, Pflanzen wie auch Mikroorganismen hochtoxischer Stoff.[379] Es ist insbesondere in Düngemitteln und Futterstoffen für Tiere, Phosphat- und Zink-Erzen, Brennstoffen sowie einigen Halb- und Fertigprodukten enthalten.[380] Die Stoffströme für Phosphor, raffiniertes Cadmium, Zink-Erz als auch Nickel-Cadmium-Batterien, die zusammen den mit Abstand größten Teil der Cadmium-Emissionen begründen, können gut verfolgt werden, so daß hier ein am Cadmium-Input anknüpfendes marktwirtschaftliches Instrument erfolgreich eingesetzt werden könnte.[381] Demgegenüber ist es vielfach schwieriger, die oft nur marginalen Cadmium-Anteile in vielen pigmentierten oder gefärbten Produkten (z. B. Kunststoffen), metallischen (galvanischen) Beschichtungen (z. B. Korrosionsschutz) und Glasprodukten (z.B. Monitore) genau nachzuhalten.[382] Hier scheint es sinnvoller, eine Inputauflage über den maximalen Cadmium-Gehalt von Produkten auszusprechen. Da in vielen Fällen preiswerte Substitute zur Verfügung stehen, erscheint es ökonomisch auch vertretbar, die Cadmium-Beimischungen für solche Produkte vollständig zu verbieten.[383] In diesem Fall vermindert sich die Kontrollaufgabe auf die

---

378 Vgl. ähnlich BOHM / RUSSELL (1985), S. 445.

379 Vgl. ENQUETE-KOMMISSION (1993), S. 114 ff.

380 Vgl. ENQUETE-KOMMISSION (1993), S. 108 ff.

381 Vgl. auch HUPPES u.a. (1992), S. 157, die eine Inputabgabe auf das Inverkehrbringen von Cadmium vorschlagen, die zurückgezahlt wird, wenn eine akzeptable Entsorgung nachgewiesen wird. Ebenso erscheint eine Zertifikatlösung denkbar, derzufolge ein Akteur, der Cadmium in den Stoffstrom einbringt, entsprechend Lizenzen nachweisen muß. Um auch hier „end-of-pipe" Maßnahmen einer sicheren Deponierung von Cadmium-Emissionen anzureizen, könnten solche Verhaltensweisen mit Zertifikatsgutschriften prämiert werden.

382 Vgl. ENQUETE-KOMMISSION (1993), S. 109 f. und HUPPES u.a. (1992), S. 150 f.

383 Vgl. zu einem solchen Vorschlag auch HUPPES u.a. (1992), S. 151.

stichprobenartige Überprüfung, ob Konzentrationen von Cadmium festzustellen sind oder nicht.[384]

6. Zusammenfassung

In diesem Kapitel wurden die umweltpolitischen Instrumente Auflage, Abgabe und Zertifikat aus Sicht der Transaktionskostentheorie betrachtet. Es wurde vereinfachend angenommen, daß der Staat als „wohlmeinender Diktator" agiert und die Realisierung des vom politischen Sektor vorgegebenen Umweltqualitätsziels auf kostenminimale Weise anstrebt. Als Transaktion wurde der Transfer von Rechten zur Schadstoffemission definiert.

Auf dieser Grundlage wurden die Transaktionsdimensionen „Unsicherheit", „Spezifität" und „Häufigkeit" sowie die „Positionierung plastischer Faktoren" bestimmt und daraufhin Aussagen über die Vorteilhaftigkeit verschiedener Instrumente abgeleitet. Die Transaktionskostentheorie als eine „Theorie der Abhängigkeiten" erklärt die Vorteilhaftigkeit alternativer Koordinationsmechanismen dabei über deren Eigenschaft, Abhängigkeiten zwischen den Transaktionspartnern effizient absichern zu können. Folgende Abhängigkeiten zwischen Staat und Emittent und Folgerungen für eine geeignete Instrumentierung wurden ausgemacht:

(1) Die Emittenten investieren mit dem Transfer von Umweltnutzungsrechten spezifisch in Produktions- und Vermeidungstechnologien. Diese verlieren mit Abbruch oder Änderung der Transaktionsbeziehung zum Staat (zum Teil erheblich) an Wert. Änderungen einer Transaktionsbeziehung können sich aufgrund von modifizierten Umweltqualitätszielen des Staates ergeben, die dieser aufgrund geänderter Präferenzen der Bevölkerung oder neuer Erkenntnisse über die Schädlichkeit von Stoffen festlegt. Die Unsicherheit über die Entwicklung zukünftiger Umweltnormen gefährdet die aufgebauten Quasirenten der Emittenten. Die Emittenten investieren nun allein dann spezifisch, wenn die in diesem Zuge aufgebauten Quasirenten hinreichend abgesichert sind.

Die Analyse von Auflagen, Abgaben und Zertifikaten ergab, daß alle drei Instrumente Mechanismen zur Absicherung der spezifischen Investitionen der Emittenten besitzen. Die verwendeten institutionellen Regelungen in Form glaubhafter Zusicherungen unterscheiden sich aber von Instrument zu Instrument, und Auflagen erweisen sich gegen-

---

384 Solche Anwendungsverbote sollten zum Beispiel bei Pigmenten mit Übergangsfristen erlassen werden, da hier eine Substitution von Cadmium bisher technisch nicht befriedigend gelöst werden kann. Vgl. ENQUETE-KOMMISSION (1993), S. 120 und 135.

über Abgaben und Zertifikaten letztlich als nachteilhafte Strategie zur Absicherung spezifischer Investitionen der Emittenten.

Abgaben und Zertifikate bedienen sich formaler, für alle Emittenten gleicher Regeln, um deren Quasirenten zu schützen. Über die ex ante Fixierung zukünftiger Abgabensätze beziehungsweise die Garantie, mit Besitz von Zertifikaten in der Zukunft entsprechend emittieren zu dürfen, werden die Erwartungen der Emittenten für die Zukunft stabilisiert. Der Staat kann die Unsicherheit der Emittenten über die Entwicklung der für sie relevanten Umweltnormen aber nicht vollständig beseitigen, da er sich die Möglichkeit von Umweltqualitätsanpassungen für nicht vorhersagbare Situationen vorbehalten muß. Hier werden die handlungsflexibilisierenden Regeln zur Verminderung der Folgen aus bestehender Unsicherheit wirksam. Abgaben wie Zertifikate erlauben es den Emittenten nämlich, auf schärfere Abgabensätze beziehungsweise abgewertete Lizenzen flexibel zu reagieren. Ihnen steht offen, entweder zusätzlich Emissionen zu vermeiden oder vermehrt Abgaben zu zahlen beziehungsweise Lizenzen hinzuzukaufen. Beide Instrumente bieten somit geeignete institutionelle Vorkehrungen, spezifische Investitionen seitens der Emittenten anzureizen. Die hohe Erwartungsstabilität und Handlungsflexibilität, die diese Instrumente den Emittenten gewähren, erlauben es diesen auch, vermehrt integrierte Vermeidungstechnologien zu installieren, die in der Regel spezifischer als additive Alternativen sind. Damit empfehlen sich beide Instrumente aber nicht gleichermaßen für ein betrachtetes Umweltproblem. Bei einer standardorientierten Umweltpolitik gewährleisten allein Lizenzen eine Sicherung der spezifischen Investitionen der Emittenten. Abgaben müßten in diesem Fall stetig angepaßt werden und führten so zu einer Investitionsunsicherheit bei den Emittenten, die spezifische Investitionen blockiert. Abgaben bieten sich hingegen an, wenn das umweltpolitische Ziel nicht in der Erreichung bestimmter Immissisonswerte, sondern in einer pragmatischen, zielunbestimmten Verbesserung der Allokation besteht.

Das Auflageninstrument wirkt über die Bestandsschutzgarantie für genehmigte Anlagen erwartungsstabilisierend. Allerdings kann dieser Schutz nicht umfassend gegeben werden, um staatlicherseits Anpassungen an geänderte Umweltqualitätsziele zu ermöglichen. Folgen verbleibender Unsicherheit bei den Emittenten können nun über informelle Verhandlungen der Emittenten mit den mit Ermessen ausgestatteten Behörden vermindert werden. Diese sind jedoch sehr transaktionskostenintensiv, wenig effizienzorientiert und führen häufig zu Vollzugsdefiziten im Umweltschutz. Uniform ausgestaltete Auflagen, die auf einen Verhandlungsspielraum verzichten und die Emittenten mit strikten Emissionsvorgaben konfrontieren, vermeiden zwar obige Transaktionskosten und Vollzugsnachlässigkeiten, führen umgekehrt aber zu einer erhöhten Gefährdung der spezifischen Investitionen der Emittenten. In der Folge erweisen sich Auflagen als gegenüber den marktwirtschaftlichen Instrumenten inferiore Strategie zur Anreizung spezifischer Investitionen: uniforme Auflagen können zwar ebenso ökologisch treffsicher wie Zertifikate sein, besitzen aber nicht deren Handlungsflexibilität für die Emittenten. Auflagen mit Verhandlungsspielraum für die Emittenten sind zwar mengenweich wie Abgaben, aber aufgrund des informellen Regelmechanismus' weitaus transaktionskostenintensiver und weniger effizienzorientiert. Zudem unterstützen Auflagen den Hang zu „end of pipe"-Technologien.

Somit besitzen marktwirtschaftliche Instrumente gegenüber ordnungsrechtlichen Lösungen geeignetere institutionelle Mechanismen zur Absicherung spezifischer Investitionen der Emittenten.

(2) Auch der Staat baut gegenüber einem Emittenten Abhängigkeiten auf, wenn durch die betrachteten Transaktionen Teile spezifischer Investitionen des Staates gefährdet werden können. Spezifische Investitionen des Staates bestehen in aufgebautem Infrastrukturkapital sowie Investitionen der Gesellschaftsmitglieder beispielsweise in Human-, Sachkapital und soziale Bindungen, deren Wert erheblich von der Sicherung ökologischer Mindestbedingungen abhängig ist. Spezifische Investitionen gefährdende Transaktionen liegen dabei aus Sicht des Staates nur dann vor, wenn einzelne Emittenten potentiell einen großen Einfluß auf die Umweltqualität ausüben und darüber kritische Grenzwerte der Gefahrenabwehr übertreten können. Unspezifischer Natur sind dagegen Transaktionen, bei denen die Emittenten auch mit unerlaubter Emission nur einen relativ unbedeutenden Einfluß auf die Immission nehmen. Gefahrenschwellen werden damit nicht überschritten.

Unspezifische Transaktionen liegen in dem Bereich der sich weiträumig ausbreitenden Stoffe wie beispielsweise CO_2 und VOC vor, wo einzelne Emittenten nur relativ geringe Beiträge zur Gesamtemission leisten, deren Gefährlichkeit zudem gering ist. Diese sollten über marktwirtschaftliche Instrumente abgewickelt werden, da hier die punktuellen Anreize des Marktes besser genutzt werden als bei Auflagen. Spezifischer Natur sind Transaktionen aus Sicht des Staates hingegen, wenn lokal wirkende Schadstoffe oder weiträumig diffundierende Stoffe mit einzelnen, potentiell gewichtigen Emittenten betrachtet werden. In diesen Fällen können einzelne Emittenten lokal oder regional überhohe Immissionen bewirken und darüber die Quasirente des Staates gefährden. Zur Absicherung der Quasirente sind nun hierarchische Eingriffe in Form von Auflagen angeraten, die eine Emission über die Gefahrenschwelle hinaus unterbinden. Die Art der Auflage sollte sich dabei an der Gefährlichkeit des betrachteten Schadstoffs orientieren. Für weniger gefährliche Stoffe (z.B. viele Gewässereinleitungen) genügt die

Vorgabe von hinreichend sanktionierten Emissionsnormen, während für hochgradig gefährliche Emissionen (z.B. Radioaktivität, Dioxine, Dibenzofurane, Genunfälle) Verfahrensauflagen angemessen scheinen, die ein Eintreten einer ökologischen Katastrophe ex ante verhindern.

Die Auflagenregelung ist allein für den Bereich der Gefahrenabwehr zu legitimieren; und hier auch nur für den Fall, daß einzelne Emittenten die Quasirente des Staates gefährden können. Über den Bereich der Gefahrenabwehr hinaus sind Transaktionen aus Sicht des Staates nicht mehr spezifisch. Hier empfiehlt sich für Emissionen geringen und mittleren Problemgehalts wieder die Anwendung von Abgaben und Zertifikaten. Letztlich ist ein gemischter Instrumenteneinsatz zu präferieren, dessen Grundlage ein marktwirtschaftliches Instrument bildet. Dieses ist um individuelle Emissions- oder Verfahrensauflagen zu ergänzen, wenn einzelne Emittenten Gefahren herbeiführen können. Im Falle hochproblematischer Emissionen scheidet ein Handel von Risikozertifikaten unterhalb der Gefahrenabwehr aus Gründen der hohen Sensibilität der Bevölkerung für Sicherheitsfragen wohl aus. Zur Nutzung der punktuellen Anreize des Marktes sind dann Abgaben (und unterstützend auch das in dieser Arbeit nicht behandelte Haftungsrecht) zu präferieren.

(3) Abhängigkeiten des Staates können sich nicht nur aus spezifischen Investitionen ergeben, sondern ebenso Folge fehlender Kontrollmöglichkeiten des Faktoreinsatzes der Emittenten zur Emissionsvermeidung sein. Die Emittenten besitzen idiosynkratisches Wissen zur Emissionsvermeidung, dessen effizienter Einsatz nicht vertraglich kodifiziert werden kann (und damit plastischer Natur ist), und das nur sehr teuer und in langer Frist zu übertragen ist. Aufgrund wissensökonomischer Überlegungen empfiehlt es sich, zur optimalen Nutzung des idiosynkratischen Wissens die Entscheidung über seinen Einsatz dorthin zu vergeben, wo dieses Wissen vorliegt. Dies führt zu einer Präferenz marktwirtschaftlicher Instrumente, bei denen das Wissen dezentral verarbeitet wird, während ordnungsrechtliche Instrumente zunächst einer Zentralisierung des plastischen Wissens zur Emissionsvermeidung beim Staat bedürfen, um dann hierarchische Handlungsanweisungen ausgeben zu können. Einer vollständigen Nutzung des plastischen Wissens im Wege marktlicher Allokation kann jedoch entgegenstehen, daß dieses in Teilen zentral zum Staat positioniert ist. Das bedeutet, daß infolge eines nur unvollständigen Emissions- und Diffusionsmonitoring die Anwendung des plastischen Wissens nicht hinreichend kontrolliert werden kann. Der marktliche Bezug solch zentral positionierter Leistungen eröffnete den Emittenten Spielraum für Opportunismus: ex ante versprechen sie den Einsatz dieses Wissens, um es dann ex post unbemerkt zurückzuhalten.

Die Integration zentral positionierten, plastischen Wissens in die Hierarchie - wie sie herkömmlich in der transaktionskostenökonomischen Literatur vorgeschlagen wird[385] - bringt keine Lösung des Opportunismusproblems, da die Schwierigkeiten des Monitoring individueller Immissionsbeiträge auch bei längerfristig gesetzten Sammelanreizen weiterbesteht. Es bleibt die Alternative, die Emissionsvermeidungsleistungen von den Emittenten zu beziehen, wobei die Qualität des Faktoreinsatzes vorgegeben wird, soweit sein Einsatz nicht separabel von der vom Staat bereitgestellten Umweltqualität ist. Dies bedeutet einen hierarchischen Eingriff in die Art und Weise der Erstellung der Emissionsvermeidungsleistung, bei der der zentral positionierte Teil idiosynkratischen Wissens nicht genutzt wird.

In der umweltökonomischen Literatur wird nun verschiedentlich die These vertreten, daß die verbesserte Nutzung des bei den Emittenten liegenden Wissens zu Emissionsvermeidung bei der Anwendung marktwirtschaftlicher Instrumente einhergeht mit höheren Anforderungen an die Kontrolle der Emittenten.[386] Diese könnten solche Höhen erreichen, daß die zusätzlichen Kontrollkosten die Einsparungen bei den Emissionsvermeidungskosten gegenüber einer Auflagenlösung überträfen. In diesen Fällen wäre die mit Abgaben oder Zertifikaten mögliche, verbesserte Nutzung idiosynkratischen Wissens zu teuer, das Wissen aufgrund des Standes der Monitoringtechnik zentral zum Staat positioniert. Auflagen könnten sich dann als vorteilhaft erweisen.

Die Analyse des Einflusses des Standes des Monitoring auf die Vorteilhaftigkeit von Auflagen, Abgaben und Zertifikaten ergab folgende Ergebnisse:

(a) Der Stand des Monitoring nimmt in erster Linie Einfluß auf den optimalen Ansatzpunkt des umweltpolitischen Instrumentariums, nicht aber auf die Wahl zwischen Auflage, Abgabe und Zertifikat. Je nach Verfügbarkeit sowie den Kosten und Nutzen bestimmter Monitoring-Techniken ist es vorteilhaft, nicht die Emissionsmassenströme, sondern nur Grenzwerte zu regulieren, oder aber am Input, Produkt oder Produktionsprozeß anzusetzen. Die Abkehr von der Bemessungsgrundlage Emissionsmassenstrom impliziert, daß nicht mehr sämtliche Möglichkeiten zur Emissionsvermeidung angereizt werden. Idiosynkratisches Wissen zur Emissionsvermeidung, das aufgrund fehlender Monitoring-Alternativen zentral positioniert ist, bleibt ungenutzt.

---

385 Vgl. BONUS (1986 b), S. 330 ff.

386 Vgl. beispielsweise MICHAELIS (1996 b), S. 47; WELSCH (1994), S. 181.

(b) Kontrollkostenvorteile von Auflagen gegenüber marktwirtschaftlichen Instrumenten lassen sich nur auf wenige Argumente stützen. Der Einwand, marktwirtschaftliche Instrumente bedürften der Beobachtung schwieriger zu messender Parameter als Auflagen, läßt sich nicht aufrecht halten. Abgaben wie Zertifikate können hinsichtlich der Meßgröße ebenso ausgestaltet werden wie Auflagen. Im Bereich der Emissionskontrolle sind geringere Kontrollkosten für Auflagen allein damit zu begründen, daß zum einen zur Nutzung der Flexibilitätsvorteile von Abgaben und Zertifikaten Monitoring-Verfahren notwendig sind, die auf verschiedenen Niveaus des beobachteten Parameters Messungen durchführen können. Für Auflagen bedarf es nur an Verfahren, die auf wenigen oder nur einem Niveau genau messen. Zum anderen geben marktwirtschaftliche Instrumente höhere Anreize zur Emissionsverschleierung als Auflagen, so daß häufigere Messungen notwendig werden können.

Ist im Bereich des Diffusionsmonitoring kein vollständiges Dispersionsmodell verfügbar oder prohibitiv teuer, sind reine Zertifikat- oder Abgabenmodelle aus ökologischen Gründen nicht mehr anwendbar. Damit sind aber nicht automatisch Auflagen zu präferieren, denn auch hybride Instrumente, bei denen die Reallokation von Emissionsrechten in einem Zertifikat- oder Abgabensystem an die Genehmigung einer Aufsichtsbehörde gebunden ist, bedürfen allein fallweise durchgeführter, quellenspezifischer Dispersionsmessungen. Bei hybriden Instrumenten fallen aber höhere Diffusionskontrollkosten als bei Auflagen an. Bei ersteren sind nämlich mit jeder angestrebten Reallokation von Emissionsrechten Messungen notwendig, bei letzteren hingegen allein bei der Erstvergabe von Rechten zur Umweltnutzung.

Die beschriebenen Kontrollkostenvorteile von Auflagen implizieren jedoch nur dann eine Präferenz dieses Instrumentes vor Abgaben und Zertifikaten beziehungsweise hybriden Instrumenten, wenn diese Transaktionskostenvorteile deren Nachteile bei den Produktionskosten zur Emissionsvermeidung überwiegen. Damit wird die Rechtfertigung zur Anwendung von Auflagen aufgrund von Überlegungen zur Positionierung plastischer Produktionsfaktoren aber auf einige wenige Bereiche beschränkt.

Die Ergebnisse der transaktionskostentheoretischen Analyse unterstreichen somit die Vorteilhaftigkeit der Anwendung marktwirtschaftlicher Instrumente in weiten Bereichen der Umweltpolitik. Es wurden jedoch auch Problemfelder ausgemacht, in denen Auflagen zu präferieren sind. Allerdings vermag die Analyse nicht im Ansatz die in der Realität herrschende Dominanz des Ordnungsrechts in der Umweltpolitik zu erklären. Die Untersuchung beschränkte sich jedoch darauf, alternative institutionelle Ausgestaltungen der Instrumente auf ihre Transaktionskostenwirkungen zu beleuchten, ohne zu thematisieren, ob die betrachteten institutionellen Rahmenbedingungen in der Realität bestehen, oder zu analysieren, welche „set up"-Kosten mit der Implementation verschiedener umweltpolitischer Instrumente verbunden sind. Es mag aber beispielsweise sein,

> „(that) it is not clear that governments are capable of making the type of long-term credible commitments under markets that would be required to encourage affected firms to adopt new and improved technologies."[1]

Im folgenden Kapitel werden nun die institutionellen Rahmenbedingungen einer Nutzung alternativer umweltpolitischer Koordinationsmechanismen näher betrachtet. Aus Sicht der Theorie institutionellen Wandels werden in den Rahmenbedingungen Erklärungsansätze dafür gesucht, daß sich das Ordnungsrecht trotz erwiesener Ineffizienzen in der deutschen Umweltpolitik nachhaltig durchzusetzen vermochte.

C. Umweltpolitische Instrumente aus Sicht der Theorie institutionellen Wandels

In der Theorie institutionellen Wandels wird besonderer Augenmerk auf die hierarchische Struktur von Institutionen gerichtet. Während die fundamentalen Institutionen das nur langfristig evolvierende Fundament einer Gesellschaft bilden, baut auf ihnen ein kompliziertes Geflecht sekundärer Institutionen auf, die menschlicher Gestaltbarkeit unterliegen.[2] Um nun die besondere Rolle des Ordnungsrechts in der Umweltpolitik mithilfe der Aussagen der Theorie institutionellen Wandels besser zu verstehen, ist es zunächst einmal notwendig, die zur Analyse stehenden umweltpolitischen Instrumente in die Hierarchie fundamentaler und sekundärer Institutionen einzuordnen. Für den Erfolg formaler Institutionen ist nämlich von entscheidender Bedeutung, daß sie von den informellen Normen in einer Gesellschaft getragen werden.[3] Die Einordnung geschieht im nachfolgenden Gliederungspunkt 1. Auf dieser Klassifizierung aufbauend wird in Gliederungspunkt 2 der institutionelle Rahmen, in den die umweltpolitischen Instrumente eingebettet sind, inhaltlich konkretisiert, um hierüber Aussagen zur Vorteilhaftigkeit der alternativen Koordinationsmechanismen zu gewinnen. Als räumlicher und zeitlicher Bezugspunkt wird dabei die Situation in der Bundesrepublik

---

[1]   HAHN / STAVINS (1992), S. 466.

[2]   Vgl. Gliederungspunkt III.A.2.4.3.

[3]   Vgl. hierzu Gliederungspunkt III.A.2.4.3.

Deutschland gegen Ende der sechziger, Anfang der siebziger Jahre dieses Jahrhunderts ge-
wählt, als sich die Umweltpolitik zu einer eigenständigen staatlichen Aufgabe entwickelte.
Daran anschließend wird in Gliederungspunkt 3 die Theorie der pfadabhängigen Entwick-
lung von Institutionen zur Erklärung der tatsächlichen Entwicklung des umweltpolitischen
Instrumentariums bis in die Gegenwart herangezogen. Gliederungspunkt 4 analysiert die
Möglichkeiten und Grenzen der Einflußnahme auf den derzeit existierenden institutionellen
Rahmen. In Gliederungspunkt 5 werden zwei konkrete Ansatzpunkte für eine Ausbreitung
marktwirtschaftlicher Instrumente im Umweltschutz vorgestellt. Zum Abschluß werden die
Ergebnisse dieses Kapitels in Gliederungspunkt 6 zusammengefaßt.

1. Einordnung umweltpolitischer Instrumente in die Institutionenhierarchie

Die umweltpolitischen Instrumente sind eindeutig den sekundären, planbaren Institutionen
zuzuordnen und unterliegen somit der Möglichkeit bewußter, menschlicher Gestaltung. Der
Erlaß eines Auflagenprogramms ist genauso Ergebnis menschlichen Gestaltungswillens wie
die Etablierung eines Zertifikatesystems oder der Beschluß über eine zu erhebende Umweltabgabe. Dabei sind diese Instrumente in einem Geflecht darüberliegender fundamentaler
und abgeleiteter, sekundärer Institutionen verankert. Beispielhaft soll dies nachfolgend für
das Auflageninstrument in der Gewässerschutzpolitik dargestellt werden.

Das Wasserhaushaltsgesetz (WHG) bildet den rechtlichen Rahmen für den Gewässerschutz
in Deutschland. Es ist eingebettet in das informelle Rechtsempfinden der Bevölkerung sowie die formalen Regelungen des Grundgesetzes, das gemäß Artikel 75 Ziffer 4 dem Bund
die Rahmengesetzgebung für den Gewässerschutz zuweist. Das WHG enthält allgemeine
Handlungsgrundsätze sowie die Grundzüge des wasserrechtlichen Instrumentariums. Ge-
wässernutzungen bedürfen demnach der ordnungsrechtlichen Erlaubnis oder Bewilligung.[4]
Deren Erteilung ist abhängig von der Einhaltung bestimmter technologischer Anforderungen der Emissionsvermeidung, wie dem „Stand der Technik" für gefährliche Einleitungen
und den weniger strengen „allgemein anerkannten Regeln der Technik" für die übrigen
Einleitungen.[5] Per Rechtsverordnung wird seitens des Bundes festgehalten, für welche
Branchen mit gefährlichen Einleitungen zu rechnen ist.[6] Die Mindestanforderungen zur Erfüllung der technischen Vermeidungsvorschriften sind in bundesseitigen Verwaltungsvorschriften formuliert. Die Umsetzung der Rahmengesetzgebung des Bundes obliegt den Län-

---

4   Vgl. § 2 WHG.

5   Vgl. § 7a WHG.

6   Vgl. ABWASSERHERKUNFTSVERORDNUNG (AbwHerkVO) vom 3. Juli 1987.

dern. Diese führen die obigen Vorschriften in eigene Landeswassergesetze sowie entsprechende Indirekteinleiterverordnungen und Landesverwaltungsvorschriften über. Sie sind
verantwortlich für die Präzisierung der noch allgemein gehaltenen Gesetzesnormen, die
letztendliche Ausstellung von Einleitungsgenehmigungen sowie deren Kontrolle und Sanktionierung.[7] Diese Regelhierarchie ist in Abbildung 18 noch einmal dargestellt.[8]

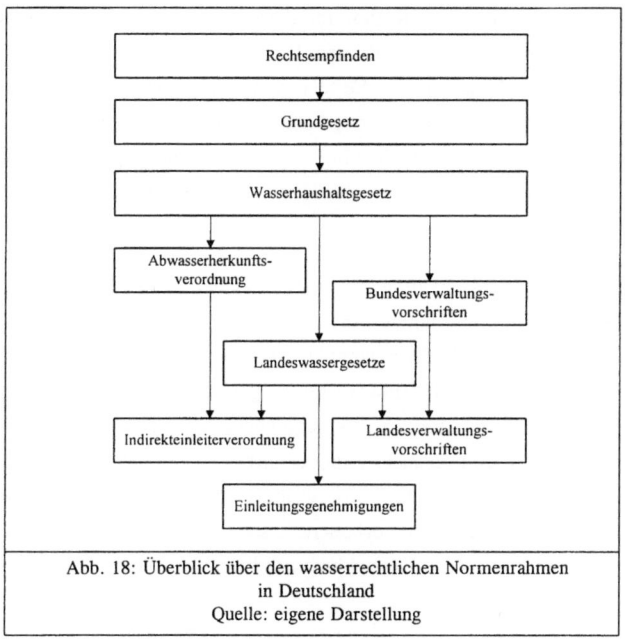

Abb. 18: Überblick über den wasserrechtlichen Normenrahmen
in Deutschland
Quelle: eigene Darstellung

Das Auflageninstrument ist also eingebettet in darüberliegende informelle und formale Institutionen wie das grundlegende Rechtsempfinden der Bevölkerung, das Grundgesetz sowie
die allgemeinen Handlungsgrundsätze des WHG. Es wird selbst auf verschiedenen Rege-
lungsstufen - beginnend mit dem WHG, endend mit der konkreten Einleitungsgenehmigung

---

7   Vgl. auch die Kurzdarstellung in GAWEL / VAN MARK (1993), S. 45 ff. oder VAN MARK / GAWEL /
     EWRINGMANN (1992), S. 73 ff.

8   In der Abbildung wurden nur die wichtigsten rechtlichen Regelungen berücksichtigt. Weitere bundes-
     rechtliche Normen, die auf die landesrechtlichen Bestimmungen einwirken, sind beispielsweise das Ab-
     wasserabgabengesetz (AbwAG), das im Fortlauf dieses Kapitels noch näher erläutert wird, das Wassersi-
     cherstellungsgesetz (WasSG), das Anforderungen an die Wasserwirtschaft für den Verteidigungsfall ent-
     hält, und das Bundeswasserstraßengesetz (WaStrG), das der Regelung des großräumigen Schiffsverkehrs
     dient. Vgl. CZYCHOWSKI / PRÜMM (1989), S. 1 f.

- präzisiert. Neben den in obiger Abbildung aufgeführten Institutionen wirkt zudem die Rechtsprechung auf die formalen Normen, indem sie diese auslegt und konkretisiert.

Die umweltpolitischen Instrumente stellen also abgeleitete, sekundäre Institutionen dar, für deren bewußte Gestaltung Spielräume offenstehen. Die Theorie institutionellen Wandels betont jedoch den Einfluß fundamentaler Institutionen auf die Wirkungsweise menschlich geplanter sekundärer Institutionen. Kollidieren diese miteinander, sind die sekundären Institutionen zum Scheitern verurteilt.[9] Für den Erfolg umweltpolitischer Instrumente ist es somit von Bedeutung, daß sie mit den bestehenden fundamentalen Regeln in einer Gesellschaft harmonieren. Ebenso nehmen innerhalb der Institutionenhierarchie übergeordnete sekundäre Institutionen Einfluß auf die Folgen der Anwendung alternativer Koordinationsmechanismen.[10] Stehen diese einander entgegen, sind instrumentelle Wirkungsbrüche zu erwarten.

Damit erweist sich die Ausgestaltung des institutionellen Rahmens als bedeutsam für die Wirkungsweise und Vorteilhaftigkeit von Auflagen, Abgaben und Zertifikaten. Dieser Rahmen wird im folgenden Gliederungspunkt ausgeleuchtet, um so eventuelle Erklärungsansätze für die Dominanz des Ordnungsrechts zu gewinnen. Die Analyse bezieht sich auf die Situation in der Bundesrepublik Deutschland gegen Ende der sechziger und Anfang der siebziger Jahre. In dieser Zeit entstand eine verstärkte Sensibilisierung der Gesellschaft für Umweltprobleme, die darin mündete, Umweltschutz als eine selbständige politische Aufgabe aufzufassen.[11] Die in diesem Zuge erlassenen, staatlichen Schutzmaßnahmen sind als ein erster, wichtiger Pfeiler auf dem Enwicklungspfad der deutschen Umweltpolitik zu interpretieren.

2. Institutionelle Rahmenbedingungen der Anwendung umweltpolitischer Instrumente

2.1 Fundamentale Institutionen

Für die Umweltpolitik bestehen fundamentale Institutionen in dem Rechtsempfinden und dem Umweltbewußtsein der Gesellschaftsmitglieder.[12] Das Rechts-empfinden umfaßt die Einstellungen der Individuen zur (Un-) Gerechtigkeit juristischer Regelungen. Gesellschaftsmitglieder beurteilen hiernach, ob geschriebenes oder ungeschriebenes Recht mit

---

9   Vgl. Gliederungspunkt III.A.2.4.3 sowie NORTH (1994 b), S. 390; BONUS (1996 a), S. 29 f.

10   Vgl. DIETL (1993), S. 74.

11   Vgl. HARTKOPF / BOHNE (1983), S. 84 f.

12   Vgl. BONUS (1996 a), S. 29.

ihrer Auffassung, ihrem Gefühl von Recht übereinstimmt.[13] Das Umweltbewußtsein ist Ausdruck der Einstellung der Individuen gegenüber Umweltproblemen.[14] Es ist - wie das Rechtsempfinden - Ergebnis eines alltäglichen Kognitions- und Bewertungsvorgangs, in dem die sinnlichen Wahrnehmungen der Individuen zu einem persönlichen Bild von der Umwelt zusammengefügt werden.[15]

Rechtsempfinden wie Umweltbewußtsein verändern sich meist nur sehr langsam[16] und sind Teil subjektiver Modelle[17], die sich die Individuen von ihrer Umwelt machen. Angesichts der höchst komplexen Problemstrukturen, denen sich die Individuen bei der Entscheidung über Umweltprobleme gegenübersehen, ist hier die Annahme rationalen Verhaltens der Gesellschaftsmitglieder nicht aufrecht zu erhalten.[18] Vielmehr urteilen die Individuen aufgrund eigener Modelle, in die eine Vielzahl von Moralvorstellungen und ein eigenes Weltbild eingehen.[19] Diese als Ideologien bezeichneten Modelle haben den Zweck, dem Individuum in einer komplexen Welt Halt und Orientierung zu geben. Ideologien vereinfachen hierzu die undurchsichtigen Zusammenhänge von Ökologie, Ökonomie und Gesellschaft zu begreiflichen Begründungsmustern, aus denen klare Handlungsvorgaben folgen. Die Bilder von der Wirklichkeit können dabei von Individuum zu Individuum höchst unterschiedlich aussehen.[20] So mag ein Atomkraftgegner die Gefahren aus der friedlichen Kernenergienutzung als extrem hoch einschätzen, während ein Befürworter die herrschenden Sicherheitsstandards für ausreichend hält. Ebenso können aber auch große Gruppen von Individuen Ideologien

---

13 Vgl. ZIPPELIUS (1985), S. 13, der allerdings von „Rechtsgefühl" spricht. Vgl. zum Rechtsgefühl auch den Sammelband von LAMPE (1985).

14 Vgl. RAT VON SACHVERSTÄNDIGEN FÜR UMWELTFRAGEN (1996), Tz. 65. Ein hohes Umweltbewußtsein äußert sich in der Bereitschaft von Individuen, unter Inkaufnahme hoher individueller Kosten das Kollektivgut Umwelt zu unterstützen. Ist das Umweltbewußtsein hingegen nur schwach ausgeprägt, sind Individuen kaum bereit, dies zu tun. Vgl. hierzu auch KIRSCH (1991).

15 Vgl. DIERKES / FIETKAU (1988), S. 18 f. Neben den persönlichen sinnlichen Wahrnehmungen und kognitiven Lernprozessen dürfte zudem das kulturelle Erbe eines Individuums auf die Einstellung zu Umweltproblemen wie auch sein Rechtsempfinden erheblichen Einfluß nehmen. Zur Bedeutung des kulturellen Erbes für das Verhalten von Individuen vgl. NORTH (1994 b).

16 Vgl. BONUS (1996 b), S. 5.

17 Vgl. zu diesen subjektiven Modellen der Individuen Gliederungspunkt III.A.2.4.2.2 sowie DENZAU / NORTH (1994).

18 Vgl. BONUS (1985 b), S. 369.

19 Vgl. hierzu sowie im folgenden Gliederungspunkt III.A.2.4.2.2.

20 Vgl. HAHN (1987), S. 324.

miteinander teilen. Die in der deutschen Bevölkerung weit verbreiteten Ängste vor den Folgen der Gentechnik bilden hierfür ein instruktives Beispiel im Bereich der Umweltpolitik.[21]

Die herrschenden Ideologien in einer Gesellschaft sind nun von höchster Bedeutung für den Erfolg beziehungsweise Mißerfolg sekundärer Institutionen. So muß ein Gesetz, das die Anwendung gentechnischer Verfahren in der Wirtschaft in weitem Maße erlaubt, scheitern, wenn hiergegen starke Vorbehalte in der Bevölkerung bestehen. Gleiches gilt natürlich bei Existenz ideologischer Widerstände gegen die Anwendung von Auflagen, Abgaben oder Zertifikaten. Um nun die Hinwendung zum Ordnungsrecht mit Aufnahme der Umweltpolitik in Deutschland als eigenständige Politikaufgabe zu erklären, erscheint es sinnvoll, sich mit den (ideologischen) Einstellungen der verschiedenen umweltpolitischen Akteure zu den alternativen Koordinationsmechanismen zu Ende der sechziger, Anfang der siebziger Jahre auseinanderzusetzen.

Eine nähere Betrachtung der Akteure auf den politischen und wirtschaftlichen Märkten läßt einerseits rational-eigennützige und andererseits ideologische Beweggründe dafür erkennen, daß Auflagen gegenüber marktwirtschaftlichen Alternativen präferiert wurden.

Wirtschaftliche Vorteile aus der Anwendung des Ordnungsrechts zogen insbesondere Bürokraten, Politiker und die betroffenen Emittenten. So schätzt die Umweltbürokratie das ordnungsrechtliche Instrumentarium, das ihr als Genehmigungen aussprechendes, kontrollierendes und mit Ermessensspielraum ausgestattetes Organ eine wichtige Rolle in der Umweltpolitik zuweist. Demgegenüber reduzieren marktwirtschaftliche Instrumente infolge ihrer selbststeuernden Eigenschaften die Kompetenzen der Verwaltung und führen so zu einem dortigen Verlust an Macht und Ansehen.[22] Auch die Politiker präferierten das Ordnungsrecht als ein inputorientiertes Instrumentarium, dessen Durchsetzung sich ihnen gut zurechnen läßt, während Abgaben und Zertifikate - sind sie einmal implementiert - weitaus autonomer arbeiten und somit schlechter einzelnen Politikern zuordbar sind.[23] Selbst die Emittenten, denen man auf den ersten Blick eine Präferenz für marktwirtschaftliche Lösungen zuschreiben würde, da diese einen preiswerteren Umweltschutz ermöglichen, standen diesen Alternativen eher ablehnend gegenüber.[24] Die wichtigsten Gründe hierfür liegen darin, daß bei einer Auflagenpolitik die erlaubte Verschmutzung kostenfrei ist und die wett-

---

21 Vgl. KEPPLINGER (1996); VON STUMPFELDT (1996) und die Beiträge in BARZ / BRINKMANN / EWERS (1995).

22 Vgl. BONUS (1985 b), S. 363 f.; KEMPER (1989), S. 223 f.

23 Vgl. ENDRES (1985 b), S. 101; FREY (1985), S. 135 f.; KABELITZ (1984 b), S. 403.

24 Vgl. FREY (1985), S. 145 f.

bewerbsbeschränkenden Wirkungen des Ordnungsrechts für die bestehenden Unternehmen einen Schutzschild vor weiterer Konkurrenz bedeuten.[25] Diese „Segnungen" des Ordnungsrechts entfallen bei Anwendung von Abgaben- oder Lizenzkonzepten.[26] Zudem besteht insbesondere für wirtschaftlich große Unternehmen die Möglichkeit, in Verhandlungen mit den örtlichen Aufsichtsbehörden Einfluß auf die Schärfe von Umweltauflagen zu nehmen. Nicht zuletzt der Hinweis auf die angebliche Gefährdung von Arbeitsplätzen liefert den Unternehmen gewichtige Argumente in den Verhandlungen, die nicht selten auf verwässerte oder zeitlich aufgeschobene Emissionsvorgaben hinauslaufen.[27]

Diese auf „rent-seeking"-Argumenten aufbauenden Einstellungen von Bürokraten, Politikern und Emittenten können allein jedoch noch nicht die Hinwendung zu dem aus gesamtwirtschaftlicher Sicht ineffizienten Ordnungsrecht begründen, wenn dem eine anders denkende Bevölkerung gegenübersteht. Eine Wählerschaft, die die ökonomischen Vorteile marktwirtschaftlicher Instrumente gegenüber dem Ordnungsrecht erkannt hat, könnte genügend Druck auf die Politiker ausüben. Deren politischer Instinkt geböte ihnen, sich gegen die Gruppeninteressen von Bürokraten und Emittenten durchzusetzen und einen ökonomisch effizienten Umweltschutz zu gewährleisten.[28]

Entscheidend für die Dominanz des Ordnungsrechts ist letztendlich, daß auch die breite Bevölkerung marktwirtschaftlichen Instrumenten mit Ablehnung begegnete. Die Bürger zeigten sich gegenüber der Wirkungsweise von Abgaben und Zertifikaten im Umweltschutz wenig einsichtig.[29] Die Bepreisung der Umwelt wurde von der Bevölkerung als sündhaft und unmoralisch abgelehnt. Insbesondere die Handelbarkeit von Umweltnutzungen wurde als „Ausverkauf von Mutter Natur" empfunden und entsprechend verurteilt.[30] Abgaben besaßen hier bessere Akzeptanzchancen, wenn sie der Bevölkerung als Strafzahlungen für Emittenten begreiflich gemacht wurden.[31] In den frühen siebziger Jahren wurden aber auch

---

25 Vgl. Gliederungspunkt II.B.2.3.4.

26 Von dieser Aussage teilweise auszunehmen sind im Wege des Grandfathering ausgegebene Zertifikate. Für die Anwendung dieser Form von Lizenzen entfällt zwar der wettbewerbliche Schutz der Altemittenten vor Newcomern. Infolge der anfänglichen freien Vergabe der Emissionsrechte entsteht bei den Emittenten aber kein direkter Mittelabfluß bei Emission.

27 Vgl. BONUS (1985 b), S. 364. Dies ist ein wichtiger Grund für das in der Praxis zu beobachtende „Vollzugsdefizit" im umweltpolitischen Ordnungsrecht. Zu den verschiedenen Hintergründen des Vollzugsdefizits in der bundesdeutschen Umweltpolitik vgl. LAHL (1993).

28 Vgl. BONUS (1985 b), S. 366.

29 Vgl. SCHÜRMANN (1978), S. 485 f.; BONUS (1992 d), S. 40.

30 Vgl. BONUS (1994 a), S. 21; ENDRES (1994), S. 165.

31 Vgl. SCHÜRMANN (1978), S. 479 ff.; BONUS (1985 b), S. 367.

sie mit dem Argument abgelehnt, daß die Natur nicht käuflich werden dürfte.[32] Die Wirkungsweise von Auflagen war hingegen intuitiv verständlich: der Umweltverschmutzer, der vorsätzlich die Umwelt zerstört, wird mit strengen Vorschriften konfrontiert. Daß jede Auflage gleichzeitig eine Gratisgenehmigung zur Umweltnutzung impliziert, wurde nicht wahrgenommen.[33]

Soweit diese Einstellungen über einfache Aufklärungsarbeit zur Funktionsweise von Abgaben und Zertifikaten und der Kostspieligkeit von Auflagenlösungen hätten geändert werden können, wäre das Problem relativ leicht zu beheben gewesen. Allerdings zeigt sich, daß die Ansichten eher ideologisch motiviert und somit Teil eines die komplexen Zusammenhänge der Umwelt vereinfachenden Weltbildes waren.[34] Einstellungsänderungen über ausgiebige Informationsarbeit erweisen sich dann als ein in kurzer Frist wenig erfolgreiches Konzept.[35] Ist die Bevorzugung von intuitiv eingängigen Auflagen Teil einer Ideologie,

> „dann wird die Korrektur des Bildes abgewehrt, weil sie die innere Ordnung des Menschen gefährden würde und deshalb Angst auslöst. Der Mensch *will* dann die Realität nicht sehen, und der Wirtschaftspolitiker ist gut beraten, dies in seiner Strategie gebührend zu berücksichtigen."[36]

Aber nicht nur die breite Bevölkerung hegte ideologische Vorbehalte gegenüber marktwirtschaftlichen Lösungen im Umweltschutz. Ebenso dachten und denken auch heute noch Rechts- und Ingenieurswissenschaftler, die mit umweltpolitischen Fragen befaßt sind, in Mustern, die für ökonomische Überlegungen wenig Platz haben. So sind Ingenieure im allgemeinen von der „Magie des technisch Möglichen"[37] fasziniert und erheben ihren Hang zur technologischen Perfektion zur Leitidee ihres Handelns. Dementsprechend sollte auch im Umweltschutz das technologisch Machbare umgesetzt und den einzelnen Emittenten vorgeschrieben werden. Dies findet seinen Niederschlag in einer am Stand der Technik orientierten, mit einzelwirtschaftlichen Auflagen operierenden Umweltpolitik. Daß eine solche, gut gemeinte Strategie aber gerade zur Verschleppung umwelttechnischen Fortschritts und damit zur Behinderung von Umweltpolitik führt, wird nicht erkannt.[38] Für marktwirt-

---

32 Vgl. BONUS (1993 c), S. 364.

33 Vgl. BONUS (1992 d), S. 40.

34 Vgl. BONUS (1985 b), S. 367.

35 Vgl. BONUS (1992 d), S. 40.

36 BONUS (1985 b), S. 371 (Hervorhebung im Original).

37 BONUS (1985 b), S. 368.

38 Vgl. hierzu und zum folgenden BONUS (1984 b) wie auch Gliederungspunkt II.B.2.3.3.

schaftliche Lösungsalternativen, die den Emittenten Freiraum bei der Wahl der Vermeidungstechnologie geben und Anreize zu umwelttechnischem Fortschritt setzen, ist in dieser
Philosophie kein Platz. Gleiches gilt für Juristen, die in Kategorien von Recht und Unrecht
denken und sich traditionell des ordnungsrechtlichen Instrumentariums von Verbot und Erlaubnis bedienen.[39] Sie wie auch Ingenieure von den ökonomischen Mängeln ihrer Einstellung durch einfache Informationsarbeit zu überzeugen, erscheint angesichts der empirischen
Ergebnisse nach bereits zwanzigjähriger öffentlicher Diskussion fruchtlos. Auch heute noch
präferiert die von Ingenieuren und Rechtswissenschaftlern geprägte Verwaltung das ordnungsrechtliche Instrumentarium in der Umweltpolitik.[40]

Angesichts dieser erheblichen - zum einen rational-eigennützigen, zum anderen ideologisch
begründeten - Widerstände gegen die Anwendung marktwirtschaftlicher Instrumente ist es
nicht verwunderlich, daß sich mit Aufnahme einer eigenständigen Umweltpolitik in der
Bundesrepublik das Ordnungsrecht als dominierendes Instrumentarium durchsetzte. Das
Scheitern marktwirtschaftlicher Lösungsstrategien bei der Auswahl des umweltpolitischen
Instrumentariums Anfang der siebziger Jahre erklärt sich jedoch nicht allein aus Inkompa-
tibilitäten dieser Instrumente mit fundamentalen Institutionen. Ebenso war im Bereich sekundärer Institutionen bereits die Tendenz zur Anwendung ordnungsrechtlicher Instrumentarien angelegt.

2.2 Sekundäre Institutionen

Zwar wurde mit dem Umweltprogramm der Bundesregierung von 1971 ein wichtiger Pfeiler in der bundesdeutschen Umweltpolitik markiert, doch bedeutete die Formulierung des
Umweltschutzes als eigenständiges Politikziel nicht, daß damit erstmalig eine rechtliche
Institution in diesem Bereich geschaffen wurde. Umweltrechtliche Regelungen besitzen
vielmehr eine lange, bis ins 19. Jahrhundert zurückgehende Tradition. So waren Kernbe-
stimmungen des heutigen Immissionsschutzrechts bereits Bestandteil der Allgemeinen

---

39 Vgl. auch FREY (1990), S. 143.

40 Vgl. beispielsweise HOLZINGER (1987); SANDHÖVEL (1994), S. 237. FREY, SCHNEIDER und POM-
MEREHNE zeigen in einer Studie auf, daß auch unter Ökonomen ideologische Faktoren zu unterschiedlichen Einschätzungen hinsichtlich der Bevorzugung bestimmter Instrumententypen beitragen: „economists
employed in a university, being theoretically inclined, with an ideology biased to the right, and living in a
market-oriented country ... prefer the use of an effluent tax to individual prescriptions of emissions levels.
On the other hand, economists working in the public sector, with an ideology to the left, and living in a
country with a long tradition of government intervention ... *ceteris paribus* prefer a regulatory approach."
FREY / SCHNEIDER / POMMEREHNE (1985), S. 70.

Preußischen Gewerbeordnung von 1845, während im Gewässerschutz die Rechtswurzeln noch viel weiter in die Vergangenheit reichen.[41]

Die verschiedenen umweltrelevanten Aktivitäten wurden meist an andere staatliche Aufgaben, wie das Gewerbe-, Arbeits-, Bauordnungs- oder Polizeirecht, angegliedert[42] und waren in erster Linie ordnungsrechtlich ausgerichtet.[43] WYSOCKI betont, daß mit dem Aufkommen erster Umweltschutzregelungen zur Zeit des Absolutismus für den herrschenden Stand der Herrschaftstechnik kein anderes Instrument als Ge- und Verbote in Frage kamen.[44] Dieses Instrument konnte im 19. Jahrhundert dann perfektioniert werden, da es gelang, die untere Verwaltungsebene derart auszubauen, daß sie die Durchsetzung und Kontrolle der Auflagen selbst in entlegensten Gebieten des Reiches garantierte.[45] Mit Aufnahme der eigenständigen Umweltpolitik in Deutschland bestanden also schon zum Teil jahrhundertelange Erfahrungen mit dem ordnungsrechtlichen Instrumentarium. Ebenso waren ordnungsrechtliche Strukturen - insbesondere ausgedehnte behördliche Apparate - in langer Zeit gewachsen, so daß Anfang der siebziger Jahre von einer Entscheidungssituation, in der sich Auflagen, Abgaben und Zertifikate in einem offenen Wettbewerb der Institutionen gegenüberstanden, nicht gesprochen werden kann.[46] Vielmehr war der Pfad zu einer extensiveren Anwendung des Ordnungsrechts in den bereits bestehenden sekundären Institutionen vorgezeichnet.

Die Hinwendung zum Ordnungsrecht wurde zudem durch einen „geschicht-lichen Zufall" unterstützt. Die Ökonomie war auf die Lösung ökologischer Probleme nämlich weithin unvorbereitet, als die Öffentlichkeit für diese Fragen empfindsam wurde. Ökonomische Instrumente zur Bewältigung der immensen Umweltprobleme kursierten Ende der sechziger und Anfang der siebziger Jahre noch in der wissenschaftlichen Diskussion. Wichtige Konzepte - wie das Zertifikatinstrument und der Preis-Standard-Ansatz - wurden gerade erst hervorgebracht.[47] Ein politikreifes Rüstzeug für eine marktwirtschaftliche Regulierung von Umweltproblemen konnten die Ökonomen noch nicht vorweisen. Währenddessen kamen dann „ganz andere Denktraditionen ... zum Zuge und haben sich weitgehend durchgesetzt,

---

41 Vgl. HARTKOPF / BOHNE (1983), S. 84 f.

42 Vgl. HARTKOPF / BOHNE (1983), S. 84.

43 Vgl. WYSOCKI (1994), S. 152 ff.

44 Vgl. WYSOCKI (1994), S. 152.

45 Vgl. WYSOCKI (1994), S. 153.

46 Zur ordnungsrechtlichen Tradition öffentlicher Umweltverwaltungen vgl. auch SANDHÖVEL (1994), S. 84 ff.

47 Zur Entwicklung des Zertifikatinstruments vgl. CROCKER (1966) sowie DALES (1968 a) und zum Preis-Standard-Ansatz BAUMOL / OATES (1971).

denen aber ökonomische Kategorien fremd sind. Im wesentlichen haben Juristen und Ingenieure ... (das) Instrumentarium konzipiert."[48]

Neben den fundamentalen Institutionen sprachen somit auch bereits bestehende sekundäre Institutionen für eine Anwendung des Ordnungsrechts in der Umweltpolitik. Angesichts ihrer zum Teil sehr weit in der Geschichte verankerten Wurzeln kann es sogar sein, daß die sekundären Institutionen längst zu fundamentalen Institutionen evolviert sind. Sie haben sich dann verselbständigt und sind Bestandteil einer „Rechtstradition" geworden, deren Änderung allenfalls inkrementell möglich und äußerst schwierig ist.[49] Die Entscheidung für das auflagenrechtliche Instrumentarium erklärt jedoch noch nicht, daß sich dieses Instrumentarium bis in die Gegenwart hinein nicht nur behauptet, sondern sogar in sämtliche Bereiche der Umweltpolitik hinein verästelt hat.[50] Um dies zu erklären, wird im folgenden die Theorie von NORTH zur pfadabhängigen Entwicklung von Institutionen[51] auf die Entwicklung des Auflageninstrumentes angewandt.

3. Pfadabhängige Entwicklung des institutionellen Rahmens

NORTH macht in seiner Theorie institutionellen Wandels darauf aufmerksam, daß der Entwicklungsprozeß institutioneller Ordnungen nicht dazu führen muß, daß sich effiziente gegenüber ineffizienten Institutionen durchsetzen. Vielmehr können zunehmende Erträge von Institutionen sowie die Existenz unvollständiger Märkte eine pfadabhängige Entwicklung des institutionellen Rahmens bewirken, in der sich ineffiziente Regeln als persistent erweisen.[52]

Die Ausbreitung des Ordnungsrechts in der deutschen Umweltpolitik könnte als ein solcher ineffizienter Entwicklungspfad des institutionellen Rahmens begriffen werden. Um dies aufzuzeigen, wird im folgenden überprüft, ob im Bereich der deutschen Umweltpolitik die Kriterien von NORTH für eine pfadabhängige Entwicklung erfüllt sind. Es sind dies,[53] daß (1) die Einführung des Ordnungsrechts positive Rückkopplungen in Form zunehmender

---

48   BONUS (1991), S. 40.

49   Vgl. auch BONUS (1996 b), S. 25.

50   Vgl. hierzu GAWEL (1994 b), S. 16 ff.

51   Vgl. Gliederungspunkt III.A.2.4.2.

52   Vgl. hierzu Gliederungspunkt III.A.2.4.2.

53   Vgl. Gliederungspunkt III.A.2.4.2.

Erträge produzierte, und (2) unvollkommene Märkte ein Fortbestehen ineffizienter Situationen begünstigten.

3.1 Zunehmende Erträge

3.1.1 Hohe spezifische Einrichtungskosten

Wie in Gliederungspunkt III.A.2.4.2.1 dargestellt, kann eine erste Stabilisierung eines einmal eingeschlagenen institutionellen Weges aus hohen spezifischen Kosten der Einrichtung der bestehenden Institution folgen. Mit der Einführung des Ordnungsrechts als grundlegendem Pfeiler der deutschen Umweltpolitik sind nun hohe, spezifische Investitionen verbunden. Auf staatlicher Seite sind zum einen spezifische Investitionen im Zusammenhang mit der Entwicklung und Verabschiedung von Gesetzen und untergesetzlichen Regelwerken anzuführen. Der Gesetzgebungsprozeß umfaßt dabei die Stadien der Ausarbeitung von Problemlösungsvorschlägen im vorparlamentarischen Raum, die formale, parlamentarische Gesetzgebung sowie die nachparlamentarische Konkretisierung der ordnungsrechtlichen Norm in Verordnungen bis hin zu einzelwirtschaftlichen Handlungsvorgaben.[54] Wie VAN MARK anhand der fünften Novelle des Wasserhaushaltsgesetzes (WHG) - in der für Indirekteinleiter die Einhaltung des Standes der Technik vorgeschrieben wird - zeigt, kann sich dieser Prozeß über mehrere Jahre hinziehen und zu vielfältigen Änderungen und Anpassungen in bestehenden Regelwerken führen.[55] Diese Investitionen sind spezifischer Natur, da die Umsetzung marktwirtschaftlicher Instrumente ganz anderer rechtlicher Regelungen bedarf als ordnungsrechtliche Normen. So erübrigt sich bei marktwirtschaftlichen Instrumenten beispielsweise die Vorgabe eines Standes der Technik. Zudem sind bei Abgaben und Zertifikaten keine einzelwirtschaftlichen Handlungsanweisungen, sondern allein für alle Normadressaten gültige Regelvorgaben zu formulieren.

Neben den Investitionen in rechtliche Regelwerke investiert der Staat zudem spezifisch in den Aufbau einer Bürokratie, die die mit Implementation des Ordnungsrechts anfallenden staatlichen Aufgaben erfüllt. So wie sich die rechtlichen Regelungen je nach Art des verwendeten Instrumentes unterscheiden, so ergeben sich auch instrumentenspezifische Aufgabenbereiche für die Umweltbehörden. Die Anwendung des Auflageninstrumentariums bedarf beispielsweise eines Behördenapparates, der die Fortschreibung des technischen Fortschritts verfolgt, einzelwirtschaftliche Emissions- oder Technologievorgaben ausspricht und deren Einhaltung überwacht. Hierzu sind Beamte entsprechend auszubilden und im Umgang

---

54 Zu den Phasen des Gesetzgebungsprozesses vgl. auch VAN MARK (1994), S. 16 ff.

55 Vgl. VAN MARK (1994), S. 29 - 37.

mit eingeräumtem Ermessen zu schulen. Zur Fortschreibung des technischen Fortschritts ist die Rolle der Technischen Überwachungsvereine (TÜV) sowie der Berufsverbände (z.B. des VDI) zu betonen und deren Wissen nutzbar zu machen.[56]

Diese im Rahmen ordnungsrechtlicher Regelungen entwickelten Fähigkeiten und Kenntnisse verlieren hingegen an Wert, wenn alternativ Abgaben- oder Zertifikatlösungen angewendet werden. Hier bedarf es weder mit Ermessen ausgestatteter Bürokraten noch einer staatlichen Forcierung des Standes der Technik. Vielmehr werden an die Behörden vielfältig andere Anforderungen gestellt. Im Abgabenfall müssen die Behörden beispielsweise Abgabenbescheide erstellen und die Abführung der Zahlungssummen überwachen. Damit wechselt zudem ein erheblicher Aufgabenbereich von der traditionellen Umwelt- zur Finanzverwaltung.[57] Mit der Abkehr von Auflagen und der Hinwendung zu Abgaben ist somit auch eine Reorganisation innerhalb bestehender bürokratischer Strukturen verbunden.[58] In Zertifikatsystemen fällt den Behörden die Aufgabe zu, einen homogenen Marktablauf zu gewährleisten und gegebenenfalls gegen wettbewerbsverzerrendes Verhalten vorzugehen. Auch hier fallen neue Tätigkeitsfelder an, die ihrem Charakter nach besser von anderen staatlichen Institutionen (wie z.B. dem Kartellamt) als durch die bestehende Umweltverwaltung wahrgenommen werden.

Mit Einführung des Ordnungsrechts, der Umsetzung entsprechender rechtlicher Regeln wie auch des Aufbaus eines adäquaten Behördenapparates, investiert der Staat somit spezifisch in das Auflageninstrumentarium. Diese Einrichtungskosten sind in hohem Maße „sunk", wenn das Instrumentarium zugunsten marktwirtschaftlicher Regelungsalternativen geändert wird, und wirken so stabilisierend auf das bestehende ordnungsrechtliche Regelwerk.

Institutionen prägen das Marktgeschehen, indem sie bestimmte Verhaltensweisen begünstigen und andere benachteiligen. Die privaten Akteure passen sich an die von den Institutionen ausgehenden Anreize an und tätigen gewinnversprechende Investitionen. Werfen diese Investitionen, die im Vertrauen auf den Fortbestand einer bestimmten Institution vorgenommen wurden, unter einem geänderten institutionellen Rahmen geringere Erträge ab, so sind sie spezifisch auf den bestehenden Rahmen ausgerichtet.[59] Die Ressourcen sind mit Änderung der herrschenden institutionellen Regeln nur unter Verlust weiter zu verwenden.

---

56 Vgl. MAYNTZ (1990), S. 149.

57 Vgl. BENKERT (1994), S. 53.

58 Vgl. auch HORBACH (1992), S. 214, der von sehr hohen „Transaktionskosten der Umorganisation" von Vollzugsbehörden spricht.

59 Vgl. auch KIWIT / VOIGT (1995), S. 131.

Hohe spezifische Investitionen privater Akteure in einen bestehenden Ordnungsrahmen unterstützen dann - wie spezifische Investitionen des Staates - dessen Fortbestand.

Ebenso wie der Staat investieren auch private Akteure spezifisch in die Institution des Ordnungsrechts. So arbeiten sich beispielsweise Umweltjuristen in die neuen rechtlichen Regelwerke ein, und Ingenieure klopfen das Recht auf Konsequenzen für die technische Seite des Umweltschutzes hin ab. Spezialisierte Umweltabteilungen werden bei großen Unternehmen eingerichtet, die sich um die Einhaltung komplizierter ordnungsrechtlicher Normvorgaben und die Erstellung detaillierter Expertisen zur Abwendung strikter Auflagen kümmern. Das dabei erworbene Humankapital ist hoch spezifisch, da bei Anwendung alternativer marktwirtschaftlicher Instrumente schlicht Wege zur optimalen Anpassung an Knappheitspreise gesucht werden.[60] Es bedarf keiner umfangreichen Gutachten mehr, die die angebliche technische Undurchführbarkeit und rechtliche Unzulässigkeit von Vermeidungsvorgaben belegen. Maßnahmen zur Emissionsreduktion werden allein danach beurteilt, ob sie teurer oder billiger als die Abgabenzahlung beziehungsweise der Zertifikatkauf sind. Das zur Anpassung an das bestehende Ordnungsrecht erworbene Know-how würde mit Wechsel des Instrumentariums folglich in hohem Maße entwertet.[61]

Schließlich richten Emittenten ihre Investitionsvorhaben an den rechtlichen Vorgaben aus. Diese Investitionen sind - wie in Gliederungspunkt III.B.3.2.1 ausgeführt wurde - weitgehend irreversibel. Diskutierte Änderungen des umweltpolitischen Instrumentariums nähren dann Befürchtungen auf seiten der Emittenten, daß investiertes Sachkapital nach einer erfolgten Reform nur noch unter Verlust weiter zu verwenden ist.[62] Damit plädieren diese Akteure eher für die Fortsetzung einer auflagenorientierten Umweltpolitik.

Somit unterstreichen hohe spezifische Investitionen des Staates in die Einrichtung eines umweltpolitischen Koordinationsmechanismus wie auch spezifische Investitionen der Emittenten in Anpassung an die implementierten Regeln bereits einen „lock-in" Effekt zugunsten des erstangewendeten Ordnungsrechts.

---

60   Vgl. BONUS (1992 d), S. 38.

61   Vgl. BONUS (1986 a), S. 381.

62   Allerdings sind solche Verluste von Quasirenten nicht zwingend. So kann beispielsweise eine Zertifikatlösung im Wege der freien Vergabe eingeführt werden, so daß kein Emittent befürchten muß, den Betrieb seiner Anlagen nicht fortführen zu können. Vgl. hierzu Gliederungspunkt III.B.5.2.1.

3.1.2 Lerneffekte

Lerneffekte stellen sich ein, wenn im Wege von „learning-by-doing" Kostensenkungen im Umgang mit Institutionen realisiert werden können. Sind diese Lerneffekte allein spezifisch in bezug auf die bestehenden Normen verwendbar, bedeutet dies eine weitere Stabilisierung des existierenden institutionellen Rahmens.[63]

Kosteneinsparungen im Umgang mit ordnungsrechtlichen Regelungen ergeben sich aus Erfahrungslernen der Akteure. So finden sich Emittenten mit der Zeit immer besser in dem ordnungsrechtlichen Normengeflecht zurecht und kennen die mit Auflagenregelungen verbundenen „Spielregeln". Das mit Einrichtung der Institution aufgebaute Humankapital wird verfeinert. Idiosynkratisches Wissen in Form von Erfahrung und Fingerspitzengefühl wird aufgebaut, so daß bestehende Regeln leichter zu handhaben sind. Die im Wege von „learning-by-doing" gesammelten Erfahrungen sind zudem gut auf neue Regelungen übertragbar, die dem gleichen ordnungsrechtlichen „Spielmuster" gehorchen. Demgegenüber besitzen bisher nicht angewandte marktwirtschaftliche Instrumente unbekannte, neue „Spielmuster", auf die die bisher erworbenen Lernerfolge nicht direkt Verwendung finden.

So verweist HOLZINGER darauf, daß die Emittenten im Umgang mit Auflagenregelungen ein spezifisches Wissen erworben haben, welche Strategien zur Aufweichung einzelwirtschaftlicher Handlungsanweisungen bestehen und wie diese am besten verfolgt werden.[64] Die Chancen und Wege für Ausweichmöglichkeiten sind ausgelotet und können als Erfahrungsgrundlage für wieder anstehende Verhandlungen im Rahmen neuer ordnungsrechtlicher Vorgaben genutzt werden. Diese Erfahrungen wurden für Abgaben- oder Zertifikatsysteme noch nicht gesammelt. Die Möglichkeiten der Einflußnahme auf die Gesetzesentwicklung wie auch den nachfolgenden Vollzug sind unklar.[65] Insbesondere sind die bei Auflagenlösungen im Verhandlungsprozeß mit den Behörden erworbenen Kenntnisse kaum nutzbar, da solche Freiräume für ein untergesetzliches „bargaining" zwischen Emittent und Bürokratie bei marktwirtschaftlichen Instrumenten nicht bestehen.

Auch auf seiten der Umweltbürokratie sind Erfahrungen im Wege von „learning-by-doing" zu verzeichnen. Das Ordnungsrecht ist inzwischen „für die Verwaltung ein sehr vertrautes und vielfach erprobtes Instrumentarium."[66] Das dabei aufgebaute Erfahrungswissen - bei-

---

63 Vgl. Gliederungspunkt III.A.2.4.2.1.

64 Vgl. HOLZINGER (1987), S. 363 f.

65 Vgl. HOLZINGER (1987), S. 364.

66 HOLZINGER (1987), S. 382.

spielsweise der Umgang mit eingeräumtem Ermessen als Druckmittel gegenüber den Emittenten - dürfte mit Übergang zu marktwirtschaftlichen Lösungen kaum weiter verwendbar sein und damit erheblichen Wertverlusten unterliegen. Ebenso stellt MICHAELIS fest:

> „Die in langjähriger Tätigkeit erworbene Erfahrung und Sachkenntnis im Umgang mit ordnungsrechtlichen Regelungen stellt für die betreffenden Behörden und ihre Mitarbeiter ein 'Kapitalgut' dar, das durch den Übergang zu einem anderen instrumentellen Regime abrupt entwertet würde. Diese Argumentation trifft in besonders starkem Maße auf den Übergang zu marktwirtschaftlichen Lenkungsmechanismen zu, denn das Personal der betreffenden Behörden besteht in erster Linie aus Juristen, Naturwissenschaftlern und Technikern, die mit ökonomischen Wirkungszusammenhängen häufig nur wenig vertraut sind."[67]

Erfahrungen von Emittenten und Bürokratie im Umgang mit auflagenrechtlichen Regelungen im Umweltschutz dürften somit eine pfadabhängige Entwicklung zugunsten einer weiteren Bevorzugung des Ordnungsrechts bei Neuentscheidungen über das umweltpolitische Instrumentarium unterstützen.

Lerneffekte im Umgang mit dem ordnungsrechtlichen Rahmen lassen es für beide Akteursgruppen zudem vorteilhaft erscheinen, die Investitionen in „rent-seeking" Aktivitäten zu verstärken, da hier wesentliche Erträge zu erwarten sind. Produktivitätssteigernde Investitionen werden hingegen meist nicht angereizt, sondern vielmehr mit ökonomischen Nachteilen belegt. So lohnt sich für einen Emittenten in den meisten Fällen die Entwicklung umwelttechnischer Neuerungen nicht, da der verbesserte Umweltschutz rasch zum „Stand der Technik" erhoben und damit dessen Einsatz verbindlich vorgeschrieben werden kann.[68] Ebenso ist die Umweltbürokratie kaum an einem transaktionskostensenkenden Ablauf der Emissionsrechtsvergabe interessiert, da dies eine Verminderung ihres eigenen Aufgabenbereiches impliziert. Vielmehr präferiert sie für Außenstehende komplexe Regelungen, deren Gestaltung und Vollzug ohne eine einflußreiche Verwaltung nicht vorstellbar sind.[69] Folglich werden Aktivitäten forciert, die aus volkswirtschaftlicher Sicht nicht die Effizienz erhöhen, sondern redistributive Zwecke zum Inhalt haben: Großemittenten verstärken ihre Investitionen in das Humankapital spezialisierter Umweltabteilungen, die sich allein mit den rechtlichen Möglichkeiten der Umgehung ordnungsrechtlicher Vorgaben beschäftigen. Die Strategien umfassen dabei direkte Interaktionen mit der Umweltbehörde, wie Verhandlun-

---

67   MICHAELIS (1996 b), S. 97.

68   Vgl. Gliederungspunkt II.B.2.3.3.

69   Vgl. auch WECK-HANNEMANN (1994), S. 110.

gen, den Gerichtsweg als auch Bestechungen, sowie indirekte Einflußnahmen über politische Gremien, Verbände, Medien oder andere Behörden.[70] Ebenso sind die befaßten Bürokraten weniger an einem effizienten Umweltschutz interessiert, als vielmehr daran, ihre eigene Ziele zu verfolgen. Hierzu sind oftmals Investitionen in den Aufbau guter persönlicher Beziehungen zu den Normadressaten sinnvoller als ein eventuell konfliktschürendes, hartes Durchgreifen bei der Auflagenumsetzung.[71]

Die auf die Erzielung redistributiver Renten ausgerichteten Investitionen in Humankapital sind natürlich nur von begrenztem Wert, wenn das Instrumentarium zugunsten von Abgaben oder Zertifikaten geändert wird, deren Anreize auf produktivitätsorientierte Erträge zielen. Die im ordnungsrechtlichen Rahmen erworbenen Lerneffekte würden in hohem Maße entwertet. Diese Quasirenten stehen einem Instrumentenwechsel entgegen und legen eine Fortführung des eingeschlagenen institutionellen Pfades nahe.

3.1.3 Koordinationseffekte und adaptive Erwartungen

Ebenso können Koordinationseffekte in Form von Netzwerkexternalitäten und adaptive Erwartungen bei der Stabilisierung einer bestehenden Institution eine Rolle spielen.[72] Koordinationseffekte sind jedoch nicht direkt ursächlich für eine pfadabhängige Entwicklung des umweltpolitischen Instrumentariums. Vorteile der Befolgung des Ordnungsrechts ergeben sich für den einzelnen Emittenten nämlich nicht aus einer zunehmenden Anzahl anderer Emittenten, die die Vorgaben einhalten. Vielmehr wird die Normeinhaltung durch die staatliche Sanktionierung angereizt, die ein Regelbruch nach sich zieht.[73] Allerdings spielen Koordinationseffekte wie auch adaptive Erwartungen eine indirekte Rolle bei der Stabilisierung des auflagenrechtlichen Entwicklungspfades in der Umweltpolitik. Insbesondere können bestehende formale Regeln vielfältige informelle Regeln entstehen lassen, die wiederum Einfluß auf die formgebundenen Beschränkungen nehmen.[74]

So hat sich mit Anwendung des Ordnungsrechts die informelle Institution des „Schweigekartells der Oberingenieure"[75] herausgebildet. Die formale Regel des „Standes der Technik"

---

70 Vgl. hierzu HORBACH (1992), S. 188 ff.

71 Vgl. LAHL (1993), S. 252 f.

72 Vgl. Gliederungspunkt III.A.2.4.2.1.

73 Vgl. allgemein zur Irrelevanz von Netzwerkexternalitäten bei Regeln, die sich auf eine Überwachung durch das staatliche Gewaltmonopol stützen, KIWIT / VOIGT (1995), S. 133.

74 Vgl. NORTH (1990), S. 95.

75 Dieser Ausdruck wurde von JOSEF DREYHAUPT geprägt. Vgl. BONUS (1984 b), S. 338.

signalisiert den Emittenten, daß umwelttechnische Innovationen zur ordnungsrechtlichen Vorschrift erhoben werden können. Dem Nachteil, die zum neuen Technologiestandard erhobene Neuerung auch an eigenen Anlagen installieren zu müssen, wo sich dies betriebswirtschaftlich nicht rechnet, steht der Vorteil einer raschen bundesweiten Diffusion der Technologie gegenüber. Darüber könnten in einigen wenigen Fällen in kurzer Frist große Pioniergewinne erwirtschaftet werden.[76] Die Normadressaten scheinen jedoch im Wege adaptiver Erwartungsbildung ein Klima untereinander abgestimmten, kooperativen Verhaltens geschaffen zu haben, demzufolge umwelttechnische Innovationen nicht veröffentlicht werden, sondern in unternehmensinternen Kanälen verbleiben. Mit jeder neuen Rückhaltung von Innovationen werden hier redistributive Koordinationseffekte realisiert: Ein weiterer Beitritt zum umwelttechnischen Stagnationskartell führt zu erhöhten Nutzen (in Form gesparter Kosten der Verschärfung der individuellen Auflagen) bei den anderen Emittenten. Verstöße gegen diese Verhaltensregel, die bei erster Betrachtung individuell rational erscheinen mögen,[77] finden kaum statt. Vielmehr werden umwelttechnische Neuerungen meist erst in Antwort auf verschärfte Anforderungen des Gesetzgebers entwickelt.[78] Gründe hierfür könnten darin zu finden sein, daß die Verhaltensregel zum einen von den Emittenten derart internalisiert worden ist, daß sie Teil ihrer Grundüberzeugungen wurde. Die Regel wird dann als Bestandteil eines Verhaltenskodex nicht in Frage gestellt. Zum anderen wird in der Praxis von Verfahrensweisen berichtet, wie die betroffene Industrie auf potentielle Innovatoren zugeht, um sie zu einer Rückhaltung umwelttechnischer Neuerungen zu bewegen.[79]

Die Herausbildung der informellen Institution des Schweigekartells führte zudem zu Rückwirkungen auf das formale, ordnungsrechtliche Regelwerk, als die Forcierung des technischen Fortschritts immer mehr der Bürokratie zufiel.[80] Während die Umweltverwaltung so ihren Kompetenzbereich ausweiten konnte, blieben die Emittenten von überzogenen ökolo-

---

76 Vgl. MICHAELIS (1996 b), S. 50. In den meisten Fällen lohnt sich die Entwicklung umwelttechnischen Fortschritts für den Emittenten nicht, da die Erhebung einer Innovation zum „Stand der Technik" mit erheblichen Unsicherheiten sowie langen und kostenintensiven Testphasen verbunden ist. Zu den zeitraubenden Verfahrensschritten bis zur Festlegung des Standes der Technik vgl. ENDRES (1994), S. 134 f.

77 Die individuelle Rationalität des Verstoßes ergibt sich aus dem Kalkül des Trittbrettfahrens: Während die anderen Individuen die Regel beachten und ihre Innovationen zurückhalten, streicht das betrachtete Individuum die damit verbundenen Nutzen (in Form gesparter Emissionsvermeidungskosten infolge verschärfter Auflagen) ein, beteiligt sich aber nicht an den Kosten (in Form eigener, entgangener Pioniergewinne aus möglichen Innovationen) zur Erstellung des öffentlichen Gutes.

78 Vgl. BECHER u.a. (1990), S. 110 f.

79 Zu zwei Beispielen vgl. MICHAELIS (1996 b), S. 49, Anmerkung 37 und BONUS (1984 a), S. 106 f.

80 Vgl. KEMPER (1989), S. 163 f.

gischen Zielen unbehelligt.[81] Emittenten wie auch die Umweltbürokratie profitierten somit von der Fortführung des eingeschlagenen ordnungsrechtlichen Pfades in der Umweltpolitik.

3.2 Unvollkommene Märkte

Ist der Pfad zugunsten der Anwendung eines ordnungsrechtlichen Instrumentariums einmal beschritten, so bestätigen hohe spezifische Einrichtungskosten des Koordinationsmechanismus, Lernprozesse von Organisationen sowie Koordinationseffekte und adaptive Erwartungen die Richtigkeit des eingeschlagenen Weges. Die Einrichtung und Nutzung des auflagenrechtlichen Instrumentariums setzt somit sich selbst verstärkende Mechanismen in Gang, die zu einer Stabilisierung der existierenden institutionellen Regel führen. Zunehmende Erträge nehmen somit Einfluß auf die langfristige Entwicklung des umweltpolitischen Instrumentariums. NORTH betont jedoch, daß diese zunehmenden Erträge allein einen langfristig ineffizienten institutionellen Wandel nicht erklären können.[82] Eine weitere Bedingung hierfür sind durch signifikante Transaktionskosten und nur unvollständige Informationsrückkopplung gekennzeichnete unvollkommene Märkte. In einer solchen intransparenten Welt können sich falsche Ideologien entwickeln, die ineffiziente Entwicklungspfade auf lange Frist unterstützen.[83]

Hohe Transaktionskosten und ein nur fragmentarisches Feedback von Informationen sind nun für den politischen Markt kennzeichnend, auf dem die Instrumente der Umweltpolitik „gehandelt" werden. Zum einen sind die Wähler nur unvollkommen über die Wirkungsweise alternativer Instrumente informiert. So ist beispielsweise die Funktionsweise des Zertifikatinstrumentes der Öffentlichkeit nur in Teilen bekannt.[84] Zum anderen verhindern tief sitzende emotionale Widerstände in der Bevölkerung gegen marktwirtschaftliche Instrumente, daß unrichtige Modelle über die Wirkungsweise dieser Instrumente umgehend korrigiert werden.[85] Ideologische Vorbehalte stehen somit einer Korrektur des institutionellen Entwicklungspfades entgegen.

---

81 Vgl. ENDRES (1994), S. 135.

82 Vgl. NORTH (1990), S. 95.

83 Vgl. Gliederungspunkt III.A.2.4.2.2.

84 Vgl. HOLZINGER (1987), S. 272. Einer Untersuchung aus dem Jahr 1984 zufolge ist die Zertifikatlösung selbst bei nahezu 60 % der Unternehmen unbekannt. Vgl. HOLZINGER (1987), S. 351.

85 Vgl. BONUS (1985 b), S. 367. Zu den Vorbehalten von Nichtökonomen gegenüber dem Preissystem vgl. auch FREY (1990) S. 139 ff.

Die Politiker orientieren ihre instrumentellen Präferenzen an den Chancen der Wiederwahl sowie eigenen ideologischen Einstellungen.[86] Die Präferenzen der Wähler für Auflagen sowie die Möglichkeiten, die Durchsetzung einer ordnungsrechtlichen Maßnahme im politischen Marketing als persönlichen Erfolg zu verbuchen, legen auch bei Politikern die Anwendung des Ordnungsrechts in der Umweltpolitik nahe. Genügen ordnungsrechtliche Maßnahmen auf der einen Seite in hohem Maße der Anforderung, die Aktivität der Regierung im Umweltschutz zu demonstrieren, so versinken die Kosten des Umweltschutzes auf der anderen Seite im Nebulösen.[87] Die Informationsrückkopplung der politischen und wirtschaftlichen Märkte über die Kosten des im Wege von Auflagen resultierenden Umweltschutzes ist ungenügend. Während bei Umweltabgaben und -zertifikaten die Kosten des Umweltschutzes in Höhe des gesetzten politischen Preises beziehungsweise im Marktpreis klar hervortreten, besteht ein solcher Mechanismus für Auflagen nicht.[88] Der Regierung sind so zwar die Nutzen, nicht aber die Kosten des Umweltschutzes direkt zuzurechnen. Zwar beklagen die Unternehmen vielfach die zu strengen ordnungsrechtlichen Umweltschutzanforderungen und geben hierüber ein indirektes Feedback. Die Beschwerden der Emittenten werden aber nur selten zur Forderung nach marktwirtschaftlichen Instrumenten genutzt.[89] Aus ihrer Sicht sind mit Verhandlungsspielraum ausgestattete Auflagenlösungen gegenüber Abgaben und Zertifikaten oftmals vorzuziehen.

Der Bürger erhält zwar letzten Endes die „Rechnung" für den überteuren Umweltschutz, insofern als die Unternehmen ihre Umweltschutzaufwendungen auf die Preise zu überwälzen versuchen. Doch ist es ihm im Wege dieser Informationsrückkopplung nicht möglich, die Ineffizienzen des Ordnungsrechts in den Preisen zu separieren. Vielmehr verfällt er der „Finanzierungsillusion".[90] Während bei marktwirtschaftlichen Instrumenten die Kosten des Umweltschutzes offenbar werden, scheint er von den Kosten einer auflagengestützten Umweltpolitik nicht getroffen zu werden.

---

86 Vgl. HOLZINGER (1987), S. 260.

87 Vgl. WECK-HANNEMANN (1994), S. 109.

88 Vgl. hierzu GAWEL (1995 a), S. 73 f.

89 Nach einer von HOLZINGER (1987), S. 355 ff. zitierten Studie sind über 77 % der befragten Unternehmer davon überzeugt, daß die bestehende, ordnungsrechtlich ausgerichtete Umweltpolitik nicht grundlegend geändert werden muß. Während Abgaben und Zertifikate in der Präferenz der Unternehmer weit abgeschlagen am unteren Ende eines Instrumentenkataloges landen, werden neben Auflagen allein Subventionen in hohem Maße befürwortet. Vgl. HOLZINGER (1987), S. 356. In jüngster Zeit gewinnt zudem das Instrument der „freiwilligen Selbstverpflichtungen" in der Wirtschaft an Beliebtheit. Vgl. BUNDESVERBAND DER DEUTSCHEN INDUSTRIE (1995), S. 6 und HOLZHEY / TEGNER (1996).

90 Vgl. BENKERT (1994), S. 56.

Somit bestehen auch langfristig gute Bedingungen für die Fortentwicklung des ordnungsrechtlichen Instrumentariums. Der Wettbewerbsdruck zur Realisierung effizienter Maßnahmen im Umweltschutz funktioniert aufgrund ideologischer Einstellungen der Wähler sowie
unvollkommener Informationsrückkopplung nur ungenügend. Ordnungsrechtliche Maßnahmen, die in einer neoklassischen Welt ausselektiert würden, können sich so auch in langer
Frist ausbreiten und persistieren.

4. Möglichkeiten und Grenzen der Einflußnahme auf den institutionellen Rahmen

4.1 Fundamentale Institutionen

Die in der Regel nur evolvierende, langsame Änderung fundamentaler Institutionen bedeutet, daß das Rechtsempfinden und Umweltbewußtsein der Gesellschaftsmitglieder in kurzer
Frist als Datum aufzufassen sind.[91] In langer Frist könnte hierauf jedoch sehr wohl Einfluß
genommen werden.[92] Von hoher Bedeutung ist in diesem Zusammenhang die gesellschaftliche Bildung, die zu einem großen Teil der Schaffung eines Wertesystems dient.[93] Das Bil-
dungssystem könnte als ein Träger zur Veränderung des bestehenden Wertesystems der
Gesellschaft genutzt werden.[94] Ziel einer solchen Veränderung des Wertesystems könnte die
Vermittlung eines „Sustainability-Ethos" sein, wie es der RAT VON SACHVERSTÄNDIGEN
FÜR UMWELTFRAGEN vorschlägt.[95] Dieses Ethos setzt an der Vermittlung neuer Einsichten
und Kenntnisse in die komplexe Vernetzung der Kulturwelt mit der Natur an, um so den
Menschen neue Einstellungen und Werthaltungen zu vermitteln, die einen nachhaltigen
Umgang mit der Umwelt ermöglichen.[96]

Ideologien, neue Ideen können sich ohne geistige Vorreiter entwickeln. Doch stellt dies
nach NORTH die Ausnahme dar.[97] Vielmehr ist davon auszugehen, daß es in der Mehrzahl
der Fälle ideologische Führer gibt, die NORTH als „intellectual entrepreneurs of ideology"

---

91 So stellt auch der RAT VON SACHVERSTÄNDIGEN FÜR UMWELTFRAGEN (1996), Tz. 65 fest, „daß sich an
    der Einstellung der Bevökerung gegenüber Umweltfragen auch über einen längeren Zeitraum wenig än-
    dert. (...) Wesentliche Veränderungen in den Normbildungen und in den Handlungsrationalitäten vollzie-
    hen sich im Generationenwechsel." Zur Evolution von Institutionen zur Bewältigung von Umweltpro-
    blemen vgl. auch EWERS / HASSEL (1996 b), S. 65 ff.
92 Vgl. Gliederungspunkt III.A.2.4.3.
93 Vgl. NORTH (1981), S. 54.
94 Vgl. auch WESTHOLM (1996).
95 Vgl. hierzu RAT VON SACHVERSTÄNDIGEN FÜR UMWELTFRAGEN (1996), Tz. 14.
96 Vgl. RAT VON SACHVERSTÄNDIGEN FÜR UMWELTFRAGEN (1994), Tz. 404 f.
97 Vgl. NORTH (1981), S. 51.

bezeichnet.[98] Dabei müssen dies nicht Einzelpersonen sein. Ebenso können Organisationen diese Funktion übernehmen. Der RAT VON SACHVERSTÄNDIGEN FÜR UMWELTFRAGEN erhofft sich in dieser Hinsicht vor allem Impulse von vier gesellschaftlichen Expertengruppen:[99] (1) den „Experten in der Sache", wie Wissenschaftlern und Technikern, (2) den „Experten der Vermittlung", worunter Medienfachleute und Pädagogen fallen, (3) den „Experten aus Engagement", z.B. Umweltverbände, Kirchen sowie Bürgerinitiativen, und (4) den „Experten des Gemeinwohls", mit denen Politiker und Bürokraten gemeint sind.

Obwohl es die oben angeführten Ansatzpunkte für eine Einflußnahme auf den Wandel fundamentaler Institutionen gibt, so muß doch betont werden, daß eine zielgenaue Steuerung des institutionellen Wandels nicht möglich ist.[100] Die Entwicklung des Rechtsempfindens und Umweltbewußtseins einer Gesellschaft unterliegt so vielen Einflüssen, daß die rationale Gestaltung eines gesellschaftlichen Wertesystems scheitern muß. Somit bleibt festzuhalten, daß die fundamentalen Institutionen in der Umweltpolitik einen Unsicherheitsfaktor beim Gelingen der Beeinflussung sekundärer Institutionen darstellen, die einen institutionellen Wandel auf ineffiziente Entwicklungspfade bringen oder den Wandel blockieren können.

Ungeachtet dieses ernüchternden Urteils hinsichtlich der Planbarkeit fundamentaler umweltpolitischer Institutionen sind in der Realität Anzeichen dafür zu erkennen, daß sich Umweltbewußtsein und Rechtsempfinden in Deutschland in eine Richtung bewegen, die aus Sicht eines Mentors einer am Leitbild des Sustainable Development orientierten Umweltpolitik zu begrüßen sind. Zwar ist die deutsche Gesellschaft noch weit davon entfernt, die Ideen einer dauerhaft-umweltgerechten Entwicklung in ihr Wertesystem aufgenommen zu haben;[101] doch ist es in der bereits über 25 Jahre dauernden Debatte um das umweltpolitische Instrumentarium inzwischen zu Einstellungsänderungen in der Bevölkerung gekommen. Vor dem Hintergrund, daß eine auflagenorientierte Umweltpolitik zur Realisierung gesetzter Umweltstandards exorbitant hohe Kosten und ein gewaltiges Vollzugsdefizit aufwirft, wird das ideologische Bild von der Wirkungsweise des Ordnungsrechts in der Öffentlichkeit erschüttert.[102] Zwischen den mentalen Modellen zur Erklärung der Funktionsweise von Ge- und Verboten und der tatsächlichen Erfahrung, die sich in seiten der Bürger

---

98   Vgl. NORTH (1981), S. 51.

99   Vgl. RAT VON SACHVERSTÄNDIGEN FÜR UMWELTFRAGEN (1994), Tz. 381.

100 Vgl. Gliederungspunkt III.A.2.4.3.

101 Vgl. RAT VON SACHVERSTÄNDIGEN FÜR UMWELTFRAGEN (1996), Tz. 71 f. Zu Ansätzen eines „Paradigmenwechsels" hin zu einer langfristig tragbaren Produktions- und Konsumweise vgl. JÄNICKE (1989), S. 91 f.

102 JÄNICKE (1989) spricht gar von einer „Krise des umweltpolitischen Staatsinterventionismus".

kaum mehr akzeptierten Abfall-[103] und Abwassergebühren[104] sowie unternehmensseitigen Klagen um den Standort Deutschland niederschlägt,[105] besteht eine hohe Diskrepanz. Zugleich hat insbesondere das Abgabeninstrument in der Öffentlichkeit an Akzeptanz gewonnen. Dies ist zum einen auf eine jahrelange Informationsarbeit zur Wirkungsweise dieses Instrumentes zurückzuführen. Zum anderen findet die Umweltabgabe inzwischen einen Zugang zu den mentalen Modellen der Bürger. Sie wird nicht mehr als Instrument aufgenommen, das Emittenten einen „Ablaßhandel für ökologische Sünden" erlaubt, sondern vielmehr positiv als „Strafsteuer" für den Umweltverschmutzer interpretiert.[106] Haupttriebfeder einer geänderten Wahrnehmung des Instrumententyps Umweltabgabe in der Öffentlichkeit war dabei weniger die Wissenschaft als vielmehr verschiedene Diskussionskreise im Umfeld der „Grünen".[107] Inzwischen bestimmen Öko-Steuern als Mittel nicht nur zur Lösung von Umweltproblemen, sondern auch als Instrument der Beschäftigungspolitik die öffentliche Diskussion.[108] Demgegenüber sind Zertifikatlösungen im politischen Diskurs noch nicht so weit gereift. Hier überwiegen - trotz ebenfalls intensiver Informationsarbeit - immer noch Unwissenheit und ideologische Vorbehalte.[109]

Während einer Einführung von Zertifikaten immer noch die inneren Normen und Werte vieler Akteure in der Umweltpolitik entgegenstehen,[110] nimmt die Akzeptanz zur Anwendung von Umweltabgaben in weiten Teilen der deutschen Bevölkerung zu. Damit scheint die Grundlage zu einer erfolgreichen Implementation von Abgaben in der deutschen Umweltpolitik geebnet zu sein. Es schließt sich dann die Frage an, welche Möglichkeiten, aber auch welche Grenzen der Einführung von Umweltabgaben in das bestehende Gefüge sekundärer Institutionen bestehen.

---

103 Vgl. RAT VON SACHVERSTÄNDIGEN FÜR UMWELTFRAGEN (1996), Tz. 68.

104 Während die Kosten ordnungsrechtlicher Umweltpolitik in den meisten Fällen im Nebulösen verschwinden, besteht für den Bürger in den Bereichen Abfall und Abwasser eine hohe Merklichkeit der Kostenwirkung von Auflagen, da hier die Umweltnutzung für ihn direkt entgeltlich ist.

105 Vgl. o. V. (1996).

106 Vgl. BONUS (1985 b), S. 367 und GAWEL (1995 a), S. 75.

107 Vgl. BENKERT (1994), S. 54.

108 Zu den zahlreichen Entwürfen einer „Öko-Steuerreform" in der Politikberatung vgl. LINSCHEIDT / TRUGER (1995). Ebenso haben Öko-Steuern Eingang in die Programme sämtlicher großen deutschen Parteien gefunden. Vgl. hierzu HECK / SCHIFFER (1995).

109 Vgl. BONUS (1996 a), S. 30.

110 Zur ablehnenden Haltung der meisten umweltpolitischen Akteure gegenüber dem Zertifikatinstrument vgl. in einer Übersicht auch HOLZINGER (1987), S. 372 f.

4.2 Sekundäre Institutionen

Sekundäre Institutionen zeichnen sich dadurch aus, daß sie auf der einen Seite rational planbar, auf der anderen Seite aber Teil eines hierarchischen Netzes von Institutionen sind.[111] Abgaben und Zertifikate stehen wie Auflagen als sekundäre Institutionen einer gestalterischen Formung offen. Doch sind sie in einen bestehenden Rahmen institutioneller Regeln einzufügen. Soweit die marktwirtschaftlichen Instrumente nicht mit den fundamentalen Institutionen konfligieren, sind die grundlegenden Voraussetzungen für eine erfolgreiche Implementation dieser Instrumente erfüllt. Allerdings müssen sie ebenso mit dem bestehenden Gefüge übergeordneter sekundärer Institutionen harmonieren, um erfolgreich wirken zu können. Passen die angewendeten Instrumente nicht in den bestehenden Rahmen, sind Wirkungsbrüche zu erwarten.[112]

Wie in Gliederungspunkt III.C.3 dargestellt, hat sich der institutionelle Rahmen in der Umweltpolitik pfadabhängig zugunsten des Ordnungsrechts entwickelt. Kennzeichnend hierfür sind folgende Charakteristika:[113]

* Die Reichweite des auflagendominierten Umweltrechts wurde in den letzten 25 Jahren nicht nur auf eine große Anzahl unterschiedlicher Umweltbereiche ausgedehnt, sondern hat auch innerhalb dieser einzelnen Bereiche an Regelungsdichte zugenommen. Das derzeit herrschende Recht enthält über 200 verschiedene umweltrelevante gesetzliche Vorschriften[114] mit über 7000 Einzelregelungen[115].

* Mit dem Wandel der Umweltpolitik von ihrer anfänglichen Aufgabe der Gefahrenabwehr hin zu einer zukunftsgerichteten Vorsorgeorientierung wuchsen die Funktionen des Ordnungsrechts. Sie werden gegenwärtig nicht nur zur polizeilichen Gefahrenabwehr angewandt, sondern sind auch bei der Forcierung des Umweltschutzes jenseits dieser Grenzen dominierend.

* Nach einer Zeit des unkoordinierten Nebeneinander ordnungsrechtlicher Normsetzung ist das Umweltrecht zur Zeit auf dem Weg zu einer grundlegenden Systematisierung und Abstimmung der unzähligen Regelungen. Ziel dieses Prozesses der Vereinheitlichung der rechtlichen Regelungen ist ein im Aufbau befindliches allgemeines Umwelt-

---

111 Vgl. Gliederungspunkt III.A.2.4.3.

112 Vgl. Gliederungspunkt III.C.1.

113 Vgl. im folgenden GAWEL (1994 b), S. 14 ff.

114 Vgl. o. V. (1995 a).

115 Vgl. o. V. (1995 b).

gesetzbuch, in dem sämtliche Teilbereiche ökologischer Rechtsetzung zusammengeführt werden.[116]

Die lange Tradition der ordnungsrechtlichen Umweltpolitik, ihre Verästelung in die verschiedensten Bereiche der Umweltpolitik sowie auch die jüngst einsetzende Systematisierung und Feinabstimmung der bestehenden Regelungen lassen vermuten, daß auch in Zukunft der Großteil neu hinzukommender Regelungen im Rahmen des Auflageninstrumentariums normiert werden wird. Die zunehmenden Erträge, die sich aus einem Weiterfolgen der eingeschlagenen institutionellen Richtung ergeben, legen diese Einschätzung nahe. Um dem entgegenzuwirken, können Veränderungen des pfadgeleiteten Prozesses prinzipiell auf zwei Wegen erfolgen. Der eine könnte als „Schocktherapie" bezeichnet werden und basiert auf der Grundvorstellung, das bestehende, ordnungsrechtlich geprägte Umweltrecht in einem Prozeß rascher Umwandlung gegen eine marktwirtschaftlich ausgerichtete Alternative auszutauschen. Der andere Weg in Form eines „Gradualismus" hat zum Ziel, das existierende Instrumentarium inkrementell um marktwirtschaftliche Ansätze anzureichern und letztlich zu substituieren. Im folgenden werden beide Wege und ihre Implikationen vorgestellt.[117]

4.2.1 Schocktherapie

Bei der Schocktherapie wird versucht, im Zuge einer einmaligen „Kraft-anstrengung" die institutionelle Blockade zu überwinden. Hierzu können nur die sekundären Institutionen ausgetauscht werden, nicht aber die fundamentalen Regeln in der Gesellschaft. Dessen bedarf es aber auch zumindest im Falle einer Politik mit Umweltabgaben nicht, da hier eine gespaltene Kultur[118], derzufolge fundamentale und sekundäre Institutionen miteinander in Konflikt liegen, nicht zu befürchten ist. Die Ausführungen unter Gliederungspunkt III.C.4.1 haben gezeigt, daß die Akzeptanz von Umweltabgaben in der Bevölkerung erheblich gestiegen und somit die Grundbedingung für eine erfolgreiche Implementation des Instrumentes erfüllt ist.

---

116 Nach den bisherigen Vorstellungen soll das Umweltgesetzbuch einen allgemeinen und einen besonderen Teil enthalten. Zu einem Entwurf des allgemeinen Teils vgl. KLOEPFER / REHBINDER / SCHMIDT-AßMANN (1991). Zu einem Entwurf des besonderen Teils vgl. JARASS u.a. (1994).

117 Die Begriffe „Schocktherapie" und „Gradualismus" sind der Literatur um die Transformation sozialistischer Staaten entlehnt. Während der Schocktherapie ein rascher Übergang von sozialistisch-zentraler Planung zu marktwirtschaftlich-dezentraler Steuerung vorschwebt, orientiert sich das Vorgehen des Gradualismus an einem zeitlich gestreckten Reformprozeß. Vgl. KLESSE (1996), S. 63 f.

118 Vgl. hierzu BONUS (1994 e), S. 8.

In die Richtung einer Schocktherapie gehen beispielsweise Konzepte, die in einer großen Reform die umfassende Ökologisierung des deutschen Steuersystems vorsehen.[119] Diese Ansätze beabsichtigen nicht, den bisherigen ordnungsrechtlichen Rahmen der Umweltpolitik in einer umfassenden Reform durch marktwirtschaftliche Instrumente zu ersetzen; jedoch ist mit ihnen ein tiefgreifender Einschnitt in die Institutionen des bestehenden Steuersystems verbunden. Kern dieser Ökosteuer-Pläne ist die Erweiterung des bisherigen, im wesentlichen auf der Einkommen- und der Umsatzbesteuerung aufbauenden Systems um eine „dritte Säule", die Einführung von an umweltrelevanten Aktivitäten anknüpfenden Steuern.[120]

Eine umfassende Einführung von Ökosteuern impliziert zwar einen raschen Übergang zu marktwirtschaftlichen Instrumenten in der Umweltpolitik. Gelingt ein solches Reformvorhaben, so tritt neben die bisherigen ordnungsrechtlichen Regelungen ein gewichtiges Bündel marktwirtschaftlicher Regulierung. Die bisherige pfadabhängige Entwicklung zugunsten des Ordnungsrechts könnte hierüber neue Wege einschlagen. Allerdings sehen sich diese Reformprojekte der großen Gefahr ausgesetzt, im Zug einer grundlegenden Neuordnung sekundärer Institutionen des Steuerrechts in ihren Auswirkungen nicht prognostizierbar zu sein. Eine umfassende Änderung des deutschen Steuersystems führt beispielsweise zu kaum abschätzbaren Aufkommens- und Verteilungswirkungen. So streuen die Prognosen um die (insbesondere langfristigen) Aufkommens- und Umwelteffekte verschiedener Umweltsteuern in weiten Bandbreiten.[121] Ebenso unterliegen Berechnungen der Inzidenz von Umweltsteuern erheblichen Unsicherheiten.[122] Ein in Jahrzehnten gewachsenes, in seinen Wirkungen sehr komplexes Steuersystem innerhalb kurzer Zeit derart eingreifend umzugestalten, erscheint somit allein unter Aufgabe finanzwissenschaftlicher Grundprinzipien, wie der fiskalischen Sicherheit der Einnahmen und der Prognostizierbarkeit der Verteilungseffekte, möglich.[123]

---

119 Zu einem Überblick über die bekanntesten Vorschläge vgl. LINSCHEIDT / TRUGER (1995), S. 67 ff. und NAGEL (1993), S. 147 ff.

120 Vgl. HANSJÜRGENS (1995), S. 138.

121 Vgl. hierzu HANSJÜRGENS (1992), S. 120 ff.; NAGEL (1993), S. 285 ff.; LINSCHEIDT / TRUGER (1995), S. 93 ff.

122 Vgl. BONUS (1992 a), S. 31; ECKHARDT (1993), S. 74 ff.

123 Vgl. ebenso kritisch NAGEL (1993), S. 388 f.; BENKERT / BUNDE / HANSJÜRGENS (1990), S. 121 ff. Ähnlich auch ECKHARDT (1993), S. 168 ff. Zwar versuchen verschiedene Ökosteuer-Reformpläne, die Unwägbarkeiten bei der Planung des Steueraufkommens - wie HANSJÜRGENS (1995), S. 142 ff. betont - über eine zeitlich gestreckte Anhebung von Ökosteuern abzumildern. Zukünftige, unerwartete Korrekturen des ex ante vorgegebenen „Steuersatz-pfades", die sich aus der Notwendigkeit ergeben, aufgrund fehlerhafter Aufkommensprognosen entstehende, fiskalische Finanzlöcher zu stopfen, führen jedoch zu eventuell erheblichen Verwerfungen bei privaten Allokationsentscheidungen. Variierende Abgabensätze bieten eine sehr unsichere Kalkulationsgrundlage für spezifische Investitionen und sind damit für die wirtschaftliche Entwicklung schädlich. Vgl. Gliederungspunkt III.B.5.2.1.

Zudem stehen die bestehenden, in langer Zeit an das existierende Steuersystem angepaßten Organisationen einer umfassenden Reform des Status Quo entgegen. Im Gesetzgebungsprozeß sind erhebliche, um Bestandssicherung bemühte Verhandlungen zwischen den verschiedenen politischen Anspruchsgruppen zu erwarten, deren Ausgang ungewiß ist. Die Erfahrungen der Vergangenheit zeigen, daß von großen steuerlichen Reformvorhaben im politischen Prozeß kaum mehr etwas übrig geblieben ist.[124] Ebenso könnten Probleme der politischen Durchsetzbarkeit zu einer erheblichen Deformation des Programms einer grundlegenden Ökologisierung des Steuersystems führen.[125] Die Voraussetzungen für einen Pfadwechsel in der Umweltpolitik im Wege einer Schocktherapie erscheinen somit wenig aussichtsreich als auch die wirtschaftspolitischen Implikationen ihrer Durchführung kaum vorhersehbar.

4.2.2 Gradualismus

Alternativ zu obigem Vorgehen besteht die Möglichkeit, in einer Politik „der kleinen Schritte" das umweltpolitische Instrumentarium um marktwirtschaftliche Ansätze anzureichern. Erweisen sich diese in der Anwendung gegenüber Auflagen als vorteilhaft, kann dies die Wahrscheinlichkeit erhöhen, daß bei neu anstehenden Regelungen wiederum marktwirtschaftliche Lösungen den Vorzug erhalten. Ziel dieses Ansatzes ist somit eine langsame Umgestaltung des bestehenden institutionellen Rahmens. Vorteil dieser Strategie ist die bessere Prognostizierbarkeit der Auswirkungen institutioneller Reformen. Da nicht in einem einzigen „big bang" das gesamte institutionelle Gefüge in der Umwelt- oder Steuerpolitik betroffen wird, sondern allein einzelne instrumentelle Veränderungen vorgenommen werden, sind die mit der Reform verbundenen Unsicherheiten nicht so groß. Ein evolutorisches Vorgehen bei der Umgestaltung der umweltpolitischen Rahmenbedingungen entspricht auch eher dem natürlichen Prozeß institutioneller Entwicklung.[126]

Stärker als bei der Schocktherapie stellt sich bei einem gradualistischen Vorgehen jedoch das Problem, daß zeitweise zwei unterschiedliche Institutionensysteme nebeneinander bestehen. Die Existenz eines solchen „Hybridsystems"[127] führt zwangsläufig zu Ineffizienzen, da

---

124 Vgl. hierzu beispielsweise das seit Jahren scheiternde Streben nach einer durchgreifenden Reform der Unternehmensbesteuerung.

125 Vgl. auch ECKHARDT (1993), S. 168.

126 In diesem Sinne kritisiert auch NORTH westliche Berater in Osteuropa, die dort eine rasche Institutionalisierung marktwirtschaftlicher Rahmenbedingungen vorantreiben: „Vielen fehlt ein Verständnis für Evolution. Anders als in ihrer neoklassischen Modellwelt verändern sich fast alle Parameter gleichzeitig; ohne eine angemessene Theorie tut man da schnell das Falsche." Vgl. SCHÜTTE (1994).

127 KLESSE (1996), S. 63 spricht bei der gradualistischen Transformation osteuropäischer Staaten von einem Hybridsystem „zwischen Zentralverwaltungs- und Marktwirtschaft". Ein solches Hybridsystem zwischen

ordnungsrechtliche und marktwirtschaftliche Regelungen miteinander in Konflikt geraten. Bei einer schrittweisen Reform der Umweltpolitik äußern sich diese Konflikte in Strukturbrüchen bei einer gleichzeitigen Anwendung von Auflagen und Zertifikaten oder Abgaben auf ein Regulierungsobjekt. BONUS hat diese Bruchzonen treffend darauf zurückgeführt, daß den beiden Ansätzen unterschiedliche Umweltphilosophien zugrundeliegen: Während das Ordnungsrecht der Emissionsstandards-Philosophie gehorcht, folgen Abgaben und Zertifikate der Luftqualitätsstandards-Philosophie.[128]

Gemäß der Emissionsstandards-Philosophie ist der maximal mögliche Grad der Emissionsrückführung anzustreben. Emissionen sind also überall dort, wo es möglich ist, zu vermindern. Ausfluß dieser Vorstellung ist eine Umweltpolitik, die das jeweils technisch Mögliche zur Emissionsreduktion zu realisieren versucht. Den Emittenten wird folglich vorgeschrieben, Emissionsvermeidung gemäß dem „Stand der Technik" durchzuführen. Quellenspezifische Auflagen werden verschärft, wenn technische Neuerungen eine weitergehende Emissionsrückführung erlauben.

Die Luftqualitätsstandards-Philosophie orientiert sich demgegenüber nicht an den Emissionen, sondern an der Schadstoffkonzentration im Aufnahmemedium. Ziel dieses Paradigmas ist die Realisierung bestimmter Immissionsgrenzwerte, ungeachtet der technischen Machbarkeit einer entsprechenden Emissionsreduktion. Auf der einen Seite ist diese Philosophie „radikaler" als die Emissionsstandards-Philosophie, da sie auf Probleme bei der Rückführung von Schadstoffausstößen keine Rücksicht nimmt. Auf der anderen Seite räumt sie den Emittenten größere Entscheidungsspielräume bei der Wahl der individuellen Vermeidungstechnik ein, da keine anlagenbezogenen Vorschriften ausgesprochen werden. Abgaben und Zertifikate ermöglichen eine effiziente Erreichung des angestrebten Umweltqualitätsziels.

Beide Paradigmen geraten nun in offenen Widerspruch zueinander, wenn marktwirtschaftliche Instrumente den Emittenten Freiräume bei der Gestaltung der Emissionsvermeidung einräumen wollen, dem aber auflagenrechtliche Regelungen entgegenstehen. Diese Bruchzonen wiegen schwer und können - wie die im folgenden dargestellten Erfahrungen mit der Kompensationsregel gemäß Nr. 4.2.10 TA-Luft und die Abwasserabgabe zeigen - die Einführung marktwirtschaftlicher Instrumente in einen bestehenden ordnungsrechtlichen Rahmen scheitern lassen beziehungsweise zu stark verformten Regelungen führen.

Hierarchie und Markt besteht auch für eine zeitlich gestreckte Reform der Umweltpolitik von der Dominanz ordnungsrechtlicher Regelungen hin zur Stärkung marktwirtschaftlicher Steuerung. Während dieses Prozesses koexistieren ebenfalls zentral ausgesprochene Weisungen des Staates (Ge- und Verbote) und dezentrale Steuerungsmechanismen (Zertifikate, Abgaben).

128 Vgl. hierzu sowie im folgenden BONUS (1984 a), S. 66 ff. und BONUS (1984 b), S. 330 ff.

4.3 Exkurs: Erfahrungen mit der gradualistischen Einführung marktwirtschaftlicher Instrumente in die deutsche Umweltpolitik

4.3.1 Kompensationsregel nach Nr. 4.2.10 TA-Luft

Mit der zweiten Novelle des BImSchG von 1985 wurden die Möglichkeiten einer Aussprache von nachträglichen Anordnungen für Altanlagen erweitert.[129] Um die daraufhin einsetzende Kostenwelle für Altanlagen zu begrenzen, wurde parallel in der modifizierten Fassung der TA-Luft von 1986 eine Kompensationsregel für Altanlagen eingefügt. Gemäß Nr. 4.2.10 TA-Luft bestand die Möglichkeit, nachträglichen Anordnungen vorübergehend auszuweichen, indem im Rahmen eines Sanierungsplans technische Ausgleichsmaßnahmen an anderen Anlagen durchgeführt werden, so daß sich die Immissionssituation gegenüber einer Befolgung der ordnungsrechtlichen Vorgabe nicht verschlechtert. Zugleich wurde verlangt, daß die Emissionen mit Durchführung der Kompensation gegenüber der Alternative „Befolgung der nachträglichen Anordnung" insgesamt sinken.[130] Die Kompensation war auf Altanlagen beschränkt und durfte nur für solche Emissionen erfolgen, deren Immissionswirkungen sich zumindest in Teilen decken.[131]

Der prinzipiell löbliche Ansatz einer Flexibilisierung der starren, teuren Auflagenregelungen durch die Einführung der Kompensationsregel hatte in der Praxis keinen Erfolg. Nur in einigen Bundesländern wurde von der Regel überhaupt Gebrauch gemacht. In den meisten Ländern kam es zu nicht einer Kompensation.[132] Verantwortlich für diesen Mißerfolg des marktwirtschaftlichen Lösungsansatzes ist die strukturbrechende Einbindung des Konzeptes in das herrschende, ordnungsrechtlich ausgerichtete Recht. Die möglichen Anreize der Kompensationsklausel wurden hierdurch quasi „erdrosselt". Folgende, wesentliche Gründe sind für das Scheitern des marktwirtschaftlichen Ansatzes anzuführen:

(1) Die Klausel duldete nur einen zeitlichen Aufschub der Sanierung von Altanlagen, nicht aber ein ständiges Abweichen von der Vorgabe der nachträglichen Anordnung. Spätestens zum 01.03.1994 - also acht Jahre nach Einführung der Kompensationsregel - mußte jede betroffene Altanlage die nachträgliche Anordnung erfüllen. Das Vorgehen gemäß der Immissionsstandards-Philosophie besaß somit allein für einen Übergangszeitraum Geltung. Mit Erreichen des Stichtags wurde

---

129 Vgl. hierzu die Ausführungen unter Gliederungspunkt III.B.5.2.1.

130 Vgl. Nr. 4.2.10, Satz 1 TA-Luft.

131 Vgl. Nr. 4.2.10, Satz 2 TA-Luft.

132 Vgl. REHBINDER (1994), S. 63.

wieder der Emissionsstandards-Philosophie gefolgt. Dies bedeutete, daß der Anreiz zur Nutzung der Kompensationsregel für eine betroffene Altanlage auf eine zeitweise Ersparnis von Zins- und Betriebskosten beschränkt wurde.[133]

(2) Die Altanlagen, die sich bereit erklärten, über ihre eigenen Emissionsminderungspflichten hinaus Emissionen zu vermeiden, wurden mit dem Risiko konfrontiert, daß diese Übererfüllungen der Norm nach Ablauf des 01.03.1994 verpflichtend vorgeschrieben werden. Rechtliche Unsicherheiten legten es nahe, lieber im Wege eines „Low Profile" das Ordnungsrecht zu befolgen, als durch freiwillige Emissionsminderungen zur Zielscheibe härterer Auflagen zu werden.[134] Zudem wirkte die im Rahmen langjähriger ordnungsrechtlicher Erfahrungen gewachsene informelle Institution des Schweigekartells der Emittenten. So wird berichtet, „daß die Unternehmen sich im Interesse der Beziehungen zur Nachbarschaft davor scheuten, unterhalb der technischen Möglichkeiten zu bleiben."[135]

(3) Von der Kompensation wurde neben einer Nichtverschlechterung der Immissionssituation zudem eine Überkompensation der Emissionen im Vergleich zur Befolgung der nachträglichen Anordnung gefordert. Dies zeigt wiederum den Widerstreit zwischen Immissions- und Emissionsstandards-Philosophie und schränkt die Anreize zur Nutzung der Klausel ein. Daß die Emissionsstandards-Philosophie das vorherrschende Paradigma in der Umweltpolitik ist, bezeugt zudem die Durchführung der TA-Luft in Nordrhein-Westfalen. Die diesbezügliche Verwaltungsvorschrift sah im Regelfall mit der Nutzung der Kompensationsklausel sogar eine Verminderung der Immissionssituation vor.[136]

(4) Belastend wirkten weiterhin eine sehr restriktive räumliche Beschränkung des Kompensationsrechts, die Eingrenzung zur Kompensation berechtigter Emittenten auf Altanlagen sowie ein massiver, mit der Anbahnung und Durchführung des Handels verbundener, administrativer Aufwand.[137]

---

133 Vgl. REHBINDER (1994), S. 54. Mit der dritten Novelle zum BImSchG im Jahre 1990 wurde die zeitliche Befristung von Kompensationen jedoch gestrichen. Vgl. REHBINDER (1994), S. 55.

134 Zu einem solchen Verhalten von Emittenten bei einem der Kompensationsregel ähnlich konzipierten Programm im amerikanischen Luftreinhalterecht vgl. BONUS (1984 a), S. 111.

135 REHBINDER (1994), S. 63.

136 Vgl. Nr. 19.45 VwV NW zur Durchführung der TA-Luft.

137 Vgl. REHBINDER (1994), S. 54 und 63 ff.

Das gradualistische Vorgehen der schrittweisen Implementation marktwirtschaftlicher Ansätze in das herrschende Umweltrecht ist in diesem Fall gescheitert. Das Hybridsystem eines Nebeneinander von Immissions- und Emissionsstandards-Philosophie führte zu erheblichen Ineffizienzen. Die der Immissionsstandards-Philosophie gehorchende Kompensationsklausel konnte ihre Anreizwirkungen für einen kosteneffizienten Umweltschutz nicht entfalten. Ein darüber liegendes Netz sekundärer Institutionen, das der Emissionsstandards-Philosophie folgt, hat das Instrument in seinen Anreizwirkungen erstickt.

4.3.2 Abwasserabgabe

Mit der bereits im Jahre 1976 verabschiedeten Abwasserabgabe wurde das erste und bisher einzige Mal das Instrument der Umweltabgabe auf Bundesebene eingeführt.[138] Mit dem Ziel, die Qualität stark verschmutzter Oberflächengewässer auf die Güteklasse II („mäßige Belastung") zu verbessern, wurde das WHG um das Abwasserabgabengesetz (AbwAG) ergänzt. Demnach wurden die Direkteinleiter von Abwässern in das Kanalisationsnetz verpflichtet, ab 1981 eine Abgabe nach Maßgabe der Schädlichkeit der Einleitung zu entrichten. Der Abgabensatz wurde im Gesetz fixiert und enthielt eine zeitlich ansteigende Entwicklung.

Die Wirkungen der Abwasserabgabe wurden in der Literatur ambivalent beurteilt. Auf der einen Seite wurde ihr eine nur geringe Anreizwirkung attestiert.[139] Die Gründe hierfür liegen einmal in einer zu gering veranschlagten Bemessung der Abgabenhöhe und in Ermäßigungen des Abgabensatzes, wenn ein Norm-adressat die Mindestanforderungen der Emissionsvermeidung gemäß § 7 a Abs.1 WHG erfüllt.[140] Zudem wurden erhebliche, von dem Abgabeninstrument ausgehende Effizienzpotentiale nicht nutzbar gemacht, da die Emittenten parallel zur Abgabenpflicht auch noch den ordnungsrechtlichen Normvorgaben gemäß den „allgemein anerkannten Regeln der Technik" beziehungsweise dem „Stand der Technik" unterlagen.[141] Die Abwasserabgabe besaß somit allein eine vollzugsunterstützende Funktion;[142] vorherrschendes Instrument im Gewässerschutz waren weiterhin ordnungsrechtliche Regelungen.

---

138 Vgl. BERENDES / WINTERS (1981), S. 8 und MICHAELIS (1996 a).
139 Vgl. WICKE (1993), S. 403.
140 Vgl. EWRINGMANN (1993), S. 154; WICKE (1993), S. 403 f.
141 Vgl. § 7 a Abs. 1 WHG.
142 Vgl. EWRINGMANN (1993), S. 154.

Trotz dieser eingeschränkten Anreizwirkungen, die von der Abwasserabgabe ausgingen, konnte das AbwAG in der Praxis gewisse gewässerökologische Erfolge verbuchen. Diese Erfolge sind jedoch nur in geringem Maße direkt der Abwasserabgabe zuzurechnen, als vielmehr auf den Ankündigungs- und Signal-effekt zurückzuführen, den die Verabschiedung des Gesetzes auslöste.[143] So wurde in einer Studie festgestellt, daß das AbwAG in Verbindung mit den Regelungen des WHG Einfluß auf die Maßnahmen und Entscheidungen zur Abwasserbehandlung von rund 75 % der befragten Unternehmen und etwa 65 % der erfaßten Kommunen besaß.[144]

WICKE kommt in der Beurteilung der Abwasserabgabe zu dem Ergebnis, daß diese in der praktischen Anwendung „zwar **keineswegs ideal, aber** durchaus **hinreichend zufriedenstellend**"[145] gewirkt habe. Bei seiner Analyse vernachlässigt WICKE jedoch die Genese des AbwAG, das im Rahmen von vier Novellen zum Teil einschneidend verändert wurde.[146] Diese Gesetzesänderungen wurden im wesentlichen zur Ausdünnung der von der Abwasserabgabe ausgehenden, ohnehin nicht sehr großen Anreizwirkungen benutzt:[147]

*   Für die Emittenten wurden sukzessiv die Möglichkeiten zur Verrechnung von emissionsmindernden Investitionen mit Abgabenzahlungen ausgeweitet.

*   Mit der vierten Novelle wurden die für die Jahre 1995 bis 2000 gültigen Abgabesätze nach unten korrigiert. Zudem wurden die Ermäßigungsregelungen bei Einhaltung der ordnungsrechtlichen Mindestvorschriften gegenüber der dritten Novelle ausgeweitet.

Ist der Anfangserfolg des AbwAG auch unbestreitbar, so regt die Entwicklung der nachfolgenden Gesetzesänderungen eher zu einer pessimistischen Einschätzung des Erfolges dieser Initiative für mehr Markt im Umweltschutz an. GAWEL spricht in Zusammenhang mit der vierten Gesetzesnovelle gar von der „faktischen "Abschaffung" der Abwasserabgabe"[148]. Die ursprünglich anreizorientierte Ausrichtung der Abwasserabgabe wurde nachträglich ausgehöhlt.

---

143   Vgl. BENKERT / BUNDE / HANSJÜRGENS (1990), S. 183.

144   Vgl. EWRINGMANN / KIBAT / SCHAFHAUSEN u.a. (1980), S. 7.

145   WICKE (1993), S. 406 (Hervorhebungen im Original).

146   Zu den Novellen in ihrer zeitlichen Abfolge vgl. BUNDESGESETZBLATT (1984), Teil 1, S. 1515; BUNDESGESETZBLATT (1986), Teil 1, S. 2619; BUNDESGESETZBLATT (1990), Teil 1, S. 2425; BUNDESGESETZBLATT (1994), Teil 1, S. 1453. Einen Überblick über die wichtigsten Neuerungen der ersten drei Gesetzesnovellen geben BENKERT / BUNDE / HANSJÜRGENS (1990), S. 177 ff.

147   Vgl. im folgenden GAWEL (1993 d); HANSMEYER / GAWEL (1993).

148   GAWEL (1993 c), S. 159. EWRINGMANN (1993), S. 154 spricht von einem „Absterbe-programm", einem „sanften Tod" der Abwasserabgabe.

Wie das Beispiel der Abwasserabgabe zeigt, reicht der alleinige Anschub eines marktwirtschaftlichen Lösungsansatzes in der Umweltpolitik zu dessen Erfolg nicht unbedingt aus. Die in langer, ordnungsrechtlicher Tradition evolvierten Organisationen sind in der Lage, unter Wahrung ihrer Interessen das Instrument im nachfolgenden politischen Prozeß zu deformieren:[149]

> „Ist eine Abgabenregelung nicht zu verhindern, so versucht man sie durch Reduzierung der Abgabensätze, Veränderungen der Bemessungsgrundlagen, Verzögerungen der Implementierung und Härteklauseln zu entschärfen. Ein Paradebeispiel dafür ist das Abwasserabgabegesetz, das auf diese Weise die ursprünglich intendierte umweltpolitische Wirksamkeit in erheblichem Umfang einbüßte;"[150]

Somit erweist sich neben der Schocktherapie auch der gradualistische Ansatz zur Ökonomisierung des umweltpolitischen Instrumentariums als eine problembehaftete Strategie. Die Beharrlichkeit alter Strukturen vermag auch gut gemeinte programmatische Ansätze zum Scheitern zu verurteilen. Zum einen können bestehende ordnungsrechtliche Strukturen marktwirtschaftliche Instrumente derart überlagern, daß kaum mehr Freiräume und Anreize zu deren Nutzung bestehen, wie dies für die Kompensationsregel gemäß Nr. 4.2.10 TA-Luft der Fall war. Zum anderen können auch ohne solch schwerwiegende Bruchzonen implementierte marktwirtschaftliche Ansätze - wie die Abwasserabgabe - im Laufe des politischen Prozesses ihrer Anreizwirkungen wieder beraubt werden. Im Ergebnis ist wiederum ein Rückfall auf den Pfad ordnungsrechtlich dominierter Umweltpolitik zu beklagen.

GAWEL zieht unter Hinweis auf die jüngsten umweltpolitischen Erfahrungen in Deutschland den Schluß, „daß selbst bei günstigsten Voraussetzungen einer Umweltsteuerung durch Anreizverfahren ... keine Aussicht auf (konzeptnahe) Realisierung marktorientierter Umweltpolitik besteht."[151] Dieser durch die obigen Ausführungen genährten Einschätzung sind jedoch zwei Ansatzpunkte entgegen zu setzen, die Anstöße für eine baldige Einbindung marktwirtschaftlicher Instrumente in den umweltpolitischen Rahmen geben könnten. Der eine Ansatzpunkt beruht auf der Tatsache, daß nicht in allen Ländern der Erde der gleiche institutionelle Pfad in der Umweltpolitik eingeschlagen wurde. Effizientere Entwicklungen

---

149 Vgl. auch KARL / RANNÉ (1995) und HANSMEYER (1989), S. 50.

150 ZOHLNHÖFER (1984), S. 116.

151 GAWEL (1994 b), S. 16.

in anderen Staaten könnten den Prozeß institutionellen Wandels in Deutschland positiv beeinflussen, indem sie eine bessere Informationsrückkopplung hinsichtlich der Ineffizienz des Ordnungsrechts ermöglichen. Der andere Ansatzpunkt für marktwirtschaftliche Instrumente besteht in Regelungsbereichen, die bisher noch einem institutionellen Vakuum unterliegen. So ist in vielen Feldern der internationalen Umweltpolitik noch kein ordnungsrechtlicher Pfad eingeschlagen worden. Die Chancen einer Anwendung marktwirtschaftlicher Instrumente stehen hier weitaus besser, da kein Kampf gegen bereits bestehende, an ordnungsrechtliche Anreize angepaßte Organisationen geführt werden muß.

Im folgenden Gliederungspunkt sollen diese Ansatzpunkte exemplarisch an zwei Beispielen aufgezeigt werden. Für einen anderen institutionellen Pfad in der Umweltpolitik wird die USA, und hier genauer der Erfolg von Zertifikatprogrammen in der amerikanischen Luftreinhaltepolitik, betrachtet. Als Beispiel für die Chancen marktwirtschaftlicher Instrumente in der internationalen Umweltpolitik werden Zertifikate zur Bekämpfung des anthropogenen Treibhauseffektes diskutiert.

5. Ansatzpunkte für eine Forcierung des institutionellen Wandels in der Umweltpolitik am Beispiel des Instruments der Zertifikate

5.1 Zertifikate in der amerikanischen Luftreinhaltung

Die Grundlage der amerikanischen Luftreinhaltepolitik bildet der Clean Air Act (CAA) von 1963, der in den Jahren 1970, 1977 und zuletzt 1990 geändert und ergänzt wurde.[152] Mit den Modifikationen von 1970 übertrug dieses für das gesamte Bundesgebiet geltende Rahmengesetz der dazu geschaffenen Environmental Protection Agency (EPA) die Aufgabe, nationale Immissionsziele für bestimmte Schadstoffe auszuarbeiten.[153] Deren Erreichung bis 1975 wurde den einzelnen Bundesstaaten verbindlich vorgeschrieben.[154]

Als Mittel zur Realisierung der nationalen Immissionsziele sah das Gesetz die Verwendung technologiegestützter Emissionsauflagen vor, die dem deutschen System von Auflagen gemäß dem „Stand der Technik" ähneln.[155] Als jedoch abzusehen war, daß mit der bisherigen

---

152 Vgl. LIROFF (1986), S. 19.

153 Vgl. BONUS (1984 a), S. 14 f.; CRANDALL (1983), S. 8 f. Die anzustrebenden Umweltqualitätsstandards wurden für sieben Schadstoffe, nämlich SO_2, CO, NO_x, Stäube, VOC, O_3 und Blei bestimmt.

154 Vgl. LIROFF (1986), S. 25.

155 Für eine detaillierte Darstellung der verwendeten einzelwirtschaftlichen Technologievorgaben vgl. BONUS (1984 a), S. 17 ff.

Politik die bis 1975 zu erreichenden Immissionsnormen in vielen Gebieten wahrscheinlich verfehlt würden, wurde das starre Auflagensystem aufgelockert und schrittweise um die Elemente des Emissions Trading Program (ETP) erweitert.[156]

Das ETP setzt sich aus vier Komponenten zusammen. Dies sind die Offset-Politik, die Bubble-Politik, das Netting und das Banking.[157] Grundlage aller vier Strategien ist die Entscheidung eines Emittenten, seinen Schadstoffausstoß über das in seiner Auflage bestimmte Maß hinaus zu beschränken. Im Gegenzug zur Übererfüllung seiner Norm wird sodann im Bereich einer anderen Norm ein wohldefiniertes Zurückbleiben hinter dem vorgeschriebenen Standard akzeptiert. Dieses Programm ermöglicht es somit den Emittenten - ähnlich der Kompensationsregel gemäß Nr. 4.2.10 TA-Luft im deutschen Immissionsschutzrecht - ihre Vermeidungsaktivitäten an Effizienzgesichtspunkten auszurichten.

Das Programm ist in einem langjährigen, komplizierten Prozeß evolviert.[158] Erhebliche Schwierigkeiten bereitete dem marktwirtschaftlichen Ansatz dabei die Einbindung in das bis dahin ordnungsrechtlich dominierte US-Luftreinhalterecht. Die Reallokation von Emissionsrechten wurde zum einen wesentlich dadurch beschränkt, daß die Emittenten im großen und ganzen weiterhin die ordnungsrechtlichen Normvorgaben einhalten mußten.[159] Zum zweiten bestand vielfach Unsicherheit über die Möglichkeiten der Nutzung erworbener Emissionsgutschriften. In einigen Bundesstaaten wurden freiwillige Emissionsminderungen dazu benutzt, den Emittenten schärfere Auflagen aufzuerlegen.[160] Drittens wurden die Anreize zur Durchführung von Rechtetransfers durch hohe administrative Kosten[161], die Berechnung aufwendiger Diffusionsmodelle[162] und zu viele, kompliziert ausgestaltete Regeln[163] eingeschränkt.

Trotz der vielen Bruchzonen zwischen der im Wege des Ordnungsrechts verfolgten Emissionsstandards-Philosophie und der mit dem ETP favorisierten Luftqualitätsstandards-Philosophie war die Einführung der marktwirtschaftlichen Ansätze in die amerikanische

---

156 Vgl. BONUS (1984 a), S. 21 f.; LIROFF (1986), S. 25 ff.

157 Zu den Ausgestaltungen der einzelnen Politiken, die hier nicht weiter vorgestellt werden, vgl. BONUS (1984 a), S. 24 ff.; TIETENBERG (1985), S. 7 ff.; LIROFF (1986), S. 3 ff.

158 Vgl. BONUS (1984 a), S. 24.

159 Vgl. BODAMER (1984), S. 530.

160 Vgl. BONUS (1984 a), S. 102 ff.; HAHN / HESTER (1987), S. 2.

161 Vgl. ENDRES (1991 a), S. 69 f.

162 Vgl. REHBINDER / SPRENGER (1985), S. 117 f.

163 Vgl. HEISTER / MICHAELIS / MOHR (1990), S. 16.

Luftreinhaltepolitik in der Praxis insgesamt erfolgreich. Die in theoretischen Simulations-modellen errechneten Kosteneinsparungspotentiale wurden zwar weit verfehlt,[164] doch konnte in der Empirie eine umfangreiche Anzahl an Transaktionen festgestellt werden.[165]

BONUS erklärt den Erfolg handelbarer Umweltnutzungsrechte in der amerikanischen Luf-treinhaltepolitik mit dem Hinweis auf eine andere Rechtskultur, ein anderes Rechtsempfin-den in den USA. Während die deutsche Rechtskultur in der Tradition des Polizeirechts ste-he, demzufolge „*Rechte* zwar durch die Obrigkeit verliehen, nicht aber *gegen Geld gehan-delt* werden (können)"[166], sei es in der amerikanischen Bürokratie Usus, in Verhandlungen mit den Emittenten nach Wegen einer sinnvollen Umsetzung von Vorschriften zu suchen.[167] Den Behörden wird somit eine größere Beweglichkeit im Umgang mit neuen Wegen zur Lösung drängender Probleme zugestanden. Daneben ist sicherlich auch anderen gesell-schaftlichen Gruppen - insbesondere auch der Öffentlichkeit - eine größere Flexibilität hin-sichtlich der Akzeptanz neuer Konzepte zur Realisierung effizienten Umweltschutzes zu bescheinigen.[168] So erfolgt in den USA „(w)ie in keinem anderen Land ... (die) Abwägung der verschiedenen Umweltinstrumente und -programme anhand wissenschaftlicher Grundla-gen."[169] Die Vereinigten Staaten befinden sich auf einem Pfad fortschreitender „Entideologisierung der Umweltproblematik"[170]. Mit der hohen Anpassungsflexibilität, der Offenheit für neue Konzepte im Umweltschutz sind dort somit die fundamentalen Voraus-setzungen für einen erfolgreichen Einsatz des Zertifikatinstrumentes gegeben.

---

164 Eine Übersicht über die in verschiedenen Simulationsstudien berechneten Kosteneinsparungen eines Überganges vom Ordnungsrecht zu Zertifikatmärkten bietet TIETENBERG (1985), S. 41 ff.

165 So berichtet BOHNE (1988), S. 58 von rund 3000 Offset-Transaktionen bis 1984. HAHN / HESTER (1987), S. 42 ermitteln zwischen 5000 und 12000 Netting-Geschäfte bis 1986. Während die Bubble-Politik bis 1985 auf rund 80 Transaktionen zurückblicken kann, wird dem Banking in der Praxis kaum eine Bedeu-tung zugemessen. Vgl. zur Bubble-Politik BOHNE (1988), S. 58 f.; LIROFF (1986), S. 62, und zum Ban-king TIETENBERG (1985), S. 56. Zu eindrucksvollen Case-Studies von im Rahmen des ETP durchgeführ-ten Transaktionen vgl. BONUS (1984 a).

166 BONUS (1996 a), S. 30 (Hervorhebungen im Original).

167 Vgl. BONUS (1996 a), S. 30.

168 Nicht umsonst entstanden innovative umweltpolitische Konzepte - wie beispielsweise das Instrument der Zertifikate, Verfahren der Mediation und der ökonomischen Bewertung von Umweltgütern - in den USA und wurden dort auch erstmals in die Praxis umgesetzt. Zur Bedeutung der Anwendung von Mediations-verfahren in den USA vgl. KARPE (1997), S. 21; zur Entwicklung und Anwendung neuer Methoden der Bewertung von umweltpolitischen Maßnahmen vgl. PRUCKNER (1994), S. 285 und HACKL / PRUCKNER (1994), S. 95 ff.

169 PRUCKNER (1994), S. 284 f.

170 PRUCKNER (1994), S. 284.

Die Anreize zur Nutzung des ETP sind mit Erreichen der nationalen Immissionszielwerte zum Stichtag im Jahre 1987 erheblich gesunken. Damit liefen jedoch die Bemühungen zur Nutzung zertifikatähnlicher Instrumente in der Luft-reinhaltepolitik nicht aus. Vielmehr wurden die mit der Anwendung des ETP gesammelten Erfahrungen genutzt, um auf Grundlage einer neuerlichen Novelle des CAA im Jahre 1990 neue Initiativen zur Flexibilisierung des Ordnungsrechts zu unternehmen. War das ETP nur ein zertifikatähnliches Programm, das maßgeblich durch ordnungsrechtliche Normvorgaben eingeschränkt wurde, so wurde mit dem bundesweiten Acid-Rain-Programm zur Bekämpfung des sauren Regens ein reines Zertifikatmodell implementiert. Daneben wurden in Südkalifornien die Möglichkeiten des CAA genutzt, auch für ein allein bundesstaatliches Problem handelbare Lizenzen zu installieren. Das RECLAIM-Programm sieht die Rückführung überhoher SO_x- und NO_x-Emissionen, die als Vorläufersubstanzen für die Bildung bodennahen Ozons mitverantwortlich sind, mittels eines Zertifikatsystems vor. Beide Programme sollen im folgenden kurz vorgestellt werden.

Acid-Rain-Programm[171]

Mit dem Acid-Rain-Programm wurde in den USA eine nationale Initiative zur Bekämpfung des sauren Regens gestartet. Ökologisches Ziel dieses Programms ist eine einschneidende Reduzierung des insbesondere im Mittleren Westen sowie im Osten der USA emittierten Schwefeldioxids, das als saurer Regen vor allem in den Staaten des Nordens und Nordostens zu riesigen Waldschäden führt. Bis zum Ende des Programms im Jahre 2010 sollen die jährlichen SO_2-Emissionen aus Kraftwerken um 10 Mio. Tonnen bezogen auf die im Jahr 1980 emittierten 18,9 Mio. Tonnen gemindert werden. Um dieses ehrgeizige Ziel zu erreichen, sollen in einer vom 1. Januar 1995 bis zum 31. Dezember 1999 laufenden Phase I zunächst die Großkraftwerke mit einer Leistung von über 100 Megawatt ihre Emissionen um 5 Mio. Tonnen gegenüber 1980 reduzieren. In einer Phase II, die am 1. Januar 2000 beginnt und am 31. Dezember 2009 endet, werden sodann auch kleinere Kraftwerke und Industrieanlagen mit einer Leistung von über 25 Megawatt berücksichtigt. In dieser Phase wird die weitere Reduktion der SO_2-Emissionen aus Kraftwerken auf höchstens 8,9 Mio. Tonnen im Jahre 2010 angestrebt.

Ziel der Institutionalisierung eines Marktes für handelbare SO_2-Lizenzen ist es, die Kosten zur Erreichung der strengen Emissionsziele gegenüber einer Auflagenlösung signifikant zu senken. Die Zertifikate lauten jeweils über eine Tonne SO_2 und genehmigen zur einmaligen Emission dieser Menge im Jahr der Ausgabe oder irgendeinem nachfolgenden Jahr. Sie

---

171 Vgl. zum folgenden ENDRES / SCHWARZE (1994) UND HANSJÜRGENS / FROMM (1994).

werden in der überwiegenden Form im Wege des Grandfathering an die Altemittenten vergeben. Die Zuteilung erfolgt in Anlehnung an deren Ist-Emissionen zu bestimmten Stichtagen und liegt im voraus bis zum Jahr 2000 fest. Ein kleiner Teil der Zertifikate (2,8 %) wird jedoch auch über Versteigerungen und staatliche Festpreisverkäufe in Umlauf gebracht.[172] Bei den Auktionen werden nicht nur bereits im jeweiligen Jahr nutzbare Emissionsrechte, sondern auch erst in Nachfolgejahren gültige Zertifikate versteigert, um so erste Informationen über zukünftige Preisentwicklungen zu generieren.

Am Lizenzhandel teilnahmeberechtigt sind in Phase I allein die Großkraftwerke (110 Anlagen), während der Markt in Phase II auf ca. 2000 Emittenten ausgeweitet wird. Die Lizenzen sind frei handelbar. Insbesondere dürfen auch Lizenzen aus Phase I erst in Phase II genutzt werden. Die EPA hat die administrative Abwicklung des Handels sowie der Auktionen an die Chicago Board of Trade delegiert. Damit sind gute Voraussetzungen für die Entwicklung eines unkomplizierten, börslichen Handels von Zertifikaten geschaffen, der auch die reibungsfreie Abwicklung von Termin- und Optionsgeschäften ermöglicht.

Um die Übereinstimmung von tatsächlicher Emission und Zertifikathaltung überprüfen zu können, ist jeder Emittent verpflichtet, ein entsprechendes Konto bei der EPA zu führen und sämtliche Transaktionen dort anzuzeigen. Ungedeckte Emissionen werden mit hohen Strafen von 2000 US-$ je Tonne SO_2 geahndet. Zudem wird dem Regelverletzer auferlegt, die fehlenden Zertifikate im Nachfolgejahr zum eigentlichen Bedarf hinzuzukaufen. Die Kontrolle der tatsächlichen Emissionen erfolgt für Großkraftwerke über ein kontinuierliches Emissionsmonitoring; bei kleineren Anlagen wird die Richtigkeit von Emissionsmeldungen stichprobenartig überprüft.

Für die Funktionsweise des Zertifikathandels im Rahmen des Acid-Rain-Pro-gramms liegen inzwischen erste Erfahrungen vor: In der Marktauftaktphase wurde ein nur geringer privater und börslicher Handel verzeichnet.[173] Allerdings ist dies nicht weiter verwunderlich, da die ersten Verminderungen des Umlaufs an Emissionsscheinen erst jüngst einsetzten.[174] Neben dem eher spärlichen Transfer von Emissionsrechten zwischen verschiedenen Betreibern wurde jedoch bereits eine erhebliche Bewegung von Lizenzen innerhalb von Unternehmen

---

172 Zudem gibt es kleinere Sonderzuteilungen von Zertifikaten, wie zum Beispiel jene an die Bundesstaaten Illinois, Indiana und Ohio, die noch besonderen wirtschaftlichen Entwicklungsbedarf haben. Vgl. ENDRES / SCHWARZE (1994), S. 147 ff.

173 Vgl. ENDRES / SCHWARZE (1994), S. 208 ff.

174 Die erste Reduktion des zertifizierten Emissionsumfangs um 3,5 Millionen Tonnen SO_2 fand 1995 statt. Der erste Abrechnungstag für Emissionen und Emissionsrechte war der 30. Januar 1996. Vgl. ENDRES / SCHWARZE (1994), S. 141 und ECKHARDT (1995).

beobachtet. Während bis zum 31.03.1996 Emissionsscheine im Umfang von ca. 5 Mio. Tonnen SO_2 extern gehandelt wurden, wurden Zertifikate über rund 40 Mio. Tonnen SO_2 intern neu alloziiert.[175] Die Emittenten ziehen es somit derzeit vor, zunächst ihre interne Emissionsstruktur zu optimieren. Eine letztendliche Beurteilung des Programms erscheint erst in einigen Jahren möglich, wenn die Emissionsrestriktionen für die betroffenen Emittenten schärfer werden und damit der Anreiz zu externem Handel steigt. So ergibt sich auch aus Simulationsberechnungen, daß das Gros der gegenüber einer Auflagenlösung ermittelten Kosteneinsparungen von 2 bis 3 Mrd. US-$ pro Jahr in der Phase II des Programms anfallen dürfte.[176]

RECLAIM-Programm[177]

Aufgrund einer ungünstigen topographischen Lage sowie unglücklicher klimatischer Bedingungen überschreiten die Ozon- und Staubkonzentrationen in Südkalifornien die nationalen Immissionsstandards beträchtlich. Um diese hohen Luftbelastungen zu vermindern, ist das **Regional Clean Air Incenives Market**-Programm (RECLAIM) ins Leben gerufen worden. Es zielt auf die Reduzierung der kleinräumig wirkenden Emissionen von Stickoxiden (NO_x) und Schwefeloxiden (SO_x). Beide Substanzen sind nämlich Ausgangsstoffe für Stäube und NO_x zudem Vorläufersubstanz von Ozon.

Angewendet wird das RECLAIM-Programm allein auf stationäre Emissionsquellen mit einer Emissionsmenge von mindestens 4 Tonnen NO_x oder SO_x jährlich. Damit wird dem Umstand Rechnung getragen, daß der Einbezug kleinerer und mobiler Quellen hohe Kontrollkosten impliziert hätte, die diese Unternehmen ungebührlich belastet hätten. Aber auch unter Ausschluß dieser Emittenten vom späteren Zertifikathandel werden immerhin 65 % der NO_x- und 85 % der SO_x-Gesamtemissionen aus genehmigungspflichtigen stationären Quellen erfaßt, wobei sich diese Emissionen auf 390 beziehungsweise 41 Anlagen verteilen. Ökologisches Ziel der Initiative ist die Rückführung der NO_x-Emissionen von 37511 Tonnen in 1994 auf 9290 Tonnen in 2003, während im gleichen Zeitraum die SO_x-Emissionen von 9362 Tonnen auf 3580 Tonnen sinken sollen.

Die Emissionsrechte werden nach dem Verfahren des Grandfathering an die Altemittenten ausgegeben. Diese erhalten Zertifikate in Umfang jener Emissionsmengen, die bei einer Anlage zu erwarten wären, die die ordnungsrechtlichen Anforderungen nach dem Stand der

---

175 Vgl. SCHWARZE (1996), S. 8.

176 Vgl. ENDRES / SCHWARZE (1994), S. 203 ff.

177 Vgl. im folgenden FROMM / HANSJÜRGENS (1994) und (1996) sowie BADER / RAHMEYER (1996).

Vermeidungstechnologie erfüllt. Die Emissionsrechte werden jährlich neu ausgegeben und dabei einem für alle Emittenten identischen prozentualen Abschlag unterworfen, der die Erreichung der Emissionsziele in 2003 sicherstellt. Der Lizenzhandel wird über ein an der Pacific Stock Exchange entwickeltes Computerprogramm durchgeführt, um die Such- und Abwicklungskosten des Zertifikattransfers gering zu halten. Zur Förderung eines möglichst breiten, funktionsfähigen Marktes steht die Teilnahme am Zertifikathandel sämtlichen Privatpersonen und Institutionen offen.

Neu am RECLAIM-Programm gegenüber anderen Zertifikats- oder zertifikats-ähnlichen Initiativen ist die Unterteilung in zwei zonale Märkte. Diese Unterteilung war notwendig, da Diffusionsberechnungen ergaben, daß ein freier Handel der Zertifikate zu einer Emissionsstruktur hätte führen können, die lokal überhohe Immissionen in der Küstenregion Südkaliforniens bedeutet. Dem Problem von „hot spots" wurde mit einer einfachen Handelsregel wirksam begegnet: Emittenten in der Küstenregion ist es demnach allein gestattet, ihre Emissionen mit Zertifikaten zu decken, die bei Erstausgabe an in der Küstenregion ansässige Emittenten verteilt wurden. Für im Inland ansässige Quellen gilt diese Beschränkung nicht. Da für das Inland keine überhohen Schadstoffkonzentrationen befürchtet werden, können dortige Emittenten ihren Schadstoffausstoß sowohl mit Zertifikaten decken, die im Inland ausgegeben wurden, als auch mit jenen, die in der Küstenregion primärverteilt wurden.

Um unberechtigten, nicht durch Lizenzen gedeckten Schadstoffausstoß zu unterbinden, wurde ein umfangreiches Emissionskontrollsystem eingeführt, das für größere Anlagen eine kontinuierliche Emissionsmessung vorsieht. Kleinere Quellen werden allein mit vierteljährlichen Emissionsmeldungen und diskreter Überwachung konfrontiert. Ein strenges Sanktionssystem gewährleistet zudem, daß unvollständige oder unkorrekte Angaben über Emissionsmengen für die Unternehmen unattraktiv werden.

Schätzungen mittels RECLAIM realisierbarer Kosteneinsparungen belaufen sich für den Zeiträumen von 1994 bis 1999 auf jährlich durchschnittlich 42 %. Simulationsrechnungen zufolge hätte die Minderung der NO_x- und SO_x-Emissionen im Rahmen eines ordnungsrechtlichen Programms durchschnittlich 138,7 Mio. US-$ gekostet, während die Kosten unter Verwendung von RECLAIM mit lediglich 80,8 Mio. US-$ deutlich geringer veranschlagt werden. Ob diese Kosteneinsparungen tatsächlich realisiert werden können, bleibt abzuwarten. Allerdings sind die Ergebnisse der ersten von privaten Maklern organisierten Lizenzauktionen durchaus verheißungsvoll. Nach zögerlichem Beginn hat sich das Volumen gehandelter Zertifikate mit der dritten Versteigerung gegenüber der vorherigen Auktion mehr als versiebzehnfacht.[178] Ein hohes Maß an Markttransaktionen ist ein guter Indikator für die Funktionsweise des Marktes und die Ausnutzung von Unterschieden in den individuellen Grenzvermeidungskosten.

Auch wenn noch keine abschließende Beurteilung des Acid-Rain-Programms und der RECLAIM-Initiative vorgenommen werden kann, so bleibt doch festzuhalten, daß das gradualistische Vorgehen der schrittweisen Implementation marktwirtschaftlicher Anreize in die amerikanische Luftreinhaltepolitik erste Erfolge vorzuweisen hat. Während mit dem Scheitern der Kompensationsregel nach Nr. 4.2.10 TA-Luft in Deutschland zertifikatähnliche Ansätze derzeit kaum Chancen auf eine praktische Umsetzung besitzen, hat der Teilerfolg des ETP noch vielversprechendere, kaum ordnungsrechtlich gegängelte Initiativen für „reine" Zertifikatprogramme in Gang gesetzt. Für die weitere Entwicklung marktwirtschaftlicher Ansätze im amerikanischen Umweltrecht ist jedoch das praktische Abschneiden dieser Programme von erheblicher Bedeutung.

Ebenso könnten die amerikanischen Erfahrungen mit Zertifikatprogrammen auf die deutsche Umweltpolitik Einfluß nehmen. Zum einen könnten pauschale Argumente, Zertifikate seien unter Verweis auf hohe Transaktionskosten und illusorische Informationsanforderungen nicht praktikabel,[179] widerlegt werden. Zum zweiten sind Fehler bei der Implementation eigener Konzepte zu vermeiden, indem auf die bestehenden Erfahrungen zurückgegriffen wird.[180] Zum dritten - und dies ist vielleicht der wichtigste Ansatzpunkt für eine Forcierung marktwirtschaftlicher Instrumente in der deutschen Umweltpolitik - erfolgt eine bessere Informationsrückkopplung über die Wirkungsweise von handelbaren Umweltnutzungsrechten im Vergleich zu ordnungsrechtlichen Instrumenten. Über diese Rückkopplung könnte das öffentliche Interesse an der Verwirklichung adäquat implementierter Zertifikatprogramme in die deutsche Umweltpolitik steigen und darüber der Druck auf die Politiker zunehmen, sich für deren Realisierung zu engagieren.

---

178 Vgl. FROMM / HANSJÜRGENS (1996), S. 377 f.

179 Zum Verweis auf solche Pauschalurteile siehe GAWEL (1994 c), S. 43 f. sowie auch Gliederungspunkt III.B.5.2.4.1.

180 Zu solchen Analysen der amerikanischen Luftreinhaltepolitik und Möglichkeiten der Übertragung in die deutsche Umweltpolitik vgl. BONUS (1984 a); REHBINDER / SPRENGER (1985).

5.2 Zertifikate zur Regulierung der Treibhausproblematik

Der anthropogen verursachte Treibhauseffekt wird als eines der drängendsten Umweltprobleme der Gegenwart empfunden. Seine globalen Auswirkungen machen es zudem zu einem Prüfstein für die internationale Staatengemeinschaft, die allein in einer gemeinsamen Anstrengung die drohenden klimatischen Veränderungen auf der Erde abzuwenden vermag. Entsprechend war der Klimaschutz eines der Hauptthemen auf der United Nations Conference on Environment and Development (UNCED) im Juni 1992 in Rio de Janeiro. Ein zur Bekämpfung der Treibhausproblematik wichtiges Ergebnis der Konferenz war die Verabschiedung der Klimarahmenkonvention, die von 154 Staaten paraphiert wurde. Wesentlicher Inhalt dieser Konvention ist die Einigung der Unterzeichnerstaaten, die Treibhausgaskonzentrationen in der Atmosphäre auf einem klimatisch ungefährlichen Niveau stabilisieren zu wollen. Dazu wurden erste Maßnahmen vereinbart, wie die Verpflichtung der Vertragsparteien, Treibhausgasinventare zu erstellen, und die Einrichtung einer jährlich stattfindenden Vertragsstaatenkonferenz, auf der die Einhaltung der Konvention überwacht und weitere Schritte zur Realisierung des Konventionsziels eingeleitet werden sollen.[181]

Im Mittelpunkt der Diskussion zur Rückführung der anthropogenen Einflüsse auf das Erdklima stehen die weltweiten CO_2-Emissionen, die mit einem Anteil von 50 % den Hauptverursacher des vom Menschen ausgelösten Treibhauseffektes darstellen.[182] Zur Minderung dieser Emissionen wurden verschiedene Politik-ansätze vorgestellt. Sie reichen von nationalen Emissionsquoten, nationalen Abgaben, internationalen Abgaben bis hin zu international handelbaren Emissionsrechten.[183] Wichtig für die Entscheidung über das zu verwendende Instrumentarium ist der Umstand, daß die CO_2-Emissionen auf internationalem Niveau bisher noch nicht reguliert wurden. Insbesondere wurde noch kein Pfad zugunsten einer Anwendung des Ordnungsrechts eingeschlagen, der die Implementation marktwirtschaftlicher Instrumente erschwerte. Es bestehen somit noch keine an die von ordnungsrechtlichen Regelungen ausgehenden Anreize angepaßten Organisationen, die sich einer marktwirtschaftlich orientierten Reform des Instrumentariums widersetzten. Aufgrund des bisherigen institutionellen Vakuums stehen die alternativen Lösungsansätze somit in einem unverzerrten Wettbewerb zueinander, und es besteht berechtigte Hoffnung, daß sich die ökonomische Ratio bei dieser Konkurrenz durchzusetzen vermag.

---

181 Zum Inhalt der Klimakonvention vgl. ausführlich RENTZ , H.(1995), S. 61 ff.

182 Vgl. ENQUETE-KOMMISSION (1992), S. 9. Dem folgen Fluorchlorkohlenwasserstoffe (FCKW) mit einem Anteil von 22 %, Methan mit 13 %, Ozon mit 7 %, Distickstoffoxid mit 5 % und schließlich Wasserdampf mit 3 %.

183 Vgl. RENTZ, H. (1995), S. 79 ff.

Gründe für diese Annahme ergeben sich aus dem Profil des betrachteten Umweltproblems, das geradezu auf die Anwendung von Zertifikaten zugeschnitten ist. Die von CO_2 ausgehenden Treibhauswirkungen sind nämlich unabhängig vom Ort der Emission. Damit handelt es sich bei CO_2 um einen global wirkenden Schadstoff, so daß ein weltweiter Handel von Emissionsrechten ohne die Berücksichtigung räumlicher Aspekte möglich ist. In diesem Fall erweist sich das Konzept der Zertifikate aus ökonomischer Sicht als unschlagbar. Es verbindet nämlich die Vorteile ökonomischer Effizienz und ökologischer Treffsicherheit.[184] Darüber hinaus scheinen sie auch politisch durchsetzbar zu sein, wenn sie beginnend mit einem Kompensationskonzept schrittweise eingeführt werden.[185]

Demgegenüber leiden alternative Auflagenlösungen in Form nationaler Emissionsquoten unter überhohen Kosten des Umweltschutzes als auch fehlender politischer Durchsetzbarkeit. Staaten, die (wie Japan) bereits in der Vergangenheit viel zur Reduktion der CO_2-Emissionen unternommen haben, kämen bei weiteren ordnungsrechtlichen Minderungsvorgaben in Bereiche extrem hoher Grenzverhinderungskosten.[186] Dagegen lägen die Grenzvermeidungskosten in Entwicklungsländern weit unter diesen Werten. Angesichts der immens hohen ökonomischen Anstrengungen, die zur Stabilisierung des Klimas vorzunehmen sind, erscheint ein Auflageninstrument, das mit den knappen Mitteln derart verschwenderisch umgeht, politisch nicht opportun. Zudem würden sich die Entwicklungsländer einem solchen Regime ohne kompensierende Transfers nie unterwerfen, das ihnen durch die CO_2-Minderungsvorgaben eine wirtschaftliche Entwicklung verwehrt.

Abgaben mangelt es zum einen an der notwendigen ökologischen Treffsicherheit.[187] Zum zweiten entstehen Probleme aus der Verwendung des Abgabenaufkommens. Als einzig praktikable Alternative erscheint hier die Rückführung des Aufkommens an die am Abgabensystem teilnehmenden Länder nach einem ex ante festgelegten Schlüssel. Die Einigung über dieses Verteilungsverfahren wirft jedoch erhebliche politische Probleme auf.[188] Zum dritten unterliegt eine internationale Klimaschutzabgabe dem Problem einer Anpassung an die sich ständig ändernden Wechselkursrelationen. So fragt BONUS, was „eine solche Steuer

---

184 Vgl. BONUS (1995 b), S. 304.

185 Vgl. auch TIETENBERG / VICTOR (1994).

186 Vgl. RENTZ, H. (1995), S. 81.

187 Vgl. BONUS (1990), S. 347.

188 Vgl. RENTZ, H. (1995), S. 83 f.

in Rußland bewirken (soll), wo die kumulierte Geldentwertung der Jahre 1992 bis 1994 fast 4000 Prozent betrug?"[189]

Ein internationales Zertifikatsystem zur Regulierung der CO_2-Emissionen ist zum einen ökologisch treffsicher, da es die erlaubte Emissionsmenge exogen über den im Umlauf befindlichen Lizenzbestand exogen festlegt. Zum zweiten erlaubt es, das ökologische Ziel zu minimalen volkswirtschaftlichen Kosten zu erreichen, indem die Lizenzen dorthin wandern, wo die Vermeidung relativ teuer ist, während Emissionen dort vermieden werden, wo dies vergleichsweise kostengünstig möglich ist. Das internationale Lizenzsystem mischt sich dabei nicht in innere Angelegenheiten der einzelnen Staaten ein, da es den Staaten selbst überlassen bleibt, mit welchem Instrumentarium sie auf nationaler Ebene arbeiten.[190] Insbesondere für Entwicklungsländer, die vielfach nicht die institutionellen Rahmenbedingungen für einen nationalen Handel mit Lizenzen aufweisen, dürfte ein System von Auflagen vorteilhaft sein.[191] Auch wird das Problem sich gegeneinander verschiebender Währungsrelationen vermieden, wenn auf Mengenlösungen zurückgegriffen wird.

Zum vierten besteht die Möglichkeit, erhebliche Schwierigkeiten, die einer direkten Umsetzung eines internationalen Zertifikatsystems entgegenstehen, über den Prozeß einer evolvierenden, schrittweisen Einführung zu vermeiden. Als wesentliches Problem der sofortigen Einführung eines globalen Zertifikatsystems entpuppt sich die Einigung auf einen Verteilungsschlüssel bei der Erstvergabe der Lizenzen, der genügend Staaten Anreize zum Marktbeitritt bietet. Aufgrund der höchst unterschiedlichen Interessenpositionen von Industrie- und Entwicklungsländern, ölimportierenden und ölexportierenden Staaten, ehemaligem Ostblock und westlicher Welt, sowie wegen der hohen Anreize zum „Trittbrettfahren" einzelner Nationen werden die Chancen als sehr gering eingeschätzt, einen allseits akzeptablen Vergabeschlüssel auszuhandeln.[192]

Als Alternative bietet sich die von RENTZ vorgestellte gradualistische Einführung eines globalen Lizenzsystems an.[193] Demnach könnte sich ein internationaler Markt für handelbare CO_2-Emissionsrechte evolutorisch aus einem zunächst eingeführten Kompensationsmodell entwickeln. Ausgangspunkt dieses Prozesses wäre die Einigung der Industrieländer, eine

---

189 BONUS (1995 a).

190 Vgl. TIETENBERG / VICTOR (1994), S. 11.

191 Vgl. BONUS (1993 b), S. 71.

192 Zu einer Auswahl viel diskutierter Vergabeschlüssel und deren Chancen, Grundlage einer internationalen Vereinbarung für ein Zertifikatsystem zu sein, vgl. RENTZ, H. (1995), S. 213 ff.

193 Vgl. im folgenden RENTZ, H. (1995), S. 220 ff.

Vorreiterrolle im internationalen Umweltschutz übernehmen zu wollen und entsprechend eine freiwillige Fixierung nationaler Emissionsziele zu unternehmen.[194] Zugleich würde vereinbart, daß zur Realisierung dieser Emissionsziele auch Schadstoffminderungen im Ausland, sogenannte Kompensationen, angerechnet werden. Anreize für Entwicklungs- und Schwellenländer, als Gastländer für Emissionsminderungen zu fungieren, ergäben sich aus einem für sie wünschenswerten Technologietransfer aus den Industrieländern. Werden Kompensationen zunächst im Wege bilateraler Verhandlungen zwischen Nachfragern von Schadstoffminderungen aus Industrieländern und Anbietern solcher Reduktionen aus Entwicklungs- oder Schwellenländern getätigt, so mögen sich mit der Zeit auf die Eruierung und Vermittlung von Kompensationen spezialisierte Unternehmen herausbilden. Parallel hierzu könnte sich mit einer steigenden Zahl von Transaktionen ein eigener, börslich organisierter Markt für Kompensationen entwickeln. Dieser Handel mag zunächst auf nationaler, dann auch auf internationaler Ebene stattfinden. Neue Länder könnten zudem sukzessive dem System beitreten und damit zu seiner Ausweitung beitragen. Die Einhaltung der freiwilligen Selbstverpflichtungen der Industrieländer würde durch eine internationale Koordinationsstelle, die beispielsweise den Vereinten Nationen unterstellt würde, überwacht. Als Mittel zur Sanktionierung von Zielverfehlungen stünde ihr bis dahin allein die Veröffentlichung von Verstößen zur Verfügung.

In einem nächsten Schritt könnten die Industrieländer ihre bisher freiwilligen Selbstverpflichtungen in völkerrechtlich verbindliche nationale Emissionsziele ummünzen. Diese Ziele könnten die Basis für den Verteilungsschlüssel eines später implementierten, internationalen Zertifikatsystems sein. In dem Maße, wie die Emissionen der entwickelten Länder das global angestrebte Emissionsziel unterschreiten, könnten den Entwicklungsländern CO_2-Emissionsrechte als Gegenleistung für einen Beitritt zum „Klimabündnis" angeboten werden. Dazu müßten auch sie ein völkerrechtlich verbindliches nationales Emissionsziel formulieren. Anreize zur Ratifizierung des Abkommens bestünden für die Entwicklungsländer in dem Zufluß der CO_2-Emissionsrechte, die als wertvolle Ressourcen verkauft oder verleast werden könnten.[195] Der Verhandlungsprozeß zwischen den Industriestaaten über striktere nationale Emissionsziele als auch jene Verhandlungen über die Zuweisung von CO_2-Emissionsrechten mit den dem System beitretenden Entwicklungsländern könnten sequentiell durchgeführt werden. Damit entzerrte sich die Verhandlungsproblematik sowohl in zeitlicher Hinsicht als auch bezüglich der Zahl der Verhandlungsparteien, so daß Einigun-

---

194 Eine solche, freiwillige Fixierung ist beispielsweise die Bundesregierung eingegangen, als sie die Minderung der deutschen CO_2-Emissionen um 25 % bis 2005 gegenüber dem Niveau von 1990 versprach.

195 Vgl. BONUS (1995 a).

gen weitaus wahrscheinlicher werden als bei der Einführung eines globalen Lizenzsystems in einem einzigen Schritt.

Schließlich könnte sich das Kompensationsmodell zu einem globalen Markt für CO_2-Zertifikate entwickeln. Mit Ländern, die dem System noch nicht beigetreten sind, könnten weiterhin Kompensationen stattfinden. Innerhalb des Systems wären die Zertifikate frei handelbar. Die Erfüllung der völkerrechtlich verbindlichen nationalen Emissionsziele könnte durch eine internationale Umweltbehörde überwacht werden, die aus der bisherigen internationalen Koordinationsstelle hervorginge.[196]

Der Weg zu einem globalen Markt für CO_2-Emissionsrechte ist weit und voller Hindernisse. Allerdings wurden in der verabschiedeten Klimarahmenkonvention erste Schritte zur Errichtung eines Kompensationsmodells getan. Zum ersten wurde das Ziel einer Stabilisierung der CO_2-Emissionen bis zum Jahr 2000 auf dem Niveau von 1990 formuliert und von einer Reihe von Nationen - den sogenannten Annex I Staaten - akzeptiert. Diese Staaten könnten mit ihrer freiwilligen Selbstverpflichtung die Keimzelle zum Aufbau des Kompensationssystems bilden. Zum zweiten wurden den Annex I Staaten zwei Wege zur Verwirklichung ihrer Emissionsziele eingeräumt: der erste besteht in der herkömmlichen Reduktion des CO_2-Ausstoßes auf heimischem Boden; der zweite erlaubt den Staaten jedoch auch, ihre Emissionsziele durch gemeinsam mit anderen Staaten durchgeführte Maßnahmen zu erreichen.[197] Diese Möglichkeit, in koordinierten Projekten Klimaschutz zu betreiben, hat zu dem Vorschlag geführt, den Vertragsstaaten, die sich selbst Emissionsziele auferlegt haben, in anderen Ländern erreichte Emissionsminderungen auf das eigene Ziel anzurechnen.[198] Dieses Verfahren entspricht dem oben beschriebenen Konzept der Kompensationen. Auf der ersten Vertragsstaatenkonferenz zur Klimarahmenkonvention, die 1995 in Berlin stattfand, wurde beschlossen, das Kompensationsinstrument in einer Pilotphase zu testen. Ziel dieses Teststadiums ist herauszufinden, wie dieses Instrument in der Praxis funktioniert, und ob es für eine ausgeweitete Anwendung im Klimaschutz praktikabel ist.[199] Fallen die Erfahrungen mit Kompensationen in der Pilotphase positiv aus, so könnten in einem nächsten Schritt die im Rahmen von Kompensationen erreichten Emissionsminderungen auf die nationalen Emissionsziele angerechnet werden. Daraufhin könnte der Markt für Kompensationen

---

196 Zu einem solchen Vorschlag und den detaillierten Aufgaben und Instrumenten der Behörde vgl. ausführlich SANDOR / COLE / KELLY (1994).

197 Vgl. Art. 4, Abs. 2 a Klimarahmenkonvention.

198 Vgl. TIETENBERG / VICTOR (1994), S. 9.

199 Vgl. BUNDESMINISTERIUM FÜR UMWELT, NATURSCHUTZ UND REAKTORSICHERHEIT (1995), S. 4.

evolvieren, und der erste vielversprechende Schritt auf dem Weg zu einem globalen CO_2-Zertifikatsystem wäre getan.

6. Zusammenfassung

In diesem Kapitel wurden die verschiedenen umweltpolitischen Instrumente aus Sicht der Theorie institutionellen Wandels analysiert. Es stellte sich dabei heraus, daß sich dieser Ansatz gut zur Erklärung der Dominanz des Ordnungsrechts in der gegenwärtigen deutschen Umweltpolitik eignet. Die wesentlichen Ergebnisse können wie folgt zusammengefaßt werden:

(1) Die umweltpolitischen Instrumente sind sekundäre, gestaltbare Institutionen, deren Erfolg beziehungsweise Mißerfolg abhängt von ihrer (Dis-) Harmonie mit bestehenden fundamentalen als auch dem bestehenden Netzwerk sekundärer Institutionen.

Fundamentaler Natur in der Umweltpolitik sind das Umweltbewußtsein und das Rechtsempfinden der betroffenen Akteure. Während Emittenten, Politiker und Bürokraten aufgrund rational-eigennütziger Argumente eine Präferenz für das Ordnungsrecht besitzen, sind die Bevölkerung, Juristen und Ingenieure infolge ideologischer Sichtweisen dem Auflageninstrumentarium zugetan. Gegen marktwirtschaftliche Instrumente bestanden insbesondere Anfang der siebziger Jahre tiefgehende emotionale Widerstände.

Mit Aufnahme der Umweltpolitik als eigenständiger Politikaufgabe war die Tendenz zur Anwendung des Ordnungsrechts auch im Bereich sekundärer Institutionen vorgezeichnet. So bestand Anfang der siebziger Jahre bereits ein umfangreicher Verwaltungsapparat, der langjährige Erfahrungen mit der Nutzung von Ge- und Verboten im Bereich des Umweltschutzes gesammelt hat. Der bestehende Rahmen fundamentaler und sekundärer Institutionen legte es somit nahe, sich für das Ordnungsrecht als tragendes Instrument der Umweltpolitik zu entscheiden.

(2) Die Entscheidung für das Ordnungsrecht setzte eine weitere pfadabhängige Entwicklung zugunsten des Auflageninstrumentariums in Gang. Hohe spezifische Investitionen seitens des Staates wie auch der Emittenten in die Nutzung der Institution, Lerneffekte im Umgang mit ordnungsrechtlichen Regelungen, Koordinationseffekte und ein im Sinne adaptiver Erwartungen abgestimmtes Verhalten zwischen den Emittenten bedeuteten positive Rückkopplungen, die eine weitere Anwendung des Auflagenrechts vorteilhaft machten. Unvollkommene politische Märkte, die der Bevölkerung nur unzureichend Informationen über die Ineffizienz des Ordnungsrechts rückkoppelten, als auch ideologische Barrieren gegen die Anwendung marktwirtschaftlicher Lösungsalternati-

ven schufen auch langfristig gute Bedingungen für die Persistenz und Ausweitung des Auflageninstrumentes in der Umweltpolitik. In der Folge hat sich das Ordnungsrecht nicht nur als dominantes Instrument auf neuere Regulierungsbereiche (Naturschutz, Bodenschutz, Gentechnik) ausgeweitet, sondern auch in bestehenden Problembereichen an Dichte gewonnen.

(3) Korrekturen der pfadabhängigen Entwicklung könnten grundsätzlich an fundamentalen und sekundären Institutionen ansetzen.

Da fundamentale Institutionen nur langsam evolvieren, sind sie in kurzer Frist nicht zu verändern. In langer Frist sind zwar Einflüsse möglich - und als Ansatzpunkt einer Einflußnahme auf das Umweltbewußtsein wird der Faktor Bildung diskutiert -, doch entziehen sich fundamentale Institutionen auch in langer Sicht einer rationalen Planung. Diesbezügliche Gestaltungsabsichten sind somit erheblichen Wirkungsunsicherheiten unterworfen.

In der Praxis ist festzustellen, daß das Umweltbewußtsein in der deutschen Bevölkerung nur sehr langsam zunimmt, die ideologische Ablehnung marktwirtschaftlicher Instrumente jedoch in Bewegung gerät. Während die Unzufriedenheit über die auflagenorientierte Umweltpolitik wächst, haben Abgaben einen Zugang zu den mentalen Modellen der Individuen gefunden. Sie genießen in der Öffentlichkeit inzwischen eine große Popularität und finden in die Programme aller großen Parteien Eingang.[200] Demgegenüber ist die Akzeptanz von Zertifikaten in der Öffentlichkeit noch nicht so weit gereift.

Die umweltpolitischen Instrumente sind als sekundäre Institutionen gestaltbar; und soweit sie nicht mit dem Umweltbewußtsein und dem Rechtsempfinden einer Gesellschaft konfligieren (wie dies inzwischen neben Auflagen auch für Abgaben in Deutschland der Fall sein dürfte), sind die grundlegenden Voraussetzungen für eine erfolgreiche Implementation der Instrumente erfüllt. Allerdings sind die Instrumente in einen Rahmen sekundärer Institutionen einzufügen, der sich in eine ordnungsrechtliche Richtung entwickelt hat. Grundsätzlich stehen zwei Wege zur Implementation marktwirtschaftlicher Instrumente zur Verfügung:

Im Wege einer „Schocktherapie" wird in einem Schritt eine umfassende Umgestaltung des bestehenden institutionellen Gefüges vorgenommen. Diesem Vorgehen folgen beispielsweise Vorschläge für eine Ökosteuer-Reform, die eine grundlegende Neuausle-

---

200 Vgl. BENKERT (1994), S. 47 und 50.

gung des Steuersystems unter Verwendung ökologisch relevanter Steuergrundlagen vorsehen. Probleme solch abrupter Kehrtwendungen sind jedoch, daß zum einen die wirtschaftspolitischen Folgen eines neuen, bisher nicht verwendeten Systems sekundärer Institutionen kaum absehbar sind, und zum zweiten Reformen im politischen Prozeß nur unter Aufgabe erheblicher Teile ökonomischer Rationalität durchsetzbar scheinen.

Die Strategie des „Gradualismus" sieht die stückweise Implementation einzelner marktwirtschaftlicher Bausteine in den bestehenden institutionellen Rahmen vor. Dieser Weg impliziert eine bessere Prognostizierbarkeit der resultierenden wirtschaftspolitischen Folgen. Allerdings bestehen mit der Emissionsstandards- und der Immissionsstandardsphilosophie über längere Zeit unterschiedliche institutionelle Systeme nebeneinander, deren Reibung zu erheblichen Effizienzverlusten führen kann. Zwei Beispiele aus dem deutschen Umweltrecht - die Kompensationsregel Nr.4.2.10 nach TA-Luft und die Abwasserabgabe - zeigen dies eindrucksvoll: von marktwirtschaftlichen Instrumenten ausgehende ökonomische Anreize können durch überlagernde ordnungsrechtliche Normen „erstickt" oder aber im politischen Prozeß in ihrer Wirkungsweise „ausgehöhlt" werden. Der in langer Zeit entwickelte Rahmen ordnungsrechtlich ausgerichteter sekundärer Institutionen, insbesondere die an diesen Rahmen angepaßten Organisationen, können auch gut gemeinte marktwirtschaftliche Ansätze zum Scheitern verurteilen.

(4) Diesem ernüchternden Ergebnis, das pessimistischen Sichtweisen Platz macht, die deutsche Umweltpolitik befände sich in einer Art evolutorischen Sackgasse,[201] sind jedoch Ansatzpunkte entgegen zu halten, die einen Weg aus der Sackgasse anzeigen könnten.

Zum einen besteht die Möglichkeit, daß in anderen Ländern institutionelle Pfade mit höherer Effizienz beschritten werden, deren Wahrnehmung in Deutschland eine Art Informationsrückkopplung für die Ineffizienz des deutschen ordnungsrechtlichen Systems bedeuten könnte. Als Beispiel für einen effizienteren Weg in der Umweltpolitik ist die amerikanische Luft-reinhaltepolitik zu nennen, die sich erfolgreich eines hybriden Instrumentariums bedient hat und zur Zeit erste Erfahrungen mit reinen Zertifikatsystemen sammelt.

Zum anderen bestehen gute Chancen für marktwirtschaftliche Instrumente in umweltpolitischen Regelungsbereichen, die bisher institutionell noch nicht gefüllt waren. Da

---

201 Vgl. ähnlich LAHL (1993), S. 255.

hier noch kein institutioneller Entwicklungspfad eingeschlagen wurde, stehen hier sämtliche Instrumentenalternativen noch in offenem Wettbewerb zueinander. Gute Chancen für eine Realisierung des Zertifikatmodells existieren beispielsweise im Bereich des Klimaschutzes.

Zusammenfassend läßt sich resümieren, daß es schwierig ist, Korrekturen an einem in langer Zeit evolvierten ordnungsrechtlichen Rahmen vorzunehmen. Insbesondere erscheint eine abrupte, vollständige Abkehr von diesem Rahmen unmöglich beziehungsweise wirtschaftlich schädlich. Als vorteilhafter, wenn auch mit Risiken der Deformation marktwirtschaftlicher Anreize behaftet, erweist sich eine Strategie des inkrementellen Einbaus marktwirtschaftlicher Instrumente in das herrschende Recht.[202] Impulse für eine nachhaltige Reform der deutschen Umweltpolitik sind von Erfolgen mit marktwirtschaftlichen Instrumenten auf globaler Regelungsebene oder in anderen Staaten zu erwarten.

Trotz dieser Ansatzpunkte für einen Einzug marktwirtschaftlicher Lösungsansätze in die Umweltpolitik bleibt jedoch festzuhalten, daß sich ebenso gut der ordnungsrechtliche Pfad institutionellen Wandels als stabil und beharrlich erweisen kann.[203] Der institutionelle Wandel in der Umweltpolitik ist offen und nur in Teilen planbar.

---

202 Vgl. auch BONUS (1984 a), S. 142 f.

203 Ebenso BONUS (1986 a), S. 384: „... while I personally think that the process of infusing market elements into the system of environmental controls will gain momentum and feed itself, one must admit that the contrary may happen just as well, and that the fortress of rigid, direct rules might prove unconquerable for the time being."

IV. Schlußbemerkungen

Da gegen Ende der Hauptkapitel dieser Arbeit die jeweiligen Ergebnisse ausgiebig zusammengefaßt werden, werden in diesem Schlußteil nur die wesentlichen Resultate der Untersuchung nachgezeichnet.

Die Analyse der neoklassischen Bemühungen zur Internalisierung externer Effekte ergab folgende Ergebnisse: Die Realisierung des Pareto-Optimums mit Hilfe von Pigou-Steuern beziehungsweise -Subventionen ist nur dann möglich, wenn im Modell die Annahme von Null-Transaktionskosten getroffen wird. Der Staat besitzt dann vollständige Information über die individuellen Angebots- und Nachfragekurven, und die Festsetzung und Erhebung der Pigou-Steuern / Subventionen sowie die Überwachung der Emittenten sind kostenfrei. Bei Abstraktion von Transaktionskosten führen aber auch staatliche Weisungen an die einzelnen Emittenten wie auch private Verhandlungen nach Coase zwischen den an der Externalität Beteiligten zum Pareto-Optimum. In diesem Modellrahmen erweisen sich somit sämtliche Koordinationsmechanismen als gleichermaßen effizient.

Erst mit Lockerung der Transaktionskostenannahme dahingehend, daß zum einen aufgrund unvollständiger Information nicht mehr die Realisierung des Pareto-Optimums, sondern bestimmte ökologische Standards Ziel der Umweltpolitik sind, und zum anderen die Individuen private Informationen bezüglich ihrer Emissionsvermeidungskosten besitzen, wird eine Analyse unterschiedlicher Koordinationsmechanismen zur Behebung von Umweltproblemen sinnvoll. In einem solchen, geänderten neoklassischen Analyserahmen erweisen sich dann marktwirtschaftliche Instrumente (Abgaben und Zertifikate) gegenüber staatlichen Weisungen (Auflagen) aufgrund von Informationskostenvorteilen als vorteilhaft.

Unter Hinweis auf die in der Realität zu beobachtende Dominanz des Ordnungsrechts in der Umweltpolitik - und die damit bestehende Diskrepanz zwischen neoklassischer umweltökonomischer Theorie und politischer Praxis - wird in der umweltökonomischen Literatur indes eine Neubeurteilung des Instrumentariums in realitätsnäheren Modellen gefordert. In dieser Arbeit wurde nun exemplarisch für Auflagen, Abgaben und Zertifikate untersucht, wie diese Instrumente in der Modellwelt der Neuen Institutionenökonomik zu beurteilen sind, in der die Transaktionskostenannahme gegenüber dem modifizierten neoklassischen Modell weiter gelockert wird. Neben den Kosten, die bei der Generierung von Informationen über die Emissionsvermeidungskostenverläufe der Emittenten anfallen, wird betont, daß auch die Errichtung und Nutzung von Koordinationsmechanismen Transaktionskosten in Form von Such-, Abschluß-, Durchführungs- und Kontrollkosten verursacht. Nach einer kurzen Darstellung der wichtigsten Zweige der Neuen Institutionenökonomik wurden die umweltpolitischen Instrumente aus Sicht der Transaktionskostentheorie und der Theorie institutionellen Wandels analysiert.

Die Anwendung transaktionskostentheoretischer Überlegungen auf die Anwendung von Auflagen, Abgaben und Zertifikaten erbrachte keine „revolutionär" abweichenden Ergebnisse von den Instrumentenempfehlungen der Neoklassik. Vielmehr konnte die Vorteilhaftigkeit marktwirtschaftlicher Instrumente gegenüber dem Ordnungsrecht für weite Bereiche der Umweltpolitik im Detail herausgearbeitet werden. Abgaben und Zertifikate besitzen kostengünstigere und flexiblere institutionelle Mechanismen zur Absicherung spezifischer Investitionen der Emittenten als ordnungsrechtliche Regelungsalternativen. Vorteile für eine Anwendung von Auflagen ließen sich nur für zwei Bereiche ausmachen: Zum einen erscheinen sie adäquat in bestimmten Feldern der Gefahrenabwehr, wenn *einzelne* Emittenten das ökologische Existenzminimum gefährden können. Insbesondere bei hochgefährlichen Emissionen ist an die Anwendung von Verfahrens- und Verhaltensauflagen zu denken, die ex ante eine Überschreitung kritischer Grenzwerte verhindern. Zum zweiten können Auflagen Kostenvorteile gegenüber marktwirtschaftlichen Instrumenten bei der Kontrolle der Einhaltung von Emissionsnormen besitzen. Allerdings sind diesen (auch nur bedingt anfallenden) Kontrollkostenvorteilen die Produktionskostennachteile des Ordnungsrechts bei der Emissionsvermeidung entgegen zu halten. Wie der Exkurs zur Bedeutung des Kontrollkostenarguments auf die Wahl einer effizienten Koordinationsstruktur in Gliederungspunkt III.B.5.2.4 zeigt, sind Auflagen als Haupt-instrument des Umweltschutzes infolgedessen nur in eng begrenzten Feldern zu rechtfertigen.

Die Anwendung der Transaktionskostentheorie auf die Analyse umweltpolitischer Instrumente konnte so zwar detailliertere, zum Teil der neoklassischen Analyse zuwiderlaufende Aussagen über die Vor- und Nachteilhaftigkeit von Auflagen, Abgaben und Zertifikaten zutage fördern, nicht aber die Dominanz des Ordnungsrechts in der gegenwärtigen Umweltpolitik erklären. Allerdings wurden im Rahmen dieser Arbeit unterschiedliche Ausgestaltungen der Instrumente hinsichtlich ihrer Transaktionskostenwirkungen untersucht, ohne ein Augenmerk darauf zu richten, ob die angenommenen Designs der Instrumente in der Realität auch umgesetzt werden können beziehungsweise welche Kosten mit deren Umsetzung einhergehen. Es wurde somit kein Blick darauf geworfen, ob die institutionellen Rahmenbedingungen für deren Implementation stimmen und welche Kosten mit ihrer Einführung verbunden sind.

Eine solche Betrachtung der institutionellen Rahmenbedingungen für die Anwendung der drei Instrumente wurde anschließend unter Rückgriff auf die Theorie institutionellen Wandels von DOUGLASS C. NORTH vorgenommen. Mit Hilfe dieses theoretischen Ansatzes wurde es möglich, die Vorherrschaft von Auflagen in der deutschen Umweltpolitik theoretisch plausibel zu erklären.

So läßt sich die Hinwendung der deutschen Umweltpolitik zum Ordnungsrecht unter Verweis auf verschiedene geschichtliche Umstände erklären:

* Mit Aufnahme einer eigenständigen Umweltpolitik zu Beginn der siebziger Jahre bestanden in der Bevölkerung wie auch unter Juristen und Ingenieuren tiefsitzende, emotionale Widerstände gegen die Anwendung marktwirtschaftlicher Instrumente.
* Die Ökonomie befand sich vielfach noch in Diskussionen darüber, ob nun Abgaben oder Zertifikate die aus theoretischer Sicht vorteilhafte Strategie wären. Angesichts dieses noch auf theoretischer Ebene ausgetragenen Widerstreits kamen umsetzbare, konkrete Empfehlungen zur Anwendung von Abgaben und Zertifikaten in der Umweltpolitik zu kurz.
* Zum dritten existierte bereits ein bürokratischer Apparat, der mit der Wirkungsweise ordnungsrechtlicher Instrumente vertraut und an entsprechende Strukturen angepaßt war.

All dies wie auch die Ablehnung marktwirtschaftlicher Instrumente durch die Emittenten bot gute Voraussetzungen dafür, daß sich das Ordnungsrecht als tragendes Instrument der deutschen Umweltpolitik etablierte.

Mit der Entscheidung für das Ordnungsrecht setzte dann eine pfadabhängige Entwicklung zu einer weiteren, ausgedehnteren Verwendung dieses Instrumentariums ein. Bürokratien wie Emittenten investierten spezifisch in die entsprechenden institutionellen Regelungen, und Lerneffekte erleichterten den Umgang mit diesen Institutionen. Unvollkommene politische Märkte und ideologische Vorbehalte gegenüber marktwirtschaftlichen Alternativen förderten die Persistenz und weitere Verästelung ordnungsrechtlicher Normsetzung.

Auch wenn heute angesichts ehrgeiziger ökologischer Ziele die Ineffizienz des Ordnungsrechts immer spürbarer wird und ideologische Vorbehalte in der Bevölkerung gegen marktwirtschaftliche Instrumente (insbesondere Abgaben) an Kraft verlieren, erscheint eine Abkehr von dem eingeschlagenen instrumentellen Pfad nach wie vor schwierig. Es sind in langer Zeit Organisationen (wie z.B. die umweltpolitische Bürokratie) evolviert, die an die „Spielregeln" ordnungsrechtlicher Steuerungsmuster in der Umweltpolitik hervorragend angepaßt sind und sich gegen eine Abwendung hiervon mit aller Macht wehren. Wie Beispiele in der deutschen Umweltpolitik zeigen, können marktwirtschaftliche Instrumente im vor- wie nachgesetzlichen Prozeß erheblich deformiert und in ihrer Anreizwirkung abgestumpft werden.

Die Theorie institutionellen Wandels enthält somit nicht nur gute Ansätze zur Erklärung der Dominanz des Ordnungsrechts in der umweltpolitischen Praxis, sondern zeigt dem Wirtschaftspolitiker auch die Grenzen des Erfolges einer am Reißbrett entworfenen, rationalen Umweltpolitik auf. Angesichts dieser Ergebnisse erscheint es für die Umweltökonomik dringend geboten, geschichtliche Entwicklungen und ideologische Widerstände in die umweltökonomische Analyse aufzunehmen und entsprechend zu würdigen. Ein erster Schritt in diese Richtung wurde in dieser Arbeit unternommen. Doch ein weites, unerschlossenes Forschungsfeld wartet noch auf seine Bestellung durch die umweltökonomische Theorie.

Abschließend läßt sich resümieren, daß eine uneingeschränkte Geltung des Marktpostulats im Umweltschutz unter Beachtung institutionenökonomischer Überlegungen nicht aufrecht zu erhalten ist. Ebenso wenig läßt sich aber die These stützen, daß dem Ordnungsrecht auch unter Effizienzgesichtspunkten eine Führungsrolle in der Umweltpolitik zukomme.[1] Die transaktionskostentheoretische Analyse ergab, daß sich Auflagen allein für eng umrissene umweltpolitische Bereiche als dominierendes Instrument rechtfertigen lassen. Das in der umweltpolitischen Praxis zu beobachtende Fehlen marktwirtschaftlicher Lösungsansätze ist weniger darauf zurückzuführen, daß die Transaktionskosten der Nutzung dieser Instrumente prohibitiv hoch wären.[2] So zeigen neuere Zertifikatsprogramme in den USA (nach Überwindung anfänglicher Schwierigkeiten, die infolge der Neuheit dieses Koordinationsmechanismus' nicht verwunderlich sind), daß die Transaktionskosten des Transfers von Umweltnutzungsrechten mit Hilfe einer geeigneten Institutionalisierung von Märkten gering gehalten werden können.[3] Probleme einer Ausweitung marktwirtschaftlicher Strategien im Umweltschutz - darauf sei nochmals hingewiesen - scheinen vielmehr in der Hauptsache in politischen Widerständen begründet zu liegen, die insbesondere von an das Ordnungsrecht angepaßten Organisationen ausgehen, im Falle der Zertifikate aber auch auf noch immer bestehende ideologische Vorbehalte der Bevölkerung gegen dieses Instrument zurückzuführen sind. Diese Widerstände sind in langer Zeit gewachsen; ihre Überwindung eine Mammutaufgabe für Wissenschaft und Politik.

---

1   Vgl. zu einer solchen Stellungnahme GAWEL (1994 b), S. 63.

2   Vgl. zu einer solchen Einschätzung beispielsweise GAWEL (1996), S. 23.

3   Vgl. hierzu Gliederungspunkt III.C.5.1.

243

Literaturverzeichnis

Akademie der Wissenschaften zu Berlin (1992): Umweltstandards. Grundlagen, Tatsachen und Bewertungen am Beispiel des Strahlenrisikos, Forschungsbericht 2, Berlin, New York.

Alchian, Armen A. (1984): Specifity, Specialization, and Coalitions, in: Journal of Institutional and Theoretical Economics, Vol. 140, S. 34 - 49.

Alchian, Armen A. / Woodward, Susan (1987): Reflections on the Theory of the Firm, in: Journal of Institutional and Theoretical Economics, Vol. 143, S. 110 - 136.

Alchian, Armen A. / Woodward, Susan (1988): The Firm is Dead; Long Live the Firm: A Review of O. E. Williamson`s The Economic Institutions of Capitalism, in: Journal of Economic Literature, Vol. 26, S. 65 - 79.

de Alessi, Louis (1990): Development of the Property Rights Approach, in: Journal of Institutional and Theoretical Economics, Vol. 146, S. 19-23.

Altmann, Ferdinand W. (1996): Stabilität vertraglicher Kooperationsverhältnisse im Franchising. Eine institutionenökonomische Analyse, Inauguraldissertation an der Wirtschaftswissenschaftlichen Fakultät der Westfälischen Wilhelms-Universität Münster, Münster.

Arthur, W. Brian (1988): Self-Reinforcing Mechanisms in Economics, in: Anderson, Philip W. / Arrow, Kenneth J. / Pines, David (Hrsg.): The Economy as an Evolving Complex System: The Proceedings of the Evolutionary Paths of the Global Economy Workshop, held September 1987 in Santa Fe (New Mexico), Redwood City u.a., S. 9 - 31.

Arthur, W. Brian (1990): Positive Rückkopplung in der Wirtschaft, in: Spektrum der Wissenschaft, April 1990, S. 122- 129.

Bader, Pascal / Rahmeyer, Fritz (1996): Das RECLAIM-Programm handelbarer Umweltlizenzen - Konzeption und Erfahrungen, in: Zeitschrift für Umweltpolitik & Umweltrecht, 19. Jg., S. 43 - 74.

Balks, Marita (1995): Umweltpolitik aus Sicht der Neuen Institutionenökonomik, Wiesbaden.

Bank, Matthias (1995): Basiswissen Umwelttechnik, 3. Aufl., Würzburg.

Bartel, Rainer (1994 a): Hauptinstrumente der Umweltpolitik und ihre Wirkungen, in: Bartel, Rainer / Hackl, Franz (Hrsg.): Einführung in die Umweltpolitik, München, S. 33 - 60.

Bartel, Rainer (1994 b): Allgemeine Grundlagen der Umweltpolitik, in: Bartel, Rainer / Hackl, Franz (Hrsg.): Einführung in die Umweltpolitik, München, S. 3 - 32.

Barz, Wolfgang u.a. (1994) (Hrsg.): Vollzugsfragen im Umweltschutz, Symposium am 14. und 15. Juni 1993 in Münster, Münster.

Barz, Wolfgang / Brinkmann, Bernd / Ewers, Hans-Jürgen (1995) (Hrsg.): Gentechnologie in Deutschland. Umweltschutz, Gesundheitsschutz, Wirtschaftsfaktor, Akzeptanz. Symposium am 13. und 14. Juni 1994 in Münster, Münster, Hamburg.

Baumol, William J. (1991): Toward Enhancement of the Contribution of Theory to Environmental Policy, in: Environmental & Resource Economics, Vol. 1, S. 333 - 352.

Baumol, William J. / Oates, Wallace E. (1971): The Use of Standards and Prices for Protection of the Environment, in: The Swedish Journal of Economics, Vol. 73, S. 42 - 54.

Baumol, William J. / Oates, Wallace E. (1979): Economics, environmental policy and the quality of life, Englewood Cliffs.

Baumol, William J. / Oates, Wallace E. (1988): The theory of environmental policy, 2nd ed., Cambridge u.a.

Becher, Gerhard u.a. (1990): Regulierungen und Innovationen - Der Einfluß wirtschafts- und umweltpolitischer Rahmenbedingungen auf das Innovationsverhalten von Unternehmen, Ifo-Studien zur Umweltökonomie, Bd. 13, München.

Benkert, Wolfgang (1994): Warum sind Umweltabgaben ebenso populär wie selten? Ein Beitrag zur Theorie der umwelt- und finanzpolitischen Willensbildung, in: Mackscheidt, Klaus / Ewringmann, Dieter / Gawel, Erik (Hrsg.): Umweltpolitik mit hoheitlichen Zwangsabgaben? Karl-Heinrich Hansmeyer zur Vollendung seines 65. Lebensjahres, Berlin, S. 47 - 58.

Benkert, Wolfgang / Bunde, Jürgen / Hansjürgens, Bernd (1990): Umweltpolitik mit Öko-Steuern? Ökologische und finanzpolitische Bedingungen für neue Umweltabgaben, Marburg.

Berendes, Konrad / Winters, Karl-Peter (1981): Das neue Abwasserabgabengesetz, München.

Binswanger, Hans Ch. (1981): Emissionsrechte als Erweiterung der Eigentumsordnung, in: Wegehenkel, Lothar (Hrsg.): Marktwirtschaft und Umwelt, Tübingen, S. 87 - 93.

Binswanger, Hans Ch. / Bonus, Holger / Timmermann, Manfred (1981): Wirtschaft und Umwelt, Stuttgart u.a.O.

Blümel, Wolfgang (1987): Die Allokation öffentlicher Güter in unterschiedlichen Allokationsverfahren, Berlin.

Bodamer, Alexander (1984): Das Emissions Trading Programm, in: Wirtschaftswissenschaftliches Studium, 13. Jg., S. 527 - 531.

Bohm, Peter / Russell, Clifford (1985): Comparative Analysis of Alternative Policy Instruments, in: Kneese, Allen V. / Sweeney, James L. (Hrsg.): Handbook of Natural Resource and Energy Economics, Vol. I, Amsterdam, New York, Oxford, S. 395 - 460.

Bohne, Manfred (1988): Politics and Markets [!] in Environmental Protection. Reforming Air Pollution Regulations in the United States of America and in the Federal Republic of Germany, Siegen.

Bonus, Holger (1972): Über Schattenpreise von Umweltressourcen, in: Jahrbuch für Sozialwissenschaft, Bd. 23, S. 342 - 354.

Bonus, Holger (1977): Neues Umweltbewußtsein - Ende der Marktwirtschaft?, in: List Forum, Bd. 9, S. 3 - 24.

Bonus, Holger (1979 a): Ein ökologischer Rahmen für die Soziale Marktwirtschaft. Analyse und Beiträge zu Umwelt und Wachstum, in: Geissler, Heiner (Hrsg.): Optionen auf eine lebenswerte Zukunft, München, Wien, S. 131 - 146.

Bonus, Holger (1979 b): Öffentliche Güter: Verführung und Gefangenendilemma, in: List Forum, Bd. 10, S. 69 - 102.

Bonus, Holger (1980 a): Umwelt und Soziale Marktwirtschaft, Köln.

Bonus, Holger (1980 b): Öffentliche Güter und der Öffentlichkeitsgrad von Gütern, in: Zeitschrift für die gesamte Staatswissenschaft, Bd. 136, S. 50 - 81.

Bonus, Holger (1981 a): Emissionsrechte als Mittel der Privatisierung öffentlicher Ressourcen aus der Umwelt, in: Wegehenkel, Lothar (Hrsg.): Marktwirtschaft und Umwelt, Tübingen, S. 54 - 77.

Bonus, Holger (1981 b): Wettbewerbspolitische Implikationen umweltpolitischer Instrumente, in: Gutzler, Helmut (Hrsg.): Umweltpolitik und Wettbewerb, Baden-Baden, S. 103 - 121.

Bonus, Holger (1982): Information und Emotion in der Politikberatung - Zur politischen Umsetzung eines wirtschaftstheoretischen Konzepts, in: Journal of Institutional and Theoretical Economics, Vol. 138, S. 1 - 21.

Bonus, Holger (1984 a): Marktwirtschaftliche Konzepte im Umweltschutz, Auswertungen amerikanischer Erfahrungen im Auftrag des Landes Baden-Württemberg, Stuttgart.

Bonus, Holger (1984 b): Zwei Philosophien der Umweltpolitik: Lehren aus der amerikanischen Luftreinhaltepolitik, in: List Forum, Bd. 12, S. 323 - 340.

Bonus, Holger (1985 a): Zertifikate für den letzten Dreck, in: Die Zeit, Nr. 22, S. 33- 34.

Bonus, Holger (1985 b): Wirtschaftliches Interesse und Ideologie im Umweltschutz. Gérard Gäfgen zum 60. Geburtstag, in: Milde, Hellmuth / Monissen, Hans G. (Hrsg.): Rationale Wirtschaftspolitik in komplexen Gesellschaften, Stuttgart u.a.O., S. 359 - 373.

Bonus, Holger (1986 a): Obstacles to Changing the Incentive System: The Case of the Federal Republic of Germany, in: Balassa, Bela / Giersch, Herbert (Hrsg.): Economic Incentives, Basingstoke, S. 378 - 391.

Bonus, Holger (1986 b): The Cooperative Association as a Business Enterprise: A Study in the Economics of Transactions, in: Journal of Institutional and Theoretical Economics, Vol. 142, S. 310 - 339.

Bonus, Holger (1987 a): Die Genossenschaft als modernes Unternehmenskonzept, Genossenschaftswissenschaftliche Beiträge, H. 10, Münster.

Bonus, Holger (1987 b): Genossenschaften im Jahr 2000, Genossenschaftswissenschaftliche Beiträge, H. 13, Münster.

Bonus, Holger (1987 c): Illegitime Transaktionen, Abhängigkeit und institutioneller Schutz, in: Hamburger Jahrbuch für Wirtschafts- und Gesellschaftspolitik, 32. Jg., S. 87 - 107.

Bonus, Holger (1990): Preis- und Mengenlösungen in der Umweltpolitik, in: Jahrbuch für Sozialwissenschaft, Bd. 41, S. 343 - 358.

Bonus, Holger (1991): Umweltpolitik in der Sozialen Marktwirtschaft, in: Aus Politik und Zeitgeschichte. Beilage zur Wochenzeitung Das Parlament, B 10/91, S. 37 - 46.

Bonus, Holger (1992 a) Marktwirtschaftliche Lösungsansätze: Ein neuer Interventionismus ante portas? in: Linder, Willy (Hrsg.): Umweltzerstörung und Ressourcenverschwendung, Zürich, S. 11 - 32.

Bonus, Holger (1992 b): Standard und Wert in ökonomischer Sicht, in: Bonus, Holger / Hoppe, Werner / Schreiber, Karl-Friedrich (Hrsg.): Umweltverträglichkeitsprüfung - Gibt es Standards? Workshop 17. und 18. Juni 1991 in Münster, Münster, S. 139 - 153.

Bonus, Holger (1992 c): Umweltnutzungszertifikate, in: Umweltschutz-Berater. Handbuch für wirtschaftliches Umweltmanagement im Unternehmen, 10. Erg-Lfg., März 1992, S. 1 - 16.

Bonus, Holger (1992 d): Umweltökonomie und die Probleme ihrer politischen Umsetzung, in: Steger, Ulrich (Hrsg.): Handbuch des Umweltmanagements, München, S. 34- 41.

Bonus, Holger (1993 a): Marktwirtschaft - Feind der Ökologie?, in: Mainzer, Klaus (Hrsg.): Ökonomie und Ökologie, Bern u.a., S. 81 - 103.

247

Bonus, Holger (1993 b): Implications of the Polluter-Pays and the User-Pays Priniciples for developing countries, in: Dommen, Edward (Hrsg.): Fair Principles for Sustainable Development: Essays on Environmental Policy and Developing Countries, Cambridge, S. 61 - 72.

Bonus, Holger (1993 c): Umweltpolitik im Spannungsfeld von Ökologie und Ökonomie, in: Alfred-Wegener-Stiftung (Hrsg.): Die benutzte Erde: Ökosysteme, Rohstoffgewinnung, Herausforderungen, Berlin, S. 359 - 365.

Bonus, Holger (1994 a): Political aspects of environmental policy, in: Annals of Operations Research, Vol. 54, S. 15 - 22.

Bonus, Holger (1994 b): Theorie der Wirtschaftspolitik II, Skriptum zur Vorlesung, Münster.

Bonus, Holger (1994 c): Vergleich von Abgaben und Zertifikaten, in: Mackscheidt, Klaus / Ewringmann, Dieter / Gawel, Erik (Hrsg.): Umweltpolitik mit hoheitlichen Zwangsabgaben? Karl-Heinrich Hansmeyer zur Vollendung seines 65. Lebensjahres, Berlin, S. 287 - 300.

Bonus, Holger (1994 d): Das Selbstverständnis moderner Genossenschaften: Rückbindung von Kreditgenossenschaften an ihre Mitglieder, Tübingen.

Bonus, Holger (1994 e): Die Langsamkeit von Spielregeln, in: Backhaus, Klaus / Bonus, Holger (Hrsg.): Die Beschleunigungsfalle oder der Triumph der Schildkröte, Stuttgart, S. 1 - 18.

Bonus, Holger (1994 f): Nationalökonomie auf neuen Wegen, in: Jäger, Wilhelm (Hrsg.): Neue Wege der Nationalökonomie. Beiträge einer Gedächtnisveranstaltung für Professor Dr. Dr. h.c. Erik Boettcher am 26. Mai 1993 im Schloß zu Münster, Münster, S. 14 - 48.

Bonus, Holger (1994 g): Marktwirtschaftliche Instrumente als Alternative zu hoheitlichem Vollzug, in: Barz, Wolfgang u.a. (Hrsg.): Vollzugsfragen im Umweltschutz, Münster, S. 13 - 22.

Bonus, Holger (1995 a): Ökosteuern wecken Begehrlichkeiten, in: Frankfurter Allgemeine Zeitung v. 09.09.1995, Nr. 210, S. 13.

Bonus, Holger (1995 b): Umweltlizenzen, in: Junkernheinrich, Martin / Klemmer, Paul / Wagner Gerd R. (Hrsg.): Handbuch zur Umweltökonomie, Berlin, S. 301 - 306.

Bonus, Holger (1996 a): Institutionen und Institutionelle Ökonomik - Anwendungen für die Umweltpolitik, in: Gawel, Erik (Hrsg.): Institutionelle Probleme der Umweltpolitik, Zeitschrift für angewandte Umweltforschung/Sonderheft 8, Berlin, S. 26 - 41.

Bonus, Holger (1996 b): Benefits and Costs of Regulating the Environment: Case Studies, Volkswirtschaftliche Diskussionsbeiträge der Westfälischen Wilhelms-Universität Münster, Nr. 230, Münster.

Bonus, Holger / Häder, Michael (1997): Allmendedilemma, in: Lexikon der Bioethik, Bd.1, erscheint demnächst.

Bonus, Holger / Maselli, Anke (1996 a): Neue Institutionenökonomik, in: Gabler-Volkswirtschafts-Lexikon, Wiesbaden, S. 764 - 766.

Bonus, Holger / Maselli, Anke (1996 b): Transaktionskostenökonomik, in: Gabler-Volkswirtschafts-Lexikon, Wiesbaden, S. 1082 - 1085.

Bonus, Holger / Ronte, Dieter (1995): Credibility and Economic Value in the Visual Arts, Volkswirtschaftliche Diskussionsbeiträge der Westfälischen Wilhelms-Universität Münster, Nr. 219, Münster.

Bonus, Holger / Weiland, Raimund (1995): Die Welt der Institutionen, in: Dieckheuer, Gustav (Hrsg.): Beiträge zur angewandten Mikroökonomik. Jochen Schumann zum 65. Geburtstag, Berlin u.a.O., S. 29 - 52.

Bonus, Holger / Wessels, Andrea M. (1994): Der Franchise-Nehmer - ein moderner Sklave?, in: Deutscher Franchise-Verband (Hrsg.): Jahrbuch Franchising 1994, Frankfurt a.M., S. 109 - 117.

Brenck, Andreas (1996): Ökonomische Lösungen des Problems der Gefährlichkeit von Stoffen, Inauguraldissertation zur Erlangung des akademischen Grades eines Doktors der Wirtschaftswissenschaft durch die Wirtschafswissenschaftliche Fakultät der Westfälischen Wilhelms-Universität Münster, Münster.

Bromley, Daniel W. (1991): Environment and Economy: Property Rights and Public Policy.

Bromley, Daniel W. (1992): The Commons, Common Property, and Environmental Policy, in: Environmental and Resource Economics, Vol. 2, S. 1 - 17.

Brümmerhoff, Dieter (1992): Finanzwissenschaft, 6. Aufl., München, Wien.

Bruns, Hermann (1995): Neoklassische Umweltökonomie auf Irrwegen, Marburg.

Buchanan, James M. / Stubblebine, William C. (1962): Externality, in: Economica, Vol. 29, S. 371 - 384.

Buck, Wolfgang (1983): Lenkungsstrategien für die optimale Allokation von Umweltgütern, Frankfurt a.M., Bern, New York.

Bundesministerium für Umwelt, Naturschutz und Reaktorsicherheit (1995): 1. Vertragsstaatenkonferenz zur Klimarahmenkonvention in Berlin 1995, Paper, April 1995.

249

Bundesverband der Deutschen Industrie (1995): Umweltsteuern: Die Position der Industrie. Mehr Umweltschutz durch weniger Steuern, Köln.

Buttgereit, Reinhold (1991): Ökologische und ökonomische Funktionsbedingungen umweltökonomischer Instrumente, Berlin.

Cabe, Richard / Herriges, Joseph A. (1992): The Regulation of Non-Point-Source Pollution Under Imperfect and Asymmetric Information, in: Journal of Environmental Economics and Management, Vol. 22, S. 134 - 146.

Cansier, Dieter (1978): Die Förderung des umweltfreundlichen technischen Fortschritts durch die Anwendung des Verursacherprinzips, in: Jahrbuch für Sozialwissenschaft, Bd. 29, S. 145 - 163.

Cansier, Dieter (1989): Rezension von G. Maier-Rigaud, Umweltpolitik in der offenen Gesellschaft, Opladen 1988, in: Jahrbücher für Nationalökonomie und Statistik, Bd. 206, S. 528 - 530.

Cansier, Dieter (1993): Umweltökonomie, Stuttgart, Jena.

Cansier, Dieter (1994): Rechtspositionen im Umweltschutz und der Spielraum für ökonomische Instrumente - die Perspektive des Ökonomen, in: Mackscheidt, Klaus / Ewringmann, Dieter / Gawel, Erik (Hrsg.): Umweltpolitik mit hoheitlichen Zwangsabgaben? Karl-Heinrich Hansmeyer zur Vollendung seines 65. Lebensjahres, Berlin, S. 181 - 189.

Coase, Ronald H. (1937): The Nature of the Firm, in: Economica, New Series, Vol. 4, S. 386 - 405.

Coase, Ronald H. (1960): The Problem of Social Cost, in: Journal of Law and Economics, Vol. 3, S. 1 - 44.

Coase, Ronald H. (1988): The Firm the Market and the Law, Chicago, London.

Coase, Ronald H. (1991): The Institutional Structure of Production, 1991 Alfred Nobel Memorial Prize Lecture in Economic Sciences, o.O.

Common, Mick (1989): The Choice of Pollution Control Instruments: Why is so little Notice Taken of Economists` Recommendations?, in: Environment and Planning A, Vol. 21, S. 1297 - 1314.

Common, Mick / Perrings, Charles (1992): Towards an ecological economics of sustainability, in: Ecological Economics, Vol. 6, S. 7 - 34.

Commons, John R. (1934): Institutional Economics, Madison.

Costanza, Robert (1989): What Is Ecological Economics?, in: Ecological Economics, Vol. 1, S. 1 - 7.

Crandall, Robert W. (1983): Controlling Industrial Pollution - The Economics and Politics of Clean Air, Washington D.C.

Crocker, Thomas D. (1966): The Structuring of Atmospheric Pollution Control Systems, in: Wolozin, Harold (Hrsg.): The Economics of Air Pollution, New York, S. 61 - 86.

Cropper, Maureen L. / Oates, Wallace E. (1992): Environmental Economics: A Survey, in: Journal of Economic Literature, Vol. 30, S. 675 - 740.

Czychowski, Manfred / Prümm, Gustav (1989): Wasserrecht Nordrhein-Westfalen: Vorschriftensammlung mit einer erläuternden Einführung, 6. Aufl., Köln.

Dales, John H. (1968 a): Land, Water and Ownership, in: Canadian Journal of Economics, Vol. 1, S. 791 - 804.

Dales, John H. (1968 b): Pollution, Property & Prices, Toronto.

David, Paul A. (1985): Clio and the Economics of QWERTY, in: American Economic Review, Vol. 75, S. 332 - 337.

Demougin, Dominique / Illing, Gerhard (1993): Property Rights and Regulation of Environmental Quality under Asymmetric Information, in: Jahrbücher für Nationalökonomie und Statistik, Bd. 21, S. 385 - 402.

Demsetz, Harold (1967): Toward a Theory of Property Rights, in: American Economic Review, Papers and Proceedings, Vol. 57, S. 347 - 359.

Demsetz, Harold (1969): Information and efficiency: another viewpoint, in: Journal of Law and Economics, Vol. 12, S. 1 - 22.

Denzau, Arthur T. / North , Douglass C. (1994): Shared Mental Models: Ideologies and Institutions, in: Kyklos, Vol. 47, S. 3 - 31.

Dierckes, Meinolf / Fietkau, Hans-Joachim (1988): Umweltbewußtsein - Umweltverhalten, Karlsruhe.

Dietl, Helmut (1993): Institutionen und Zeit, Tübingen.

Domrös, Christof (1994): Innovationen und Institutionen, Berlin.

Dosi, Giovanni / Nelson, Richard R. (1994): Theorien der Evolution in den Wirtschaftswissenschaften, in: Braitenberg, Valentin / Hosp, Inga (Hrsg.): Evolution, Hamburg, S. 192 - 234.

Downing, Paul B. (1971): An Introduction to the Problem of Air Quality, in: Downing, Paul, B. (Hrsg.): Air Pollution and the Social Sciences, New York u.a.O.

Eckhardt, Jens (1995): Von einem Markt kann noch keine Rede sein, in: Handelsblatt vom 27.11.1995, Nr. 229, S. 14.

Eckhardt, Klaus (1993): Probleme einer Umweltpolitik mit Abgaben, Frankfurt a.M. u.a.O.

Endres, Alfred (1976): Die pareto-optimale Internalisierung externer Effekte, Frankfurt a.M., Bern.

Endres, Alfred (1977): Die Coase-Kontroverse, in: Journal of Institutional and Theoretical Economics, Bd. 133, S. 637 - 651.

Endres, Alfred (1985 a): Environmental Policy with Pollutant Interactions, in: Pethig, Rüdiger (Hrsg.): Public Goods and Public Allocation Policy, Frankfurt a.M., Bern, New York, S. 165 - 199.

Endres, Alfred (1985 b): Umwelt- und Ressourcenökonomie, Darmstadt.

Endres, Alfred (1988): Der „Stand der Technik" in der Umweltpolitik, in: Wirtschaftswissenschaftliches Studium, 17. Jg., S. 83 - 84.

Endres, Alfred (1991 a): Umweltzertifikate, in: El-Shagi, El-Shagi (Hrsg.): Umweltpolitik in der Marktwirtschaft. Herausforderungen für Unternehmen, Verbraucher und Staat, Pfaffenweiler, S. 47 - 74.

Endres, Alfred (1991 b): Ökonomische Grundlagen des Haftungsrechts, Heidelberg.

Endres, Alfred (1994): Umweltökonomie. Eine Einführung, Darmstadt.

Endres, Alfred / Schwarze, Reimund (1994): Das Zertifikatsmodell vor der Bewährungsprobe? Eine ökonomische Analyse des Acid Rain-Programms des neuen US-Clean Air Act, in: Endres, Alfred / Rehbinder, Eckard / Schwarze, Reimund (Hrsg.): Umweltzertifikate und Kompensationslösungen aus ökonomischer und juristischer Sicht, Bonn, S. 137 - 215.

Endres, Alfred / Staiger, Brigitte (1995): Umweltökonomie, in: Berthold, Norbert (Hrsg.): Allgemeine Wirtschaftstheorie. Neuere Entwicklungen, München, S. 75 - 87.

Enquete-Kommission (1992): „Schutz der Erdatmosphäre" des Deutschen Bundestages (Hrsg.), Erster Bericht zum Thema Klimaänderung gefährdet globale Entwicklung, Zukunft sichern - jetzt handeln, gemäß Beschluß des Deutschen Bundestages vom 25.04.1991 - Drucksache 12/419-.

Enquete-Kommission (1993): „Schutz des Menschen und der Umwelt" des Deutschen Bundestages (Hrsg.), Verantwortung für die Zukunft. Wege zum nachhaltigen Umgang mit Stoff- und Materialströmen, Bonn.

Enquete-Kommission (1994): „Schutz des Menschen und der Umwelt" des Deutschen Bundestages (Hrsg.), Die Industriegesellschaft gestalten - Perspektiven für einen nachhaltigen Umgang mit Stoff- und Materialströmen, Bonn.

Environmental Protection Agency (1982): Emissions Trading Policy Statement; General Principles for Creation, Banking, and Use of Emission Reduction Credits, in: Federal Register, Vol. 47, No. 67, S. 15075 - 15086.

Ewers, Hans-Jürgen (1986 a): Zur Monetarisierung der Waldschäden in der Bundesrepublik Deutschland, in: Umweltbundesamt (Hrsg.): Kosten der Umweltverschmutzung. Tagungsband zum Symposium im Bundesministerium des Innern am 12. und 13. September 1985, Berlin, S. 121 - 144.

Ewers, Hans-Jürgen (1986 b): Kosten der Umweltverschmutzung - Probleme ihrer Erfassung, Quantifizierung und Bewertung, in: Umweltbundesamt (Hrsg.): Kosten der Umweltverschmutzung. Tagungsband zum Symposium im Bundesministerium des Innern am 12. und 13. September 1985, Berlin, S. 9 - 19.

Ewers, Hans-Jürgen (1988): Möglichkeiten der Früherkennung von umweltbelastenden Technologien - denkbare politische Strategien, in: Ewers, Hans-Jürgen u.a. (Hrsg.): Produktionsprozesse und Umweltverträglichkeit, Beiträge der Akademie für Raumforschung und Landesplanung, Bd. 104, Hannover, S. 75 - 86.

Ewers, Hans-Jürgen (1992): Sustainable Development - Aufgabe des politischen Ordnungsrahmens oder ethisch motivierter unternehmerischer Initiative? in: Sustainable Development als Leitbild der umweltbewußten Unternehmensführung, Dokumentation einer Vortragsveranstaltung der Wissenschaftlichen Gesellschaft für Marketing und Unternehmensführung e.V. am 22. Juni 1992 an der Westfälischen Wilhelms-Universität zu Münster, o.O., S. 13 - 21.

Ewers, Hans-Jürgen / Hassel, Christoph (1996 a): Handlungsfelder und Ordnungsrahmen einer Politik der dauerhaft-umweltgerechten Entwicklung, in: Gerken, Lüder (Hrsg.): Ordnungspolitische Grundfragen einer Politik der Nachhaltigkeit, Baden-Baden, S. 11 -31.

Ewers, Hans-Jürgen / Hassel, Christoph (1996 b): Dauerhaft-umweltgerechtes Wirtschaften: Entwurf für die künftige Ordnung von Wirtschaft und Gesellschaft, in: Morath, Konrad (Hrsg.): Welt im Wandel. Wege zu dauerhaft-umweltgerechtem Wirtschaften, Bad Homburg, S. 59 - 88.

Ewers, Hans-Jürgen / Rennings, Klaus (1992): Die Kosten möglicher Schäden durch einen sogenannten „Super-GAU" - monetäre Bewertung und umweltpolitische Implikationen -, in: Zeitschrift für angewandte Umweltforschung, Sonderheft 3/1992, S. 155 - 167.

Ewers, Hans-Jürgen / Rennings, Klaus (1995): Ökonomie des Strahlenschutzes, in: Junkernheinrich, Martin / Klemmer, Paul / Wagner, Gerd R. (Hrsg.): Handbuch zur Umweltökonomie, Berlin, S. 183 - 187.

Ewringmann, Dieter (1993): Das Ende der Abwasserabgabe - Kritik am Entwurf zur 4. Novelle des AbwAG -, in: Zeitschrift für angewandte Umweltforschung, Jg. 6, S. 153 - 171.

Ewringmann, Dieter / Kibat, Klaus / Schafhausen, Franz-Josef u.a. (1980): Auswirkungen des § 7 a WHG und des AbwAG auf Investitionsplanung und -abwicklung industrieller und kommunaler Direkteinleiter, Berlin.

Farrell, Joseph (1987): Information and the Coase Theorem, in: Economic Perspectives, Vol. 1, S. 113 - 129.

Feess, Eberhard (1995): Umweltökonomie und Umweltpolitik, München.

Franke, Jürgen (1982): Grundlagen wirtschaftlichen Verhaltens bei Unsicherheit, in: Wirtschaftswissenschaftliches Studium, 11. Jg., S. 15 - 19.

Frey, Bruno S. (1985): Umweltökonomie, 2. Aufl., Göttingen.

Frey, Bruno S. (1990): Ökonomie ist Sozialwissenschaft: die Anwendung der Ökonomie auf neue Gebiete, München.

Frey, Bruno S. / Schneider, Friedrich / Pommerehne, Werner W. (1985): Economists` Opinions on Environmental Policy Instruments: Analysis of a Survey, in: Journal of Environmental Economics and Management, Vol. 12, S. 62 - 71.

Fritsch, Michael / Wein, Thomas / Ewers, Hans-Jürgen (1993): Marktversagen und Wirtschaftspolitik, München.

Fromm, Oliver / Hansjürgens, Bernd (1994): Umweltpolitik mit handelbaren Emissionszertifikaten - eine ökonomische Analyse des RECLAIM-Programms in Südkalifornien, in: Zeitschrift für angewandte Umweltforschung, Jg. 7, S. 211 - 223.

Fromm, Oliver / Hansjürgens, Bernd (1996): Emission trading in theory and practice: an analysis of RECLAIM in Southern California, in: Environment and Planning C: Government and Policy, Vol. 14, S. 367 - 384.

Furubotn, Eirik G. / Pejovich, Svetozar (1972): Property Rights and Economic Theory: A Survey of Recent Literature, in: Journal of Economic Literature, Vol. 10, S. 1137 - 1162.

Furubotn, Eirik G. / Pejovich, Svetozar (1974): Property Rights and Economic Theory: Some Basic Issues, in: Furubotn, Eirik G. / Pejovich, Svetozar (Hrsg.): The Economics of Property Rights, Cambridge, S. 1 - 10.

Gawel, Erik (1991): Umweltpolitik durch gemsichten Instrumenteneinsatz, Berlin.

Gawel, Erik (1992): Die mischinstrumentelle Strategie in der Umweltpolitik: Ökonomische Betrachtungen zu einem neuen Politikmuster, in: Jahrbuch für Sozialwissenschaft, Bd. 43, S. 267 - 286.

Gawel, Erik (1993 a): Vollzug als Problem ökonomsicher Theoriebildung, in: Zeitschrift für Wirtschafts- und Sozialwissenschaften, Bd. 113, S. 597 - 627.

Gawel, Erik (1993 b): Die Emissionsrechtelösung und ihre Praxisvarianten - eine Neubewertung, in: Zeitschrift für Umweltpolitik & Umweltrecht, 16. Jg., S. 31 - 54.

Gawel, Erik (1993 c): Novellierung des Abwasserabgabengesetzes, in: Zeitschrift für Umweltrecht, Jg. 4, S. 159 - 164.

Gawel, Erik (1994 a): Ökonomie der Umwelt - ein Überblick über neuere Entwicklungen -, in: Zeitschrift für angewandte Umweltforschung, Jg. 7, S. 37 - 84.

Gawel, Erik (1994 b): Umweltallokation durch Ordnungsrecht, Tübingen.

Gawel, Erik (1994 c): Die institutionelle Umwelt der Umweltpolitik: Erfahrungen aus der bundesdeutschen Gewässergütepolitik, in: List Forum, Bd. 20, S. 35 - 53.

Gawel, Erik (1995 a): Theoretische Annäherungen: Zur Neuen Politischen Ökonomie der Umweltabgabe, in: Benkert, Wolfgang / Bunde, Jürgen / Hansjürgens, Bernd (Hrsg.): Wo bleiben die Umweltabgaben? Erfahrungen, Hindernisse und neue Ansätze, Marburg, S. 47 - 101.

Gawel, Erik (1995 b): Institutionelle Fragen der Umweltpolitik, in: Junkernheinrich, Martin / Klemmer, Paul / Wagner, Gerd R. (Hrsg.): Handbuch zur Umweltökonomie, Berlin, S. 58 - 64.

Gawel, Erik (1996): Institutionentheorie und Umweltökonomik - Forschungsstand und Perspektiven, in: Gawel, Erik (Hrsg.): Institutionelle Probleme der Umweltpolitik, Zeitschrift für angewandte Umweltforschung/Sonderheft 8, Berlin, S. 11 - 25.

Gawel, Erik / Hansmeyer, Karl-Heinrich (1995): Umweltauflagen, in: Junkernheinrich, Martin / Klemmer, Paul / Wagner, Gerd R. (Hrsg.): Handbuch zur Umweltökonomie, Berlin, S. 262 - 268.

Gawel, Erik / van Mark, Michael (1991): Kompensationslösungen im Umweltschutz: Kritische Überlegungen zur effektiven umweltpolitischen Reichweite eines instrumentellen Hoffnungsträgers, in: Zeitschrift für angewandte Umweltforschung, Jg. 4, S. 52 - 67.

Gawel, Erik / van Mark, Michael (1993): Marktorientiertes Gewässergütemanagement. Kompensations- und Lizenzkonzepte im Indirekteinleiterbereich - eine Fallstudie -, Berichte des Umweltbundesamtes 2/93, Berlin.

Goldberg, Walter, H. (1990): Entscheidungsschwellen bei Umweltschutzinnovationen, in: Kreikebaum, Hartmut (Hrsg.): Integrierter Umweltschutz. Eine Herausforderung an das Innovationsmanagement, Wiesbaden, S. 17 - 32.

Haber, Wolfgang (1993): Ökologische Stabilität, in: Kuttler, Wilhelm (Hrsg.): Handbuch zur Ökologie, Berlin, S. 270 - 274.

Hackl, Franz / Pruckner, Gerald J. (1994): Die Kosten/Nutzen-Analyse als Bewertungsinstrument der Umweltpolitik, in: Bartel, Rainer / Hackl, Franz (Hrsg.): Einführung in die Umweltpolitik, München, S. 81 - 100.

Häder, Michael (1996): Umweltpolitik und Neue Institutionenökonomik, in: Forschungszentrum Jülich GmbH (Hrsg.): Ökologische Handlungsfähigkeit - Neue Gestaltungsansätze in der sozialwissenschaftlichen Diskussion -, Jülich, S. 75 - 81.

Häder, Michael / Niebaum, Hendrik (1997): Pfandpflicht für Einweggetränkeverpackungen - ein wirksames Drohinstrument zur Einhaltung der Mehrwegquoten gemäß Verpackkungsverordnung (VerpackV)?, in: Zeitschrift für angewandte Umweltforschung, Jg. 10, H. 2 erscheint demnächst.

Hahn, Frank H. (1987): Information, Dynamics and Equilibrium, in: Scottisch Journal of Political Economy, Vol. 34, S. 321 - 334.

Hahn, Robert W. (1989): A Primer on Environmental Policy Design, Chur u.a.O.

Hahn, Robert W. / Hester, Gordon L. (1987): Where did all the markets go? An Analysis of EPA´s Emissions Trading Program, unveröffentlichtes Manuskript, Pittsburgh.

Hahn, Robert W. / Hester, Gordon L. (1989): Marketable Permits: Lessons for Theory and Practice, in: Ecology Law Quarterly, Vol. 16, S. 361 - 406.

Hahn, Robert W. / Noll, Roger G. (1982): Implementing Tradable Emissions Permits, in: Graymer, Thompson (Hrsg.): Reforming Social Regulation, Los Angeles, S. 125 - 150.

Hahn, Robert W. / Stavins, Robert N. (1992): Economic Incentives for Environmental Protection: Integrating Theory and Practice, in: American Economic Review, Papers and Proceedings, Vol. 82, S. 464 - 468.

Halstrick-Schwenk, Marianne u.a. (1994): Die umwelttechnische Industrie in der Bundesrepublik Deutschland, Halle/S.

Hamilton, Jonathan H. / Sheshinski, Eytan / Slutsky, Steven M. (1989): Production Externalities and Long-Run Equilibria: Bargaining and Pigouvian Taxation, in: Economic Inquiry, Vol. 27, S. 453 - 471.

Hampicke, Ulrich (1991): Neoklassik und Zeitpräferenz: der Diskontierungsnebel, in: Bekkenbach, Frank (Hrsg.): Die ökologische Herausforderung für die ökonomische Theorie, Marburg, S. 127 - 149.

Hansjürgens, Bernd (1992): Umweltabgaben im Steuersystem. Zu den Möglichkeiten einer Einfügung von Umweltabgaben in das Steuer- und Abgabensystem der Bundesrepublik Deutschland, Baden-Baden.

Hansjürgens, Bernd (1993): Affinität zwischen Typen von Umweltabgaben und Umwelt-problemen - unter Berücksichtigung neuerer Vorschläge, in: Zimmermann, Horst (Hrsg.): Umweltabgaben, Bonn, S. 35 - 71.

Hansjürgens, Bernd (1995): Umweltabgaben als öffentliche Einnahmen?, in: Benkert, Wolfgang / Bunde, Jürgen / Hansjürgens, Bernd (Hrsg.): Wo bleiben die Umweltab-gaben? Erfahrungen, Hindernisse und neue Ansätze, Marburg, S. 137 - 158.

Hansjürgens, Bernd / Fromm, Oliver (1994): Erfolgsbedingungen von Zertifikatelösungen in der Umweltpolitik - am Beispiel der Novelle des US-Clean Air Act von 1990, in: Zeitschrift für Umweltpolitik & Umweltrecht, Jg. 17, S. 473 - 505.

Hansmeyer, Karl-Heinrich (1981): Ökonomische Anforderungen an die staatliche Datenset-zung für die Umweltpolitik und ihre Realisierung, in: Wegehenkel, Lothar (Hrsg.): Marktwirtschaft und Umwelt, Tübingen, S. 6 - 20.

Hansmeyer, Karl-Heinrich (1989): Fallstudie: Finanzpolitik im Dienste des Gewässerschut-zes, in: Schmidt, Kurt (Hrsg.): Öffentliche Finanzen und Umweltpolitik, Schriften des Vereins für Socialpolitik N.F., Bd. 176/II, Berlin, S. 47 - 76.

Hansmeyer, Karl-Heinrich (1993): Das Spektrum umweltpolitischer Instrumente, in: König, Heinz (Hrsg.): Umweltverträgliches Wirtschaften als Problem von Wissenschaft und Politik, Berlin, S. 63 - 86.

Hansmeyer, Karl-Heinrich / Gawel, Erik (1993): Schleichende Erosion der Abwasserabga-be?, in: Wirtschaftsdienst, 73. Jg., S. 325 - 332.

Hansmeyer, Karl-Heinrich / Schneider, Hans K. (1990): Umweltpolitik. Ihre Fortentwick-lung unter marktsteuernden Aspekten, Göttingen.

Hanusch, Horst (1994): Nutzen-Kosten-Analyse, 2. Aufl., München.

Hartje, Volkmar J. (1990): Zur Struktur des "ökologisierten" Umweltkapitalstocks: Varian-ten und Determinanten umweltsparender technologischer Anpassung in Unternehmen, in: Wissenschaftszentrum Berlin für Sozialforschung (Hrsg.): Ökologische Moderni-sierung der Produktion, Berlin, S. 135 - 198.

Hartje, Volkmar J. / Lurie, Robert L. (1984): Adopting Rules for Pollution Control Inno-vations: End-of-Pipe versus Integrated Process Technology, Diskussionspapier des Internationalen Instituts für Umwelt und Gesellschaft des Wissenschaftszentrums Ber-lin, II UG dp 84-6.

Hartkopf, Günter / Bohne, Eberhard (1983): Umweltpolitik 1, Opladen.

Hauff, Volker (1984): Umweltpolitische Konzeptionen aus politischer Sicht, in: Wirt-schaftsdienst, 64. Jg., S. 163 - 166.

von Hayek, Friedrich A. (1945): The Use of Knowledge in Society, in: American Economic Review, Vol. 35, S. 519 - 530.

Heck, Volker / Schiffer, Hans-Wilhelm (1995): Neue Energie-/Ökosteuern als Patentrezept für den Standort Deutschland?, in: Wirtschaftsdienst, 75. Jg., S. 618 - 626.

Heister, Johannes / Michaelis, Peter u.a. (1990): Umweltpolitik mit handelbaren Emissionsrechten. Möglichkeiten zur Verringerung der Kohlendioxid- und Stickoxidemissionen, Tübingen.

Heister, Johannes / Michaelis, Peter / Mohr, Ernst (1990): Praktische Einsatzmöglichkeiten für Zertifikate im Rahmen marktwirtschaftlicher Umweltpolitik in der BR Deutschland und in der EG, Gutachten für den Bundesminister für Wirtschaft, Kiel.

Hoechst AG (1994) (Hrsg.): Geschäftsbericht 1993, Frankfurt.

Holzhey, Michael / Tegner, Henning (1996): Selbstverpflichtungen - ein Ausweg aus der umweltpolitischen Sackgasse?, in: Wirtschaftsdienst, 76. Jg., S. 425 - 430.

Holzinger, Katharina (1987): Umweltpolitische Instrumente aus der Sicht der staatlichen Bürokratie, ifo-Studien zur Umweltökonomie Bd. 6, München.

Horbach, Jens (1992): Neue Politische Ökonomie und Umweltpolitik, Frankfurt a.M., New York.

Horbach, Jens (1995): Ökonomische Bürokratie- und Vollzugstheorien - Lehren für die Umweltpolitik, in: Gawel, Erik (Hrsg.): Institutionelle Probleme der Umweltpolitik, Zeitschrift für angewandte Umweltforschung/Sonderheft 8, Berlin, S. 119 - 127.

Huckestein, Burkhard (1993 a): Umweltabgaben - Anwendungsbedingungen einer ökologischen Allzweckwaffe, in: Zeitschrift für Umweltpolitik & Umweltrecht, 16. Jg., S. 343 - 368.

Huckestein, Burkhard (1993 b): Umweltlizenzen - Anwendungsbedingungen einer ökonomisch effizienten Umweltpolitik durch Mengensteuerung, in: Zeitschrift für Umweltpolitik & Umweltrecht, 16. Jg., S. 1 - 29.

Huppes, Gjalt u.a. (1992): New Market-Oriented Instruments for Environmental Policies, London.

Illing, Gerhard (1992): Private Information as Transaction Costs: The Coase Theorem Revisited, in: Journal of Institutional and Theoretical Economics, Vol. 148, S. 558 - 576.

Jänicke, Martin (1989): Umweltabgaben und politischer Paradigmenwechsel, in: Nutzinger, Hans G. / Zahrnt, Angelika (Hrsg.): Öko-Steuern. Umweltsteuern und -abgaben in der Diskussion, Karlsruhe, S. 91 - 100.

Jarass, Hans D. u.a. (1994): Umweltgesetzbuch - Besonderer Teil, Berlin.

Jensen, Michael C. / Meckling, William H. (1992): Specific and General Knowledge, and Organizational Structure, in: Weirin, Lars / Wijkander, Hans (Hrsg.): Contract Economics, Oxford, Cambridge, S. 251 - 274.

Joskow, Paul L. (1985): Vertical Integration and Long-Term Contracts: The Case of Coal-burning Electric Generating Plants, in: Journal of Law, Economics, and Organization, Vol. 1, S. 33 - 80.

Kabelitz, Klaus R. (1984 a): Analyse und Bewertung der auflagenorientierten Luftreinhaltepolitik in der Bundesrepublik Deutschland aus ökonomischer Sicht, in: Schneider, Gunter / Sprenger, Rolf-Ulrich (Hrsg.): Mehr Umweltschutz für weniger Geld - Einsatzmöglichkeiten und Erfolgschancen ökonomischer Anzreizsysteme in der Umweltpolitik, ifo-Studien zur Umweltökonomie Bd. 4, München, S. 109 - 130.

Kabelitz, Klaus R. (1984 b): Eigentumsrechte und Nutzungslizenzen als Instrumente einer ökonomisch rationalen Luftreinhaltepolitik, ifo-Studien zur Umweltökonomie Bd. 5, München.

Karl, Helmut / Ranné, Omar (1995): Das Abwasserabgabengesetz - von der Deformation einer Umweltlenkungsabgabe, in: Benkert, Wolfgang / Bunde, Jürgen / Hansjürgens, Bernd (Hrsg.): Wo bleiben die Umweltabgaben? Erfahrungen, Hindernisse und neue Ansätze, Marburg, S. 19 - 46.

Karpe, Jan (1997): Rationalität und mentale Modelle. Standortkonflikte um Abfallentsorgungsanlagen aus ökonomischer Sicht, Frankfurt a.M. u.a.O.

Kemper, Manfred (1989): Das Umweltproblem in der Marktwirtschaft. Wirtschaftstheoretische Grundlagen und vergleichende Analyse umweltpolitischer Instrumente in der Luftreinhalte- und Gewässerschutzpolitik, Berlin.

Kepplinger, Mathias (1996): Denken die Deutschen anders?, in: Frankfurter Allgemeine Zeitung v. 24.09.1996, Nr. 223, S. B3.

Kirsch, Guy (1991): Umweltbewußtsein und Umweltverhalten, in: Zeitschrift für Umweltpolitik & Umweltrecht, 14. Jg., S. 249 - 261.

Kiwit, Daniel / Voigt, Stefan (1995): Überlegungen zum institutionellen Wandel unter Berücksichtigung des Verhältnisses interner und externer Institutionen, in: ORDO Jahrbuch für die Ordnung von Wirtschaft und Gesellschaft, Bd. 46, S. 117 - 148.

Klaus, Joachim (1987): Modelle der optimalen Umweltnutzung, in: Das Wirtschaftsstudium, 16. Jg., S. 263 - 270.

Klein, Benjamin (1980): Transaction Cost Determinants of "Unfair" Contractual Arrangements, in: American Economic Review, Papers and Proceedings, Vol. 70, S. 356 - 362.

Klein, Benjamin / Crawford, Robert G. / Alchian Armen A. (1978): Vertical Integration, Appropiate Rents, and the Competitive Contracting Process, in: Journal of Law and Economics, Vol. 21, S. 297 - 326.

Klepper, Gernot / Michaelis, Peter / Mehlau, Gudrun (1995): Industrial Metabolism. A Case Study of the Economics of Cadmium Control, Tübingen.

Klesse, Astrid (1996): Die Transformation von Unternehmen in den osteuropäischen Staaten. Eine institutionenökonomische Analyse, Frankfurt a.M. u.a.O.

Kloepfer, Michael, Rehbinder, Eckard / Schmidt-Aßmann, Eberhard (1991): Umweltgesetzbuch - Allgemeiner Teil, Berichte des Umweltbundesamtes 7/90, Berlin.

Knight, Frank H. (1921/1971): Risk, Uncertainty and Profit, Chicago, London.

von Knorring, Ekkehard (1995): Das Umweltproblem als Externalität - ökonomische Ökologie oder ökologische Ökonomie? -, in: Zeitschrift für Umweltpolitik & Umweltrecht, 18. Jg., S. 537 - 567.

Knüppel, Hartmut (1989): Umweltpolitische Instrumente: Analyse der Bewertungskriterien und Aspekte einer Bewertung, Baden-Baden.

Kölle, Christian (1995): Ökonomische Analyse internationaler Umweltkooperationen, Heidelberg.

Kritikos, Alexander S. (1993): Environmental Policy under Imperfect Information: Comment, in: Journal of Environmental Economics and Management, Vol. 25, S. 89 - 92.

Külp, Bernhard / Knappe, Eckhard (1984): Wohlfahrtsökonomik I. Die Wohlfahrtskriterien, Düsseldorf.

Lahl, Uwe (1993): Das programmierte Vollzugsdefizit, in: Zeitschrift für Umweltrecht, Bd. 4, S. 249 - 256.

Lampe, Ernst-Joachim (1985) (Hrsg.): Das sogenannte Rechtsgefühl, Jahrbuch für Rechtssoziologie und Rechtstheorie, Bd. 10, Opladen.

Leipold, Helmut (1987): Vertragstheoretische Begründung staatlicher Aufgaben, in: Wirtschaftswissenschaftliches Studium, 17. Jg., S. 177 - 182.

Liebowitz, Stanley, J. / Margolis, Stephen E. (1995): Path Dependence, Lock-In, and History, in: Journal of Law, Economics, and Organization, Vol. 11, S. 205 - 226.

Linder, Stephen H. / Mc Bride, Marc E. (1984): Enforcement Costs and Regulatory Reform: The Agency and Firm Response, in: Journal of Environmental Economics and Management, Vol. 11, S. 327 - 346.

Linscheidt, Bodo / Truger, Achim (1995): Beurteilung ökologischer Steuerreformvorschläge vor dem Hintergrund des bestehenden Steuersystems, Berlin.

Liroff, Richard E. (1986): Reforming Air Pollution Regulation, Washington D.C.

Lübbe-Wolff, Gertrude (1993): Vollzugsprobleme der Umweltverwaltung, in: Natur + Recht, Bd. 15, S. 217 - 229.

Mäler, Karl-Goeran (1974): Environmental Economics: A Theoretical Inquiry, Baltimore.

Maier-Rigaud, Gerhard (1988): Umweltpolitik in der offenen Gesellschaft, Opladen.

Maier-Rigaud, Gerhard (1991 a): Die Armut der Umweltökonomik. Eine Entgegnung, in: Jahrbuch für Nationalökonomie und Statistik, Bd. 208, S. 205 - 208.

Maier-Rigaud, Gerhard (1991 b): Der positivistische Optimismus der Externalitätenforschung, in: Prognos AG (Hrsg.): Externe Effekte der Energieversorgung. Versuch einer Identifizierung, Baden-Baden, S. 141 - 155.

Marin, Alan (1991): Firm Incentives to Promote Technological Change in Pollution Control: Comment, in: Journal of Environmental Economics and Management, Vol. 21, S. 297 - 300.

van Mark, Michael (1994): Vollzugskosten der Umweltpolitik, Bergisch Gladbach.

van Mark, Michael / Gawel, Erik / Ewringmann, Dieter (1992): Kompensationslösungen im Gewässerschutz, Heidelberg.

Marshall, Alfred (1961): Principles of Economics, Ninth (Variorum) Edition, London u.a.O.

Maselli, Anke (1996): Spin-offs zur Durchführung von Innovationen - Eine Analyse aus institutionenökonomischer Sicht, Inauguraldissertation an der Wirtschaftswissenschaftlichen Fakultät der Westfälischen Wilhelms-Universität Münster, Münster.

Mayntz, Renate u.a. (1978): Vollzugsprobleme der Umweltpolitik. Empirische Untersuchung der Implementation von Gesetzen im Bereich der Luftreinhaltung und des Gewässerschutzes, Stuttgart u.a.O.

Mayntz, Renate (1990): Entscheidungsprozesse bei der Entwicklung von Umweltstandards, in: Die Verwaltung, Bd. 23, S. 137 - 151.

Meran, Georg / Schwalbe, Ulrich (1987): Pollution Control and Collective Penalties, in: Journal of Institutional and Theoretical Economics, Vol. 143, S. 616 - 629.

Michaelis, Peter (1993 a): Ökonomische Aspekte der Abfallgesetzgebung, Tübingen.

Michaelis, Peter (1993 b): Umweltpolitik und technologisches Anpassungsverhalten im "End of Pipe"-Fall, in: Jahrbücher für Nationalökonomie und Statistik, Vol. 212, S. 151 - 161.

Michaelis, Peter (1996 a): Steuern und Abgaben werden zum Schutz der Umwelt kaum eingesetzt, in: Handelsblatt v. 15./16.03.1996, Nr. 54, S. 8.

Michaelis, Peter (1996 b): Ökonomische Instrumente in der Umweltpolitik. Eine anwendungsorientierte Einführung, Heidelberg.

Mishan, Edward J. (1971 a): Pangloss on Pollution, in: Bohm, Peter / Kneese, Allen V. (Hrsg.): The Economics of Environment, London, S. 66 - 73.

Mishan, Edward J. (1971 b): The Postwar Literature on Externalities: An Interpretative Essay, in: Journal of Economic Literature, Vol. 9, S. 1 - 28.

Morch von der Fehr, Nils-Hendrik (1993): Tradable Emission Rights and Strategic Interaction, in: Environmental & Resource Economics, Vol. 3, S. 129 - 152.

Morone, Joseph G. / Woodhouse, Edward J. (1993): Die Vermeidung von Katastrophen, in: Krohn, Wolfgang / Krücken, Georg (Hrsg.): Riskante Technologien: Reflexion und Regulation. Einführung in die sozialwissenschaftliche Risikoforschung, Frankfurt a.M., S. 217 - 283.

Musgrave, Richard A. (1959): The Theory of Public Finance, New York u.a.O.

Musgrave, Richard A. (1987): Merit Goods, in: Eatwell, John / Milgate, Murray / Newman, Peter K. (Hrsg.): The New Palgrave, Vol. 3, London, S. 452 - 453.

Musgrave, Richard A. / Musgrave, Peggy B. / Kullmer, Lore (1994): Die öffentlichen Finanzen in Theorie und Praxis, 1. Bd., 6. Aufl., Tübingen.

Myerson, Roger B. (1979): Incentive Compatibility and the Bargaining Problem, in: Econometrica, Vol. 47, S. 61 - 74.

Nagel, Thomas (1993): Umweltgerechte Gestaltung des deutschen Steuersystems. Theoretische und empirische Analyse der Aufkommens- und Verteilungseffekte, Frankfurt a.M., New York.

Nichols, Albert L. (1984): Targeting Economic Incentives for Environmental Protection, Cambridge/Mass., London.

Niedermeyer, Dirk (1989): Handelbare Emissionsrechte als Instrument zur Reduzierung der Nitratbelastung des Grundwassers durch die Landwirtschaft, Witterschlick/Bonn.

Noll, Roger G. (1983): The Feasibility of Marketable Emissions Permits in the United States, in: Finsinger, Jörg (Hrsg.): Public Sector Economics, Berlin, S. 189 - 225.

North, Douglass C. (1981): Structure and Change in Economic History, New York, London.

North, Douglass C. (1988): Theorie institutionellen Wandels, Tübingen.

North, Douglass C. (1989): Institutional Change and Economic History, in: Journal of Institutional and Theoretical Economics, Vol. 145, S. 238 - 245.

North, Douglass C. (1990): Institutions, institutional change and economic performance, Cambridge.

North, Douglass C. (1992 a): Institutionen, institutioneller Wandel und Wirtschaftsleistung, Tübingen.

North, Douglass C. (1992 b): Privatization, Incentives, and Economic Performance, in: Siebert, Horst (Hrsg.): Privatization. Symposium in Honor of Herbert Giersch, Tübingen, S. 3 - 16.

North, Douglass C. (1992 c): Institutions, Ideology, and Economic Performance, in: Cato Journal, Vol. 11, S. 477 - 488.

North, Douglass C. (1993): Institutions and Credible Commitment, in: Journal of Institutional and Theoretical Economics, Vol. 149, S. 11 - 23.

North, Douglass C. (1994 a): Bibliography of Douglass C. North`s Publications, 1950 - 1993, in: Scandinavian Journal of Economics, Vol. 96, S. 195 - 199.

North, Douglass C. (1994 b): The Historical Evolution of Polities, in: International Review of Law and Economics, Vol. 14, S. 381 - 391.

North, Douglass C. (1995 a): Some Fundamental Puzzles in Economic History / Development, in: Economic Working Paper Archive, zugänglich unter Internet: http://econwpa.wustl. edu/eprints/eh/papers/9509/9509001.abs.

North, Douglass C. (1995 b): The Adam Smith Address: Economic Theory in a Dynamic Economic World, in: Business Economics, Jg. 95, S. 7 - 12.

North, Douglass C. / Thomas, Robert P. (1970): An Economic Theory of the Growth of the Western World, in: Economic History Review, Vol. 23, S. 1 - 17.

North, Douglass C. / Thomas, Robert P. (1971): The Rise and Fall of the Manorial System: A Theoretical Model, in: Journal Economic History, Vol. 31, S. 777 - 803.

North, Douglass C. / Thomas, Robert P. (1973): The Rise of the Western World: A New Economic History, Cambridge.

Obermann, Peter (1984): Nitratauswaschung und Nitratabbau im Bereich des Grundwassers, in: Agrarspektrum, Bd. 7, S. 341 - 349.

Organisation for Economic Co-operation and Development (1989): Economic Instruments for Environmental Protection, Paris.

Organisation for Economic Co-operation and Development (1991): Environmental Policy: How to Apply Economic Instruments, Paris.

263

Organisation for Economic Co-operation and Development (1995): Environmental Taxes in OECD Countries, Paris.

Olson, Mancur (1968): Die Logik des kollektiven Handelns, Tübingen.

Osterkamp, Rigmar (1978): Standards und Steuern als Instrumente gegen die Verschmutzung der Umwelt, in: Kyklos, Bd. 31, S. 235 - 257.

Osterkamp, Rigmar (1984): Emissionsstandards und Emissionssteuern als alternative Instrumente der Umweltpolitik. Ein theoretischer Vergleich, München.

o.V. (1995 a): Kritik am deutschen Umwelt-Perfektionismus, in: Handelsblatt v. 04.01.95, Nr. 3, S. 4.

o.V. (1995 b): „Nicht das Zertifikat, die Einstellung bringt den Erfolg", in: Frankfurter Allgemeine Zeitung v. 13.11.95, Nr. 264, S. 22.

o.V. (1996): Rexrodt will Markt statt Auflagen, in: Handelsblatt v. 19.03.96, Nr. 56, S. 5.

Pankrath, Jürgen (1996): Ausbreitungsrechnung, in: UB Media Verlag GmbH (Hrsg.): Immissionsschutz 5/96, o.O.

Pareto, Vilfredo (1909): Manuel d`Economie Politique, Paris.

Pethig, Rüdiger (1992) (Hrsg.): Conflicts and Cooperation in Managing Environmental Resources, Berlin, Heidelberg.

Picot, Arnold (1982): Transaktionskostenansatz in der Organisationstheorie: Stand der Diskussion und Aussagewert, in: Die Betriebswirtschaft, 42. Jg., S. 267 - 284.

Picot, Arnold (1991 a): Ökonomische Theorien der Organisation - Ein Überblick über neuere Ansätze und deren betriebswirtschaftliches Anwendungspotential, in: Oerdelheide, Dieter / Rudolph, Bernd / Brüsselmann, Elke (Hrsg.): Betriebswirtschaftslehre und ökonomische Theorie, Stuttgart, S. 143 - 170.

Picot, Arnold (1991 b): Ein neuer Ansatz zur Gestaltung der Leistungstiefe, in: Schmalenbachs Zeitschrift für betriebswirtschaftliche Forschung, 43. Jg., S. 336 - 357.

Picot, Arnold (1993): Contingencies for the Emergence of Efficient Symbiotic Arrangements, in: Journal of Institutional and Theoretical Economics, Vol. 149, S. 731 - 740.

Picot, Arnold / Dietl, Helmut (1990): Transaktionskostentheorie, in: Wirtschaftswissenschaftliches Studium, 19. Jg., S. 178 - 184.

Picot, Arnold / Dietl, Helmut (1993): Neue Institutionenökonomik und Recht, in: Ott, Claus / Schäfer, Hans-Bernd (Hrsg.): Ökonomische Analyse des Unternehmensrechts, Heidelberg, S. 306 - 330.

Picot, Arnold / Wolff, Birgitta (1994): Institutional Economics of Public Firms and Administrations. Some Guidelines for Efficiency-Oriented Design, in: Journal of Institutional and Theoretical Economics, Vol. 150, S. 211 - 232.

Pigou, Arthur C. (1920): The Economics of Welfare, London.

Pöggeler, H. (1987): Marketing für Umwelttechnologien, in: Meffert, Heribert / Wagner, Helmut (Hrsg.): Ökologie und Marketing, Dokumentationspapier Nr. 38 der Wissenschaftlichen Gesellschaft für Marketing und Unternehmensführung, Münster, S. 48 - 62.

Pratt, John W. / Zeckhauser, Richard J. (1985): Principals and Agents: An Overview, in: Pratt, John W. / Zeckhauser, Richard J. (Hrsg.): Principals and Agents: The Structure of Business, Boston/Mass., S. 1 - 35.

Priddat, Birger P. (1992): Zur Ökonomie der Gemeinschaftsbedürfnisse: Neuere Versuche einer ethischen Begründung der Theorie meritorischer Güter, in: Zeitschrift für Wirtschafts- und Sozialwissenschaften, Bd. 112, S. 239 - 259.

Pruckner, Gerald J. (1994): Umweltpolitik in den Vereinigten Staaten von Amerika, in: Bartel, Rainer / Hackl, Franz (Hrsg.): Einführung in die Umweltpolitik, München, S. 265 - 286.

Rat von Sachverständigen für Umweltfragen (1994): Umweltgutachten 1994. Für eine dauerhaft-umweltgerechte Entwicklung, Stuttgart.

Rat von Sachverständigen für Umweltfragen (1996): Umweltgutachten 1996. Zur Umsetzung einer dauerhaft-umweltgerechten Entwicklung, Stuttgart.

Reese, Moritz (1994): Sommersmog - technische, politische und rechtliche Aspekte des bodennahen Ozons, in: Zeitschrift für Umweltpolitik & Umweltrecht, 17. Jg., S. 507 - 527.

Rehbinder, Eckard (1994): Übertragbare Emissionsrechte aus juristischer Sicht. Teil I: Herkömmliche Kompensationen im Bereich der Luftreinhaltung, in: Endres, Alfred / Rehbinder, Eckard / Schwarze, Reimund (Hrsg.): Umweltzertifikate und Kompensationslösungen aus ökonomischer und juristischer Sicht, Bonn, S. 28 - 91.

Rehbinder, Eckard / Sprenger, Rolf-Ulrich (1985): Möglichkeiten und Grenzen der Übertragbarkeit neuer Konzepte der US-amerikanischen Luftreinhaltepolitik in den Bereich der deutschen Umweltpolitik, Berichte des Umweltbundesamtes 9/85, Berlin.

Rennings, Klaus (1994): Indikatoren für eine dauerhaft-umweltgerechte Entwicklung, Stuttgart.

*Rentz, Henning (*1995): Kompensationen im Klimaschutz, Berlin.

Rentz, Otto (1995): Integrierter Umweltschutz, in: Junkernheinrich, Martin / Klemmer, Paul / Wagner Gerd R. (Hrsg.): Handbuch zur Umweltökonomie, Berlin, S. 64 - 69.

Richardson, George B. / Ogus, Anthony I. / Burrows, Paul (1982): Policing Pollution: A Study of Regulation and Enforcement, Oxford.

Richter, Rudolf (1990): Sichtweise und Fragestellungen der Neuen Institutionenökonomik, in: Zeitschrift für Wirtschafts- und Sozialwissenschaften, 110. Jg., S. 571 - 591.

Richter, Rudolf (1991): Institutionenökonomische Aspekte der Theorie der Unternehmung, in: Oerdelheide, Dieter / Rudolph, Bernd / Brüsselmann, Elke (Hrsg.): Betriebswirtschaftliche und ökonomische Theorie, Stuttgart, S. 395 - 429.

Richter, Rudolf / Bindseil, Ulrich (1995): Neue Institutionenökonomik, in: Wirtschaftswissenschaftliches Studium, 24. Jg., S. 132 - 140.

Richter, Rudolf / Furubotn, Eirik (1996): Neue Institutionenökonomik, Tübingen.

Riordan, Michael H. / Williamson, Oliver E. (1985): Asset Specifity and Economic Organization, in: International Journal of Industrial Organization, Vol. 3, S. 365 - 378.

Rosen, Harvey / Windisch, Rupert (1992): Finanzwissenschaft I, München.

Rothschild, Kurt W. (1981): Einführung in die Ungleichgewichtstheorie, Berlin u.a.O.

Russell, Clifford S. (1992): Monitoring and Enforcement of Pollution Control Laws in Europe and the United States, in: Pethig, Rüdiger (Hrsg.): Conflicts and Cooperation in Managing Environmental Resources, Berlin u.a.O., S. 195 - 213.

Russell, Clifford S. / Harrington, Winston / Vaughan, William J. (1986): Enforcing Pollution Control Laws, Washington D.C.

Samuelson, William (1985): A comment on the Coase theorem, in: Roth, Alvin E. (Hrsg.): Game-theoretic models of bargaining, Cambridge u.a.O., S. 321 - 339.

Sandhövel, Armin (1994): Marktorientierte Instrumente der Umweltpolitik, Opladen.

Sandor, Richard L. / Cole, Joseph B. / Kelly, M. Eileen (1994): Model Rules and Regulations for a Global CO_2 Emissions Credit Market, in: United Nations Conference on Trade and Development (Hrsg.): Combating Global Warming. Possible rules, regulations and administrative arrangements for a global market in CO_2 emission entitlements, New York, S. 61 - 105.

Schärer, Bernd u.a. (1990): Luftverschmutzung durch Stickoxide. Ursachen, Wirkungen, Minderung, Berichte des Umweltbundesamtes 3/90, Berlin.

Scheele, Martin / Isermeyer, Folkhard / Schmitt, Günther (1993): Umweltpolitische Strategien zur Lösung der Stickstoffproblematik in der Landwirtschaft, in: Agrarwirtschaft, Bd. 42, S. 294 - 313.

Schürmann, Heinz J. (1978): Ökonomische Ansätze zu einer rationalen Umweltpolitik und wirtschaftspolitische Konsequenzen, 2. Aufl., München.

Schütte, Christian (1994): „Viel dazugelernt": Nobelpreisträger Douglass C. North über die Schwächen der neoklassischen Schule und die Reformen in Osteuropa, in: Wirschaftswoche, Nr. 10, S. 39-40.

Schumann, Jochen (1987): Die Unternehmung als ökonomische Institution, in: Wirtschaftsstudium, 16. Jg., S. 212 - 218.

Schumann, Jochen (1992): Grundzüge der mikroökonomischen Theorie, 6. Aufl., Berlin u.a.O.

Schwarze, Reimund (1996): SO₂ im Sonderangebot? Zur Entwicklung des US-Marktes für Schwefeldioxid-Lizenzen und den Perspektiven von Zertifikatsmodellen in der Luftreinhaltepolitik, Diskussionspapier 1996/19 der Wirtschaftswissenschaftlichen Dokumentation der Technischen Universität Berlin, Berlin.

Segerson, Kathleen (1988): Uncertainty and Incentives for Nonpoint Pollution Control, in: Journal of Environmental Economics and Management, Vol. 15, S. 87 - 98.

Segerson, Kathleen / Tietenberg, Tom H. (1992): The Structure of Penalties in Environmental Enforcement: An Economic Analysis, in: Journal of Environmental Economics and Management, Vol. 23, S. 179 - 200.

Selden, Thomas M. / Terrones, Marco E. (1993): Environmental Legislation and Enforcement: A Voting Model under Asymmetric Information, in: Journal of Environmental Economics and Management, Vol. 24, S. 212 - 228.

Selten, Reinhard (1990): Bounded Rationality, in: Journal of Institutional and Theoretical Economics, Vol. 146, S. 649 - 658.

Seneca, Joseph J. / Taussig, Michael K. (1984): Environmental Economics, 3rd ed., Englewood Cliffs.

Siebert, Horst (1976): Analyse der Instrumente der Umweltpolitik, Göttingen.

Siebert, Horst (1981): Praktische Schwierigkeiten bei der Steuerung der Umweltnutzung über Preise, in: Wegehenkel, Lothar (Hrsg.): Marktwirtschaft und Umwelt, Tübingen, S. 28 - 53.

Siebert, Horst (1982): Instrumente der Umweltpolitik. Die ökonomische Perspektive, in: Möller, Hans / Osterkamp, Rigmar / Schneider, Wolfgang (Hrsg.): Umweltökonomik, Königstein/Ts., S. 284 - 294.

Siebert, Horst (1992): Economics of the Environment, 3rd. ed., Berlin u.a.O.

Siedhoff, Klaus (1995): Verhandlungslösungen als Instrument zur Internalisierung externer Effekte. Eine ökonomische Analyse am Beispiel des Arten- und Biotopschutzes, Münster.

Simon, Herbert A. (1961): Administrative Behavior, 2nd ed., New York.

Simon, Herbert A. (1978): Rationality as Process and as Product of Thought, in: American Economic Review, Papers and Proceedings, Vol. 68, S. 1 - 16.

Söllner, Fritz (1993): Neoklassik und Umweltökonomie, in: Zeitschrift für Umweltpolitik & Umweltrecht, 16. Jg., S. 431 - 460.

Sohmen, Egon (1976): Allokationstheorie und Wirtschaftspolitik, Tübingen.

Spremann, Klaus (1990): Asymmetrische Information, in: Zeitschrift für Betriebswirtschaft, Vol. 60, S. 561 - 586.

Sprenger, Rolf-Ulrich (1984): Kriterien zur Beurteilung umweltpolitischer Instrumente aus der Sicht der wissenschaftlichen Politikberatung, in: Schneider, Gunter / Sprenger, Rolf-Ulrich (Hrsg.): Mehr Umweltschutz für weniger Geld - Einsatzmöglichkeiten und Erfolgschancen ökonomischer Anreizsysteme in der Umweltpolitik, München, S. 41 - 73.

Stahel, Walter R. (1994): Innovation braucht Nachhaltigkeit, in: Backhaus, Klaus / Bonus, Holger (Hrsg.): Die Beschleunigungsfalle oder der Triumph der Schildkröte, Stuttgart, S. 67 - 92.

Stavins, Robert N. (1995): Transaction Costs and Tradeable Permits, in: Journal of Environmental Economics and Management, Vol. 29, S. 133 - 148.

Steger, Ulrich (1990): Integrierter Umweltschutz als Gegenstand eines Umweltmanagements, in: Kreikebaum, Hartmut (Hrsg.): Integrierter Umweltschutz. Eine Herausforderung für das Innovationsmanagement, Wiesbaden, S. 33 - 43.

Stiglitz, Joseph E. (1989): On the Economic Role of the State, in: Stiglitz, Joseph E. (Hrsg.): The Economic Role of the State, Oxford, Cambridge, S. 11 - 85.

Streissler, Erich (1992): Das Problem der Internalisierung, in: König, Heinz (Hrsg.): Umweltverträgliches Wirtschaften als Problem von Wissenschaft und Politik, Schriften des Vereins für Socialpolitik N.F., Bd. 224, Berlin, S. 87 - 110.

Ströbele, Wolfgang J. (1991): Abdiskontierung als kontextabhängiges Problem, in: Beckenbach, Frank (Hrsg.): Die ökologische Herausforderung für die ökonomische Theorie, Marburg, S. 151 - 155.

Ströbele, Wolfgang J. (1992): The Economics of Negotiations on Water Quality - An Application of Principal Agent Theory, in: Pethig, Rüdiger (Hrsg.): Conflicts and Cooperation in Managing Environmental Resources, Berlin u.a.O., S. 221 - 236.

Ströbele, Wolfgang J. (1994): Ökosteuern und Umweltabgaben - Versuch einer Systematisierung, in: Mackscheidt, Klaus / Ewringmann, Dieter / Gawel, Erik (Hrsg.): Umweltpolitik mit hoheitlichen Zwangsabgaben? Karl-Heinrich Hansmeyer zur Vollendung seines 65. Lebensjahres, Berlin, S. 107 - 121.

von Stumpfeldt, Bernd (1996): Die Deutschen mögen keine Gen-Produkte, in: Handelsblatt v. 30.07.96, Nr. 145, S. 12.

Taylor, Stuart R. (1992): Tradeable Credits: Variants for the Transport Sector, in: Organization for Economic Co-operation and Development (Hrsg.): Climate Change. Designing a Tradeable Permit System, Paris, S. 123 - 137.

Thoenes, Hans W. (1995): Technischer Umweltschutz, in: Junkernheinrich, Martin / Klemmer, Paul / Wagner Gerd R. (Hrsg.): Handbuch zur Umweltökonomie, Berlin, S. 241 - 245.

Thomas, Alban (1995): Regulating Pollution under Asymmetric Information: The Case of Industrial Wastewater Treatment, in: Journal of Environmental Economics and Management, Vol. 28, S. 357 - 373.

Tietenberg, Thomas H. (1978): Spatially Differentiated Air Pollutant Emission Charges: An Economic and Legal Analysis, in: Land Economics, Vol. 54, S. 265 - 277.

Tietenberg, Thomas H. (1980 a): Transferable Discharge Permits and the Control of Air Pollution: A Survey and Synthesis, in: Zeitschrift für Umweltpolitik & Umweltrecht, 3. Jg., S. 477 - 508.

Tietenberg, Thomas H. (1980 b): Transferable Discharge Permits and the Control of Stationary Source Air Pollution: A Survey and Synthesis, in: Land Economics, Vol. 56, S. 391 - 416.

Tietenberg, Thomas H. (1985): Emissions Trading, Washington D.C.

Tietenberg, Thomas H. (1990): Economic Instruments for Environmental Regulation, in: Oxford Review of Economic Policy, Vol. 6, S. 17 - 33.

Tietenberg, Thomas H. / Victor, David G. (1994): Possible administrative structures and procedures (for implementing a tradeable entitlement approach to controlling global warming), in: United Nations Conference on Trade and Development (Hrsg.): Combating Global Warming. Possible rules, regulations and administrative arrangements for a global market in CO_2 emission entitlements, New York, S. 61 - 105.

Wagener, Hans-Jürgen (1979): Zur Analyse von Wirtschaftssystemen. Eine Einführung, Berlin u.a.O.

Walter, Johann (1987): Ein (erneuter) Vergleich von Abgaben- und Zertifikatlösungen im Umweltschutz, in: Zeitschrift für Umweltpolitik & Umweltrecht, 10. Jg., S. 197 - 205.

269

Walter, Johann (1989): Innovationsorientierte Umweltpolitik bei komplexen Umweltproblemen, Heidelberg.

Weale, Albert (1992): Umweltbezogene Risikosteuerung durch transaktionskostenorientierte Institutionen, in: Wagner, Gerd R. (Hrsg.): Ökonomische Risiken und Umweltschutz, München, S. 27 - 45.

Weck-Hannemann, Hannelore (1994): Die politische Ökonomie der Umweltpolitik, in: Bartel, Rainer / Hackl, Franz (Hrsg.): Einführung in die Umweltpolitik, München, S. 101 - 117.

Weiland, Raimund (1995 a): Stoffpolitik in einer Kreislaufwirtschaft, in: Wirtschaftsdienst, 75. Jg., S. 149 - 155.

Weiland, Raimund (1995 b): Rücknahme- und Entsorgungspflichten in der Abfallwirtschaft. Eine institutionenökonomische Analyse der Automobilbranche, Wiesbaden.

Weimann, Joachim (1995): Umweltökonomik, 3. Auflage, Berlin u.a.O.

Weitzman, Martin L. (1978): Optimal Rewards for Economic Regulation, in: American Economic Review, Vol. 68, S. 683 - 691.

Weizsäcker, Carl Ch. (1984): The Influence of Property Rights on Tastes, in: Journal of Institutional and Theoretical Economics, Vol. 140, S. 90 - 95.

Welsch, Heinz (1992 a): Comments, in: Pethig, Rüdiger (Hrsg.): Conflicts and Cooperation in Managing Environmental Resources, Berlin u.a.O., S. 213 - 219.

Welsch, Heinz (1992 b): A pricing system for air quality management, in: Ecological Economics, Vol. 5, S. 15 - 49.

Welsch, Heinz (1994): Meßtechnik und Umweltpolitik: Ein Beitrag zur Instrumentendiskussion, in: Zeitschrift für Umweltpolitik & Umweltrecht, 17. Jg., S. 181 - 206.

Welsch, Heinz / Eiß, Harald / Funk, Cara (1990): Meßtechnik und Umweltpolitik. Entwicklungstendenzen und umweltpolitische Bedeutung der Umweltüberwachung und -modellierung, Endbericht zum Projekt: „Ökonomische Analyse von meßtechnischen Voraussetzungen umweltpolitischer Instrumente", Köln.

Westholm, Hilmar (1996): Bildung als persuasives Instrument der Umweltpolitik, in: Zeitschrift für Umweltpolitik & Umweltrecht, 19. Jg., S. 21 - 41.

Wicke, Lutz (1983): Umweltpolitische Herausforderung der Marktwirtschaft, in: Umwelt und Energie, Handbuch für die betriebliche Praxis, Freiburg/Breisgau, S. 141 - 160.

Wicke, Lutz (1993): Umweltökonomie, 4. Aufl., München.

Williamson, Oliver E. (1975): Markets and Hierarchies - Analysis and Antitrust Implications, New York, London.

Williamson, Oliver E. (1985): The Economic Institutions of Capitalism, New York.

Williamson, Oliver E. (1990): A Comparison of Alternative Approaches to Economic Organization, in: Journal of Institutional and Theoretical Economics, Vol. 146, S. 61 - 71.

Williamson, Oliver E. (1991 a): Comparative Economic Organization: The Analysis of Discrete Structural Alternatives, in: Administrative Science Quarterly, Vol. 36, S. 269 - 296.

Williamson, Oliver E. (1991 b): Comparative Economic Organization, in: Oerdelheide, Dieter / Rudolph, Bernd / Brüsselmann, Elke (Hrsg.): Betriebswirtschaftslehre und ökonomische Theorie, Stuttgart, S. 13 - 49.

Windisch, Rupert (1981): Das Anreizproblem bei marktlicher Koordination der Nutzung knapper Umweltressourcen, in: Wegehenkel, Lothar (Hrsg.): Marktwirtschaft und Umwelt, Tübingen, S. 105 - 149.

Wissenschaftlicher Beirat beim Bundesministerium für Ernährung, Landwirtschaft und Forsten (1993): Reduzierung der Stickstoffemissionen der Landwirtschaft, Schriftenreihe des Bundesministerium für Ernährung, Landwirtschaft und Forsten, Reihe A, Heft 423, Münster.

Wysocki, Josef (1994): Probleme beim Eindringen von Umweltaspekten in historische Abgabensysteme, in: Mackscheidt, Klaus / Ewringmann, Dieter / Gawel, Erik (Hrsg.): Umweltpolitik mit hoheitlichen Zwangsabgaben? Karl-Heinrich Hansmeyer zur Vollendung seines 65. Lebensjahres, Berlin, S. 147 - 157.

Xepapadeas, Anastasios P. (1991): Environmental Policy under Imperfect Information: Incentives and Moral Hazard, in: Journal of Environmental Economics and Management, Vol. 20, S. 113 - 126.

Zimmermann, Horst / Henke, Klaus-Dirk (1994): Finanzwissenschaft. Eine Einführung in die Lehre von der öffentlichen Finanzwirtschaft, 7. Aufl., München.

Zimmermann, Klaus (1985): `Präventive´ Umweltpolitik und technologische Anpassung, Diskussionspapiere des Internationalen Instituts für Umwelt und Gesellschaft des Wissenschaftszentrum Berlin, dp. 85-8, Berlin.

Zimmermann, Klaus (1988 a): Umweltpolitik und integrierte Technologien: Entwicklung und Determinanten in empirischer Analyse, in: Konjunkturpolitik, 34. Jg., S. 327 - 350.

Zimmermann, Klaus (1988 b): Technologische Modernisierung der Produktion: Eine Variante präventiver Umweltpolitik, in: Simonis, Udo E. (Hrsg.): Präventive Umweltpolitik, Frankfurt a.M., New York, S. 205 - 225.

Zimmermann, Klaus (1990): Umweltpolitik und integrierte Technologien: Der Quantitäts-Qualitäts Trade-off, in: Wissenschaftszentrum Berlin für Sozialforschung (Hrsg.): Ökologische Modernisierung der Produktion, Berlin, S. 199 - 249.

Zippelius, Reinhold (1985): Rechtsgefühl und Rechtsgewissen, in: Lampe, Ernst-Joachim (Hrsg.): Das sogenannte Rechtsgefühl, Jahrbuch für Rechtssoziologie und Rechtstheorie, Bd. 10, Opladen, S. 12 ff.

Zohlnhöfer, Werner (1984): Umweltschutz in der Demokratie, in: Boettcher, Erik / Herder-Dorneich, Philipp / Schenk, Karl-Ernst (Hrsg.): Jahrbuch für Neue Politische Ökonomie, 3. Bd., Tübingen, S. 101 - 121.